最新版

M&A実務のすべて

すべて

Mergers &
Acquisitions
Business

有限責任監査法人トーマツ

北地達明・北爪雅彦・松下欣親・伊藤憲次 編

日本実業出版社

まえがき

「入門書の次に読むM＆Aの本にしましょう！」

2000年に上梓した「よくわかるM＆A」の改訂版発行の話を聞いたとき、真っ先に出てきたのがこの言葉でした。前著についても、M＆A関連の入門書として１つの雛形を提供したという自負はありましたが、すでに時代は大変なスピードで走り出し、書店の店頭にも多くの類書が出てきました。そこで、「もう少しM＆Aのことを勉強したい」と考えている人々に、納得いただけるような内容を提供することが我々の役割だと考えました。

新聞紙上では連日、敵対的買収を中心とした"事件としてのM＆A"が報道され、当事者の論戦も格好の記事の材料を提供しています。確かに、このようなニュースを読むための用語やスナップショット的な解説は、それなりに面白い読み物となり、テキストとしてのまとまりもよいものになるでしょう。

しかし、M＆Aの本質はもっとダイナミックなところにあります。ですから、「森をみてから木をみるようにM＆Aを理解してもらおう……」——これが本書のコンセプトです。個々の木ではなく、森の生態系（M＆Aの意味、企業価値の形成要因など）を理解していただき、その木（トランザクション、イベント）をみてから、さらに細部の専門領域に入る橋渡しになれば……という願いです。その意気込みが空回りしないよう皆様のご叱責を糧として、さらに改善していかなければなりませんが、まずはこのような志で執筆に取り組みました。「M＆Aは時間を買うことである」という説明は、けだし名言です。買い手はもちろん、売り手にとってもM＆Aは目的までの道のりを急速にショートカットする方法です。このため、それに関わる人々や他の法人に大きな影響を与えるので、M＆Aには、従来、さまざまな制約条件や規制、あるいは実施するための根拠法規の未整備などの問題がありました。しかし、21世紀に入り、企業が直面する経済環境があまりに激しく変動するため、「時間を買う」ことが確実に必要になったのです。

わが国では、大正から昭和初期、戦後、バブル期など、激動の時代を象徴するM＆Aのブームがありました。そして、いまＩＴ化による情報交流のスピード化は、当然このような「時間を買う」経済行為を常態として受け入れてゆくと思います。つまり、安定成長期と違い、もはやM＆Aは事件ではないのです。

数年前、敬愛する経済産業省の石黒憲彦さん（当時、産業再生課長）が、「あれが制度上ないからできない、これが用意されてないからダメ。……そういうことを『何でもできますよ』という状況にしたら、後は本人の問題ですね……」と仰っていましたが、まさにそのような時代がやってきたわけです。何を狙い、どのような経済合理性により利害関係者を納得させるのか？　同床異夢にしないためにはどこを詰めなければいけないのか？　決断できるのか！という"本人（当事者）の問題"が、実はもっとも重要なのです。

　これまでは制度上の論点とのすり合わせが難しかったため、わが国のＭ＆Ａについての書物はどちらかというと制度の解説が主でした。今回の大きな商法改正が終わった後にも、根本的にはいくつかの大きな論点──できることを個別に規定してゆく建て付けをとっていることと、税制──が残りますが、重要なのは、この"本人（当事者）の問題"なのです。

　おそらく多くの企業が、自社の企業価値や資本コストを定期的に測定したり、バリュードライバーの体系的な整備やＩＲを経営のテーマとして検討することがないままに、日々の経営努力をしていることでしょう。そもそも、ガバナンスの体制（背伸びも含めて）が自社に適しているのか？　というような点も含めて再考すべきときがきた……と考えています。そして、Ｍ＆Ａの入り口は、以上のような経営に関する大きなテーマのなかにある……と考えるべきです。

　本書は、大きな制度改正の最中に著しているので、ある部分では今後の制度改正とそぐわない点が生じるかもしれませんし、また、Ｍ＆Ａではその当事者企業のおかれている個別の条件が大きく影響するので、本書の記載内容が必ずしも個別の案件とは適合しない点もあるやもしれませんが、その点はご容赦ください。

　さて、末筆ながら、本書の執筆に関して有益な示唆をいただいた野村證券企業情報部の阿部敬様、また、日本実業出版社編集部の皆様には、この場を借りて感謝の意を表します。

　　　2005年11月　　　　　　　執筆者を代表して　　北地達明　北爪雅彦

最新版発行にあたって

　本書が入門書の次に読んでいただく本として版を重ねる間に、M&Aは社会で普通に用いられる用語となり、第〇次ブームというとらえ方はなくなりました。

　では、M&Aは企業の通常の経営行動となったでしょうか？

　M&Aは大きな戦略的意思決定ですが、まだ多くの企業でイベントとして扱われており、ガバナンスの中には組み込まれていない印象があります。つまり、M&Aは企業の投資（あるいは回収）行動の選択肢のひとつというよりは、なにかの機会があったときの「決断」に基づいたフォローアップ手続きになってしまっているような事例も見受けられます。

　M&A担当者も実態は「ディール」プロセスの管理者であり、持ち込まれた案件を外部の専門機関を駆使してリスクを洗い出し、そのレポートを積み上げて定められたゴールを守り、取締役会等の決裁を仰ぐ、こういうプロセスでM&Aの承認手続きを終えている例は少なくないと思います。

　特に外部から持ち込まれた案件の場合などでは、実は企業グループの将来の方向性を共有できていないこともあり得ます。

　本版では新たに第10章にM&Aガバナンスを追加いたしました。ガバナンスとしてごく当たり前なこと、つまり経営行動の選択肢のひとつとして企業の戦略に沿って、想定されるオプションを注視し、あらかじめ社内の体制を組んでおくこと、さらには外部に委託した業務の成果をどう咀嚼し、加減点の要素を自社はどう理解し評価するのか、また説明責任をどう果たすのか、ということを説明しています。

　M&Aは実施する頻度・回数は少なくても、金額的インパクトが大きいからこそ特別なガバナンスが必要です。相手企業を調べる前に、まずは自社の体制が重要です。私たちも外部者の視点から上げるレポートを出す立場から、もっと前工程でこのような企業のガバナンスの導入を優先して考えていきます。

　機会を活かせる企業と活かせない企業の分岐点はまさにここにあると思っています。

　日本企業のM&Aを通じた企業価値向上にとって本書が一助となれば幸いです。

　　　2019年1月　　　　　　　執筆者を代表して　北地　達明　北爪　雅彦

本書の内容は、2020年4月1日現在の法令等にもとづいています。
なお、本書の意見に関する部分は筆者の私見であり、所属する法人の公式見解ではないことをご容赦ください。

最新版　Ｍ＆Ａ実務のすべて◎もくじ

まえがき

第1章
M&Aの場面

1. わが国のこれまでの企業モデル　16
2. 企業の経営戦略への対応　19
3. 本社の役割とコーポレートガバナンス　19
4. 本社の役割構造とコーポレートの役割　21
   - **コラム**　利害関係者間の調整とコーポレートガバナンス　22
5. 企業価値向上のための事業の絞り込みの必要性　25
   - ●事業の採算性と事業価値
   - ●企業価値を高めるために経営者は「まず」何をすべきか
   - ●企業価値を高めるために経営者は「次に」何をすべきか

第2章
M&Aのプロセス

1. **M&Aのプロセスの全体像** …………………………………… 34
2. **事前検討フェーズ** ……………………………………………… 37
   1. 買い手の視点　37
   2. 売り手の視点　39
3. **交渉フェーズ** …………………………………………………… 40
   1. 買い手・売り手共通の考え方　40
      - ●企業価値の最大化と交渉上のポイント　　●取締役等の説明責任
   2. 買い手視点の考え方　44
      - ●適正価格の判断の難しさ　　●発見されたリスクのコントロール
      - ●株主・債権者等に対する説明責任
   3. 売り手視点の考え方　48
      - ●適正価格の考え方　　●リスクのコントロール　　●従業員等に対する説明責任
4. **実行フェーズ** …………………………………………………… 51

第**3**章
ストラクチャー

1 選択に際しての基本的な考え方·················54
　①M＆Aプロセスの中でのストラクチャー選択の位置づけ　54
　　●目的　　●ストラクチャーが与える影響
　②買い手において検討すべき事項　56
　　●取得する事業の範囲（特定の事業か、法人格のすべてか）　　●事業統合の形態
　　●支配レベル　●リスクコントロールすべき内容　●買収手法
　③売り手において検討すべき事項　62
　　●譲渡する範囲（特定の事業・資産か、法人格のすべてか）
　　●投資回収する者　　●譲渡後の支配の程度　　●リスクの切り離しと譲渡手法

2 手法別の特徴··········66
　Ⅰ．株式の取得　66
　①既存株式の取得（株式公開買付けを含む）　66
　　●意義　　●特徴
　②第三者割当増資・自己株式処分・自己株式取得　68
　　●意義　　●特徴
　③株式交換　70
　　●意義　　●特徴
　④共同株式移転　71
　　●意義　　●特徴

　Ⅱ．特定事業の取得　73
　①現物出資　73
　　●意義　　●特徴
　②事業譲受　75
　　●特徴
　③会社分割　77
　　●意義　　●特徴
　④合併　79
　　●意義　　●特徴

　Ⅲ．買収手法の選択事例の説明　81
　　●完全子会社化（ＴＯＢ＋株式交換 vs ＴＯＢ＋株式併合またはＴＯＢ＋株主等売渡請求）
　　●経営統合（共同株式移転 vs 株式交換＋会社分割）の事例

3 制度別のポイント··················86
　①会計上のポイント　86
　　●基本的視点　　●会計上の主な留意事項
　②税務上のポイント　87

●基本的視点　　●税務上の主な留意事項
③法務上のポイント　89
●基本的視点　　●法務上の主な留意事項

第4章
バリュエーション

1　評価と価格算定の基本的スタンス ……………………………………… 92
①M＆Aに際してのバリュエーションの意義　92
●M＆Aでの投資価値評価においてバリュエーションが重要である理由
●バリュエーションのフレームワーク
●M＆A交渉においてバリュエーションが重要である理由
●価値評価についての共通言語を有することの有用性
②企業の価値はどのように評価されるのか　96
●投資パフォーマンス測定の基本的な考え方
コラム　用語集　97
●資本コストとは　　●単純化した事業価値評価モデル

2　DCF法（シナリオ） …………………………………………………… 104
①DCF法のフレームワーク　104
●代表的な事業価値評価手法の１つであるエンタープライズDCF法
●価値創造の本質（キャッシュフロー創出の源泉）を見抜く
②シナリオ　107
●営業収益（売上高）　●営業費用　●投下資本　●その他の留意点

3　DCF法（ターミナルバリュー） ……………………………………… 111
①ターミナルバリュー（TV）のフレームワーク　111
●永久成長率モデル　●永久成長率モデルの限界　●マルティプルモデル
●予測期間の最終事業年度の翌事業年度のFCFの考え方
●永久成長率モデルの応用
②基本的フレームワークが機能しない場合のTV算定手法　116

4　DCF法（資本コスト） ………………………………………………… 117
①資本コスト推計のフレームワーク　117
●WACCの考え方　●負債コストの推計
●株主資本コスト（COE）の推計（CAPM）　　●βの検証
●株主資本コスト（COE）の確認
●株式リスクプレミアム（ERP：Equity Risk Premium）
②資本コストのその他留意事項　122
●インプライド株式リスクプレミアム
●企業固有のリスクをどのように反映するか
コラム　クロスボーダー取引での留意点　―新興国の場合―　124

5 類似会社比較法（マルティプル法）················· 128
  1 類似会社比較法（マルティプル法）のフレームワーク　128
    ●類似会社比較法の有用性と留意点
    ●類似会社比較法で利用される代表的なマルティプル
  2 類似会社比較法の理論的背景　130
    ●ＰＥＲの理論的な意義　　●ＰＢＲの理論的な意義
    ●ＥＢＩＴ倍率の理論的な意義　　●ＥＢＩＴＤＡ倍率の理論的な意義
  3 類似会社の選定　133
    ●ビジネス的な観点からの留意点　　●財務的な観点からの留意点
    ●その他の留意点

6 バリュエーションのその他留意事項················· 135
  1 類似取引比較分析　135
  2 プレミアム分析　135
  3 純資産的な視点からの分析　136
  4 その他の分析的な視点　137

第5章
デューディリジェンス

1 デューディリジェンスとは················· 140
  1 Ｍ＆Ａプロセスでのデューディリジェンス　140
  2 ＤＤの意義と目的　141
    ●ＤＤの意義　　●ＤＤの目的と手続き　　●ＤＤの分類
    コラム　セルサイドＤＤ　146
  3 ＤＤのプロセス　153
  4 ＤＤから得られた情報の評価と対応　154
    コラム　データルームＤＤの特徴　155

2 財務ＤＤ················· 157
  1 財務ＤＤとは　157
  2 事前準備と他のＤＤチームとの連携　157
    ●対象会社のビジネスの理解とスコープの明確化
    ●ビジネスＤＤ、法務ＤＤとの連携
  3 財務ＤＤの具体的な手続き　159
    ●会計方針の把握　　●収益性の分析　　●キャッシュフロー分析
    ●財務リスク・税務リスクの把握
    コラム　スタンドアローン問題　172

3 法務ＤＤ················· 174
  1 法務ＤＤとは　174
    ●取引を阻害する事項　　●取引の対価に影響を与える事項

●取引条件で対処すべき事項　　●取引完了後の円滑な事業運営に役立つ事項

２法務ＤＤの実施方法　176

③法務ＤＤの主な調査対象事項　177

●会社組織・株式　　●関係会社　　●M＆A　　●許認可　　●契約
●資産・負債　　●知的財産権　　●人事・労務　　●訴訟・紛争
●環境　　●その他

4　ＤＤ発見事項の織り込み ……………………………………………… 185

１ＤＤ発見事項の態様と織り込み　185

●定量化できる発見事項　　●定量化困難な発見事項
●M＆A契約後、クロージングまでの価格調整

２ＤＤ発見事項の織り込みおよび対処（具体例）　187

③仮説の検証と実行　189

5　クロスボーダーM＆A ……………………………………………… 190

１クロスボーダーM＆Aの特徴　190

●クロスボーダーM＆Aとは　　●クロスボーダーM＆Aのプロセス上の特徴
●クロスボーダーＤＤのプロセス上の留意点
●クロスボーダーＤＤの検討上の留意点

２クロスボーダーM＆Aの特殊性　195

●クロスボーダーM＆Aのリスク・リターンの考え方

第**6**章

ポスト・マージャー・マネジメント

1　ポスト・マージャー・マネジメント（ＰＭＭ）のポイント　210

１仕組み化されていないＰＭＭ手法　210

２組織を変革させるための要件　～ビジョンが人を動かす～　211

●共通の目的　　●貢献意欲（協働意志）　　●コミュニケーション

コラム　シナジーとは何か　214

2　リソースのインテグレーション～インテグレーションはハードとソフトの二面性～ … 217

１人材のインテグレーション　217

●人材のマネジメントをどう考えるか　　●人事制度の統合方針
●グローバル人材マネジメント　　●見えないリソースのインテグレーション

3　仕組みのインテグレーション ……………………………………… 223

１仕組みのインテグレーション　223

●権限・職務分掌・ルール　　●ＰＤＣＡとモニタリング

２レポートラインのインテグレーション　226

●組織設計の考え方　　●レポートラインの明確化
●事業運営上の判断に必要となる情報　　●事業運営にドライブをかけるための情報

4 スケジューリング ･･ 230
- 1 Day1までにすべきこと　230
  - ●法制度の遵守にかかるタスクとスケジューリング
  - ●ステークホルダーとの関係維持にかかるタスクとスケジューリング
  - ●日常業務の品質の維持にかかるタスクとスケジューリング
- 2 想像以上に難しいスケジュール管理と意見調整　234

第7章
M＆Aに関する法務

1 M＆Aに適用される法律等 ･･････････････････････････ 238
- 1 私法と公法　238
- 2 上場会社と非上場会社　239
- 3 法律要件/効果と手続的規定　239

2 M＆Aの手法と法律上の論点 ･･････････････････････ 241
- 1 概説　241
- 2 組織再編等の主な手続き　241
  - ●株主総会決議の要否　　●反対株主の保護―株式買取請求権
  - ●債権者保護手続き　　●組織再編行為の差止請求
- 3 株式の取得の主な手続き　246
  - ●株式譲渡の手続き等
  - ●第三者割当による新株発行・自己株式処分の手続き等　　●公開買付け
  - **コラム** M＆A取引における第三者委員会の機能　255

3 M＆Aに関するその他の法規制 ････････････････････ 257
- 1 金融商品取引法による規制　257
  - ●開示規制　　●インサイダー取引規制
- 2 金融商品取引所の規則による規制―適時開示　259
- 3 労働法による規制　259
  - ●合併　　●事業譲渡　　●会社分割
- 4 独占禁止法による規制　261
  - ●禁止される取引　　●公正取引委員会への事前届出　　●事前相談制度
  - ●海外競争法による規制　　●ガン・ジャンピング
- 5 外為法による規制　264

4 M＆Aにおける契約 ････････････････････････････････････ 266
- 1 M＆A契約の種類　266
- 2 秘密保持契約　267
  - ●締結の意義　　●主な規定事項
- 3 基本合意書　267
  - ●締結の意義　　●主な規定事項　　●独占交渉権

④ **最終契約書** 269
- ●締結の意義　　●株式譲渡契約書の主な規定事項

第8章
M&Aに関する税務

1　税務に関する基本的な考え方 ･･････････････････････････ 278
① **原則的な取扱い** 278
- ●取引で発生した経済的利益に対する課税　　●取引そのものに対する課税

② **例外的な取扱い** 282
- **コラム** 再編における海外税制の留意点(1)　284
- **コラム** 再編における海外税制の留意点(2)　287
- **コラム** 税務当局に対する事前照会（国税照会）288

2　組織再編税制 ･･ 291
① **組織再編税制の概要** 291
- ●税制適格要件の構成　　●適格と非適格の有利不利
- ●繰越欠損金や含み損益に対する利用制限　　●非適格再編の課税関係
- **コラム** 特別事業再編を行う法人の株式を対価とする株式等の譲渡 298
- **コラム** 株式譲渡時における低額譲渡・高額譲渡 298

② **非適格再編時課税関係の詳細** 299
- ●資産（負債）調整勘定　―買収会社―
- ●みなし配当と譲渡損失　―対象会社株主―
- ●みなし配当と株式譲渡損失の関係　　●みなし配当に関する実務上の留意点

③ **税制適格要件** 304
- ●グループ内再編と共同事業再編　　●税制適格要件の内容
- **コラム** 会社分割後に分割承継法人株式の譲渡が見込まれる場合の適格性の判断 310

④ **スピンオフ税制とスクイーズ・アウト税制** 310
- ●スピンオフ税制　　●スクイーズ・アウト税制（完全子法人化の課税関係の統一）

⑤ **適格組織再編後の繰越欠損金や含み損の利用** 312
- ●繰越欠損金の引継ぎと利用の考え方
- ●特定資産の譲渡等により生じた損失の損金算入制限
- ●利用が制限される繰越欠損金と含み損の範囲　　●みなし共同事業要件
- ●繰越欠損金や特定資産の譲渡等損失額の損金算入制限の特例
- **コラム** 無対価組織再編成 318
- **コラム** 流通税　―登録免許税・不動産取得税― 320

3　連結納税 ･･ 322
① **連結納税制度の概要** 322
② **連結納税制度がM&Aにおいて与える影響** 324
- ●組織再編税制との関係　　●連結納税制度開始または加入の際の取扱い
- ●連結納税制度の解消または離脱の際の取扱い

コラム 連結納税制度からグループ通算制度へ　330

4　グループ法人税制 ……………………………………………………… 337
　1　グループ法人税制の概要　338
　　●グループ法人税制の適用範囲
　　●譲渡損益調整資産の譲渡損益の繰延
　　●寄附金の損金不算入・受贈益の益金不算入
　　●法人の解散に関する課税
　2　グループ法人税制と連結納税制度の比較　345

第9章
M＆Aに関する会計

1　会計に関する基本的な考え方 ……………………………………… 348
　1　M＆Aに関する会計処理の基本コンセプト　348
　2　会計における「投資性質の変化」の判断基準　349
　　■買い手における判断基準　　■売り手における判断基準
　3　個別財務諸表と連結財務諸表の作成目的と特徴　351
　　■個別財務諸表の作成目的と特徴　　■連結財務諸表の作成目的と特徴
　　■M＆Aに関する会計では個別と連結の区分を意識することが重要

2　M＆A取引に関する会計上の属性 ………………………………… 354
　1　買い手から見た場合の取引属性と会計処理　355
　　①買い手から見た場合の取引属性　355
　　　■取得：投資性質の変化あり（単独での支配獲得）…個別財務諸表および連結財務諸表の議論
　　　■共通支配下の取引：投資性質の変化なし…個別財務諸表の議論
　　　■共同支配企業の形成：投資性質の変化なし（ただし、単独での支配⇒共同での支配）
　　　　…個別財務諸表および連結財務諸表の議論
　　②買い手から見た時系列ごとの会計処理と留意点　358
　　　■基本合意公表日　　■統合日　　■統合日以降　　■留意点
　2　売り手側から見た場合の取引属性と会計処理　360
　　①売り手側から見た場合の取引属性　360
　　　■個別財務諸表上の取扱い　　■連結財務諸表上の取扱い
　　②売り手側から見た時系列ごとの会計処理と留意点　362
　　　■基本合意公表日　　■統合日（売り手側にとっては売却日）　　■留意点

3　取得企業の決定（個別財務諸表、連結財務諸表の議論） …… 364
　1　基本的な会計処理の考え方　364
　　　■取得企業の決定による会計処理への影響　　■取得企業の決定の基本的な考え方
　　　■取得企業の決定における判断基準　　■判断基準①─意思決定機関の支配
　　　■判断基準②─主な対価の種類が現金もしくは他の資産負債の場合
　　　■判断基準③─主な対価の種類が株式である場合
　2　実務上の留意点　369

■逆取得の会計処理　　■逆取得となりうる具体的なケース

4　取得原価の配分（ＰＰＡ）（個別財務諸表、連結財務諸表の議論）… 373
1 基本的な会計処理の考え方　373
　●取得原価の算定
　　■支払対価の算定　　■付随費用の取扱い
　●取得原価の配分（ＰＰＡ）
　　■識別可能資産・負債の範囲の決定　　■各資産・負債への配分額の算定
2 実務上の論点　376
　●取得原価の算定
　　■段階取得時の再評価
　●取得原価の配分（ＰＰＡ）
　　■取得した事業セグメントごとの「のれん」

5　共通支配下の取引等（個別財務諸表の議論）………………… 380
1 共通支配下の取引等に関する基本的な考え方　380
　　■共通支配下の取引とは　　■非支配株主との取引に関する基本的な考え方
　　■共通支配下の取引等の範囲
2 実務上の論点　381
　　■親子間の合併における抱合株式消滅差損益

6　事業分離（個別財務諸表、連結財務諸表の議論）………………383
1 事業分離に関する基本的な会計処理の考え方　383
　　■事業分離とは
　　■事業分離にあたり、損益を認識するか否か（個別財務諸表上の議論）
　　■投資の継続と清算　　■結合当事企業の株主の会計処理
　　■連結財務諸表上の会計処理
2 実務上の論点　387
　　■分離元企業の税効果会計　　■事業の一部売却と減損について

7　国際財務報告基準（ＩＦＲＳ）の影響……………………………… 390
1 日本におけるＩＦＲＳを巡る主な動き　390
2 ＩＦＲＳの特徴　390
　　■財政状態計算書（貸借対照表）　　■資産・負債アプローチ　　■原則主義
3 Ｍ＆Ａへの影響　392
　　■Ｍ＆Ａに関する評価への影響　　■Ｍ＆Ａ手順への影響
4 Ｍ＆Ａ会計におけるＩＦＲＳと日本基準の主要な差異　394
　　■非支配持分（非支配株主持分）の取扱い　　■のれんの償却と減損損失の計上
5 ＩＦＲＳの初度適用における企業結合の取扱い　397
　　コラム　ＩＦＲＳとＭ＆Ａファイナンスにおけるコベナンツ（財務制限条項）399

第10章
M&Aガバナンス

1 M&A取引とコーポレートガバナンス･････････････････ 402
　1 日本におけるコーポレートガバナンス改革　403
　2 M&Aガバナンス　403

2 M&Aガバナンス基本原則 ･･････････････････････ 407
　1 権限委譲と責任の明確化の原則　408
　　●M&A取引の遂行・管理と、承認を含む監督の機能分離
　　●M&A取引の承認プロセスと権限の設計
　　●M&A取引の監督を担う機能の役割
　2 意思決定の質・客観性と一貫性確保の原則　412
　　●独立性　　●監督委員会の委員の報酬体系　　●十分な情報と建設的議論
　　●戦略適合性やリスクベース・アプローチに基づくレビューの実施
　　●M&A取引のレビューの標準化　　●M&A取引の承認
　3 組織学習の原則　416
　　●自己の経験から得た教訓からの学び
　　●監督委員会の実効性についての分析・評価からの学び

3 承認プロセスの確立･･･････････････････････････ 418
　1 承認プロセスの調整　418
　　●取引規模評価のための基準値　　●戦略的重要性評価のための基準値
　　●リスクレベル評価のための基準値
　2 承認権限の委譲　424
　3 承認のフェーズ化　425

4 承認機関によるM&A取引のレビュー･･････････････ 427
　1 戦略適合性　427
　2 プロセスの公正性　430
　　●これまでのプロセスのレビュー　　●次のステップへの準備態勢の評価
　3 仮想事例　432

索引
執筆者紹介

組版・図版／一企画

第 1 章

M&Aの場面

変化の激しい経営環境の下で、Ｍ＆Ａ＆Ｄ[*1]をどのように理解するかが経営戦略の推進に際してとても重要になってきています。これまでのやり方を踏襲するだけでは成長機会を十分に捉えることが難しくなっているからこそ、成長の可能性のあるやり方や事業領域に経営資源を投下するリスクテイクの必要性が高まっています。Ｍ＆Ａ＆Ｄはそのような経営戦略を推進するときの時間軸を短縮する効果的な手段のひとつといえますし、スピードをさらに高めていくために、ＣＶＣ[*2]を活用してイノベーションエコシステムを活性化するというような試みも増えています。

　一方、Ｍ＆Ａには大きなリスクが伴うといわれることがあります。しかし、そのような理由からＭ＆Ａが減少しているという統計的なデータは見られません。優良企業の多くは、これまでのＭ＆Ａから多くの成果を得るとともに、うまくいかなかった背景にある本質的な要因を分析し、研究成果にも学ぶことで、自らのスキルを向上させ、積極的にＭ＆Ａに取り組むという動きが大勢であると見受けられます。

　そもそも経営環境の変動スピードの上昇に伴い、経営戦略の推進を内部の経営資源（リソース）だけに依存することのリスクは高まっているといえます。これからは時間軸も考慮に入れた経営戦略とその推進方法のあり方を熟考し、内部成長や外部成長あるいは事業提携等を模索しながら経営戦略を推進していく企業がさらに増加していくと思われます。

わが国のこれまでの企業モデル

　わが国の企業が抱える経営戦略や資本政策に係わる課題については、護送船団方式といわれる強力な行政指導体制やメインバンク制という日本独特の金融システムに関連性があるといわれています。これらは戦後の金融秩序を確立し、産業界が経済成長を遂げていくために必要な資金を低利かつ安定的に供給していくためのシステムとして構築されたものです。このような歴史観を背景に形成されてきたとされるわが国の企業モデルについては、すでに深い分析・洞察

＊1　Ｍ＆Ａ&Ｄは、買い手によるMerger & Acquisition（合併や買収）と売り手のDivestiture（事業分離）を加えた概念として用いています。

＊2　Corporate Venture Capital

のもとに、多くの研究成果が発表されています。そこで、これからのあるべき企業モデルを検討するにはとても重要な視点であることから、改めて、わが国の企業モデルに内在する課題について概観しておきたいと思います。

わが国では、メインバンク制のもとに企業が資本政策を立案してきたという歴史的経緯により、ガバナンスの外部規律的な側面での中心的な役割は、最大の資金提供者であり、数パーセントの株式を保有しながら取締役を派遣するメインバンクが実質的に担っていました。そのため、結果として株主という視点が劣後され、株主を中心とする米国的なガバナンスと異なる形でのガバナンス体制が形成されてきました。

わが国のそれは、「経済的な側面を重視する米国モデルに対し、より人的な側面を重視したもの[3]」と分析されています。このような企業モデルに立脚するわが国の企業が規模の成長を志向するインセンティブとしては、主として雇用の維持（ポストの確保を含む）にあったと考えられます。このため事業拡大や多角化局面においても買収という外部成長が選択されることは少なく、市場、サプライチェーン、技術等において既存事業と何らかの関連性を有する事業領域に、内部の経営資源（リソース）を活用して進出するという内部成長策[4]がとられる例が多かったといえます。

一方で、売上高や営業利益の額といった規模の成長により売上高利益率や資産回転率等の効率性指標は全体として低下しました。しかし、必要な投資資金はメインバンクを中心とする銀行団からの低利融資で賄える[5]という財務的な安定感と売上規模拡大に伴う利益額の成長期待により、わが国の株式市場全体の平均株価は上昇していくことになります。このため株主の不満を顕在化させることはなく、本来は株主に期待されるはずの「投資に対する適正なリターン確保への外部からの規律付け」が十分に機能することはありませんでした。その結果として、企業の成長機会の減少に伴い将来に向けた収益力へのリスクが

＊３　P・F・ドラッカー著、上田惇生訳『ネクスト・ソサエティー』（ダイヤモンド社、2002）55頁
＊４　規模の成長により利益の絶対額が拡大することは、それを資金面で支えるメインバンクの利害と相反することはありませんでした。
＊５　利益額の増大は、それを資金面で支える金融機関の金利収入を増大させることで、金融機関の総資産と収入の両面にプラスの効果があると期待されていたと考えられます。

〈従来のわが国の企業モデルと米国の企業モデル〉

	わが国の企業モデル	米国の企業モデル
外部規律の中心的担い手	メインバンク	株主
基本的業績評価指標	売上規模と利益額	投資収益率
重視している企業の側面	人的側面	経済的側面
成長のインセンティブ	雇用（ポスト）維持	企業価値向上
主要な成長戦略手段	基本は内部成長	内部及び外部成長

高まっている現在でも、低い投資効率に甘んじている企業を含め、資本市場は企業経営者に寛大です。

　しかし、このような非効率な市場である限り、グローバルな直接金融市場として承認されることは難しいでしょう。わが国の企業金融の課題として議論されている間接金融中心から直接金融体制へのシフトについても、企業の自己規律を基礎に、株式市場からの健全なモニタリングが機能することが確認されない限り、直接金融市場が効率的にリスクマネーを提供することはできないでしょう。

　わが国の企業モデルを支えてきた経営環境は大きく変わっています。その変化に対処し、グローバルでの経営戦略を支えるに足る企業モデルの創造にチャレンジすることで、企業価値を高めるという課題へのコミットが経営者に求められています。

　『幸福論』（アラン）のなかに「悲観主義は気分に属し、楽観主義は意志に属する」という言葉があります。この言葉は「成り行きにまかせる人間はみんなふさぎこんでいるものだ[6]」と続きますが、人は煩悩を背負い、病や死から免れ得ない存在であることから、本能的には悲観的な考えに陥りやすいものです。しかし、進むべき将来を構想することで自らの強い意思をもって行動することこそがアランの言う楽観主義なのでしょう。これからの企業を取り巻く経営環

＊6　アラン著、白井健三郎訳『幸福論』（集英社文庫、2005）288頁

境はどのように変わるのか、それに対し企業は自らをどのように変え、どのように対処すべきなのか、強い意志を持って「楽観的」に対処する実践力を持つべきだと考えます。

2 企業の経営戦略への対応

わが国の企業がグローバルベースでの経営戦略を推進していくには、これまでの企業モデルに起因する制約を克服するために、新たなコーポレート・ガバナンスの在り方とそれを支える経営体制を現実に作りだす必要があります。それは企業が置かれている経営環境に適合し、変化に対処できるコーポレート・ガバナンスの在り方そのものの追求であり、企業が経営環境やその背景となる社会の変化に対処するために必要な進化です。これまでの企業モデルの意義を否定することではありません。

米国型の経済的側面を重視した企業モデルもわが国のそれと同様に進化が求められています。しかし、今後も企業の経済的側面は有効に機能すべきであり、様々な経営資源の提供者の期待に応え続けることの重要性に変わりはありません。一方で「ポスト産業資本主義」の社会では企業の人的側面の重要性も高まっています。新たな付加価値を生みだす源泉は目に見える資産（Tangible asset）から目に見えない無形資産（Intangible asset）にシフトしているからです。それを生みだすのは組織で働く人々です。

このように企業モデルのいずれが優れているかではなく、いずれもが組織としての企業が成功するために必要な両輪です。それらをいかに止揚し、新たな企業モデルに昇華させるか、これこそが経営者に課された重要なテーマなのだと考えます。

3 本社の役割とコーポレートガバナンス

企業グループの戦略の遂行を司る本社の役割を議論する前に、本社の役割に深く関連するコーポレートガバナンス[*7]について再確認しておきます。

＊7　コーポレートガバナンスの定義は、論者により異なり統一的な定義はありません。本書では東京経済大学経営学部の若杉敬明教授が提唱されている「経営者から、ルールを守りつつ、効率性を追求するという良質の経営行動を引き出すこと」という考え方を定義としています。

19

〈コーポレートガバナンスと企業モデルの中心的概念に基づく仕組みの考え方〉

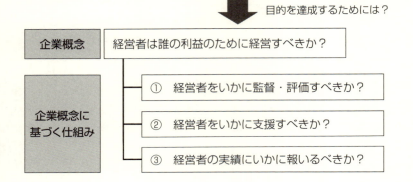

　コーポレートガバナンスについて、横浜国立大学名誉教授である吉森賢先生は「経営者に対する監視活動とその制度化[*8]」という要素に加え「経営者行動をそのような否定的な視点からのみ判断することは最高経営責任者の企業家精神を減殺する[*9]」こと等から、経営者に対する支援や実績に報いるための経済的・非経済的な報酬のあり方もコーポレートガバナンスを有効に機能させる重要な要素であると考えておられます。コーポレートガバナンスについての吉森先生の考え方[*10]を筆者なりに整理すれば、「経営者は誰の利益のために経営すべきか？」という企業概念にもとづき、経営者を監督・評価するとともに、経営者を支援し、実績に報いる仕組みの構築とその適切な運用により「良質の経営行動を引き出す」というコーポレートガバナンスの目的が達成されると考えておられると解釈できると思われます。

　このような考え方は企業が本社の役割について再確認する際に有益です。経営者を支援するための仕組みの構築とその適切な運用による企業の自己規律こ

---

* 8　吉森賢著、『企業統治と企業倫理』（放送大学教育振興会、2007）30頁
* 9　同上
* 10　吉森賢著、『企業統治と企業倫理』（放送大学教育振興会、2007）29頁。同、『日米欧の企業経営』（放送大学教育振興会、2003）11頁

そがコーポレートガバナンスの有効性を高める基礎となり得ることが示唆されているからです。

 本社の役割構造とコーポレートの役割

　特定の事業を現実に遂行する役割を担う事業部門に対して、本社は事業から離れてグループ全体のあり方を統括する役割を担う経営の中枢機能です。その本社の役割としては、①経営者を支援するグループ戦略企画、②グループが遂行する事業を支援する事業戦略企画、③グループ会社に共通する経営事務管理を支援するシェアードサービス等が必要となりますが、経営者を支援する機能横断的に構成される「グループ戦略企画」がグループとしての本社に固有の、かつ不可欠な役割であるといえます。以下ではグループとしての本社固有の役割をコーポレートの役割として、上述の広義の本社の役割と区別しています。

　経営者が果たすべき「良質な経営行動」とは、顧客、従業者、地域社会、株主等からなる利害関係者間の利害のバランスを取りながら、長期の利益を犠牲にすることなく短期の利益を実現することで、経営資源の提供者の期待に応えることにあります。そのために経営者は企業として目指すべきゴールを明確に設定することが必要です。そして、その達成に向けて必要な経営資源を確保すると共に、その戦略推進に相応しいように設計された組織に経営資源を適切に

〈本社の役割構造〉

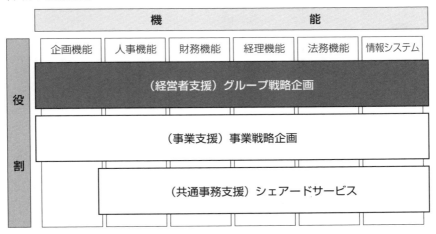

分配し、ＫＰＩ[*11]やゴールに至るマイルストーンによる目標管理を徹底することで成果を挙げなければなりません。

このような経営者の行動を支援することが機能横断的な役割を持つグループ戦略企画の基本コンセプトです。

コーポレートの役割としてグループ戦略企画が果たすべき重要なタスクは次の４つにあります。
①事業領域：グループとして目指すべきゴールの明確化
②資源配分：どの事業に注力し、資源をどう配分するかの意思決定
③組織設計：経営戦略推進に相応しい組織構造の設計
④経営管理：ＫＰＩやゴールに至るマイルストーンによる目標管理

わが国の企業は、金融機関による安定的な資金供給に支えられ、豊富な投資機会を有する事業部門がその既得権の代弁者として役員を取締役会に送るとともに、実質的な投資意思決定に深く関与してきました。このため事業部門の発言力は強く、取締役会はむしろ利害調整の場となり、経営者を支援するコーポレート本来の役割期待が高まることは少なかったと考えられます。しかし、かつての経営環境の安定性が崩れて久しく、経済成長力が低迷している現在、改めてコーポレート機能の在り方が問われています。

 利害関係者間の調整とコーポレートガバナンス

企業の存在を支える利害関係者（ステークホルダー）と企業との関係（コミュニケーション）のあり方はとても重要です。

▶顧客・地域社会

個人顧客や地域社会、さらには従業者を含めても良いと思われますが、中長期的

---

*11　組織の目標を達成するための業績評価指標の中でも特に重要な業績評価指標（Key Performance Indicatorの略）。

第1章　M&Aの場面

な視点でみればこれらの利害関係者の企業への関心の持ち方には類似する感情があります。すなわち、企業に対して利益を追求するだけではなく、その企業行動に「社会に対する責任を求める」社会の動きに同意する個人の感情です。企業の経営者やそこに勤務する従業者の一人ひとりに自らと同じ社会人としての責任の自覚と行動を求める社会の期待ともいえるでしょう。いわゆる「企業の社会的責任」（CSR）といわれる動きです。

　このような期待に応えるための経営者としての課題は、組織としての個を確立すること、言い換えれば企業の求心力となるミッション・ビジョン・バリューを全員が言語レベルで共有し、自らの規律をもってぶれずに行動する組織を確立することで、社会的な正当性を高める努力を続けることだと考えます。

●ミッション……企業はどのような社会的使命を果たすことを目的として設立されたのか、どのような社会的使命を果たしながら今後も永続的に存続し続けようとしているのか、という自分たちが存在することの意義そのものを示すもの

●ビジョン……ミッションを実践することで企業が目指したいと考える中長期の具体的目標として位置付けられる将来像であり、社会的な存在として自分たちはいつまでにこうなりたいという思いを示すもの

●バリュー……ミッションをより具体化した企業の価値観あるいは判断基準のこと。何を大切にしていくのかという企業の意思決定の指針になるもので、バリューに基づく行動によりビジョンが達成される

▶従業者

　従来の社会的な慣行であった終身雇用を前提とした人事システムは、わが国の経済の安定に大きく寄与してきたと考えられます。しかし、製造業の全産業に占めるシェアが相対的に大きいわが国では、経営者は生産量の増大にもかかわらず生産性の向上により最適な雇用者数は減少するという現実に立ち向かわなければなりません。

　経済成長下では、個別企業の最適化行動が全体最適と同一のベクトルを有するということも多いですが、縮小均衡に向かう過程では、個別企業の努力をベースにしながらも、企業間の連携や政府機関の協力を含めた社会としての対応が必要となる局面が増えると考えられます。安定的な経済から次の安定経済までの変革期においては、国全体の雇用と所得を確保するために労働力の流動性をどう高めるかという政策対応なしに、企業は効率的な労働分配率を維持し、国際競争力を高めることは

23

困難なのではないかと考えられます。このために企業の枠を超えた連携や政府機関に対するロビー活動等のあり方を意識することも経営者の課題として重要性を高めていると思われます。

▶株主

わが国には歴史的に米国的な資本市場ルールが求める実質についての認識不足がありますが、自らの規律を長期的に維持するためにも、外部規律としての株主によるガバナンスの意義を再認識する必要があると思います。

バブル崩壊により事業法人同士の株式持合いは一定程度解消の方向に進んだものの、2000年以後は20%強の水準で足踏みしています。一方で、都銀・地銀等、生・損保、その他金融の保有比率が大きく低下する一方、海外機関投資家がグローバルでの分散投資を進めたことにより、外国法人等の保有比率が急激に上昇しています。このため現在では国内外の機関投資家の存在感が高まっています[*12]。

機関投資家の株式投資を支える主要な資金は年金資金や投資信託等の個人資金であり、1企業に対しても相応の規模で投資を行うため、短期的な投機行動は取らず、中長期的に適切な資本コスト以上のリターンを目指す投資スタイルが基本となります。このため株式評価の視点も会計上の期間利益ではなく、将来収益力を評価に反映し得るキャッシュフローが重視されるようになります。そして機関投資家はコーポレートガバナンスのあり方や情報開示に対するコミュニケーションを通じて、経営に対して一定の関与を持つことにインセンティブを持ちます。特に近年、北米や欧州では、非常に洗練されたアクティビスト・ヘッジファンドの活動が、機関投資家のエンゲージメント活動と融合することで、機関投資家の関与の実効性を高めつつあります。そのような状況は、日本企業にも無関係ではあり得ないでしょう。

企業価値を高めることは、社会的な正当性を確立した企業にとって永続するためのあらゆる努力を行うことであり、経営者を含めたすべての利害関係者共通の目的とも考えられます。企業を支える利害関係者の利益のために、経営者は資本市場のルールとも真摯に向き合う必要があります。

＊12　東京証券取引所が公表する「株式分布状況調査長期統計」をご参照ください。

企業価値向上のための事業の絞り込みの必要性

　経営者の最も重要な役割は、企業と企業を支えるすべての利害関係者との関係が円滑であるように短期と長期のバランスを取ることで、経営資源の提供者の期待に応えることにあります。これは企業価値を高めることと言い換えることもできます。

　しかし、経営者が事業のマネジメントも兼務した上でグループ経営としての意思決定を行わなければならない立場にあるとすると、経営者がこのバランスを取り続けるのは困難です。情報と資本はかつてないほどのスピードで世界を駆け巡っています。事業部門の経営者は、その情報を的確に捉え、事業に関する意思決定の質とスピードという本質的なトレードオフを克服しながら、Can/Can'tではなくDo/Don'tを適切に判断し続けなければなりません。また、資本市場からは短期的に利益を上げること等の期待も高まっています。このような状況が経営者のストレスを極度に高めています。このため、経営者が一個人として、時に短期的な視点に重心がシフトしてしまうことは止むを得ないことと思われます。そこで企業グループがこのバランスをうまく取り続けるため、次のように役割を分担することは効果的かつ効率的だと考えます。
- 中期～長期：本社（コーポレート）の経営者としてのタスク
- 短期～中期：事業部門（カンパニー）の経営者としてのタスク

●事業の採算性と事業価値

　企業グループでは、通常、複数の事業が営まれています。事業を評価するＫＰＩはそれぞれの事業特性に応じて設定されますが、投資の採算性という観点からはＲＯＩＣ[*13]が資本コストを超過する部分（超過リターン）で評価することが有益であると考えられます。ＲＯＩＣはReturn On Invested Capitalの略であり、投下資本利益率を意味します。

$$ROIC = \frac{税引後営業利益}{当該事業のネット運転資本＋事業資産（有形資産＋無形資産）}$$

---

*13　ＲＯＩＣについては、第４章の101頁を参照。

資本コストは、企業に資金を提供する債権者及び株主がその見返りとして要求する期待リターンを意味します。債権者と株主とでは資金回収に伴うリスクの程度が異なる（株主は債権者に劣後する）ことから期待リターンも異なります。このため、資本コストは負債コストと株主資本コストを加重平均したものとなります。これを加重平均資本コスト＝ＷＡＣＣ[*14]（Weighted Average Cost of Capital）といいます。

　それぞれの事業の「短期〜中期」の採算性を確保することは事業部門の経営者の役割です。短期の事業採算性は、中期事業計画にもとづく投資行動を反映した結果としての月次報告や事業年度毎の実績報告にもとづき、いわゆるエコノミックプロフィット[*15]（経済的付加価値）として評価することができます。

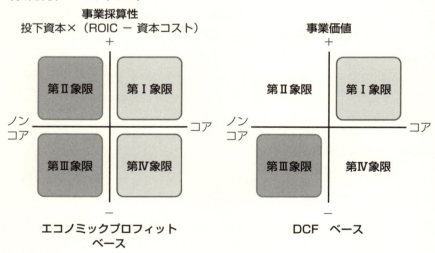

〈事業評価のマトリックス〉

　本社の経営者は、それぞれの事業の価値をコア事業への貢献も含めて「中期〜長期」の視点で評価します。これは事業から生み出されることが期待される

＊14　ＷＡＣＣについては、117頁を参照。
＊15　エコノミックプロフィットについては、96頁を参照。

キャッシュフローの見積額を、投資リスクを反映した割引率で現在価値に割引計算を行うＤＣＦ（Discounted Cash Flow）法[*16]などにより評価することができます。そのためにはそれぞれの事業が有する競争力を適切に評価し、どのように利益を上げていくか、どのように競争に勝ち残るかについての明確なストーリーに基づく中期～長期の視点で作成された事業計画が必要です。その作成・遂行過程において経営者は、企業グループに資金を提供している投資家（債権者と株主）に成り代わりそれぞれの事業への資源配分ポリシーを決定していくことになります。

通常、企業の存続を支えているコア事業であれば、コアの源泉を守るとともに、革新的な創造性を付加するために、そこに進んで投資を行うことで、中長期的には他社を上回る収益力を確保できる蓋然性が高まると期待されます。このためコア事業やコアとの高い連携関係にある周辺事業は、短期的には事業採算性マトリックス上の第Ⅳ象限にプロットされるとしても、長期的には単独事業としての投資採算性が確保されるか、コア事業全体のポートフォリオの価値を高めることで、事業価値マトリックス上では第Ⅰ象限にプロットされることになると考えられます。

〈コア事業もしくはその関連事業のマトリックス上のポジション例〉

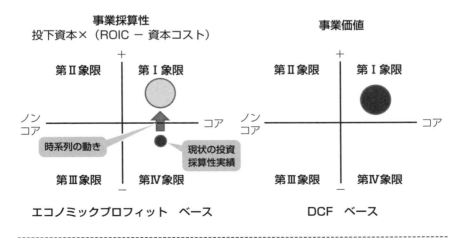

---

*16　ＤＣＦ法については、104頁を参照。

一方で、短期的な採算性は確保できたとしても、それが自ら定義するコア事業との連携性が低い事業の場合には、中長期にわたり資本コストを超える収益を確保することは困難です。経営資源の分配はコア事業に劣後するため、必要な資源を確保することは困難だからです。このため事業価値マトリックス上は第Ⅲ象限にプロットされることになるでしょう。もし、このような事業が第Ⅱ象限、すなわち長期にわたり資本コストを上回る投資収益率を確保できる事業として評価されるとしたら、それはコア事業として評価すべきポテンシャルを有しているか、あるいは事業予測が甘すぎるかのいずれかでしょう。

〈ノンコア事業のマトリックス上のポジション例〉

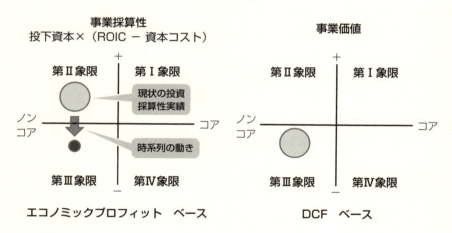

● 企業価値を高めるために経営者は「まず」何をすべきか

　わが国ではＰＢＲ（Price Bookvalue Ratio：株価純資産倍率）が１倍を下回る企業は少なくありません。企業グループ全体の投資効率が低迷しているひとつの理由として、もともと雇用確保のためにコア事業との緩やかな関連性を有する分野に内部成長により進出した経緯から、結果として経営資源が分散している可能性が指摘されます。

　多角化している事業ポートフォリオを再強化するために行うべき最初のステ

ップは戦略的に事業を売却することです。この意思決定ができず、自社としても業界全体としても投資収益率が高まらないのがわが国の企業グループ本社が抱える重要な課題です。

　ノンコア事業を売却することで経営者はコア事業に集中することができます。なぜコア事業に集中すべきなのでしょうか。

　なぜ分散投資は効率的ではないのでしょうか。

　コア事業に資源を集中させることで堅実にコア事業を守り続けるという戦略をとった企業のほうが、リスク分散のための事業ポートフォリオという考え方をとった企業よりも、結果として効率的だったからです。事業価値を高めるのは、市場すなわち高い将来性の見込める業界を選択して分散投資するよりも、戦略、競争優位性、利益の再投資機会、実行能力などを有するコア事業に集中投資することのほうが重要であることが多くのケースで実証されています[*17]。事業の成長機会が限られる中で自らの成長機会を求めるには、これらに優位性のある領域で、優れた創造性を発揮して革新的なアイデアをもって勝負することが効率的なのです。その結果として、自らの競争優位性を高めるチャンスをつかむことができるのです。

〈ノンコア事業の売却時期による事業価値（売却価額）の変化〉

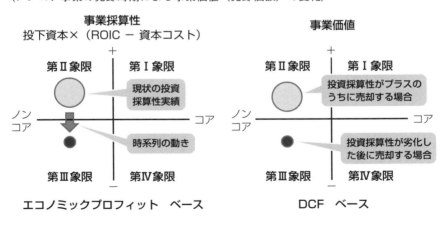

＊17　C・ズック、J・アレン共著、『本業再強化の戦略』（日経BP社、2002）2頁参照。

ノンコアとして位置付けられながら、第Ⅱ象限に分類される事業は、当面の
ＲＯＩＣは資本コストを上回っています。このため経営者には自社内に留めて
おきたいと考えるインセンティブがあります。しかし、企業グループにとって
ノンコア分野に属する事業であり、経営資源の分配はコア事業に劣後します。
このため業界内での十分な成長は見込めず、この事業で働く従業者にとっても
満足が得られない可能性があります。このような事業は戦略的に早期に売却す
ることを検討すべきです。この象限に分類される事業は一般に売却時期が遅れ
る傾向にありますが、売却が遅れるが故に企業価値を破壊することにならない
ような十分な配慮（意思）が必要です。これまでわが国では事業売却に関する
抵抗感は強く、事業価値が劣化するまで意思決定できないケースは多く見られ
ました。しかし、コア事業との連携性が低く、マーケットでのリーダーと互角
に競い合うに十分な戦略投資を選択できずに、市場での競争力低下が免れない
事業については、事業価値が毀損する前に売却することでより多くの売却資金
を確保し、それをコア事業に注入することを改めて検討すべき時期にあるとい
えます。ＥＰＳ（Earnings Per Share：一株当たり利益）やキャッシュフロー
が減少するというような反対意見は予想されます。しかし、適切に評価された
金額のレンジ内で売却価額が合意されているならば、その影響が株価に与える
程度は概して懸念するほどには大きくはないはずです。

　第Ⅲ象限に分類される事業は、ＲＯＩＣが資本コストを下回っており、かつ
ノンコア分野に属する事業と判断されています。このため速やかに売却するこ
とが合理的です。しかし、企業価値向上に貢献していないとはいえ、足元の利
益が黒字の場合[18]には、売却の意思決定を留まらせようとする反対意見にぶつ
かるかもしれません。多くは事業の経緯に起因する感情的な問題と思われます
が、黒字事業の売却は一株当たり利益を下げますし、売却時に事業譲渡損失が
生じることも多いため、売却の意思決定を躊躇させるインセンティブは皆無で
はないのです。このため経営者は事業価値の考え方を正しく理解し、長期的な
視野でぶれずに合理的な意思決定を下すことが必要です。事業ポートフォリオ

＊18　ＲＯＩＣが資本コストを下回っても、正常収益力で負債コストを賄える限り、黒字は確保されま
　　す。

を再構築するという意思決定は、財務戦略上の合理性だけではなく、経営者の企業価値向上に対する意思を内外に示す重要なメッセージとなるのです。

●企業価値を高めるために経営者は「次に」何をすべきか

　企業が持続的な成長力を維持するには、コア事業に資源を集中させることで堅実にコア事業を守り、磨くことが必要です。それには自らのコア事業を明確に定義することがとても重要です。ここにコア事業とは企業の本質を示すもので、緩やかな定義としては、「企業のミッション達成に不可欠な、商製品、スキル、顧客、チャネル、地理的要因の組み合わせ」とされます[19]。

　かつて伝統的な産業では、同じビジネスモデルを前提にした競争環境にありました。しかし、現在ではまったく異なるビジネスモデルとの競争も普通に見られるようになりました。例えば、楽天やアマゾンのような新たなビジネスモデルを掲げたネット通販業者と従来型ビジネスモデルの量販店との関係は典型例です。異なるビジネスモデルとの間での競争により業界構造に大きな変化が生じている状況では、かつてのように自らのコア事業を明確に定義することは難しくなっています。かつての業界構造を超えた競争状況がコア事業の境界線を明確に定義することを困難にしているからです。

　しかし、自らのコア事業を定義し、組織内でのコンセンサスを獲得することが経営者の重要な責務です。コア事業の本質を見極め、商製品、スキル、顧客、チャネル、地理的要因のどこを強化する必要があるのかを明らかにしていくことが経営戦略の要となります。すなわち、現状とグローバル競争に立ち向かうために目指すべき姿とのギャップをどう埋めるかを経営戦略に落とし込み、その実践の手段を検討することが経営戦略の骨格部分を構成します。その手段としては、わが国の企業が得意としてきた自力成長が効率的な場合もあるでしょう。あるいは、他社との事業提携で対応できるケースやM＆Aによる事業買収が選択されることも増えてくるでしょう。業界の変化は業界の外の世界で生じた変化に影響を受けることも増え、業界を超えて技術が交差することも珍しいことではなくなりました。これからはこれまで以上に多様性が企業の武器となる可能性は高まります。いずれにしても企業の枠を超えて互いに協力すること

＊19　Ｃ・ズック、Ｊ・アレン共著、『本業再強化の戦略』（日経BP社、2002）30頁参照。

を学ぶことで企業の生命力を高めるチャレンジがM＆Aに他なりません。

　M＆Aは、当然のことながら一定の目的を達成するための手段であり、それ自体が目的ではありません。その目的は経営戦略の推進により組織の永続性を確保することにあります。

　そのために経営者に求められることは次の３点です。

① 　事業買収に際しては買収により実現すべき目標を明確に認識する
② 　目標の達成のために規律のある意思決定を行う
③ 　事業買収の成果を適切にモニタリングする

　これらについて以下第９章までは、主にM＆A取引の遂行と管理、そしてM＆A取引の後について経営者（執行）側の役割・視点となるイシューを中心に議論します。

　また、本版から追加した第10章においては、経営者（執行）と監督が両輪となって経営戦略を結実させ推進させるためのM＆Aガバナンスのあり方に関して、次の３点を中心に議論します。

① 　透明性を担保した権限委譲と責任の明確化を図り、意思決定の質・客観性と一貫性を確保し、プロセスの評価やその向上のためのフィードバックの仕組みを構築すること
② 　組織的監督の実効性と効率性を両立させることが不可欠であり、取引をどう監督し、承認するかのプロセスを確立する必要があること
③ 　M＆Aガバナンスでの「監督」においては、次の２点を確保することに焦点を合わせた取引のレビューとすること
　　㋐　戦略適合性
　　㋑　プロセスの公正性

第2章

M&Aのプロセス

7 M&Aのプロセスの全体像

　M&Aは、企業が行う通常の取引に比べて高額な取引となるだけでなく、従業員や取引先などとの関係を承継する「事業の売買」であることから、M&Aの対象となる会社[*1]（以下「対象会社」といいます）だけでなく、買い手・売り手やそれらの利害関係者に長期にわたり重要な影響を及ぼすことになります。このためビジネスにおける将来性はもとより、従業員への影響や買い手・売り手の財務・税務・法務上のリスクなども含めた多面的な検討が必要です。同時に、M&A後の各社への影響の大きさに応じた検討も求められます。その一方で、情報管理上の問題、買い手の事業展開のスピード感、売り手の資金ニーズや対象会社の財務状況などの理由から、限られた時間の中での検討を求められるのが通常です。

　短期間に多面的な検討を慎重に行うために、第三者を利用することがあります。しかし、関係者が増えることで目的や優先順位が混乱し、検討プロセスが複雑化してしまう可能性もありますので、買い手や売り手の事務局がプロセスをコントロールすることは非常に重要です。また、最終的には買い手および売り手が、交渉の結果得られた条件を評価し、取引を実行するか否かの意思決定を行うことになりますが、短期間のうちに、非日常的かつ重要な意思決定を迫られるため、誤った判断を下してしまう可能性も高まります。

　多くの当事者を巻き込んでいるというプレッシャーを受けながら短期、多面的、慎重性という相反する属性の意思決定を適切に行うために、過去蓄積された失敗と成功の経験を踏まえて構築されてきたプロセスがいわゆるデュープロセス（適正な手続き）といわれるM&Aのプロセスです。

　＊1　本章では、買い手もしくは売り手が個人（実質的な個人保有の法人含む）の場合は想定しておりません。基本的な考え方は法人を前提とした場合と変わりませんが、法人の場合と異なり、個人は経済的利益を追求する「義務」はないことに留意が必要です。例えば、創業家が売り手の場合は、これまでの経営理念や人材の継続雇用にこだわりを有する場合もあり、買い手はその事業に対する思いに配慮して交渉することも必要です。

第2章　M&Aのプロセス

　M&Aの成功確率は一般に3割程度と言われていますが、成功という「結果」の確率を上げるためには、「プロセス」を形式的に行うのではなく、M&Aの目的に照らして意義のあるものにしていく必要があります。また、株主はもちろんのこと、債権者や従業員からの協力を引き出すために、なぜ、このM&Aが必要で、どのようなプロセスで検討したのかを明確化することで、アカウンタビリティーを確保する（利害関係者の理解を求める）ことも重要です。

　以下においては一般的なM&Aプロセスを示し、各プロセスの留意点を記載します。ただし、一般的なのはプロセスであり、一般的なM&Aはありません。このため実際の案件の遂行に際しては、そのときの状況に合わせて、各プロセスの要否、内容、優先順位などを検討する必要があります。
　M&Aのプロセスは、買い手・売り手ともに事前検討フェーズ、交渉フェーズ、実行フェーズの順に行われます。

〈一般的なM&Aプロセスの概要〉

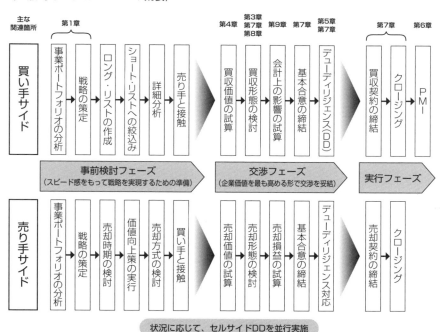

各フェーズでの具体的な検討内容は買い手と売り手で異なりますが、それぞれのポイントは概ね同様です。

事前検討フェーズ	自ら計画的に準備を行うこと
交渉フェーズ	お互いの企業価値を高めるように交渉を行うこと
実行フェーズ	交渉結果を実現すること

　各フェーズの詳細については、それぞれ買い手と売り手の視点から検討します。

第2章　M&Aのプロセス

事前検討フェーズ

1　買い手の視点

　買い手にとっては、戦略実行のためにどのような経営資源が必要で、そのうち外部から「何を調達するか」が重要な検討事項です。この点、事業のポートフォリオの評価と、それにもとづき立案された投資戦略がM&Aを検討する際の基礎となります。

　「何を調達するか」が明確であれば、それをどうやったら調達できるかが次の検討課題です。M&A案件が投資銀行等から持ち込まれるのを契機にゼロから検討を始めるというスタンスの会社もあります。しかし、持ち込まれてから検討を開始するのではスピードにおいて海外の競合先に負けてしまう可能性は高まります。また、オークションなどのプロセスでは、価格が高騰したり、表面的な価格は同じでも契約条件により実質的に高値での買収となることで、その後の投資回収の難度が高まる可能性があります。オークションというプロセスは、買い手に対して優位性を確保する売り手の巧妙な売却戦略の1つであり、買い手にとっては買収のハードルを上げることになりかねません。このためオークションになる前に対象会社との関係を構築し、万が一、オークションになったとしても対象会社からの要望で自社が選ばれるような状況を作り出しておくことができれば望ましいと考えられます。

　このためには日頃から売り手や対象会社との良好な関係を作り、維持しておく、あるいは案件が持ち込まれた場合に即座に対応できる体制を普段から準備しておくことが重要です。

　そのための準備として、まずロング・リスト作成から始めます。ロング・リストとは、買収対象としてのおおまかな基準（取扱い商品、地域、売上規模など）を設定して、対象となりうる企業を広くリストアップしたものです。ロング・リストの作成段階では、事業のポートフォリオを検討する段階で設定した事業領域よりも範囲が狭くならないように留意する必要があります。

37

具体的に何を調達したいかが明確になった段階で、ロング・リストをもとに
ショート・リストに絞り込みます。ショート・リストとは、対象会社との接触
を念頭に置き、戦略上の重要性を考慮して設定した基準により対象会社を絞り
込んだリストです。具体的な基準としては、事業内容、製品ブランド力・技術
力・地域シェアなどの強み、役員構成、財務状況などが挙げられ、このような
基準に従いスクリーニングされた上位数社に絞込み、これらの会社に対してよ
り詳細な分析[*2]を行います。

　絞込みの手順としては、売却の意思がないことが明らかな企業や独占禁止法
等の法令により取得が許可されない可能性の高い会社を除外することも考えら
れます。しかし、売却の意思がないとしても状況が変わる可能性はあります。
また、法令やその解釈が変わる可能性もあります。さらに売却という選択肢は
ないとしても、提携や合弁事業であれば可能性はあるかもしれません。買い手
としての目的を達成する（必要な経営資源が調達可能）のが目的であり、その
ためには制約条件が存在するからといってはずすべきではなく、必要な経営資
源を有している対象会社に対しては、あらゆる可能性を検討して、自らの目的
を達成することが重要です。

　対象会社もしくはその株主への接触をどのように行うかはケースバイケース
ですが、通常はM＆Aを検討していることが競合他社に明らかにならないよう
に、また買い手が上場会社の場合にはインサイダー情報の流出が生じないよう、
投資銀行等の代理人を通して接触することが望ましいと考えられます。なお、
最初の接触では売り手が興味を持つか否かの確認に留めるべきと思われますが、
情報が不足している段階で具体的な条件提示などを行うことは後日の期待ギャ
ップや感情的なしこりにもつながりかねないことに十分に留意する必要があり
ます。

＊2　非公開企業の場合には、詳細な分析を行うための情報がなく、そのまま接触せざるを得ない場
　　合もあります。

売り手の視点

　事業のポートフォリオの評価と、それにもとづき立案された戦略がM＆Aを検討するベースとなる点は買い手と同様です。売り手にとって「何を売るか」は重要な検討事項ですが、売り手の場合には「売るべきものの選択」よりも「売るべき時期に売る決定を行う」ほうが難しいことが多いでしょう[*3]。

　わが国では、従来から事業の売却というと後ろ向きな響きがありますが、必ずしもそう捉えるべきではありません。いずれの会社も経営陣を含む人材や資金といった経営資源の量には限界があり、限られた経営資源を有効に使わなければ、企業の存続すら危うくなります。このために戦略に合致しない事業を早期に売却し、成功確率の高い事業に集中することは前向きなことと捉えるべきです。また、戦略に合致しないと判断した事業を保有し続けることは、その事業に関わる従業員のモチベーションを低下させることにもつながります。すべての当事者にとって前向きな判断であることを認識し、かつ理解を得られるように努力した上で、適切な時期に「売る決定」を行うことが重要です。

　「売る決定」が下せても、買い手が見つからない可能性はあります。

　売却可能性の有無については、対象事業単独で将来キャッシュフローがプラスを維持できていることが重要です。しかし、時期を逸したことで将来キャッシュフローのマイナスが見込まれ、事業価値がマイナスとなっている場合には、対象事業単独では存続できないことから、事前にリストラを実施する等の荒療治も覚悟しなければなりません。

　また、売り手として売却先がどこでもいいということは稀であり、当事者全員が前向きになれる売却先を見つけることは容易ではありません。オークションでも決して誰にでも声をかけて買い手を募るわけではなく、一定の売却先候補から選択することが一般的です。この結果、取引が成立するか否かについても不確実性が高まります。だからこそ、計画的に（早期に）売却する必要があると考えます。

[*3] ここでは事業売却を前提としており、会社清算や徐々に規模を縮小するなどの方法については記載を割愛しております。

3 交渉フェーズ

　交渉フェーズでは、買い手・売り手がそれぞれ対象会社の企業価値を試算した上で、その試算をベースに価格・条件交渉を行います。買収ストラクチャーの検討などもこの段階で行われます。双方が本格的な交渉を行う意思をある程度固めた段階で、通常は法的拘束力のない基本合意書（LOI：Letter of Intent）で相互に理解を確認しあい、その後に価格・条件交渉の前提を検証するためにデューディリジェンス（対象事業の調査）を行うことになります。

1 買い手・売り手共通の考え方

●企業価値の最大化と交渉上のポイント

　交渉フェーズにおけるポイントは、買い手・売り手共に「企業価値を高めるように交渉を行うこと」にあります。

　売り手は保有しつづける場合に得られると見込まれる価値以上の価格での売却を求め、買い手は対象会社のスタンド・アローン・バリュー（単独で運営した場合の価値）をベースとして、M＆Aにより得られると見込まれる価値（シナジーを加えた価値）以下の価格で取得できれば、理論上は事業価値が向上する可能性があります。両社が企業価値を向上させると考える価格に重なり合う部分があれば、どちらかが勝者で、どちらかが敗者とはならず、お互いに企業価値が向上するように交渉することが可能となります。ここにM＆Aの経済的な意義があると考えられます。

　交渉では、まず両社が認識している重要な前提条件をすり合わせる必要があります。それぞれが自らの意見を根拠を持って主張していく必要があります。通常、対象会社に対しては売り手が情報優位性を有しているため、買い手はデューディリジェンスを実施することでその情報格差を埋めていきます。

　情報格差がある程度埋まったとしても、売り手と買い手では立場が異なるた

40

第2章　M&Aのプロセス

〈買い手と売り手の価値の関係〉

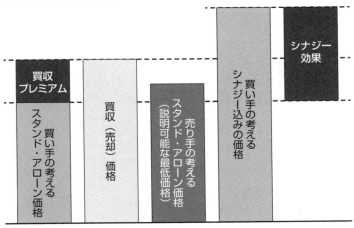

め、両社が考える対象会社の企業価値は一致するものではありません。この1つの要因としてスタンド・アローン・バリューとシナジーを加えた価格（もしくは不足する資源を補填した場合の価格）を混在したまま交渉していることがあります。両者を明確に分けて提示することは交渉という局面では困難ですが、両当事者が2つの価格を分けて理解できていれば、お互いの主張の差異を理解できるようになります。

　さらに、両社は一定の手法（例えばディスカウンテッド・キャッシュフロー法など）にもとづいて企業価値を算定していますが、いずれの方法を採用する場合にも対象会社の類似会社を基礎としてベータ（β）値や倍率が決まってくることから、類似会社をすり合わせることで議論がし易くなる可能性があります。

　このような議論は当事者同士では冷静にできないことがあります[4]。また、類似会社についてもM&Aに慣れていない場合、それをすり合わせる意義について理解が得られないこともあります。そのような場合には第三者として投資銀行などのフィナンシャル・アドバイザーを利用することが、冷静で円滑な交

---

*4　特に事業面での知見の必要性から、当事者が交渉に同席する場合には、客観的な視点での議論はしにくいと考えられますので、交渉はコーポレート部門が行うことが全社的な視点からは望ましいと考えられます。

渉を進める上で有益です。また、取引関係がある会社間での交渉の場合には、当事会社間での感情的なしこりなどを残さないといった点でも有益であると考えられます。

　企業価値評価に際しての前提条件に加え、取引に当たっての両社の制約条件についても、一定の共通認識を得て、相手の立場からも合理的な経営判断となり得るかどうかを意識して交渉に臨むことが、交渉を迅速かつ有意義に進める重要なポイントとなります。

　例えば、売り手としては誰にでも売れればいいと考えるわけではないことは前述のとおりですが、それは従業員の雇用継続、取引先への配慮（特に売却しない事業にも影響がある場合）など、売却後の自社への影響に配慮する必要があるためです。さらに資金ニーズの規模とそのタイミングなども考慮する必要があります。

　買い手についても、一定以上の市場シェアを取得することになる場合に独占禁止法の申請などの法的な制約があり、取得後にやむを得ず特定の事業所を売却しなければならないなどの制約が生じる可能性を考慮する必要があります。

●取締役等の説明責任

　このようにして決定された価格であっても、取締役が株主などの利害関係者に根拠を示して価格の合理性を主張するには難しい面があります。価格の基礎となる事業計画は将来に対する見通しであり、またシナジーはその時点では仮説でしかないためです。

　会社法上、株式会社と取締役との関係は委任に関する規定に従います。このため、取締役には善良な管理者としての注意義務（善管注意義務）が課されることになります。したがって、通常の業務と同様に、M＆Aを実行する場合にも、取締役には合理的な経営判断が求められます[5]。

＊5　日本ではM&Aに関する訴訟は少ないですが、米国では判例により経営判断の原則が確立しています。経営判断の原則とは、取締役が経営判断の対象に利害関係を有していないことを前提として、取締役が経営上の意思決定を行った場合には、十分に情報を得て、誠実に会社にとって最善の利益のために意思決定を行ったものと推定するルールです。ただし、株主の側がその推定を覆す立証を行った場合には、裁判所が積極的に介入して審査することになります（参考文献：商事法務No.1562「M&Aの交渉と取締役の判断（上）」岡崎誠一）。

第2章　M&Aのプロセス

　合理的な経営判断といえるためには、M&Aが戦略に適ったものであることは当然の前提として、交渉が公正に行われ、最終的に合意された価格が株主の利益に資するものであることが求められます。

　この点、M&Aのプロセスでは非日常的な対応・判断が求められる局面も多いため、外部に合理的な経営判断のサポートを求めることが一般に行われています。そのため、当事者以外に、ディール全体を管理して交渉をサポートするフィナンシャル・アドバイザー、企業価値評価・買収形態の検討・会計上の影響の試算・デューディリジェンス等をサポートする専門家（投資銀行・弁護士・税理士法人・監査法人等）などの第三者が登場することになります。

　ただし、第三者が検討していることのみをもって取締役の責任が免責されるわけではありません。取締役および案件を管理する事務局は第三者をいかに有効に利用し、買い手または売り手として納得の得られるプロセスをどう確保するかについて考える必要があります。

〈各フェーズごとに登場する第三者〉

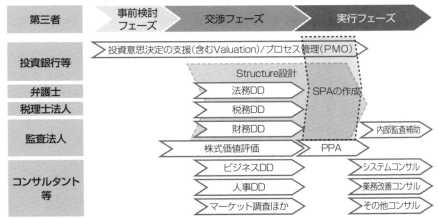

※第三者で、「等」としている部分については、監査法人等が行う場合もあります。
※PPA（Purchase Price Allocation）とは、M&Aにおいて、買い手が対象事業・企業を買収するために支払った対価を、無形資産を含む取得資産・負債に配分する手続きをいいます。

　特に取締役の責任が言及される場面としては、買い手と売り手に利害関係がある場合（MBO、少数株主の存在する子会社との取引[*6]など）があります。買い手優位の状況で一方的に価格が決まっているのではないかという疑念が外

43

観的に生じるためです。このような場面では実質的な検討が行われていることはもちろんですが、それだけではなく買い手と売り手がそれぞれ外部アドバイザーを採用して交渉を行う、利益相反のある取締役は意思決定プロセスに参加しない等、買い手と売り手が通常のM＆Aのプロセスを経ていることを示す外観を整えることで、ステークホルダーへの説明責任を果たしていく必要があります。

　これまで買い手・売り手共通の基本的な考え方を整理してきましたが、以下では買い手と売り手それぞれの視点から特有の考え方を解説します。

　なお、本章は交渉にあたっての双方の基本的な考え方を整理しており、企業価値評価・ストラクチャーの検討・会計処理等の具体論には触れていません。詳細については次章以降を適宜ご参照ください。

② 買い手視点の考え方

●適正価格の判断の難しさ

　適正価格は一般に事業から得られるキャッシュフローを基礎として見積もることが多く行われていますが、買い手が適正価格を見誤るリスクは売り手のそれよりも高いといえます。ここには2つの理由があります。

　第一に、将来予測は現在の情報を基礎として行うことになりますが、売り手と比べて買い手は対象事業についての情報を限定的にしか持っておらず、かつ、その事業の運営経験が乏しく、将来を見積もるだけの情報処理能力に劣後するためです。これについては、限界はありながらも、ビジネスおよび財務デューディリジェンスでの情報収集で補強する必要があります。それでも不足する部分については、得られる可能性があるシナジーの影響も含めて経営判断を行う必要がありますが、重要な部分にブラックボックス化した部分が残る場合には、

＊6　MBO（Management Buyout）には、売り手である株主から経営を委託されている経営陣が買い手になるという点で、利益相反があると考えられます。また、親会社による子会社の完全子会社化のための取引では、買い手である親会社から任命されている子会社の取締役は、売り手である少数株主との間に利益相反が生じていると考えられます。

第2章　M&Aのプロセス

意思決定にあたり撤退も含む高い規律が求められると認識すべきです。

　第二に、この案件を前向きに捉えれば捉えるほど、案件の成立が目的化し、シナジーというマジックワードで価格差を吸収してしまおうとの意識が働くためです。

　特に案件がオークション形式で行われる場合には、参加している他の買い手が上乗せし得る価値を意識するため、判断の難度は高まります。

　状況に応じて、落札できない可能性や高値での買収となる可能性について配慮しながら意思決定する必要がありますが、シナジーは自ら設定した仮説に過ぎず、実現しない可能性もあること、シナジーには必ずしもプラス面だけでなくマイナス面もあることに留意し、価格に織り込む際には慎重を期す必要があります。

●発見されたリスクのコントロール

　デューディリジェンスは、企業価値を見積もるための情報収集とともに、リスクの抽出を目的として行います。そこで検出されたリスクの対応策の検討にあたっては、企業価値への影響を最小限に留めるため、そのリスクの属性に応じた検討が必要です。

　リスクは、制度面からは買収時のリスクと買収後のリスクに分類でき、加えて発生確率を考慮する必要があります。このほか経営資源（人材、取引先など）ごとにリスクを整理することも考えられます。

　このようなリスクコントロール方法としては以下のような対応などが考えら

〈制度面からのリスク（例）〉

	買収時のリスク	買収後のリスク
法　律	・未発見のリスクによる過大な買収対価の支払	・過去の事業運営にもとづく訴訟リスク（ＰＬ法など）
税　務	・過去の不適切な決算による追徴等の可能性 ・繰越欠損金・含み損益の利用可能性 ・資産調整勘定（のれん）の損金算入ができない可能性	・業績悪化・改善の延期により必要なタックスシールドが得られない
会　計	・資産の時価評価方針によりのれんの増加が生じる。これに伴いのれんの償却費負担が増加	・事後的に資産の毀損・負債の追加等が検出される ・見込んでいた税効果が取り崩されるリスク

45

れますが、実際にどのような対応策を取るべきかは、リスクの属性・定量化の可否・重要性、売り手の信用力等により変わってきます。

A）買収価格への反映

リスクの定量化が可能な場合には、買収価格に反映することを主張することが合理的であると考えられます[*7]。しかし、両社が合意する形でリスクを定量化することには困難性が伴うこと、特に売り手がオークション方式で売却しようとしている場合には、他の買い手候補との競争上不利に働く可能性にも留意が必要です。

B）ストラクチャーによるコントロール

リスクを合理的に把握することが困難な場合、ストラクチャーによりコントロールすることの可能性を検討することが考えられます。例えば、土壌汚染がある可能性のある土地を譲り受けずに賃借する、簿外債務のリスクを遮断するために、事業体全体ではなく、対象事業だけを譲り受けるなどです。ただし、ストラクチャーはリスク以外の要素も考慮して、当事者双方の合意のもとに決定されるため、常にこれらの手法が採用できるわけではありません。

C）クロージング・コンディションによるコントロール

リスクの重要度が高い場合でも、買収完了（クロージング）時までに売り手がリスクを消滅させる見込みがあるのであれば、リスク消滅を取引成立の条件として契約することも考えられます。

D）補償条項によるコントロール

表明保証（Representations and Warranties）などを前提とした補償条項で担保する方法も一般に活用されています。表明保証とは、売主および買主が対象会社の状況について相手方に保証することです。ただし、売り手が個人などの場合、現実に補償を求める際には手元資金がない可能性もあり、公開買付な

＊7　クロージング後のリスクの顕在化状況に応じて価格が変更する規定（価格調整条項）を契約書で記載することもあります。

ど不特定多数との取引の場合には、大株主以外と契約を行うことが困難であることから、表明保証は万能ではありません。

また、人材の流出や取引先の引継ぎなどの重要な経営資源の承継に起因するリスクについては、契約書に売り手や対象会社の経営陣に引き止める努力をすることを義務とすることが考えられますが、これをもって安心することはできません。

E）PMMによるコントロール

買収後のリスクはPMM[*8]により買い手自らコントロールせざるを得ないものも少なくありません。例えば、対象事業のキーマンの確保です。買収時にキーマンを引き継げるかどうかという短期の事象については、他の方法でもコントロールは可能なのかもしれません。しかし、買収後にキーマンが引き続き会社に残り意欲的に統合後の会社に貢献してくれるかは、統合後の職場が個人お

〈発見されたリスクのコントロール〉

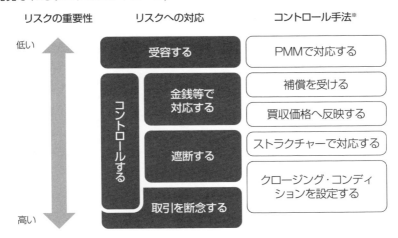

※リスクは複数あるため、そのリスクに応じて対応方法を検討する
※採用するコントロール手法は1つとは限らない
※採用するコントロール手法は、買い手の交渉力に影響を受ける

---

*8　Post Merger Managementの略。PMMとは、経営統合後の新会社の企業価値向上に向けた統合プロセスの管理手法を指します。

よびチームとして魅力的であるか、個人としてふさわしい処遇を提供できるか等にかかっているといえるでしょう。

これは顧客との関係においても同様です。

●株主・債権者等に対する説明責任

M&A取引の公正さを担保する一環として、法制度上、ステークホルダーへの説明について様々な開示要請がなされています。

まず、会社法上、組織再編を利用する場合には、株主・債権者のために契約内容等を事前開示する必要があり、取引終了後に利害関係者の保護手続きの経過等を事後開示する必要があります。また、投資家向けには、金融商品取引法や金融商品取引所規則により、一定の重要な取引について契約内容等の開示が求められています。

また、法制度上の開示要請以外にも、経営上重要な影響が生じる場合には、大株主や金融機関には事前または公表直後に説明を行い、理解と協力を求めることが一般的です。これらの説明に際しては、買収した結果としてどのような財務諸表になるのかという数値での説明が必要となります。買収事業の貸借対照表が買い手に計上されるとともに、買収事業単独の損益とシナジーやのれんの償却などが損益計算書に計上されることで、投資効率にも影響が生じます。したがって、投資家を含む利害関係者への説明責任を意識して、交渉フェーズから財務数値への影響も検討することが必要です。

対象会社の従業員に対しても公表後速やかに説明を行い、今後の処遇等についての不安を取り除くことが重要です。

3 売り手視点の考え方

●適正価格の考え方

売り手は買い手と異なり、対象事業の情報へのアクセス可能性が高く、これまでの事業運営の経験から将来の予測能力も高いため、一般に売り手が適正価格を見誤るリスクは買い手よりも低いといえます。

しかし、価格交渉に際しては2つの点で留意が必要です。

第2章　M&Aのプロセス

　1つは、売却後に生じる取引や影響を反映する必要があることです。売り手は対象事業が自社（もしくは自社グループ）の中にある際の業績については十分に把握していることが多いと考えられますが、対象事業が売却された場合、いままで明確に区分されていなかった（もしくは意識すらされていなかった）コストやシナジーについて把握し、売却価格に反映する必要があります。例えば、集中購買によるスケールメリットや研究開発ノウハウの共有などです。これらを把握し、価格に反映させるためにセルサイド・デューディリジェンス（146ページのコラム参照）を行うことが有益な場合もあります。

　もう1つは、買い手が期待するシナジーの一部を享受すべく交渉することが必要ですが、誰に売却するかで買い手が期待するシナジーの程度は大きく異なるということです。買い手が事業会社（ストラテジック・バイヤー）である場合には、既存事業とのシナジーを取引価格に反映できる可能性がありますが、買い手が期待するシナジーの程度は買い手により大きく異なります。一方、投資ファンド等のファイナンシャル・バイヤーの場合には、事業面でのシナジーが生じることは稀であることから[9]、投資ファンドはコスト削減効果の可能性、負債比率（レバレッジ）をどの程度上げることが可能か、ストラクチャーによりタックスメリットを享受することが可能かという事業面でのシナジー以外の要素により買取価格の向上を試みることが一般的です。

　したがって、相対取引よりも多数の候補者が参加するオークションのほうが、高い価格を引き出せる可能性が高くなるため、オークションでの売却を検討するケースは増えています。しかし、一方でオークションの過程で候補者を絞り込むとはいえ、多数の参加者に事業の情報を開示することになるため、情報の管理が難しく、また逆に情報を限定しすぎると買い手が上述のシナジーを検証できなくなる結果として、提示価格が低くなる可能性もあります。

●リスクのコントロール

　売り手のリスクコントロールは、PMMによるコントロールを除き、基本的には買い手と裏表の関係にあります。すなわち、売り手の立場としては、リス

＊9　投資ファンドの出資先に競合があり、その競合先との統合等によりシナジーを期待して買収する場合もあります。

クは可能な限り売却時に買い手に移転することを主張することになります。

　売り手の立場で重要なのは、リスクの事前整理と買い手への適切な開示です。買い手はリスクに関する網羅性や重要性の判断に確信が持てない場合、買収価格を低めに提示することでリスクを反映しようとします。売り手として認識しているリスク情報についても、整理した上で積極的に開示することが買い手との信頼関係につながり、結果として売り手にとっても有利な売却価格につながる可能性は高まると考えます。

　特に事業の一部を切り出して売却する、いわゆるカーブアウトの場合、分離事業と残存事業で共有する経営資源が存在したり、分離事業と残存事業の過去情報が区分整理されていない等の点で、リスクの事前整理に手間と時間がかかることが想定されますので、早い段階で前述のセルサイド・デューディリジェンスを活用することが考えられます。

●従業員等に対する説明責任

　ステークホルダーへの説明について買い手の場合と大きく異なるのは、売却事業の従業員への説明です。売却事業の従業員の環境は大きく変化することが想定されるため、1人ひとりの反応も、不安からより神経質なものになりがちです。従業員が反感を持ち、非協力的になれば、売却価格への影響可能性や、買い手が取引を撤回する可能性もありますから、丁寧な説明を迅速に行うことを心がける必要があります。一方で、情報管理の観点からは、取引公表前に情報を知っている者は可能な限り少数とすべきであり、情報共有のタイミングと範囲は慎重に検討する必要があります。

　財務面での影響として売却による損失が見込まれる場合には、取引の合理性についてステークホルダーから厳しい目が向けられることが想定されます。また、その損失が多額になる場合には、財務戦略上の問題としても、売却価格の妥当性[10]とその売却時期について再考を促されることもあります。

＊10　適正価格には一定の幅があり、交渉により異動する従業員の処遇などを優先した結果として適正価格が、コーポレートが想定している価値よりも低くなることがあります。その場合には売却価格の妥当性について再考を促される可能性があります。異動する従業員の処遇などは、残った従業員の心情にも影響を与え、結果として処遇を重視することが売り手として必要になることもありますが、その影響は数値化しづらいこともあります。

第2章　M&Aのプロセス

4　実行フェーズ

　デューディリジェンスにおいて抽出されたリスクへの対応などの交渉の結果を、具体的に買収契約書[*11]に明文化し詳細な条件としてを決定するのが実行フェーズです。交渉時においては若干曖昧にされていたこと、理解に齟齬があったこと、社内調整プロセスで新たに生じた条件などが文書として交渉されることになります。わが国の企業間のM&Aで取引実行後も取引関係が継続するような場合、すべての条件を契約書に織り込むことが効率的か否かは議論があるところですが、事後的に問題が生じた際にそのときの担当者がいるとは限らず、記憶も曖昧になることから、契約書に限らず、誤解のないよう条件を明文化しておくことは両社にとって必要です。

　特に、売り手はクロージング後の対象会社に対するコントロールを失うことから、事後的に補償などの影響が生じることを避け、補償範囲を狭め、できるだけ価格として織り込むことが望ましいと考えられます。

　両社にとって、買収契約締結はスタート地点に過ぎません。買い手としては買収価格に見合った事業価値を生み出して初めて取引が成功したといえます。このためM&Aの最終的な正否を決めるのはポスト・マージャー・マネジメント（PMM）にあるといっても過言ではありません。買収価格に見合った成果が出ているか、成果が出ていない場合には何が原因なのかを買収時の価値算定の前提と比較しながらモニタリングし、対応策を講じていくことが必要です。

　また、売り手にとっては売却により得られた資金余力を有効に活用することがM&Aの成否につながると考えられます。

　以上のように、事前検討フェーズ、交渉フェーズ、実行フェーズという各フ

---
*11　買収契約書（Purchase Agreement）は、最終契約書としてDA（Definitive Agreement）と略して呼ばれ、株式譲渡の場合にはSPA（Stock Purchase Agreement）と略して呼ばれることがあります。

ェーズの「プロセス」を適切に遂行することがM&Aの成功確率を高めることにつながると考えられます。しかし、一般的なM&Aはあり得ないことから、通常の一般的なプロセスを踏むことを目的とせずに、自らの企業価値を高めるというM&Aを選択した目的に照らして合理的な手続きか否かを自問自答しながら進めることが最大のポイントであると考えられます。

第3章

ストラクチャー

1 選択に際しての基本的な考え方

1　M&Aプロセスの中でのストラクチャー選択の位置づけ

●目的

　事業戦略上の一定の目的を実現するに当たり、M&Aという手段を利用するには、どのような手順で行うのか、一般的に利用される手法、留意すべき制度にはどのようなものがあるのかを把握しておく必要があります。本書ではこの手順・手法全体を「ストラクチャー」といいます。

　手順については①目的を実行するために望ましいM&A後の運営形態の検討、②この運営形態にするためのリスクコントロール上の留意点、③これらを具体的に実現するための手法（本書では「ツール」といいます）の検討に分けて考えることができます。

　なお、M&Aは売り手、買い手だけではなく、対象会社の経営陣・従業員、取引先や金融機関など、多くの利害関係者に重大な影響を与えることから、各利害関係者は、自己の立場や利益を保持するために主張をぶつけ合うことになります。よって買い手、売り手でそれぞれ事前に検討したとおりには主張を実現できないことが多く、優先順位をつけながらできるだけ目的が達成できるように手順や手法を都度工夫していく必要が生じることになります。

　例えば、親会社（売り手）が子会社（対象会社）を譲渡する際に、親会社としては、できるだけ高額で譲渡できる買い手を求めますが、通常、競合他社に譲渡することを望みません。一方、子会社の経営陣としては、親会社の競合か否かは関係なく、経営陣の事業戦略に同意し、事業戦略の遂行のために不足する経営資源を提供してくれる先への譲渡を希望します。通常、譲渡先は売り手である親会社の意向で決定されますが、譲渡後に重要な人材が流出する可能性が高まることで結果として譲渡価格が引き下げられてしまうことへの配慮や子会社の従業員への取扱いが親会社の従業員に与える心理的な影響などに配慮し

て、子会社の経営陣の意向も無視できないことがあります。このため、売り手（親会社）は譲渡価格の最大化を目指す一方で、このようなコストが最小化される譲渡相手を選定したり、従業員に配慮するために雇用条件の確保や一旦ジョイントベンチャー形式にするなど譲渡手法を工夫をすることになります。

〈M&Aの実行にあたっての利害関係者（例）〉

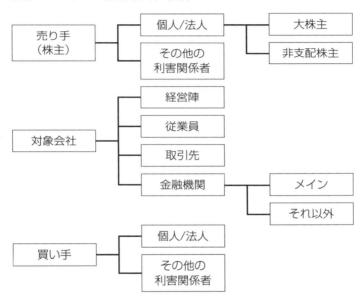

また、売り手や買い手だけではなく、金融機関との利害調整も重要です。売り手が対象会社の特定の事業のみを譲渡の対象にする際には、買い手は譲受後に事業を運営するために必要な資産・負債のみを承継することを望みます。一方で、対象会社の金融機関は、高い債務返済能力を有するほうに自らの債権が承継されることを望むと同時に、承継先で貸付金が一括返済されてしまうことを懸念します。このため、売り手はその後の金融機関との取引関係の円滑化を図るため、担保不動産の移動に一部配慮することや契約別の借入金を譲渡元と譲渡先に配分するなどの配慮が必要となります。

これらは利害関係者のニーズが一致しない一例ですが、実務上はすべての利害関係者のニーズを満たすような形でM&Aを進めることは困難です。このた

め、各利害関係者のニーズについて、優先順位を設定した上で、利害調整を行いながら案件を遂行することになります。

●ストラクチャーが与える影響

選択した手法はその後の手順に影響を与えます。手法による影響としては、税務上の取扱いの相違により事業価値に影響を与えることで、交渉価格が変更される可能性があること、調査すべき項目や範囲が影響を受けることなどが挙げられます。

この影響の大きさから、できるだけ早期に手順や手法を決定し、決められたストラクチャーにもとづいて計画的にプロセスを遂行することが、各担当者レベルでは目的となりやすい状況に置かれます。

このため、経営陣は、M＆Aは手段であり、ストラクチャーはその手順・手法に過ぎないことを常に意識しなければ、目的と手段が逆転するという罠にはまり、なぜこんなM＆Aをしてしまったのかということになりかねません。

以下では、買い手と売り手に分けて、①M＆A後の事業運営についての検討事項、②リスクコントロールすべき内容、③具体的な手法の検討手順について記載します。

2 買い手において検討すべき事項

買い手においては、M＆A後の事業運営についての検討事項として①取得する事業の範囲、②事業統合の形態、③買収対象事業に対する買収後の支配レベルが挙げられます。その上で、④買収に関してリスクコントロールすべき内容を検討し、最終的には⑤相対取引か組織法上の手法を利用するかなどの買収手法を検討することになります。

「ストラクチャーを検討する」という場合、リスクコントロールの内容（上記④）や買収手法を専門家により検討させること（上記⑤）を指すことがありますが、これは買い手内部での利害調整として、制度という切り口でのわかりやすい基準を設定したいという意向があることが考えられます。時間的猶予がない中で情報収集を先んじて行うことは必要ですが、これらについての検討は

〈買い手におけるM&A後の運営形態の検討事項〉

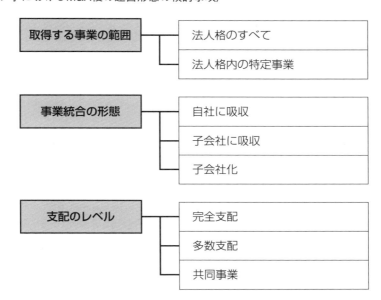

前述の①～③に比して下位のレベルに位置する事項であり、事業運営形態の検討がその後の買収事業のパフォーマンスを決定することを改めて肝に銘じるべきです。以下では検討すべき事項のポイントについて記載します。

●**取得する事業の範囲（特定の事業か、法人格のすべてか）**

取得する事業の範囲を議論するに当たっては、特定事業のみを取得するか、対象会社内のすべての事業を取得するのかで分けて考えることができます。

特定事業のみの取得は、買い手が必要としているものだけを選択して取得できることから、買収事業が毀損している場合にも利用されます。また、対象会社の事業の一部を売却する場合も買い手にとっては特定事業のみの取得となります。この場合、一体として運営されてきたものを強制的に切り離すため、共有されていたものが分かれることによる不効率や利害調整の必要性が生じることとなり（一般に、「スタンドアローン問題」といわれます）、不効率をコントロールする仕組みや不足する経営資源を買い手が有しているもしくは自ら調達することが必要となります。

それに対して、全部の事業（法人格）を取得する場合、共有されているもの
を切り離すことは基本的にありません。しかし、企業の歴史ごと取得すること
と同義であり、長年にわたり蓄積されたノウハウ等を含めた経営資源の離散を
防止することができる反面、買い手にとって不必要なもの（遊休不動産など）
も取得してしまうことになり、それを切り離すためのコストが生じる場合もあ
ります。

●事業統合の形態

　次に取得した事業を買い手がどのように管理していくかについても検討が必
要です。これはどこで管理するのか（事業統合の形態）という視点と、どの程
度支配するのか（支配レベル）という視点に分けて考えることができます。

　事業統合の形態を考える上で、同一市場で関連性の高い製品・サービスを提
供している場合には、仕組み自体が類似しているため、最終的には買い手の同
一事業と統合することが効果的かつ効率的です。この点、買い手が自社で取得
対象となる事業を行っている場合には自社に吸収することを選択し、買い手の
子会社が取得対象となる事業を行っている場合には、子会社に吸収することを
選択します。

　それに対して、川上・川下事業を買収する場合や新規事業への参入の場合、
直面している市場が異なることから、効率的な仕組み、必要とする経営資源が
異なります。このため別法人にて管理することが多いと考えられます。

　ただし、時間的な猶予の問題はあります。Ｍ＆Ａは短期間に行われるため、
長期的には自社に吸収すべき事業である場合も、対象会社側では特に心理面に
おける準備ができないことがあります。この場合にも一旦、子会社もしくは、
兄弟会社とした上で統合を図ることがあります。

●支配レベル

　Ｍ＆Ａは支配権を取得することを目的としていますが、すべての案件で完全
な支配を目指すことが最良とは限らないため、案件ごとに支配の程度について
も検討がなされます。

　資産の取得では、買収会社にとって買収資産に対するその部分の完全支配が
原則です。一方、株式の取得は、多数支配のための手法として利用されますが、

第3章　ストラクチャー

株式交換等を利用することで完全支配を実現することも可能です。まったく資本関係のない会社が株式交換で支配権を得るケースもありますが、通常は、まず株式取得や第三者割当増資（または自己株式処分）により資本提携関係に入り、さらに資本関係を強めるために、あるいは最終的に非支配株主に退出してもらうために株式交換が利用されることが多いようです。

　このように、資産の取得と異なり、株式の取得の場合には支配の程度をコントロールすることができますが、支配の程度を決めるにあたっては、複数の側面から検討することが考えられます。投資効率という観点では、対象会社の事業の収益性に関する不確実性が高い場合には、損失を回避する観点から当初は支配の程度を低くすることを検討し、逆であれば高くすることを検討します。一方、買い手の目的が対象会社から直接的な利益を得ることではなく、対象会社との材料の共同開発や競合他社に買収されることを防止することにある場合には完全支配としない（または共同支配となる）ことも考えられます[*1]。

　このように買収目的を踏まえ、買収後の運営形態を検討することになりますが、次にこのような運営形態に移行するためのリスクの検討が必要となります。

●リスクコントロールすべき内容

　リスクコントロールすべき内容といった場合、何をリスクと定義するかが必要です。ここではコントロールすべき対象を費用・損失が確実に生じる「コスト」と、費用・損失が生じるかどうかが不明確な「不確実性」とに分類します。

　これまでの議論は、望ましい運営形態にするため、どのような手順で検討すべきかを記載してきましたが、実際には望ましい運営形態にするためのコストと、対象会社の情報が十分に得られないこと等による不確実性を最小化していくことも重要な検討事項となります。

　「コスト」については税金の支払いが生じる「税務コスト」、株式公開買付けや株主総会の開催等の手続きにあたって発生する「法務コスト」、買収対価として自社等の株式ではなく現金を必要とする際の「資金コスト」などが挙げられます。また「不確実性」については、事業の将来性に関する不確実性以外にも、M＆A実行後の「訴訟リスク」、簿外債務の承継により想定外の損失が生

　＊1　ここでは単純化のため、役員派遣による取締役会の支配についての議論は割愛しています。

〈ストラクチャー選択上のコントロールすべき対象〉

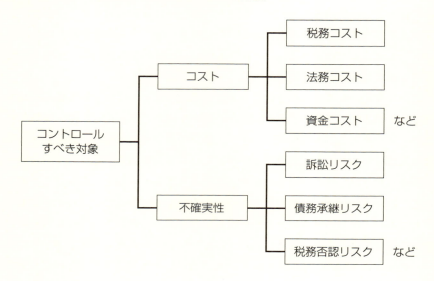

じる可能性を示す「債務承継リスク」、M&Aの実行後に税務否認されることにより追加の税負担が生じる「税務否認リスク」などが挙げられます。

「コスト」については定量的に把握することが比較的容易であることから、望ましい組織形態にする手法が複数ある場合には、できるだけ少ないコストとなるストラクチャーを選択することが望まれます。一方、「不確実性」についてはそれを把握すること自体が困難な場合があります。不確実性の範囲をできる限り狭めるようなストラクチャーを選択していく必要がありますが、受容しなければならない不確実性については、できる限り定量化し、買収のメリットと比較することで受容すべきリスクの範囲を判断していくことになります。

● **買収手法**

以上のようにして検討された望ましい運営形態に向けて、制約条件をできるだけ回避可能な買収方法を検討する必要があります。

手法としては大きく、株式の取得、特定事業の取得に分けることができ、いずれも相対取引による方法と組織法上の手法が利用可能です。相対取引が当事者間ですべて利害を調整する必要があるのに対して、組織法上の手法は会社法

第3章　ストラクチャー

により一定の利害調整手続きと効果が定められています。株式の取得については、既存株式の取得、第三者割当増資の引受、株式交換、共同株式移転が、特定事業の取得については、現物出資、事業譲受、会社分割、合併が挙げられ、以下でそれぞれの特徴を解説します（各手法の詳細な特徴については66ページを参照）。

　完全な支配権を取得する方法としては、特定事業の取得手法に加え、株式の取得に関する日本特有の制度として、株式交換や共同株式移転が挙げられます。後者は買取対象事業の不確実性が自社（または子会社）内に直接反映されることを避けられる点や、対象会社の心理的な抵抗感にも配慮可能なことから多く利用されている手法です。

　また特定事業の取得手法として、会社分割は広く利用されている手法です。新しく設立した会社に事業を移動し、この株式を譲渡する方法、対象会社の一部の事業を買い手に吸収することで支配権を得る方法、逆に買い手の一部の事業を対象会社に吸収することで支配権を得る方法など、多様な利用が考えられ

〈経営権取得の形態〉

		買収手法		支配の程度		買収対価	
		相対取引	組織法	完全支配	多数支配	株　式	現金等
株式の取得	既存株式の取得	●	―	●	●	●	●
	第三者割当増資の引受	●	―	―	●	―	●
	株式交換	―	●	●	―	●※	●
	共同株式移転	―	●	●	―	●	―
特定事業の取得	現物出資	●	―	―	●	●	―
	事業譲受	●	―	―	●	―	●
	会社分割	―	●	●	●	●※	●
	合併	―	●	●	―	●※	●

※親会社株式を含む

ます。各手法の特徴を踏まえて、会社の目的を最も効果的・効率的に達成できる手法を組み合わせることが求められます。

　これらの手法を利用する際には、何を対価（買収対価）とするかの検討も必要となります。

　買収対価としては、資本取引である現物出資や組織法による場合には買い手の株式、それ以外の相対取引では現金が原則とされていました。しかし、会社法の改正により組織法による買収手法でも現金や親会社株式等の利用が認められることになったため、買収対価の選択肢は格段に拡大しました。例えば、現金を対価とした会社分割が可能になったことで、事業譲受と同様のことが会社分割で行えるようになったこと、親会社株式を対価とする株式交換を行うことで、100％子会社が親会社との資本関係を維持しながら、対象会社を買収できるようになったことなどが挙げられます。国外の会社が国内の子会社を利用して、対象会社（国内会社）を組織法上の手法（合併や株式交換等）を利用して買収できるようになったことも、その一例です。

　また、第三者割当増資の場合、買収資金が対象会社に注入されるため、対象会社の財務安全性が高まると同時に、買い手はその資金を買収後もコントロールすることが可能となる点は他の手法と比して大きな特徴となっています。ただし、既存株主の持分が移動しないため、原則として支配権取得に要する必要資金は既存株式の取得に比して大きなものになります。

3　売り手において検討すべき事項

　売り手においては、M＆A後の事業運営についての検討事項として①譲渡する事業の範囲、②投資回収する者、③譲渡後の支配の程度を検討する必要があります。その上で、④譲渡に関するリスク切り離しの手法を検討し、最終的には譲渡方法を検討することになります。

　基本的には買い手での検討プロセスが参考になると考えられるため、ここではポイントのみを解説します。

62

第3章　ストラクチャー

〈売り手におけるM&A後の運営形態の検討事項〉

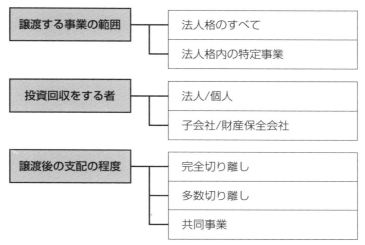

● 譲渡する範囲（特定の事業・資産か、法人格のすべてか）

　譲渡する事業の範囲は、売り手の事業戦略に応じて決められ、ノンコア・不採算事業の譲渡であれば、どこまでがノンコアであるかにより決まります。ただし、実際は買い手の資金負担能力により不動産部分を残して譲渡する場合など、利害調整の結果も影響します。

　買い手において、譲受の対象となる事業の「スタンドアローン問題」の存在を指摘しましたが、売り手においても、売却後のスタンドアローン問題があります。

　例えば、Aという事業がX工場の一部として運営されていた場合、Aを譲渡することでX工場に残った事業において必要な機能がなくなってしまう場合や規模があまりにも小さくなり、売り手としては当該工場を閉鎖し、他の工場に統合する必要が生じる場合もあります。工場は海外の特定拠点である場合もあります。事業部制を採用している製造業の場合、事業と地域や工場がマトリックスな組織として管理されていることがあり、特定事業部の意思決定が他の事業部に影響を与える際には事業部間の利害調整が複雑になり、コーポレート部門の役割が重要になります。

63

●投資回収する者

　譲渡に伴い誰がその対価を受領するかは重要な論点です。対価の受領者を誰にするかは、資金の利用可能性と回収額の最大化などを考えた上で決定する必要があります。その譲渡が事業部主導か、コーポレート部門主導で行われるのかなど会社ごとに考え方は違いますが、いずれの管理下で行われる場合でも、譲渡後の資金使途を踏まえ、資金を利用する法人が直接回収することが望ましいと考えられます。資金の移動にはコストがかかることから、特に海外事業を譲渡する場合には、資金移動を最小限にできる手法の検討が求められます。

　また、投資回収をする者が法人か個人かにより課税関係が異なるため、納税額を最小限にすることにも配慮が必要です。

　例えば、個人が株式を譲渡する場合には、譲渡所得として他の所得とは別に計算された上で、譲渡益に対して20%の課税という法人と比して低い税率（法人の場合、実効税率は概ね40％弱）となる反面、譲渡損失については他の有価証券譲渡益としか通算することができないという特徴があります。一方、法人が譲渡した場合、その資金を配当として株主に還元する際に、法人株主は受取配当金の益金不算入が適用され課税が低減される反面、個人株主は譲渡所得と異なり、他の所得と合わせて（これを「総合課税」といいます）所得水準に応じて最高55%の実効税率（これを「累進税率」といいます）が課されます。

●譲渡後の支配の程度

　売り手としては、ジョイントベンチャーを意図した持分の一部売却などを除き、売却を決定した時点で売却対象事業の持分をすべて手放したいと考えます。買い手の要望や対象会社の従業員への心理的な配慮として一時的に一部保有を継続する場合もありますが、その場合でも非支配株主として実質的に支配権のない持分を持ち続けることは得策ではないことから、最終的に売却するためのスケジュールとその条件を設定することが必要です。支配力も影響力も有しない持分の保有は有価証券等による運用と位置づけられますが、売却の自由がない運用はいくら含み益があると思ってみても、実現できない可能性があることに留意が必要です。

第3章 ストラクチャー

●リスクの切り離しと譲渡手法

　売り手の場合、すべての事業を売却した後、事業に関する不確実性は基本的に残っていないため、コストの最小化を意識しながら、資金回収の最大化を検討する必要があります。手法としては買い手が利用するものの裏表となりますので、ここでは記述を割愛します。

手法別の特徴

　前節ではストラクチャーの選択について説明いたしましたが、以下では、各手法の意義を説明した上で、特徴について、主に税務・法務の観点から説明します。

　なお、本章では手法別の特徴を把握するために、原則を中心として実務で論点となりやすい点のみの記載にとどめ、詳細は後述する各章で解説しています。税務に関しては取引時に発生する法人税等の課税関係、買収会社での税務上の「のれん」である資産（負債）調整勘定[*2]発生の有無、対象会社の繰越欠損金の利用可能性について示します。また、法務に関しては会社法、金融商品取引法、許認可及び債務承継リスクの有無について示します。ただし、一覧性を重視し、会社法は株主総会の要否、反対株主の買取請求制度の有無、債権者保護手続の有無、金融商品取引法は募集規制の有無についてのみ解説します。

　また、各手法は買い手と売り手で呼び方が異なる場合には、買い手の立場での用語を使用しています。

Ⅰ．株式の取得

既存株式の取得（株式公開買付けを含む）

●意義

　株式取得とは、対象会社の株主が有する株式の全部または一部を取得する方法をいいます。

---

*2　資産調整勘定は、税務上5年間（60か月）で均等減額されることで損金となり、負債調整勘定は、同期間にわたって益金に算入されます。

第3章　ストラクチャー

●特徴

　株式取得には、株式を購入するための資金を用意する必要がありますが、後述する株式交換、合併、会社分割などのように株主総会を開催する必要はなく、手続上は簡単です。しかし、上場会社を含む有価証券報告書の提出が義務付けられている会社（「継続開示会社」という）の一定割合以上の株式を取得する場合には、金融商品取引法の株式公開買付け（以下、「ＴＯＢ*3」という）規制の対象となり、法定手続きを実行するためには一定の時間とコストが必要になることに留意が必要です。

既存株式の取得		
取得の形態		▶株式の取得
支配の程度		▶交渉等により決定
買収方法		▶原則として相対取引
買収対価		▶金銭等
税務	対象会社	▶課税されない ▶原則として繰越欠損金は買取後に利用可能
	対象会社株主	▶譲渡損益として課税される*4
	買収会社	▶課税されない ▶資産（負債）調整勘定は生じない
法務	会社法	▶原則として株主総会は不要 ▶反対株主の株式買取請求権なし
	金融商品取引法	▶対象会社が継続開示会社の場合はＴＯＢ規制の対象となる場合がある
	許認可	▶法人格の変更がないことから、原則として許認可には影響しない
	債務承継リスク	▶存在する

＊3　takeover bidの略称で、tender offerやpublic tender offerといわれることもあります。詳細は第7章を参照。

＊4　個人株主の場合、原則として株式譲渡益に対して20％（所得税15％、住民税5％）の税率で、他の所得と区分して課税が生じます（これを「申告分離課税」といいます）。

67

❷ 第三者割当増資・自己株式処分・自己株式取得

●意義

第三者割当増資とは、会社が特定の第三者に対して新株を引き受ける権利を割り当てて行う新株発行をいいます。

自己株式処分は、経済的効果や法律手続は原則として第三者割当増資と同じですが、新株を発行するのではなく、会社が過去に取得した自己株式を交付する点で第三者割当増資と異なります。

自己株式取得とは、株式の発行会社が既存株主から有償で自己の株式を取得することをいいます。買い手による出資を通じて直接的に持分の増加を図るのではなく、特定の株主から自己株式を取得することで、間接的にその特定の株主以外の株主（買収会社）の持分を増加させる効果があります。

●特徴

第三者割当増資または自己株式処分（以下、「第三者割当増資等」といいます）の場合、買収資金が対象会社の資金として確保されますが、自己株式取得の場合には対象会社から資金が流出します。いずれも同一の支配権取得に要する必要資金は、株式の取得に比較して多額になります。

また、対象会社株主においては第三者割当増資等の場合、譲渡損益は生じませんが、自己株式取得においては株式を譲渡する株主に譲渡損益が生じると同時に、税務の取扱い上、みなし配当が生じる可能性があります。

		第三者割当増資等	自己株式取得
取得の形態		▶株式の取得	▶間接的な株式の取得
支配の程度		▶交渉により決定	▶交渉により決定
買収方法		▶相対取引	▶相対取引
買収対価		▶金銭等	▶金銭等（間接的[5]）
税務	対象会社	▶課税されない	▶課税されない[6]

- -

＊5　金銭等は買収会社ではなく、対象会社から交付されることになります。

第3章　ストラクチャー

		第三者割当増資等	自己株式取得
		▶繰越欠損金は利用可能	▶繰越欠損金は利用可能
	対象会社株主	▶課税されない	▶市場内取引の場合、譲渡損益として課税される ▶市場外取引の場合、原則としてみなし配当および譲渡損益として課税される
	買収会社	▶課税されない[7] ▶資産（負債）調整勘定は生じない	▶課税されない ▶資産（負債）調整勘定は生じない
法務	会社法	▶会社法上の公開会社[8]であれば通常、取締役会決議 ▶有利発行の場合は株主総会の特別決議	▶定款の定めにもとづく市場取引またはTOBによる取得であれば取締役会決議 ▶特定の株主からの取得の場合は株主総会の特別決議 ▶対象会社の分配可能額の限度内の取得となる
	金融商品取引法	▶募集・売出しに該当する場合、開示規制あり ▶自己株式処分の場合、買収会社側でTOB規制に該当する場合がある	▶対象会社側で自己株TOB規制の対象となる場合がある
	許認可	▶法人格の変更が生じないことから、原則として許認可には影響しない	▶法人格の変更が生じないことから、原則として許認可には影響しない
	債務承継リスク	▶存在する	▶存在する[9]

＊6　みなし配当に対して源泉税を納付する義務は対象会社に生じます。

＊7　時価発行増資の場合、対象会社株主に課税関係は発生しません。しかし、有利発行の場合には、買収会社に対して受贈益が生じる可能性があります。

＊8　公開会社とは、株式の譲渡による取得について株式会社の承認が必要とされない株式が存在する会社をいいます（上場会社を含む）。

＊9　既存株主は従来どおりにリスクを負担することになります。

3 株式交換

●意義

株式交換とは、完全子会社となる会社（B社）の発行済株式の全部を完全親会社となる会社（A社）に取得させることをいいます。

〈株式交換〉

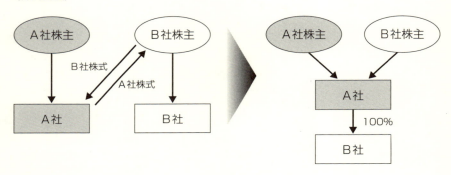

●特徴

対価として基本的に買収会社の株式を利用して行われるため、手許資金がない場合でも他社を買収することが可能[*10]であると同時に、現金や買収会社の完全親会社株式等も利用することができます。

ただし、原則として買収会社、対象会社双方において株主総会特別決議が必要です。買収会社、対象会社の合意に加えて両社株主の同意が必要となるため、スケジュール上の制約があります。

また、税務上は組織再編税制の対象となることから、適格要件を充足しない場合、合併と同様に対象会社および対象会社株主に課税関係が発生します[*11]。株式の交換ではありますが、組織法上の行為であるため、対象会社にも課税関

[*10] 買収会社のＰＢＲ（株価純資産倍率）が１倍を切っており、対象会社の株式が相対的に高く評価されているなど、株式交換が利用しづらい場合もあります。

係が生じる可能性があることに留意が必要です。

株式交換	
取得の形態	▶株式の取得
支配の程度	▶完全支配
買収方法	▶組織法
買収対価	▶買収会社の株式（金銭等も可能） ▶買収会社の親会社株式
税務	対象会社	▶適格の場合は課税は生じないが、非適格の場合は一定の資産について時価との差額に課税される[*12] ▶繰越欠損金は利用可能
	対象会社株主	▶対価が株式の場合には課税関係は生じないが、対価が金銭等の場合は譲渡損益として課税される[*11]
	買収会社	▶課税されない ▶資産（負債）調整勘定は生じない[*12]
法務	会社法	▶原則として株主総会特別決議（簡易/略式株式交換の場合は省略可能[*13]） ▶債権者保護手続は原則不要 ▶反対株主の株式買取請求権あり
	金融商品取引法	▶重要な規制なし
	許認可	▶法人格の変更は発生しないことから、原則として許認可には影響しない
	債務承継リスク	▶存在する

 共同株式移転

●意義

　共同株式移転とは、1社以上の会社（A社、B社）がその発行済株式のすべ

---
*11　非適格株式交換であっても、対価が買収会社の株式または買収会社の完全親会社株式の場合、対象会社株主には課税関係は生じません。
*12　資産調整勘定は発生しませんが、営業権も時価評価の対象となるため、対象会社において、株式時価総額から時価純資産価額を控除した価額を営業権として認識するという議論もあります。
*13　簡易/略式株式交換として株主総会特別決議を省略した場合でも、反対株主の株式買取請求権は発生する点に関しては留意が必要です。

71

てを新設する会社（持株会社）に取得させることをいいます。

株式移転には、単独の会社で実施する単独株式移転と複数の会社で実施する共同株式移転がありますが、単独株式移転は持株会社化のためのグループ内再編に用いられる場合がほとんどであり、M＆Aでは一般的に共同株式移転が利用されます。

共同株式移転では、実質的に買収会社が、持株会社となる完全親会社を支配することで、対象会社はその支配下に入ることになります。

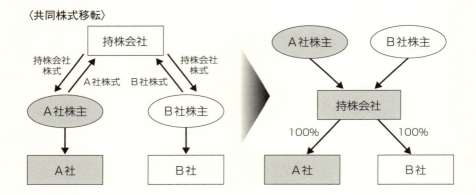

〈共同株式移転〉

● **特徴**

基本的な特徴は株式交換と同様ですが、買収会社と対象会社に資本関係上の上下関係を生じさせない手法です。また、合併と異なり組織が強制的に統合されることもないため、異なる企業文化や賃金体系を許容しながら、グループとしての価値観にもとづき、必要な範囲で統合効果を実現することが可能となります。しかしその反面、買収後のコントロール体制が甘くなりがちという弊害も生じやすいといわれています。

	株式移転
取得の形態	▶株式の取得
支配の程度	▶完全支配

第3章　ストラクチャー

株式移転		
買収方法		▶組織法
買収対価		▶株式
税務	対象会社	▶適格の場合は課税は生じされないが、非適格の場合は一定の資産について時価との差額に課税される[*14]
	対象会社株主	▶対価が新設される会社の株式に限定されるため、課税されない
	買収会社	▶適格の場合は課税は生じないが、非適格の場合は一定の資産について時価との差額に課税される[*14] ▶繰越欠損金は利用可能
法務	会社法	▶株主総会特別決議 ▶債権者保護手続きは原則不要 ▶反対株主の株式買取請求権あり
	金融商品取引法	▶重要な規制なし
	許認可	▶法人格の変更は発生しないことから、原則として許認可には影響しない
	債務承継リスク	▶存在する

Ⅱ．特定事業の取得

 現物出資

● 意義

　現物出資とは、現金で出資を行うのではなく事業を含む現金以外の財産で出資を行うことをいいます。

---

*14　資産調整勘定は発生しませんが、営業権も時価評価の対象となるため、株式時価総額から時価純資産価額を控除した価額を営業権として認識するという議論もあります。

73

〈現物出資〉

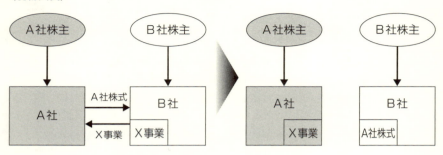

● **特徴**

　会社分割法制が創設されるまで、現物出資は分社化の一手段として機能していましたが、現在では資本取引としての現物出資を利用するか会社分割を利用するかの選択が可能です。

　会社分割では、基本的に移転対象事業に関連する資産等が包括的に承継されるのに対し、現物出資は増資を引き受ける対価として個々の資産等を給付する行為ですので、個々の権利義務が選択的に承継される点が違いです。

　なお、外国法人との間で事業を移転する場合には、一般に会社分割や合併を適用することができないと解されているため[*15]、現物出資あるいは先の事業譲受が選択されることになります。

現物出資	
取得の形態	▶資産の取得
支配の程度	▶完全支配
買収方法	▶相対取引
買収対価	▶買収会社の株式
税務　対象会社	▶適格の場合は課税は生じないが、非適格の場合は譲渡損益として課税される[*16]
対象会社株主	▶課税されない

----

*15　会社法では当事者を「会社」と規定しており、「会社」は会社法第2条1号に定められた国内法人であることから、外国法人との会社分割や合併は認められないと解されています（森・濱田松本法律事務所編「新・会社法実務問題シリーズ・9」、中央経済社、4頁）。

第3章 ストラクチャー

		現物出資
法務	買収会社	▶課税されない ▶資産（負債）調整勘定は生じない ▶繰越欠損金は利用できない
	会社法	▶現物出資財産の帳簿価額が対象会社の総資産の20％以上でも対象会社にとって重要でない場合には、株主総会決議不要 ▶会社法上の公開会社であれば買収会社においては原則として取締役会決議 ▶原則として検査役の調査が必要 ▶債権者保護手続きは不要 ▶反対株主の株式買取請求権なし
	金融商品取引法	▶募集規制が生じる
	許認可	▶事業を行う法人に変更が生じることから、許認可の再取得が必要
	債務承継リスク	▶原則として存在しない

2 事業譲受

　事業譲受は、設備等の有形財産だけではなく、一定の機能を発揮するのに必要な人材、特許権等の知的財産権、ブランド、顧客リストや契約などの無形財

〈事業譲受〉

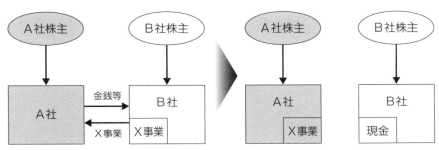

＊16　経済的な効果が会社分割と類似するため、法的に会社分割が利用できない場合に利用されます。例えば事業ではなく、資産のみを移動する場合などが挙げられますが、その場合、100％グループ内の現物出資以外は税制適格要件を満たさないことになります。また、内国法人が外国法人に対して国内にある事業所に属する資産または負債を現物出資する行為については、原則として、非適格現物出資として取り扱われることに留意が必要です。

75

産を含めた有機的一体としての事業そのものを譲り受けるものをいいます。

●特徴

法的には、個々の資産の譲受けと債務の引受けとなるため、1つひとつの資産の譲受手続きと法的な対抗要件を備える必要があり、負債については事業を譲渡する側が負っていた債務を免責し譲受側の債務に一本化するためには、個々の債権者から債務引受けについての同意を得ることが必要となります。このように手続きが煩瑣なのにもかかわらず、譲受範囲を限定できること、その効果として法的には簿外債務の承継リスクがないこと、さらに従業員の雇用条件を当事者の事情に応じて設定可能ということで使われる手法です。

また、個々の資産の譲受けと同様の取扱いとなるため、税務上は対象会社において各資産の譲渡損益に対する課税が生じます。一方、買収会社においては受け入れた純資産の時価と買収対価との差額について、資産（負債）調整勘定が生じることになります。

事業譲受		
取得の形態		▶資産の取得
支配の程度		▶完全支配
買収方法		▶相対取引
買収対価		▶金銭等
税務	対象会社	▶譲渡損益として課税
	対象会社株主	▶課税されない
	買収会社	▶課税されない*17 ▶資産（負債）調整勘定が生じる ▶繰越欠損金は引き継げない
法務	会社法	▶事業の全部の譲渡または事業の重要な一部の譲渡の場合には「譲渡会社」で株主総会の特別決議が必要

---

*17　事業譲受にあたり、譲渡対象資産に消費税法上の課税資産が含まれている場合には、消費税が課されます。支払った消費税は、基本的には申告時に仕入税額控除により戻ってきますが、課税売上割合が低い場合には戻ってこないこと、消費税の仮払いにより一時的に資金繰りに影響を与えることに留意が必要です。

第3章 ストラクチャー

事業譲受	
	▶事業の全部の譲受の場合には「譲受会社」で株主総会の特別決議が必要 ▶債権者保護手続き不要 ▶反対株主の株式買取請求権あり[18]
金融商品取引法	▶重要な規制なし
許認可	▶事業を行う法人に変更が生じることから、許認可の再取得が必要
債務承継リスク	▶原則として存在しない

3 会社分割

●意義

　会社分割には事業を承継する主体により吸収分割と新設分割の2種類の方法があります。吸収分割とは、会社がその事業に関して有する権利義務の全部または一部を「他の会社」に承継させるものをいい、新設分割とは、会社がその事業に関して有する権利義務の全部または一部を分割により「新たに設立する会社」に承継させるものをいいます。

　また、分割の対価を受け取るのが分割会社か分割会社の株主かにより、分社型分割（物的分割）と分割型分割（人的分割）の2種類の方法があります。分社型分割とは分割の対価を受け取るのが分割会社の場合の会社分割をいい、分割型分割とは分割の対価を受け取るのが分割会社の株主の場合の会社分割をいいます。

　なお、吸収分割の場合には、先の株式交換と同様に、対価として現金や承継会社の親会社の株式等を利用することも可能です。

●特徴

　吸収分割での承継会社であるA社は、B社の特定の事業を構成する資産と負

---

*18　事業の重要な一部の譲渡に該当しない場合、対象会社株主に株式買取請求権はありません。また、事業の全部の譲受に該当しない場合、買収会社の株主に株式買取請求権はありません。

77

〈会社分割〉

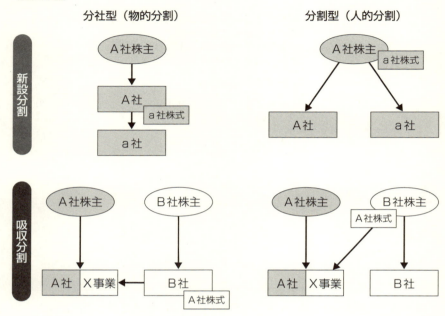

債を包括的に承継することで、特定の事業の支配権を取得することができます。また、買収対象事業を新設分割により分社化し、分社化した会社の株式を買収するという方法もM&Aツールとして利用されています。

　事業譲受と比較されることがありますが、下表の特徴以外では、「会社分割に伴う労働契約の承継等に関する法律」により労働者の承継手続きが厳格に定められている点に留意が必要です。

会社分割	
取得の形態	▶資産の取得
支配の程度	▶完全支配
買収方法	▶組織法
買収対価	▶買収会社の株式（金銭等も可能） ▶吸収分割の場合、買収会社の親会社株式も可能

		会社分割
税務	対象会社	▶分社型・分割型に関わらず適格の場合は課税されないが、非適格の場合は譲渡損益として課税される
	対象会社株主	▶分社型分割の場合は取引に関わらないため、課税なし ▶適格分割型分割の場合は課税なし ▶非適格分割型分割のうち、金銭等の交付がある場合にはみなし配当と譲渡損益として課税され、金銭等の交付がない場合には譲渡損益についてのみ課税されない
	買収会社	▶課税なし ▶非適格分割の場合には資産（負債）調整勘定が生じる ▶繰越欠損金は引き継げない
法務	会社法	▶原則として株主総会特別決議（簡易/略式会社分割の場合は省略可能） ▶債権者保護手続きは原則必要 ▶反対株主の株式買取請求権あり（簡易会社分割の場合の分割会社株主はなし）
	金融商品取引法	▶重要な規制なし
	許認可	▶事業を行う法人に変更が生じることから、許認可の再取得が必要（ただし、再取得不要なものもある）
	債務承継リスク	▶承継する財産の特定等により承継しないことも可能

4 合併

●意義

　合併には会社を承継する主体により吸収合併と新設合併の2種類があります。吸収合併とは、合併により消滅する会社（以下、「被合併会社」という）の権利義務の全部を合併後存続する会社（以下、「合併会社」という）に承継させることをいい、新設合併とは、合併により消滅する会社の権利義務の全部を合併により設立する会社に承継させることをいいます。新設合併は、新たな会社の設立が伴い、吸収合併と比較して手続きおよび費用の面で不利になることから、実務ではほとんどが吸収合併の形態によっています。

〈吸収合併〉

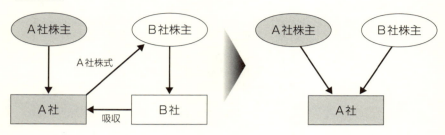

● **特徴**

　法的には、合併という組織法上の法律行為により、被合併会社の資産と負債が包括的に合併会社に移転し、被合併会社は清算手続きを経ることなく消滅します。

　合併は被合併会社の法人格が消滅してしまうことや異なる企業文化を短期間に統合する必要性が生じることから、特に対象会社側で抵抗感が生じる場合があります。心理的な面だけでなく、制度面においても賃金体系・企業年金制度も短期間に統合する必要があり、特に企業年金制度は1社1制度となっているため、1年以内に制度統合が必要となります。

　その一方で組織を短期間に強制的に統合できる手法ともいえます。

吸　収　合　併		
取得の形態		▶資産の取得
支配の程度		▶完全支配
買収対価		▶買収会社の株式（金銭等も可能） ▶買収会社の親会社の株式
税務	対象会社	▶適格の場合は課税は生じないが、非適格の場合は、金銭等の交付がある場合には時価との差額に課税される
	対象会社株主	▶適格の場合は課税は生じないが、非適格の場合は金銭等の交付がある場合にはみなし配当と譲渡損益として課税され、金銭等の交付がない場合には譲渡損益についてのみ課税されない

第3章　ストラクチャー

吸　収　合　併		
	買収会社	▶課税なし ▶非適格合併の場合には資産（負債）調整勘定が生じる ▶買収後に買収会社と対象会社の繰越欠損金に利用・引継ぎ制限が生じる可能性がある
法務	会社法	▶原則として株主総会特別決議が必要（簡易/略式合併の場合には省略可能） ▶債権者保護手続きは原則必要 ▶反対株主の株式買取請求権あり
	金融商品取引法	▶重要な規制なし
	許認可	▶事業を行う法人に変更が生じることから、許認可の再取得が必要（ただし、再取得不要なものもある）
	債務承継リスク	▶存在する

Ⅲ．買収手法の選択事例の説明

　支配権の取得・譲渡には様々な手法がありますが、実際の買収手法の選択に当たっては、いくつかの手法を組み合わせたものを含め、複数の方法の中から１つの方法を選択することになります。以下では一般的なケースをもとに代替的な方法を比較することによる選択の手順を説明します。

●完全子会社化(TOB＋株式交換 vs TOB＋株式併合またはTOB＋株主等売渡請求)

　買い手と対象会社（上場会社）の間には長年取引関係があり、対象会社を完全子会社化することでよりシナジーが発揮できることに双方が合意し、完全子会社化のための手法を検討しているケースを想定します。なお、いずれの会社も連結納税を採用していないことを前提とします。

　対象会社が上場会社の場合、市場を通して株式を取得することも考えられますが、株主が多数存在する上場会社の全株式を市場を通じて取得することは現実的でないため、市場外で一定数以上の株式を取得する方法として、一般的には株式公開買付け（ＴＯＢ）が利用されます。しかし、ＴＯＢにより一定数以上の株式の取得は実現したものの、ＴＯＢに応じなかった株主が存在する場合には、少数の株主に退出してもらう（これを一般的に「スクイーズ・アウト」

81

という）ことにより、対象会社を完全子会社化する手法がとられます。

スクイーズ・アウトの手法としては、一般的には株式交換のほか、全部取得条項付種類株式[19]の端数処理による方法、株式併合の端数処理による方法[20]、特別支配株主による株式等売渡請求の制度が挙げられますが、買い手の状況等により、採られるストラクチャーは異なります。

例えば、買い手が現金取得による資金コストを抑えたい場合には、株式交付型の株式交換によりスクイーズ・アウトを実行することになります。ただし、この場合、対象となった少数株主は自社の少数株主として残ることになります。

一方、少数株主を企業集団から完全に退出させることを意図する場合には、株式交換は選択せず、現金でのスクイーズ・アウトを実行することになります。その手法としては、①ＴＯＢの成立により買い手が対象会社の総株主の議決権の90％以上を所有している状況（特別支配株主）であれば株式等売渡請求が実行できる、②ＴＯＢの成立により買い手が対象会社の総株主の議決権の３分の２以上を所有する状況であれば対象会社の株主総会の特別決議を前提とした株式併合の端数処理による方法が実行できる、ことになります。

なお、平成26年の会社法改正により、上述の特別支配株主の株式等売渡請求や株式併合の端数処理による方法が制度化されたため、従来、頻繁に用いられてきた全部取得条項付種類株式の端株処理による方法は、これらに比べて手続きが煩雑であるため選択されなくなっている傾向にあります。

また、現金によるスクイーズ・アウトを選択するケースとしては、上記以外でも買い手の株価が対象会社に比して安く評価されている場合やＴＯＢ決済後の一定の基準日時点の対象会社の米国居住株主の保有比率が10％を超えて、米国証券法におけるForm F-4[21]の提出義務が発生することを回避したい場合も想定されます。

---

[19] 種類株式とは、会社法第108条に定める権利内容の異なる複数の種類の株式をいいます。この権利内容の１つとして株主総会の特別決議により会社がすべての株式を強制的に取得できる権利があり、これを「全部取得条項」といいます。

[20] 株式会社が株式の併合をすることにより株式の数に１株に満たない端数が生ずるときは、その端数の合計数に相当する数の株式を競売し、かつ、その端数に応じてその競売により得られた代金を株主に交付することになります。

第3章　ストラクチャー

主な論点		TOB後の手法		
		株式交換	株式併合	株式売渡請求
TOB	取得する議決権比率	株主総会の特別決議が得られる2/3以上の議決権	株主総会の特別決議が得られる2/3以上の議決権	90％以上の議決権
税務	対象会社の課税	株式交換等が適格要件に該当する場合には、時価評価の対象外となる		
法務	株主総会の要否	簡易株式交換が利用できる場合には買い手の株主総会不要 略式株式交換が利用できる場合には対象会社の株主総会不要	対象会社の株主総会での特別決議が必要	不要
	Form F-4の提出義務	生じる場合あり	生じないと解される	
資金負担	対価の種類	株式を対価とする場合は資金不要	資金が必要	

●経営統合（共同株式移転 vs 株式交換＋会社分割）の事例

　買い手と対象会社は競合他社であり、組織文化の違いによる組織内の摩擦を避けるため、合併ではなく、両社が双方の法人格を残しつつ持株会社を設立することによる経営統合を検討しているケースを想定します。

　2社が双方の法人格を残しつつ持株会社を設立することにより経営統合をするための手法としては、共同株式移転がありますが、一方の会社が上場会社であるなどの場合には、株式交換＋会社分割という方法が採用されることがあります。

　上記2つの方法を検討するにあたり、まずは統合後の持株会社のあり方から

＊21　米国証券取引委員会（ＳＥＣ）は、組織再編によって株式の交付を受ける米国居住者の保護を目的として、一定の株式の発行を行う場合に登録手続書（Form F-4）の提出義務を課しています。ＳＥＣにForm F-4を提出して組織再編を実行した場合には継続開示義務が課され、年次報告書の提出等が求められます。年次報告書を作成することは、時間的・金銭的に大きな負担となりうることから、Form F-4の提出要件に該当しない手法の検討が行われます。なお、上記の規制は、日本企業と米国企業の組織再編だけでなく、日本企業同士が組織再編を行う場合にも適用されると考えられています。

83

検討します。一般的に、持株会社のあり方には、将来の合併に向けての一時的なものとするケースと、将来にわたって両社をコントロールするものとするケースがあります。前者の場合には持株会社にそれほど多くの経営資源を必要としませんが、後者の場合には持株会社に両社をコントロールするだけの求心力が求められ、それをサポートするヒト、モノ、カネ、情報といった経営資源が必要となります。

会社法上の手続きを考えると、共同株式移転は1度の組織再編手続きで済むのに対し、株式交換＋会社分割では2度の組織再編手続きが必要となる反面、共同株式移転の場合、経営統合後に上場する会社は持株会社となるため、持株会社について再度上場申請が必要となるだけでなく、前述の米国証券法におけるForm F-4の提出要否を判断するために、統合する両社の米国人株主の状況

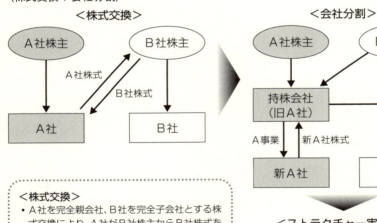

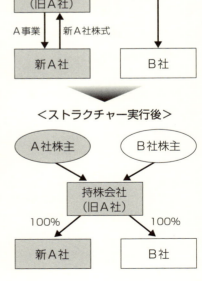

について検討する必要が生じます。

　また、共同株式移転の場合、持株会社の設立当初の資産は経営統合の対象となった2社の株式のみとなることから、別途、持株会社の運営を検討するに際して利用できる経営資源を確保する手続きが必要となります。

　一方、株式交換＋会社分割によった場合には、上場会社がそのままの法人格として持株会社となることから、持株会社について基本的に再度上場申請を行う必要はなくなります。また、上述の米国証券法におけるForm F-4の提出要否は、株式交換により完全子会社となる会社の米国人株主の状況のみの判断で足ります。また、会社分割では、一定の資産を持株会社に残すことができるため、経営統合の当初から持株会社に残した配当原資や経営資源を利用することができ、持株会社の運営をスムーズに行うことが可能となります。したがって、持株会社を将来にわたって両社をコントロールする目的で設立する場合や、一方の会社が上場会社の場合等、持株会社を設立することによる経営統合にあたっては、株式交換＋会社分割という方法が採用されることがあります。

　ただし、持株会社となるA社が行っている事業が許認可を必要とする事業である場合、会社分割を行うと新設会社で再度許認可の取得が必要となる可能性があることから、許認可の再取得に時間と法務コストを要する場合があります。

3 制度別のポイント

　各手法の選択や、買収により買い手に与える影響を検討するに際し、制度上・運用上のポイントを検討します。

　以下では、会計、税務、法務上のポイントについて、基本的視点を説明した上で、実務での便宜を考慮してリスト形式で主な留意事項を解説します。なお、本章で記載した留意事項は後述の各章でより詳細に説明しておりますので、詳細な内容を検討する際にはそちらをご参照ください。

1　会計上のポイント

●**基本的視点**

　従来、例えば株式交換と合併など連結ベースでの経済的実態が同じ結果となる場合、連結ベースでは会計上の差異が小さいこと等を理由に、手法選択にあたって会計上の取扱いは税務や法務に比して劣後していた傾向が見られました。
　しかし、経営陣の評価指標として利用するのは、あくまでも貸借対照表や損益計算書、キャッシュフロー計算書等の財務諸表であり、株主を含む利害関係者に対する説明責任を果たすためには、ストラクチャー実行後、いつ（今期か翌期以降か）、どの区分で（営業損益か、営業外損益か、特別損益か、法人税等か）損益が生ずるかをあらかじめ把握しておく必要があります。近年、ＩＦＲＳの影響（もしくはＩＦＲＳへのコンバージェンスによる日本基準への影響）に留意すべき事項も増加しており、過去からの延長では想定し得ない財務上の影響が生じ得ることにも、注意が必要です。
　また、有価証券報告書においては、連結財務諸表だけではなく、親会社の単体財務諸表も開示されます。配当の財源規制の対象となる会社法上の分配可能額は原則として単体財務諸表を基礎として算定され、今後の配当政策にも影響を与える可能性があることから、連結財務諸表だけではなく、単体財務諸表に

第3章　ストラクチャー

どのような影響を与えるかについても把握しておく必要があります。

　したがって、ストラクチャー実行後に不測の事態が発生しないようにするために、可能な限り数値シミュレーションを実施した上でストラクチャーを選択する必要が高まっていると考えられます。

●会計上の主な留意事項

内容	参照ページ
企業結合会計	
▶取得企業の決定	356、364
▶のれんの発生金額、償却期間、減損の可能性	378
▶税効果会計の影響	387
▶抱合せ株式消却差損益の発生額	381
▶取得に要した支出額の処理　等	374、378
連結会計	
▶連結/持分法の範囲	―
▶みなし取得日	―
▶セグメントの区分、セグメント情報の開示の要否	―
▶連結加入時の子会社資産・負債の時価評価、資産・負債への配分基準	373
▶段階取得に係る差損益	376
▶決算期の統一、決算スケジュールへの影響　等	―
その他会計	
▶ＩＦＲＳの動向	390
▶ストックオプション会計の影響　等	―

2　税務上のポイント

●基本的視点

　税務面の検討にあたっては、税務上の要件や各手法選択時に発生する個々の課税関係について検討することが必要であると同時に、全体を通して法人税の負担を不当に減少させる結果となっていないことを確認する必要があります。

87

もし、課税当局に税負担を不当に減少させることのみを目的としてストラクチャーが構築されていると判断された場合には、包括的租税回避防止規定により、その行為や計算が否認される可能性があるためです。

　個々の要件を判断する場合も全体の合理性を判断する場合も、その基準となるのは税務上の規定ではなく、経営判断の合理性であることがしばしばあります。下記のような税務上の取扱いを把握することは重要ですが、まずは経営上の目的を明確に認識することが税務上も必要であり、とても大切な事項です。

　また、納税が生じない手法を選択することが目的となってしまうことがありますが、あくまで税金はコストに過ぎないことから、税務コストを定量化し、経営目的との関係で費用対効果を検討する必要があると考えられます。

●税務上の主な留意事項

内容	参照ページ
組織再編税制	
▶税制適格要件	304
▶資産（負債）調整勘定の有無	300
▶繰越欠損金の引継・利用制限、含み損益の利用制限の有無	312
▶包括的租税回避防止規定　等	293
連結納税	
▶完全子法人の時価評価課税（営業権の時価評価含む）	325
▶完全子法人の繰越欠損金の切捨て　等	327
グループ法人税制	
▶適用範囲	338
▶損益繰延	339
▶寄附　等	340
その他法人税	
▶受取配当金の益金不算入	303
▶みなし配当　等	303

内容	参照ページ
所得税	
▶譲渡所得（優遇税制含む）	303
▶配当所得（みなし配当含む）　等	303
▶税制適格ストックオプションの引継ぎの要否　等	―
諸税	
▶不動産取得税	320
▶登録免許税	320
▶消費税	―
▶事業税（外形標準課税）　等	―
その他	
▶海外子会社への影響　等	282

 法務上のポイント

● **基本的視点**

　法令の遵守は企業としての基本的事項です。ストラクチャー実行にあたっては、会社法、金融商品取引法、独占禁止法等の様々なルールが規定されていることから、実行に際してはあらかじめ法務上の論点が網羅的に検討されていることが重要です。もし論点の漏れがあり、ストラクチャー実行後に瑕疵が発見された場合には無効原因となったり、訴訟を提起されるなど、不測の損害が生じるおそれがあります。

　したがって、ストラクチャーの実行にあたっては、Ｍ＆Ａに精通している法律専門家よる検討が必要とされます。

　なお、ストラクチャー実行前に関知することがどうしてもできない事項（財務諸表が公正な会計慣行に従っていること、会社および役員等が法令を遵守していること等）については、主に売り手が表明し、かつ、損害が生じた場合には保証する旨を契約で定めること（表明保証：representations and warranties）により、お互いの責任の明確化を図ることになります。

●法務上の主な留意事項

内容	参照ページ
会社法	
▶株主総会開催の要否	241
▶簡易／略式組織再編に該当するか否か	243
▶反対株主の株式買取請求権の有無	243
▶債権者保護手続きの要否	244
▶連結配当規制を適用するか否か	―
▶自己株式取得手続きの要否	―
▶親会社株式処分の必要性	―
▶新株予約権の取扱い	―
▶株主への配当可能性　等	―
金融商品取引法	
▶公開買付け規制	251
▶インサイダー規制	258
▶募集規制	―
▶内部統制監査の適用範囲と適用タイミング　等	―
その他	
▶労働契約承継法等にもとづく協議・通知（会社分割の場合）	260
▶独占禁止法	261
▶上場規程（テクニカル上場、希釈化規制）	250
▶外為法規制	264
▶Form F-4の提出義務	―
▶契約の相手方からの承諾の取得(チェンジ・オブ・コントロール)	―
▶許認可の要否	―
▶対象会社の潜在債務の承継リスク	―
▶財務制限条項への抵触　等	―

第4章

バリュエーション

評価と価格算定の基本的スタンス

1 M&Aに際してのバリュエーションの意義

● M&Aでの投資価値評価においてバリュエーションが重要である理由

　成熟した低成長経済下での投資、特にM&Aのように経営支配権を取得する長期の投資において、投資先の精査と投資価値の評価は経営の要諦です。この章で解説するM&Aに際してのバリュエーションでは、M&Aでの投下資本が長期にわたりその資本コスト（資金の機会費用）を上回るリターンを創出し得るか否かを判断するものでなければなりません。投下された資本にかかるコストを上回るリターンを継続的に確保すること、これによってのみ企業は自らの永続性を維持することができるからです。M&Aに際してのバリュエーションの意義はまさにそのことを適切に評価することにあると考えます。そのうえで、経営者はM&Aにより何をしようとしているのかをグループ内外に示すとともに、M&A後の業績を当初の見込み、すなわちバリュエーションの基礎をなす事業計画に照らし評価する仕組みを構築し、その成果を適切に評価することで自らを律することがM&Aにおけるコーポレートガバナンスの要といえるでしょう。

　M&A後の業績管理について言えば、M&A直後の短期的な利益水準の評価は、ポストM&Aへの初期的対処が全体としてうまくいっているかどうかのメルクマールとして重要です。しかし、事業統合の成果すなわち長期の企業価値向上プロセスの合理性・妥当性を判断し得る業績評価の仕組みを、既存の業績管理システムにどのようにビルトインするかはより重要と考えます。そのためにはM&A実行時に検討された経営の青写真（事業計画等）を、M&Aを推進するチームだけではなく、M&A後の事業運営に責任を持つチームとも共有し、事業運営チームのコミットメントを引き出すことがより重要です。これにより、常に原点に立ち戻り建設的な議論が可能になるからです。

このような資本効率の追求姿勢が自らの強い財務構造を支え、その強い財務構造が長期のリスク投資を可能にします。そして、このような経営の意思決定を行う規律ある経営組織がM＆Aの成功確率をも高めていくと考えます。

● バリュエーションのフレームワーク

最初にバリュエーションのフレームワークを鳥瞰しておきます。

バリュエーションとは価値評価を総称するものです。評価の対象には、一般に事業価値、企業価値あるいは株式価値という概念があります。

〈バリュエーションの概念フレームワーク〉

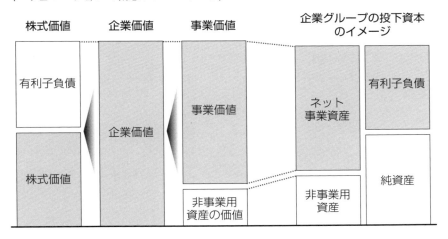

企業には事業のために投資された多くの有形・無形の事業資産があります。余資運用の目的等で取得した投資や、すでに事業資産としての使命を終え、売却しても事業運営に支障ない非事業用資産が所有されていることもあります。

事業資産は投下資本利益率を反映した長期的なキャッシュフロー稼得能力で評価されます。一方、非事業用資産は短期的なキャッシュフロー、すなわち売却可能価格（時価）で評価されます。有形無形の事業資産等からなる事業そのものの価値が事業価値であり、これに非事業用資産の価値を加えた企業全体としての価値が企業価値を構成します。ここから負債投資家の取り分を控除したものが株主の価値、すなわち株式価値となります。

M＆Aでの評価手法には複数ありますが、大別すると事業価値と非事業用資産の価値を求め、ここから有利子負債を控除する方法と、直接的に株式価値を求める方法に区分することができます。前者については、例えばエンタープライズＤＣＦ法、ＥＢＩＴ倍率やＥＢＩＴＤＡ倍率を使った類似会社比較法、純資産法等が代表的です。後者については、例えばエクイティー・キャッシュフロー法、ＰＥＲ倍率やＰＢＲ倍率を使った類似会社比較法等が代表的です。

　なお、ネット事業資産は財務上の概念であり、貸借対照表との関連で単純化すれば、事業資産から営業債務等の事業負債を控除した純額ベースでの投資額を意味します。これを貸借対照表の調達側からみれば、債権者による投資額である有利子負債と株主からの投資額である純資産の合計額から非事業用資産への投資額を控除した額であり、運用側の純額ベースの投資額と一致します。

〈財務上の投下資本の概念―ネット事業資産―〉

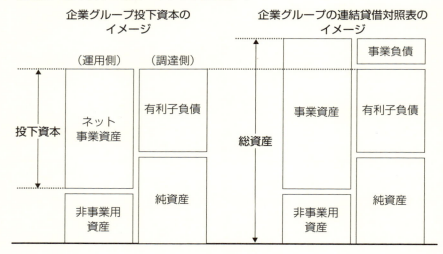

● M＆A交渉においてバリュエーションが重要である理由

　M＆Aは、買い手は極力安く、売り手は極力高くと、それぞれが相反するベクトルの行動指針を持つ相手方との交渉を成立させる取引です。それには売り手・買い手双方の思考を把握しながら相手側に一定の納得感を与えることが、交渉において重要な要素であることに留意しなければなりません。

第4章 バリュエーション

　M＆Aでのバリュエーションは、自らの説明責任を果たせる範囲内で妥結に至るための価値/価格を分析するためにも重要なのです。

　買い手が期待する投資価値は、対象事業から得られるであろう長期のキャッシュフロー予測を通じ、自らの価値創造プロセスでの期待成果を評価するものです。このためバリュエーションは買い手がコミットし得る事業計画にもとづき、買い手の意思を反映した、いわば主観的要素を含むものとなります。ここには買い手側の努力により実現されるであろうシナジーの価値も含まれます。

　では、買い手が評価したこのようなバリュエーションの結果と同額の対価を支払ってM＆Aを成立させた場合、買い手が実現できる価値はどうなるのでしょうか。この場合、M＆Aのメリットは得られないかもしれません。買い手として計画したシナジーをすべて当初計画どおり実現したとしても、それにより実現した価値はすでに売り手に支払われており、買い手のリターンは機会費用だけという結果となってしまうからです。

　では、M＆Aでの買収価格はどのように考えるべきなのでしょうか。

　まず、買い手はターゲットの事業価値をスタンドアローン（買収前の業績の延長線上のシナリオ）で評価することが必要です。

　次に、買い手の事業とのシナジーを体系的に評価していきます。その際に、買い手の事業に生じるシナジーと買収対象事業に生じるシナジーとを区分して把握することができれば、より網羅的に、かつ、シナジーの分配によりシビアな判断が求められたときにも有益な情報が得られます。

　ただし、このプロセスは非常に厄介です。

〈M＆Aでの買い手にとっての買収価格とシナジー効果〉

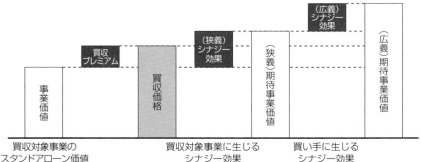

しかも、シナジーを網羅的に検討するには自社の事業戦略に関わる多様なチーム（R＆D、製造、営業等々）の協力が必要ですが、インサイダー情報との関係から交渉の初期段階では十分な検討チームを組成できないかもしれません。

　しかし、このプロセスによりM＆A後に着実にシナジーを実現するために具体的に何をいつまでに実行しなければならないかの指針を得ることができます。また、シナジーを含めた評価により買収対価の上限についての判断根拠を具体的数値で明示できるようになります。この結果、売り手が合意できる範囲で、かつ最小限の買収プレミアムで交渉を行うための指針と規律が得られるのです。

　一方で、売り手は、買い手が実現できるであろうシナジーの程度を推察し、その一部を売却価格に上乗せするために交渉に臨みます。複数の買い手候補を見つけることができる売り手が採用する巧妙なプロセスが入札です。この場合の買い手は、スタンドアローンバリューではなく他の買い手候補のシナジーを考慮して価格を提示することが求められますので、売り手は相対取引での価格交渉力以上のポテンシャルを引き出すことができる可能性が高まります。

●価値評価についての共通言語を有することの有用性

　M＆A交渉において相互に合意すべきは価格や株式の交換比率についてです。そこに至る背景はそれぞれの立場により異なるでしょう。このため、事業計画の考え方、貸倒引当金の計上方針や資産評価の方針など、あるいは評価のロジックや考え方でも異なる点は多いかもしれません。それでも価値評価についてのフレームワークを理解し、共通の言語で交渉できることには意義があります。そこでバリュエーションのための基本的フレームワークについて整理しておきます。これを理解してM＆Aに臨むことは、効率的に交渉を進めるために双方にとって有意義であると考えるからです。

② 企業の価値はどのように評価されるのか

●投資パフォーマンス測定の基本的な考え方

　企業の財務パフォーマンスは事業に投下した資産の利益率と資本コストとのスプレッドで評価することができます。これはエコノミックプロフィット（経

用語集

▶財務関連用語
- EBIT（Earnings Before Interest and Taxes）：支払利息控除前の税引前利益
- EBITDA（Earnings Before Interest Taxes Depreciation and Amortization）：支払利息・減価償却費・その他償却費控除前の税引前利益
- NOPAT（Net Operating Profit After Taxes）：税引後営業利益

▶財務分析関連用語
- ROA（Return On Asset）：総資産利益率
- ROIC（Return On Invested Capital）：投下資本利益率
- ROE（Return On Equity）：株主資本利益率
- PER（Price Earnings Ratio）：株価収益率
- PBR（Price Book-value Ratio）：株価純資産倍率
- EPS（Earnings Per Share）：1株当たり純利益
- BPS（Book-value Per Share）：1株当たり純資産

済的付加価値）といわれる概念の基本的考え方です。投資家の視点で企業価値を評価するには、代替的投資先に投資した場合との比較で評価することが必要です。企業が投資家に資金を提供する誘引を与えるには、投資家が代替的な投資機会と比較して少なくとも同等のリターンで報われることが必要だからです。

ここに特定の投資資金を確保するために投資家（市場）が求める期待収益率を資本コスト（資本の機会費用）、割引率、あるいはハードルレートといいます。例えば、100億円の投下資本を有する事業の投下資本利益率が12％であり、その事業と同等のリスクを有する代替的投資機会から得られる利益率（資本コスト）が7％であるとすると、この事業では1年間に5億円のエコノミックプロフィットを生み出していると評価することができます。

〈エコノミックプロフィット〉

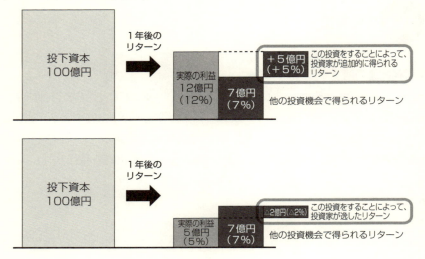

エコノミックプロフィット＝投下資本×（投下資本利益率－資本コスト）

エコノミックプロフィット＝100億円×（12％－7％）＝5億円

　一方、同等の事業の投下資本利益率が5％の場合、エコノミックプロフィットは△2億円となります。このため、その事業は1年間に2億円の株主価値を劣化させてしまっていると投資家は評価することになります。

エコノミックプロフィット＝100億円×（5％－7％）＝△2億円

●**資本コストとは**

　一定の投資機会に投下された資本に対して投資家が求める期待収益率を資本が求めるコスト、すなわち資本コストといいます。

　私たちは今日の消費を減らし明日に備える行動（貯蓄）や、明日の消費を減らし今日の消費を増やす行動（借入）を選択しながら経済活動を行っています。そして、貯蓄をすれば金利が得られる一方で、借入をすれば金利を支払うこと

第4章　バリュエーション

も受け入れています。異なる時点の消費価値、すなわち異時点のキャッシュフローの価値に違いがあることを受け入れているからです。それは、今ここにある100万円は1年後に得られるはずの100万円より価値があるということを意味しています。その背景には次の2つの要素が含まれています。

a）ここにある100万円は、今から1年間、一定の利子を生むことができる
b）不確実（リスク）な1年後の100万円より、今ここにある確実な100万円がより選好される

　この2つの要素により、同額のキャッシュフローでも現在と将来の価値は異なることになります。ここに1年後に償還される金利r_f％の債権をPV円購入すれば、1年後に（$1 + r_f$）×PV円が確実に償還されるとします。1年後の償還額をa_1とすれば、その現在価値PVは次のように求められます。

$$PV = \frac{a_1}{1 + r_f}$$

　この関係は国債のようなデフォルトリスクがないと考えられている投資機会において成立します。ここにr_fはそのようなリスクのない投資に求められる資本コスト、すなわちリスクフリー金利であるとともに、将来のキャッシュフローを現在価値に換算する割引率でもあります。
　一方で、投資家はリスクを伴う投資に対しては、より多くのリターンを期待します。リスクを伴う投資に対する期待収益率をリスクフリー金利r_fとそれに上乗せするリスクプレミアムr_pの和rで示すと、1年後に償還されるキャッシュ・フローであるa_1の現在価値PVは次のようになります。

$$PV = \frac{a_1}{1 + r} = \frac{a_1}{1 + (r_f + r_p)}$$

　このr（$= r_f + r_p$）はリスクが伴う投資に対する資本コストを意味します。また、これは将来のキャッシュフローを現在価値に換算する割引率でもあり、現在の投資に求められる将来リターンの最低水準を意味するハードルレートでもあります。r_pをどのように求めるのかは、後ほど解説したいと思います。

99

●単純化した事業価値評価モデル

　将来のキャッシュフローを資本コストで割り引くことで現在価値に換算できることを理解したので、次に単純な事業価値評価モデルを考えてみます。[*1]

　売上高が、一定の売上高利益率を維持したまま、毎期一定の比率で成長する事業を想定します。その事業では、一定の成長を維持するため、利益の一定割合を同じ売上高回転率と売上高利益率を生み出せる事業に再投資しています。このような事業の価値は次の式[*2]で求めることができます。

$$事業価値 = \frac{FCF}{資本コスト(r) - 成長率(g)}$$

　ここでFCFはフリー・キャッシュフローを意味します。これは事業を営むことから生み出されるキャッシュインからこれを生み出すために必要なキャッシュアウトを控除したものであり、企業が自由に利用できるキャッシュフローとして定義されたものです。具体的には下記のように求めることができます。

a）グロス・キャッシュフロー：会計上の利益に現金収支を伴わない減価償却費のような非資金的費用を加算したもの

b）オペレーショナル・キャッシュフロー：上記a）に事業規模の増減に伴う正味運転資本（主に営業債権債務や棚卸資産）の減増分を加減算したもの

c）フリー・キャッシュフロー：上記b）から事業運営に必要な設備投資等に伴う資金支出を控除した、企業が自由に利用できるキャッシュフロー

　キャッシュフローのもととなる会

	売上高
−)	売上原価
	売上総利益
−)	販売費及び一般管理費
	営業利益（EBIT）
−)	税金相当額
	NOPAT
+)	非資金的費用
	グロス・キャッシュフロー
±)	正味運転資本の減増
	オペレーショナル・キャッシュフロー
−)	設備投資
	フリー・キャッシュフロー

第4章　バリュエーション

計上の利益には支払利息控除前の利益を使います。支払利息を資本コストの一部として扱うためです。ここに支払利息控除前の税引前利益をＥＢＩＴ（Earnings Before Interest and Taxes）といい、ＦＣＦのもととなる会計上の利益はここからそれにかかる税金を控除したものです。それをＮＯＰＡＴ（Net Operating Profit After Taxes）といいます。

$$NOPAT = (1 - t) \times EBIT$$

ここでｔは法人所得に対する実効税率を意味します。

なお、ＥＢＩＴは支払利息を控除する前の利益です。営業利益に近い概念といえますが、営業外収益・費用として毎期計上されている項目のなかに事業用の資産に起因して発生する重要な金額が含まれる場合には調整が必要です。

ＮＯＰＡＴに減価償却費のような非資金的費用を加算し、正味運転資本増加分と設備投資支出分を控除した金額がＦＣＦです。運転資本増加分と設備投資支出の合計から減価償却費等を控除した金額を純投資額とすれば、ＦＣＦは次のように表すことができます。

$$FCF = NOPAT - 純投資額$$
$$= NOPAT - (NOPAT \times 投資割合)$$
$$= NOPAT \times (1 - 投資割合)$$

ここで、投下資本利益率（ＲＯＩＣ：Return On Invested Capital）という考え方を導入します。ＲＯＩＣは投下資本に対する利益率を表すもので、次の式のように売上高利益率と売上高回転率に分解できます。

$$ROIC = \frac{NOPAT}{投下資本} = \underbrace{\frac{NOPAT}{売上高}}_{(利益率)} \times \underbrace{\frac{売上高}{投下資本}}_{(回転率)}$$

＊１　このモデルの考え方については『企業価値評価（第５版）上』（マッキンゼー・アンド・カンパニー他著、ダイヤモンド社）43頁を参照。

＊２　事業価値 $= \dfrac{FCF}{1+r} + \dfrac{FCF(1+g)}{(1+r)^2} + \dfrac{FCF(1+g)^2}{(1+r)^3} + \cdots$

　　　　　　　 $= \dfrac{FCF}{1+r}\left[1 + \dfrac{1+g}{1+r} + \left(\dfrac{1+g}{1+r}\right)^2 + \cdots \right]$

　　［　］内は初項１、公比が(1+g)/(1+r)の無限等比数列。
　　その和の公式「初項/(1−公比)」から求めることができます。

この単純なモデルの前提より、この売上高利益率と売上高回転率は一定と考えるため、売上高成長率は投下資本の成長率により決まることになります。すなわち、成長率は次のように表すことができます。

$$成長率 = \frac{投下資本_{n+1} - 投下資本_n}{投下資本_n} = \frac{NOPAT \times 投資割合}{投下資本} = ROIC \times 投資割合$$

この関係から、この単純な売上高成長モデルを支える投資割合は、次のようになります。

$$投資割合 = \frac{成長率(g)}{ROIC}$$

この関係を前ページのFCF式に代入し、それを事業価値を示す式に代入することで、事業価値をROIC、成長率（g）、NOPATと資本コストの関係として示すことができます。

$$事業価値 = \frac{NOPAT \times \left(1 - \dfrac{g}{ROIC}\right)}{資本コスト - g}$$

これは単純な前提で作られた安定永久成長事業モデルの事業価値を示しています。もちろん現実の事業運営はこのように単純化できるものではありませんが、事業価値が正常収益力（NOPAT）をベースに、それを生み出している投下資本利益率（ROIC）と成長率（g）との関係でドライブされ、適切な財務コントロールにより資本コストを引き下げることができれば、事業価値を高めることができることを示しています。逆に言えばDCF的な手法により事業価値の分析・検討を行なうに際しては、①事業によって生じるNOPATの適切な見積もり（＝事業計画の妥当性・実現可能性）、②適切な資本コストの見積もり（＝事業に対する適切なリスクの見積もり）、③中長期的な事業の成長率の適切な見積もりが極めて重要な影響を与えることがこの式から理解できると思います。

この事業価値を示す式を使うと、EBITと事業価値との関係は次のように示すことができます。

第4章　バリュエーション

$$\frac{事業価値}{EBIT} = \frac{(1-t) \times \left(1 - \frac{g}{ROIC}\right)}{資本コスト - g}$$

　ＥＢＩＴに対する事業価値のマルティプル（倍率）は、投下資本利益率（ＲＯＩＣ）と成長率（ｇ）に大きく依存し、資本コストがそれに大きな影響を与えていることがわかります。この関係を理解しておくことは、後述する類似会社比較法による企業価値評価においてとても重要です。

　一方、投下資本と事業価値との関係は次のように示すことができます。

$$\frac{事業価値}{投下資本} = \frac{ROIC \times \left(1 - \frac{g}{ROIC}\right)}{資本コスト - g} = \frac{ROIC - g}{資本コスト - g}$$

　投下資本に対する事業価値のマルティプルでは、投下資本利益率（ＲＯＩＣ）の影響がより高まります。この関係から、市場の成熟化に伴い成長率が低下した事業の投下資本利益率（ＲＯＩＣ）が期待収益率（資本コスト）を下回る場合の事業価値は、投下資本の額を下回ることも明らかになります。

103

DCF法（シナリオ）

DCF法のフレームワーク

●代表的な事業価値評価手法の１つであるエンタープライズDCF法

DCF（Discounted Cash Flow）法は、①事業から生み出されるキャッシュフロー（Cash Flow）を予測し、②投資リスクを反映した割引率で現在価値へ割引計算（Discounted）することにより、事業価値を計る手法です。

DCF法には、エンタープライズDCF法、APV法やエクイティー・キャッシュフロー法などがあります。エンタープライズDCF法では、有利子負債・資本の構造（事業のファイナンス構造）に関係なくキャッシュフローを予測するため、複数の事業を有する企業体の評価に適用できる等のメリットがあります。このため有利子負債・資本の構造が比較的安定している一般の企業/事業の評価に際して多く利用されている評価手法です。一方、有利子負債・資本の構造が大きく変動する予定あるいは可能性のある企業/事業の場合には、加重平均資本コスト（WACC：Weighted Average Cost of Capital）を用いない

〈DCF法のフレームワーク〉

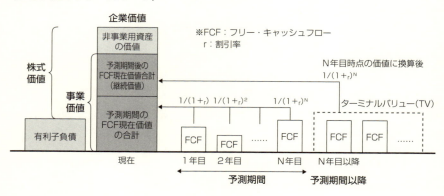

第4章 バリュエーション

ＡＰＶ法がより相応しいといえます。また、金融機関やノンバンク等では、通常の事業会社と異なり有利子負債は事業を遂行する際の仕入、すなわち営業債務としての性質を持っていると考えられるため株主に帰属するキャッシュフローを直接自己資本のみのコストで割り引くエクイティー・キャッシュフロー法の適用が適切です。

　エンタープライズＤＣＦ法は資金提供者のすべて（株主および借入金等の有利子負債の債権者など）に帰属するキャッシュフローを評価の対象とし、割引率としてすべての資金提供者の資本コストの加重平均資本コスト（ＷＡＣＣ）で割り引き現在価値評価を行う手法です。キャッシュフローは合理的な予測が可能な期間とそれ以降の期間とに分け、それぞれのキャッシュフローの現在価値を合算して事業価値を見積もります。後者の「予測期間以降のキャッシュフローの現在価値」をターミナルバリューといいます。

　この事業価値に非事業用資産の価値を加えて企業価値が見積られ、ここから有利子負債の価値を控除して株式価値が見積もられます。

　エンタープライズＤＣＦ法の本質は、先の簡便な事業価値の算出式と大きく変わることはありません。すなわち、将来キャッシュフローのシナリオの検討（計画期間中の収益性・成長性とその後の定常的なキャッシュフローの推計）、そのキャッシュフローを割り引く資本コストの適切な見積もりが重要です。加えて、事業計画期間以降の価値（ターミナルバリュー）が事業価値に対して一定の影響を与えます。これらの重要なファクターがエンタープライズＤＣＦ法での事業価値に大きな影響を与えるとの認識をもってＤＣＦ法を利用することが重要であると思われます。

●価値創造の本質（キャッシュフロー創出の源泉）を見抜く

　ＤＣＦ法は、①将来リターン（キャッシュフロー）にもとづく価値評価手法である、②リスク要因を評価に織り込むことができる、③キャッシュフローにもとづくため会計処理の影響を受けにくい、という点で企業/事業の価値評価において有用性があります。

　しかし、将来予測の精度や諸条件の設定如何で評価結果が大きく変動するという難点もあります。それ故に、キャッシュフロー、割引率や成長率などの合理性・妥当性を高める努力が重要です。

105

将来キャッシュフローのシナリオを描くうえで実務的に重要な作業として、詳細な実績情報にもとづく現状分析があります。これは財務デューディリジェンス（詳細は第5章参照。以下「財務DD」という）の基本的な目的の1つと考えられます。この分析により価値源泉や価値生成過程をつかみ、市場分析や同業他社分析を交え、対象事業の価値創造の本質（源泉）を明らかにしていきます。具体的には、価値創造の源泉であるキャッシュフローがどのように創出もしくは消費されているかを見極めるプロセスとなります。また、売り手としては、買い手にどのように見えるかを分析することになります。

　現状分析は、収益力・成長性、コスト効率性、資産効率、レバレッジなどの切り口にブレークダウンして分析することができます。
　収益力・成長性は、市場動向、市場におけるポジション、セールスミックス、

〈価値創造の源泉〉

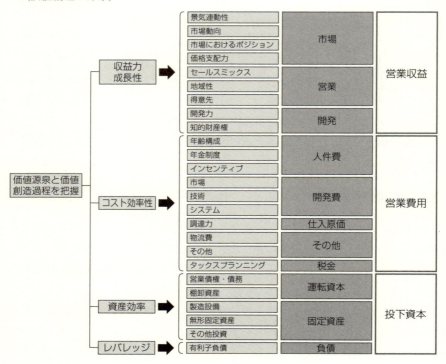

地域性、開発力などに分解して分析します。

コスト効率性は、例えば年齢構成、年金制度などを含む人件費体系、市場・製品（技術）などにかかる開発費、各種調達力、税金などに分解して分析します。

さらに、資産効率は全体のＲＯＩＣ（またはＲＯＡ）を主要な資産項目別に分解し、営業債権・債務については決済条件、棚卸資産については回転日数、製造設備や無形固定資産については売上高回転率などに分解して分析します。借入金や現預金の平均残高分析などをとおして、余剰資金の程度を分析し、借入金利率やレバレッジの程度についても分析します。

これらは、評価対象企業と同業他社とを比較するなどの手法により強み・弱みを把握し、対象事業等の価値の源泉あるいは価値を毀損している原因をさらに掘り下げて分析します。

 シナリオ

現状分析により価値生成の源泉や過程を把握した次は将来分析、すなわち実態分析により把握された価値創造の源泉、過程が継続・成長・衰退するのかを見通すシナリオを描くステップに進みます。

● **営業収益（売上高）**

売上高については、たとえば直近実績が過去５年間で最高の売上高であったような場合、この最高値を出発点としてよいのか、すなわちビジネスモデル上の革新や事業構造変革等のミクロ要因、あるいは市場全体の業界構造変革等のマクロ要因に起因するのか、単に景気循環過程でたまたま最高だったからなのかなどの要因を追及する必要があります。景気循環過程により生じたと判断されたような場合、国内総生産（ＧＤＰ）や（地域）人口等のマクロ指標との相関はどうか、たとえ階段的に売上高が増加する蓋然性は高いと判断されたとしても、特許取得や新技術の開発成功をどのように想定しているのか、などの視点で検討する必要があります。

ミクロ要因やマクロ要因などの分析にあたり、３Ｃ分析（「Customer（顧客・市場）」「Competitor（競合他社）」「Company（自社）」）やＳＷＯＴ分析

（「Strength（強み）」「Weakness（弱み）」「Opportunity（機会）」「Threat（脅威）」）などの経営戦略分析手法を効果的に活用することは有益です。

一方で、直近実績における粉飾の可能性、あるいはそのような指摘を受けることに対する説明責任にも配慮を要します。

●営業費用

営業費用にも多くの留意点があります。各費目の留意点としては、収益拡大のための設備投資見積もりは合理的か、その支出のタイミングは適切か、従業員の年齢構成などから給与が上昇するか下落するか、個別プロジェクトによる収益拡大を見込んでいるときに、人員数（人件費）の成長も考慮されているか、年金制度変更の予定がある場合の影響はどうか、繰越欠損金は利用可能か（対象事業が海外展開しているケースでは、各国での利益構成が変化する可能性などについても留意すべき）、その他にも変動費的な費目が収益の増減に相関しているか、などに留意します。

シナリオの背後にあるコスト構造の分析も重要です。特に、固定・変動費の分析は売上変動に伴う利益変動の感応度を検証するのに役立ちます。事業を買収するケースでは、収益状況が変動した場合、一定の利益感応度により企業価値の変化の程度を把握しておくことには意義があるからです。

コストシナジーという視点でも、固定費とされる項目の将来的なコスト削減可能性を検討する目的で財務DDを活用することには意義があります。逆に、固定費とされる項目のうち営業収益の拡大に伴い中長期的には増加を見込むべき要因の把握とその定量化にも留意すべきです。

さらに評価対象事業が評価対象外の組織等から経営資源（ヒト・モノ・カネ・情報などのリリース）を提供されている場合には、対象事業を取得した後の取扱いにも留意が必要です。これは「スタンドアローン問題」と呼ばれるもので、例えば連結グループの子会社やグループ内の特定事業を評価する場合、親会社や本社機能が提供する経営資源をどのように代替していくか、その場合のコスト構造はどのようになるかを慎重に検討することが求められます。

●投下資本

過年度から計画期間に至るROIC（もしくはROA）、それを分解した資

産回転率と売上高利益率の推移や同業他社との比較により、計画全体の蓋然性や合理性・妥当性を検証することはとても重要です。ＲＯＩＣなどの投下資本利益率は事業価値を形成するドライバーとして重要だからです。

資産回転率については、特に運転資本や生産設備等の設備投資について詳細に検証することが必要です。例えば営業収益の拡大に伴い運転資本の増加が適切に見込まれているか、売り手の関係会社との有利な決済条件により見かけ上の運転資本としての資産効率がよく見えている可能性はないか、営業収益の拡大を支える生産設備などの有形固定資産投資だけではなく、社内システムの構築に向けた有形・無形の資産への継続投資もシナリオに適切に反映されているかなど、仮説としての視点を持って検討結果を評価することが重要です。

〈シナリオ分析の留意点〉

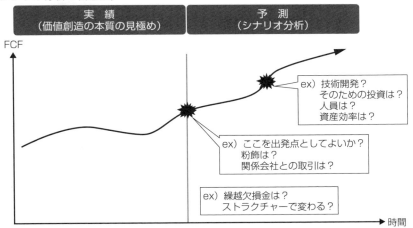

● **その他の留意点**

複数の事業を営む会社の場合には、事業ごとにシナリオも事業リスクも異なることから、事業ごとに分析を行うことになります。また、買収対象が企業グループを形成している場合には、連結ベースでの評価となりますが、実務上は対象会社と主要関係会社について、それぞれＤＣＦ法等による価値を求め、持分比率に応じて合算するというような簡便的な方法がとられることも多いよう

です。この場合、関係会社間の損益取引は自動的に相殺されますが、貸付・借入等の資金取引の相殺も忘れないよう留意することが必要です。

　買い手は、売り手から提示された事業計画や利益計画についてデューディリジェンスを通して検証し、納得性を高めていきます。そのため売り手は、適時、買い手に情報開示することで不合理なディスカウントをされないように努める必要があります。しかし、買い手と売り手が交渉を開始した後も継続して取引関係にあるような場合には、必ずしも取引が成立するとは限らないので、売り手にとって自身の情報をあまり早い段階から開示することには慎重にならざるを得ないでしょう。例えば、垂直統合を目指すM＆Aにおいて買い手が得意先であるような場合には、交渉初期段階で売り手は自身の原価情報を慎重に取り扱わざるを得ない面もあります。

　このようにM＆Aでは売り手と買い手に情報の非対称性があります。このため、取引の性質やタイミングに応じて、双方が最善をつくしてコミュニケーションをとることで、相互不信を招くことなく、合意を目指すよう求められます。

　これまでは主に買い手の視点での事業計画の検証について解説しましたが、売り手の立場でも各種の財務・比較分析等を行い、事前に想定質問等を検討することにより、買い手候補先に提示する事業計画の信頼性を高める努力が必要でしょう。これはセラーズ・デューディリジェンスとしてのステップと位置づけられますが、事前対応により、事業計画について買い手とより適切な議論を行うことが可能となります。

　なお、株式を対価とする合併、株式交換・移転などによる経営統合の場合、両社の株式価値を比較して統合比率が決定されることになります。このため、上述のような事業計画の分析に加え、両社の事業計画の前提が揃っているかという論点が生じます。例えば、両社が同じ事業領域で事業を行っているとしてもマクロ経済の伸びを０％と考えるか１～２％程度のインフレ率を想定しているかでトップラインの伸びは大きく変わりますし、事業計画上の利益水準も大きく相違することになります。このような事業計画を作成する際の共通前提となるべき事項については、極力事業計画を相互に交換する前の作成段階で合意し、その上で事業計画を策定することが望まれます。

第4章 バリュエーション

DCF法(ターミナルバリュー)

1 ターミナルバリュー(TV)のフレームワーク

　通常、"企業は永続する"との前提で事業評価を行います。しかし、あまりに長い予測期間について詳細なシナリオ分析を行うことは不確実性も高まり、その合理性・信頼性は低下するため、有意性は著しく低下します。

　そこで、理論と実務のギャップを埋めるため、継続企業としての将来ＦＣＦ（フリー・キャッシュフロー）を予測の精度が比較的高い期間とそれ以降の期間に分け、後者について少数のパラメータ（成長率等）により単純化し、実務上の利用可能性と交渉可能性を高めることを意図したモデルがターミナルバリュー（継続価値：ＴＶ）です。

　予測期間については、入手可能な対象企業固有の情報源が中期経営計画等であることを踏まえて、通常は5年から長くても10年程度で設定されることが多いようです。評価する企業の個性を合理的に数値化できる期間であることが求められますので、重要な設備投資等が予定されているような場合には、その投資回収期間との整合性等に留意した上で、ＴＶの考え方を検討する必要があります。さらに、耐用年数が長く各期のＦＣＦに比較して著しく多額の更新投資を必要とする事業では、再投資に必要とされるキャッシュフローの取扱いに留意した上で、ＴＶの考え方を検討することが重要です。

　基本となるＴＶの考え方としては、予測期間の最終事業年度の翌期に生じると予想されるＦＣＦをベースに、それ以降のＦＣＦを一定の永久成長率（ｇ）で各事業年度のＦＣＦパターンを予測し、それらを現在価値に還元する永久成長率モデルが代表的です。他の考え方としては、予測期間の最終事業年度時点での利益見通しにＥＢＩＴ倍率など各種の倍率を乗じるマルティプルモデルがあります。

　Ｍ＆Ａの交渉の現場では、永久成長率モデルが理論的であることは理解した上で、実務的にはマルティプルモデルのほうが納得しやすいということもあり

ますので、両手法によるＴＶを推計し、相互に検証することでより適切なＴＶひいてはＤＣＦ法での事業価値の推計の合理性を高めていく努力が払われます。どちらかが正しいというものではありませんので、評価対象となっている事業の環境や計画の蓋然性、類似会社比較法による結果との整合性などを総合的に検証し、適切な価値の水準を議論することになります。

●永久成長率モデル

永久成長率モデルによるＴＶは、予測期間の最終事業年度の翌期に生じると予想されるＦＣＦをベースに、それ以降のＦＣＦパターンを一定の永久成長率（ｇ）で予測し、それらを現在価値に還元することで求めます。

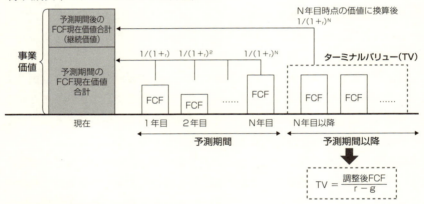

〈永久成長率モデルによるＴＶの評価〉

※予測期間以後のFCFパターンイメージ

次の公式のとおり、最終予測事業年度のＦＣＦに一定の調整[*3]を加えて推計

した最終予測事業年度の翌期のＦＣＦ（調整後ＦＣＦ）と、資本コスト（ r ）および永久成長率（ g ）のみがパラメータとなります。予測期間以後のＦＣＦの成長が安定状態にあることを想定した収益還元法であり、資本コストと永久成長率を利用したマルティプル法とも考えることができます。

$$TV = 調整後FCF \times \frac{1}{r-g} = 調整後FCF \times Multiple$$

　５年程度を予測期間としてＤＣＦ法を実施する場合、ＴＶの価値が事業価値全体に占める割合は比較的大きくなります。この事実は評価者にとって重要です。シンプルなモデルを適用する場合には、パラメータの設定についての合理性が問われることになるからです。

　経済全体の安定成長が期待される環境下で、評価対象事業が十分な市場競争力を有する場合には、納得感の高いモデルといえるでしょう。その場合、ｇはＧＤＰの名目成長率に近似することになるでしょう。しかし、マクロの中期予測には困難が伴います。その状況は国や経済圏ごとに異なりますが、例えばわが国がデフレ環境下におかれた時期には、実際に過年度の実績が一貫してマイナス成長となっている会社も少なくない状況でした。そのような状況において永久成長率を０％とみなすケースも多いと思われます。それが保守的すぎる場合には、価値を低く見積もることにつながりますので、交渉に影響を与えます。一方で、それでも実際には永久成長率モデルでの価値推計が高すぎるという結果も多いように思われます。この場合は、1/（ r － g ））の水準が類似会社比較法でのマルティプルに比較して高い可能性が考えられます。この場合、なぜ将来時点において、今のマルティプルよりも高いマルティプルを適用すべきなのか、について十分に分析・検討することが必要になると思われます。

　実務的な課題としては、プラスの永久成長率を加味する場合、結果として、かなり低い割引率で調整後ＦＣＦを資本還元して、過大なＴＶを算出する可能性があります[4]。たとえばＷＡＣＣが４％で永久成長率を0.5％加味するような場合、調整後ＦＣＦを3.5％で資本還元していることになり、調整後ＦＣＦの

＊３　一定の調整とは、例えば、最終予測事業年度における「投資と減価償却費の水準の調整」「一時的な事象の排除（調整）」「景気循環などによる正常収益力との乖離の調整」などが挙げられます。

28.6倍（1÷3.5％）で事業価値を評価していることになります。このようなケースではプラスの永久成長率を加味するのが本当に適切なのかについて再検討すべきなのかもしれません。

なお、ＴＶの計算上ｇ＞ｒのときには算定が不能になります。しかし、通常の事業計画においてこのようなことは起こり得ません。例えば数期間にわたりｇ＞ｒとなるとしても、そのような高成長が期待される業界であれば、新規参入が活発化し、競争が激化することで超過収益力は低下します。その結果、いずれはマーケットの成長率も低下すると考えられるからです。したがって、平均的にはｇ＜ｒとなると考えることが合理的でしょう。

一方、マイナスの永久成長率を加味する場合、当然ですが、永久にマイナス成長するという前提で評価を行うことになります。しかし、企業はコスト削減等の経営努力により中長期的に利益維持を目指すので利益水準が永久にマイナス成長するという前提は、少なくとも売り手には受け入れ難いように思われます。また、中長期的にマイナス成長が継続する根拠を示すインフレ率や名目ＧＤＰ成長率などのマクロ予想データも乏しいことから、交渉の場面で永久成長率をマイナスとして主張しても売り手の納得を得るのは難しい可能性もあると思われます。

●永久成長率モデルの限界

評価の対象が単一事業を行う会社の場合、その事業のライフサイクルには限界が生じる可能性があります。その事業のキャッシュフロー生成能力に期間的な限界があるような場合には、単純にマイナス成長で事業価値を調整することは合理的とはいえません。ＴＶは予測が困難な期間について、より有意性（説明可能性）を高めるために考案されたモデルなので、その適用に際してはより相応しいモデルを設定する必要があると考えます。

●マルティプルモデル

ＴＶの推計は、そもそも評価対象が合理的な予測の困難な期間に帰属してい

＊4　この背景には、わが国の足元の金利水準からすると、117ページに記載する加重平均資本コスト（ＷＡＣＣ）が低く推計されがちであるということが指摘されます。

第4章　バリュエーション

るので、交渉の場でパラメータについて相互に納得することは困難なことが多いということは先に述べました。そこで実務上はより客観性の高い類似上場企業の市場データを利用して、後述する利益マルティプル等でTVを評価することも多く行われています。

マルティプルモデルを適用する場合には、原則的には類似する業界セクターの平均もしくは中央値並みの数値の利用が適当と思われます。足元では対象会社のマルティプルと若干は乖離（かいり）しているとしても、一般的には平均回帰の法則が働きますので、中長期のマルティプルとしては適切な類似会社の水準の数値を用いるのが望ましいと考えられます。

また、マルティプルの水準の検証に際しては、対象会社およびセクターについて時系列推移も分析することで、TVの推計に採用したマルティプルの水準の妥当性を確認することも重要です。

DCF法においてTVの推計にマルティプルモデルを採用するということは、一定時点で類似会社比較法を適用しているのと同様の結果となりますので、類似会社比較法での企業価値分析の重要性も増してきます。

なお、マルティプルモデルで使用したマルティプルから永久成長率モデルでのマルティプル（$1/(r-g)$）を逆算し、永久成長率という観点からの妥当性を検討することも必要です。

●予測期間の最終事業年度の翌事業年度のFCFの考え方

一般的には予測期間の最終事業年度のFCFを基本に、以降の売上トレンドと増加運転資金の整合性や、安定成長を維持するための平均的な設備投資と減価償却費の整合性等について調整を加えます。その他の重要な引当金等の非資金的項目についても調整の要否を検討します。

さらに、ビジネスサイクル、特に設備投資サイクルとの関係がある場合には、1ビジネスサイクルを構成する期間の平均FCFを見積もるとか、税制の変更が見込まれている場合には変更後の税率を採用するなどの調整が必要になることにも留意します。

●永久成長率モデルの応用

予測期間以降についてもなおその事業マーケットの成長が経済成長率を上回

ると見込まれる場合は、2段階成長モデル等を検討する必要があります。ただし、パラメータが増えるため、買い手と売り手の主張に隔たりが生じやすいので、他のアプローチとの整合性についても十分に検討しておくことが必要です。

〈2段階成長モデル〉

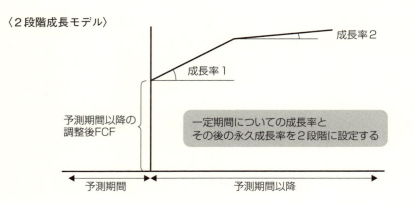

2　基本的フレームワークが機能しない場合のTV算定手法

　永久成長率モデルは、経済全体の安定成長が期待される環境下で、評価対象となる事業が十分な市場競争力を半永久的に維持できるということを暗黙の前提としています。したがって、事業の継続が見込まれなかったり、企業活動は継続するものの外的要因により価値が大きく変化することが想定されるような場合には合理的ではありません。その場合には、別のアプローチによるターミナルバリューの算定も考慮する必要があります。

方法	内　容	一般に利用される評価対象
清算価値	予測期間の最終事業年度終了時に企業を清算することを想定した手法。予測期間の最終事業年度末に残ったすべての資産・負債の清算後の価値をTVとする	期限を設定したジョイントベンチャー、プロジェクトファイナンス的事業や事業のライフサイクルが短い事業等
代替価値	同等の営業を継続するために必要なすべての資産を再取得するために必要な金額をTVとする方法	代替可能な資産を収益源泉とする事業等

第4章 バリュエーション

DCF法（資本コスト）

1 資本コスト推計のフレームワーク

●WACCの考え方

　ＤＣＦ法は、ＦＣＦ、時間価値（タイミング）、リスクという３つを本源的な要素として事業価値を分析するツールです。このうちＦＣＦについてはすでに説明しましたが、時間価値とリスクは将来のＦＣＦを現在の価値に換算する手続きにより事業価値に織り込まれます。

　現在価値への割引計算は投資家の期待収益率を評価に反映させるためのものですが、株式投資家の期待収益率は特定の投資に内在するリスクの見返りとしての投資利益率であり、以下ではそれを株主資本コスト（ＣＯＥ：Cost of Equity）といいます。一方、有利子負債の出し手が要求する期待収益率は一般に約定利率ですが、企業側にとって支払利息は配当と異なり節税効果がありますので、税引後の約定利率を負債コストと考えます。

　企業全体の資本コストは、負債コストと株主資本コストから構成され、その加重平均をとった資本コストであるＷＡＣＣとする実務が広く一般に定着しています。

■加重平均資本コスト（ＷＡＣＣ）の公式

$$WACC = R_d \times (1-T) \times \frac{D}{D+E} + R_e \times \frac{E}{D+E}$$

R_d：有利子負債コスト（税引前）　　E：株主資本（時価）
R_e：株主資本コスト　　　　　　　T：実効税率
D：有利子負債（時価）

ＷＡＣＣを求める際の負債・資本構成は、将来的に一定の水準に収束すると
みなし、原則として評価対象が中長期的に目標とする資本構成を採用します。
基本的には対象会社の時価ベースの負債・資本構成を用いることになりますが、
これまでに行った多額の配当や自己株取得などの財務政策の影響を受けていた
り、事業計画から大幅に負債水準が変化することが予定されている場合には、
現状の負債・資本構成をそのまま利用することには問題が生じます。このよう
な場合には、同業他社の負債・資本構成を参考に最適資本構成を推測したり、
事業計画を踏まえ、安定的と考えられる負債・資本構成のあり方を検討するこ
とも考えられます。

●負債コストの推計

　負債コストは企業にとっての債権者（主として金融機関等）が資金を貸し付
けるにあたって要求する債権者の期待収益率です。これは金融市場の動向から、
銀行借入であれば自社の融資格付けと金利動向からおおよその推測は可能です。
また、社債であれば発行済の最終利回りや、社債が格付けされている場合には
他社が最近発行した同じ格付けの社債利子率を代用することもできます。これ
らは基本的には無担保の長期資金のレートを利用すべきですが、格付けもしく
は推計格付けが取得できない場合には合理的な推計は困難です。また、日本の
金融機関もそのような先に対しては、無担保での資金提供はしていないと考え
られますので、そのような場合に負債コストをどう考えるべきかは問題です。
会計上確認できる負債コストを用いることも可能ですが、会計上の負債コスト
は短期資金であったり、担保付融資だったりする可能性もあります。このため、
実態より低いＷＡＣＣで企業価値を推計してしまう可能性には留意する必要が
あります。また負債が多く、資金調達に際しての信用力（クレジット）の低い
会社をこのように観測されるデータで評価する場合、負債の構成割合が高いこ
とに加え、負債コストも過小評価しているためＷＡＣＣが過度に低くなり、ク
レジットの悪い問題企業なのに企業価値を過大に評価することになりかねない
点には留意すべきです。

　なお、買い手としては、実質的に負債を引き継ぐことになるため、買い手に
要求される負債コストで考えるという整理も考えられます。買い手企業は買収
後に金融機関に対してレートを含めた条件の修正を要請することが通常だから

第4章　バリュエーション

です。ただし、条件の見直しが認められるとしても、それは買い手の格付けの効果ですので、スタンドアローンバリューとは別の財務シナジーとして整理しておくべきでしょう。

●株主資本コスト（COE）の推計（CAPM）

株主資本コストの推計に用いられる一般的な手法は資本資産価格モデル（CAPM：Capital Asset Pricing Model）アプローチです。一般に定量化困難な期待収益率とリスクの関係を、CAPMは個々の銘柄の収益率の分布の平均と標準偏差（分散の平方根）の関係として表すことができるので、中長期の市場株価データからCOEを求められるという実務上の有用性は高いです。

簡単に言えば、CAPMは「投資は安全を好む」そして「リスクの高い株式ほど期待収益率は高くならなければならない」という関係をモデル化したもので、個別株式の期待収益率（R_e）はリスクフリーレート（R_f）にその企業のリスクプレミアムを加算して求めます。ここにリスクプレミアムは、個別株式の市場感応度（β）に株式市場全体の株式リスクプレミアムを乗じたものになるというのがCAPM理論の帰結です。

■CAPMによる株主資本コストの算定公式

$$R_e \ = \ R_f \ + \ \beta \ \times \ (R_m - R_f)$$

R_e：株主資本コスト　　　　　　　$R_m - R_f$：株式リスクプレミアム

R_f：リスクフリーレート　　　　　　β：株式の市場感応度

R_m：株式市場全体の期待収益率

リスクフリーレートはデフォルトリスクのない債券の最終利回りを指します。実務上は10年国債の利回りが使用されることが多いようです。これは10年国債の取引量が多いこと、CAPMで使用される株式リスクプレミアムの推計に際し10年国債の利回りが使用されていることとの整合性が取りやすいなどの理由があります。なお、近年は10年国債の利回りが1％を割る状況が続いています。

株式の市場感応度といわれるβは個々の株価の変化と株式市場全体の変化の相関を示しています。βが高いほどその株式の市場感応度は高く、株価変動リ

119

〈株主資本コスト〉

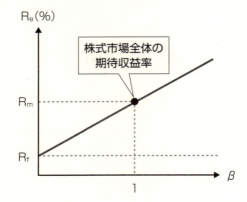

スクが高いことを示しており、次図に示したとおり、βが1を超える株式は、市場全体の動きに比較して株価変動の幅は大きくなります。

別の言い方をすれば、βが1を超える株式は、株式市場全体の動きに対してより大きく変動することから、大きな利益を生む可能性もありますが、逆に損失を被る可能性も高いため、株式の期待収益率（株主資本コスト）を高めることになります。一般的にβが高い企業は「景気敏感銘柄（例：鉄鋼、運輸など）」といわれ、βが低い企業は「ディフェンシブ銘柄（例：鉄道、食品など）」といわれることがあります。

実務上、上場会社ではブルームバーグ社やバーラ社が公表しているβを利用できますが、未上場会社では類似会社や業界平均値を使用することになります。

なお、ＣＡＰＭも実務的には完全ではないため、ＣＡＰＭにより算出されるＷＡＣＣがＦＣＦの割引率として適切かどうかの検証は重要です。

● βの検証

ＣＯＥの算出にあたり、評価対象が上場会社の場合、そのβを用いることが考えられます。この場合、そのβが低いことの影響を受け、ＣＯＥが低くなるケースが見られます。そのような場合には、そのβがその事業のビジネスリスクを適切に表しているかの検証が必要です。経験的には地方市場銘柄やＪＡＳＤＡＱ銘柄の一部など、極端に取引量が低い場合には、相当に低いβが散見さ

〈株価変動分布とβの関係〉

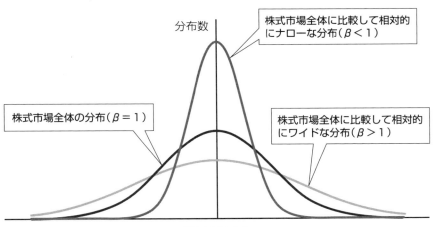

れます。このようなケースでは、そのβがビジネスリスクの低さを示しているのか、それとも売買がなく結果として値動きがないためβが低くなっているのかは十分な検討が必要です。後者の場合には、そのβを用いることはその事業のリスクを低く見積もり評価していることになり、評価上は大きな影響を与えます。仮にこのような場合には、取引量の多い類似会社群のβで代替する、あるいは投資家としての立場から、設備投資と同じ感覚で買い手としての資本コストやハードルレートを用いることも検討すべきです。そのような異常に低いβ検証に際しては、売買が活発な類似会社群のβ水準との比較、その会社の利益変動の状況等（ビジネスリスクが低いなら収益は安定的）を勘案することが必要です。

● **株主資本コスト（COE）の確認**

　M&Aは、財務戦略上、設備投資や新規投資と同じ範疇に入ると考えられますので、少なくとも適用すべき割引率が自社で決められている設備投資や新規投資での採算レート／ハードルレートと大きな差異がないかの確認は必要です。

　エコノミックプロフィット的な考え方をとれば、COEはROEとの比較でその合理性・妥当性を検討することができますし、投下資本全体を考え、それ

を株式と負債のファイナンス・ミックスで調達したと考えればWACCはROICとの比較でその水準の合理性を検証すべきです。特に利益成長を望みにくい成熟したセクターに対して市場が期待するCOEは、PERの逆数*5として市場で観測することもできますので、自社の目標ROEや市場で観測されるPERの逆数等も割引率の検証材料として活用することも考えられます。

●株式リスクプレミアム（ERP：Equity Risk Premium）

株式リスクプレミアムは株式市場への期待収益率とリスクフリーレートとの差を示しています。実務上はイボットソン・アソシエイツ社が提供している過去統計値（Equity Risk Premia Report）などが使用されることが多いですが、大手投資銀行等では、このようなヒストリカルデータだけに依拠するのではなく、フォワードルッキングな手法も考慮して、時系列的に一貫性のある水準が総合的に決められているようです。先進国の株式リスクプレミアムは概ね5〜6％というおおまかな目線がありますので、設定する数値がこの目線から乖離していないかなどを確認することがM&Aの実務としては重要です。

❷ 資本コストのその他留意事項

●インプライド株式リスクプレミアム

ヒストリカルなERPは、各年の市場の収益状況が大きく変動しているため、各年ごとのERPも大きく変動しています。このため、直近の株式市場の株価指数が「低下」すると、統計値としてのERPも低下します。しかし、この結果を単純にDCF法に反映すると、資本コストが低下し、結果的に評価対象の株式価値は「上昇」するという株式市場とは逆の方向に動きます。

これは、本来、株式リスクプレミアムは、将来のキャッシュフローに対する割引率の1つの構成要素であり、現在の株主が考える将来の株式市場に対するリスク度合いを反映する必要があるにも関わらず、過去の実績データのみを使

＊5　PERの逆数はいわゆる益利回りと言われ、EPS（1株当たり利益：Earnings per Share）をどの程度の還元率で資本還元したらその株価になるかを示しています。

用していることに起因していると考えられます。

　長期的に安定成長が続いているような経済環境下であれば、過去の株式市場の実績データの使用は相応の合理性があると考えられます。しかし、将来に対する経済環境の不透明感が強まっている状況では、過去の株式市場の実績データのみに依存することの合理性は乏しくなっているとも考えられます。

　このような状況を考えると、ヒストリカルなＥＲＰのみではなく、株式市場（マーケット）での市場参加者による将来に対する株式リスクプレミアムの予想の合意で株式リスクプレミアムを推計する動きも重要になると思われます。このような将来に対する合理的な要素で推計された株式リスクプレミアムをインプライド株式リスクプレミアムといいます。上述のフォワードルッキングな手法はこのようなアプローチを指しています。

●企業固有のリスクをどのように反映するか

　ＣＡＰＭ理論では、ＣＯＥは株式リスクプレミアムとβという株式市場全体に対する個別の変動リスクにより決定されるという考え方がベースにあります。しかし、例えばβの低い食品業界に属する企業であれば、どのような企業でも同じＣＯＥ水準となるのでしょうか。

　イボットソン・アソシエイツ社などの研究・統計によれば、実際のマーケットでは、小規模企業の株式は大規模企業の株式よりも変動性が高く、より高い収益率が観測されていると報告されています。

　このような規模リスクなど固有のリスクをＣＡＰＭのモデルに織り込んで、割引率をより精緻化していく方法が実務では行われることがあります。例えば、規模リスクは株式市場全体で株式リスクプレミアムを推計するのではなく、時価総額という基準の規模指標により株式市場全体を複数のクラスに分け、それぞれのクラスごとに株式リスクプレミアムを推計しようとする試みです。わが国の株式市場ではこのような統計は公表されていないことから、交渉の局面では主張し難いという問題は残されていますが、自社の目標ＲＯＥ・ＲＯＩＣや投資に際してのハードルレート等の視点から、ＣＯＥもしくはＷＡＣＣとしての説明力を補強しておくためには有用かもしれません。

コラム クロスボーダー取引での留意点　―新興国の場合―

　クロスボーダー取引でのバリュエーションでは、資本コストの推計にあたり、為替リスク、対称性リスクおよび非対称性リスクに留意することが必要です。為替リスクは、先進国や新興国での共通の課題です。対称性リスクや非対称性リスクは主に新興国を対象とする場合に留意すべき課題といえます。

▶為替リスク

　割引率に為替リスクを反映するため、購買力平価理論と金利平価理論にもとづき、次のとおりキャッシュフローと割引率の整合性に留意することが必要です。

●外国通貨建てキャッシュフローの割引計算

　外国通貨建てキャッシュフローは外国通貨建て割引率で割り引きます。このとき、外国通貨建てキャッシュフローは対象国の期待インフレ率が反映された名目ベースとなっています。金利平価理論と為替レートの期待理論によれば、⒜予測される直物為替レートの変化率は自国、外国の金利差に等しく、⒝購買力平価理論によれば、期待インフレ率の差は予測される為替レートの期待変化率に等しくなります。その結果、為替レートの期待変化率を通じて各国の金利差は期待インフレ率の差と等しくなります。予測される直物為替レートの期待変化率は両国の金利差として表すことができるので、キャッシュフローの予測期間中の予測される直物為替レートの期待変化率の変化部分を△Sとすると次のように示すことができます。

$$(1 + \Delta S) = \frac{(1 + r_{domestic})}{(1 + r_{foreign})}$$

$r_{domestic}$：自国名目金利
$r_{foreign}$　：外国名目金利

　この金利平価理論により、自国名目金利と外国名目金利の差は直物為替レートの期待変化率に等しいという関係は、両国の金利を自国通貨建てWACCと外国通貨建てWACCとの関係に置き換えることができます。また、購買力平価理論により、両国の期待インフレ格差は、自国通貨建てWACCと外国通貨建てWACCとの関係に置き換えることができます。これらのパリティ条件（平価理論）が成立するなら、

第4章　バリュエーション

自国通貨建てWACC、自国リスク・フリーレート（あるいは自国インフレ率）および外国リスク・フリーレート（あるいは外国インフレ率）から、外国通貨建てWACCを見積もることができます。

● 自国通貨建てキャッシュフローの割引計算

外国通貨建てキャッシュフローを自国通貨建てキャッシュフローに転換する場合には、自国通貨建て割引率で割り引きます。自国通貨建ての投資価値が為替レートに対して感応度が高い場合には、この方法が有効です。

購買力平価理論と金利平価理論が成立し、インフレ率を織り込んだ外国通貨建てキャッシュフローに対して外国通貨建て割引率が対応し、フォワードレートを織り込んだ自国通貨建てキャッシュフローに対して自国通貨建て割引率が対応していれば、以下のように、計算された価値は一致します。

〈前提条件〉

自国WACC（Japan）：	7.76%
インドWACC（Ind）：	14.00%
日本リスクフリー金利：	1.20%
インドリスクフリー金利：	7.20%

自国インフレ率：	0.20%
インドインフレ率：	6.00%
直物為替レート：	1.82円/INR

CaseA

期間	1	2	3	4	5	TV
インドFCF（INR）	10	10	10	10	10	
WACC（Ind）の現価率	0.8772	0.7695	0.6750	0.5921	0.5194	0.5194
インドFCF(INR)の現価額	8.77	7.69	6.75	5.92	5.19	68.84
インドFCF(INR)の現在価値	103.18 INR（インドルピア）187.78 円					

CaseB

期間	1	2	3	4	5	TV
パリティの条件	0.9453	0.8936	0.8447	0.7984	0.7548	
円/INR	1.72	1.63	1.54	1.45	1.37	
日本FCF（¥）	17.20	16.26	15.37	14.53	13.74	182.07
WACC（Japan）の現価率	0.9280	0.8612	0.7991	0.7416	0.6882	0.6882
日本FCF（¥）の現価額	15.97	14.00	12.29	10.78	9.45	125.30
日本FCF(¥)の現在価値	187.78 円 103.18 INR					

この例では一定の前提のもとに求められた自国通貨建てWACCである7.76%を、購買力平価理論にもとづきインドWACCに転換し14.00%を導いています。[*6]

125

このように理論上の計算値は一致しますが、その前提として自国とインドのインフレが長期的に一定という仮定にたっています。ただし、特に新興国のインフレデータが予測期間をとおして適用可能かどうかについては注意深く検討する必要があります。

▶対称性リスクと非対称性リスク

　対称性リスクとは、期待価値に対してアップサイド・リスクとダウンサイド・リスクの対称性を有するものをいい、カントリー・リスクや事業リスクがこの範疇に含まれます。これらはその事業が内在するボラティリティにどの程度影響するかを反映するもので、要求利回りの上昇により割引率を上昇させることになります。

　非対称性リスクとは、期待価値に対してアップサイド・リスクあるいはダウンサイド・リスクのどちらか一方を有するものをいい、対象企業やプロジェクトが外国政府によって支配される接収リスクや、部分的あるいは全面的な本国への資金送金を禁ずる資金封鎖リスク等が想定されます。これらは一般に確率によりウエイト付けしたシナリオ分析により評価に反映されます。

●対称性リスクとその測定方法

　これにはマクロ経済に関連するリスク要因（カントリー・リスク）から生じるものもあれば、事業上のリスクから生じるものもあります。このうちカントリー・リスク・プレミアムについては、実務上、ＣＡＰＭ理論を延長したモデルとそれに依存しないモデルの2つが使用されています。

1）Damodaranモデル[7]

　DamodaranはＣＡＰＭ理論にもとづき、自国の自己資本コストを計算した上で、カントリー・リスク・プレミアムを加算調整しているモデルを提唱しています。Damodaranのカントリー・リスク・プレミアムは、対象国のデフォルト・スプレッド[8]に対象国の株式市場のボラティリティと対象国の社債市場のボラティリティの相

＊6　　$\dfrac{1+14.00\%}{1+7.76\%} = \dfrac{1+6.00\%}{1+0.20\%}$

　　　　なお、各国のインフレ率データは、例えばThe Economist Intelligence Unitのホームページから入手することができます。
＊7　　詳細は、谷山邦彦著『M&A Review』2011年3月号「新興国を中心としたクロスボーダーの評価」参照。

126

対比を乗じた積として求められます。

2）Country Risk Rating Model[*9]
　ＣＡＰＭ理論に依存しないCountry Risk Rating ModelはErb, Harvey, Viskanto が提唱したモデルであり、株式市場の実績リターンを従属変数とし、カントリー・クレジット・レーティングを独立変数とした回帰式により、直接、株式資本コストを計算するものです。

● 非対称性リスクとその測定方法
　新興国市場における投資機会は、さまざまな非対称性リスクにも直面します。たとえば、接収リスクはダウンサイド・リスクとして価値に影響を与えます。一方、追加的な投資機会はアップサイド・リスクとして価値に影響を与えます。一般に、非対称リスクは確率によるウエイト付けしたシナリオ分析により評価に反映されます。
　次の例では安定的な電力需要と政府による一定の電力価格での供給契約（買電契約）にもとづくベース・シナリオをもとに、電力需要の増大と増設を織り込んだアップサイド・リスクのシナリオと政府による電力供給価格の下方改定の可能性を織り込んだダウンサイド・リスクのシナリオを想定しています。

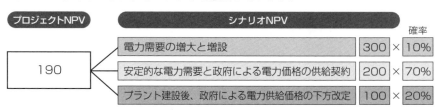

　実務上は、シナリオの設定とシナリオ別の発生確率をどのようなロジックのもとで見積もるかという難しい問題を含んでいます。
　以上のように、クロスボーダーＭ＆Ａでの評価では、3種類のリスクを整理し、それぞれをキャッシュフローあるいは割引率に、かつ整合的に重複することなく、反映する必要があります。

＊8　この対象国のデフォルト・スプレッド（Country・default・spread）はDamodaranのサイトから入手することができます。
＊9　詳細は、谷山邦彦著『バリュエーションの理論と応用』中央経済社を参照。

5 類似会社比較法 （マルティプル法）

1 類似会社比較法（マルティプル法）のフレームワーク

●類似会社比較法の有用性と留意点

　類似会社比較法は、その簡便性から幅広く用いられている企業評価手法です。類似上場会社の評価倍率を元に、評価対象会社の価値を算定するこの手法は、多数の投資家により価格が形成される市場の評価額を元にしているという点で、客観的、かつ、説得力のある手法といえるからです。

　ＤＣＦ法は企業や事業の価値を柔軟に評価できる有用な手法ですが、その精度は将来予測や諸条件の設定が適切でなければ担保されません。類似会社比較法はＤＣＦ法による評価結果を検証するためにも有用であり、将来予測、資本コストやＴＶを求めるために設定した前提とマルティプルとの整合性などを検証するプロセスにおいても多くの有益なインプリケーションを与えてくれます。

　さらに、当事者間で情報の非対称性が大きい場合には、交渉時のスタート台として客観性を担保した評価として合意を得やすいため有用性を発揮します。ただし、客観性とのトレードオフとして、類似性に包括しきれない評価対象のユニークリスクは残ります。基本的な計算構造はシンプルですが、実際には注意深い考察によりさまざまな点を考慮しなければならず、有用な評価結果を得るには難しい手法であるという点については、改めて留意が必要です。

●類似会社比較法で利用される代表的なマルティプル

　類似会社比較法で利用されるマルティプルとしては、ＰＥＲ、ＰＢＲ、ＥＢＩＴ倍率やＥＢＩＴＤＡ倍率などが代表的です。

〈代表的なマルティプルの例〉

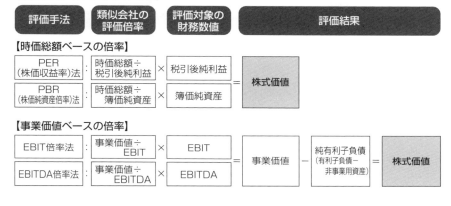

■PER

　PERは株価（P）を1株当たり純利益（EPS）で除した率（同じことですが、株式時価総額を税引後純利益で除した率）で示されます。

　これは株式投資での評価に用いられることが多く、アナリストも注目する指標です。PERの逆数である益利回り（EPS÷P）は市場で少数株主が要求する資本還元率の指標として考えることもできます。例えばPERが10倍であれば、その逆数である益利回りが10％となります。この場合、現在のEPSに対して市場の期待成長率が0％なら10％のCOEが期待され、期待成長率が2％なら12％のCOEが期待されていると考えることができます。

　ただし、PERはマーケットベースの指標であり、マジョリティを取得するM&Aにおいて使うべき主たる手法ではないと考えられます。

■PBR

　PBRは一般に金融セクターの評価に有用なマルティプルと認識されていますが、理論的には後述のとおりROEとの関係が深く、価値評価においても有益なインプリケーションを与えてくれることが期待されます。

■EBIT倍率/EBITDA倍率

　EBIT倍率やEBITDA倍率は、EBIT、EBITDAに対する企業価値の倍率で示されます。いずれも負債・資本構成に影響されない企業全体の

価値を示すことからM&Aの評価においては利用しやすい手法です。また、ＥＢＩＴＤＡは減価償却方法の差異の影響を受けないため、設備投資の負担が相応にある事業の評価にも適しています。

類似会社比較法の理論的背景

●ＰＥＲの理論的な意義

基本的な配当割引モデルでの株式価値は次のように求めることができます。

$$株式価値(P) = \frac{Dps1}{r-g}$$

ここで、Ｄｐｓ１は予想第１期の配当、ｒは株主資本コスト（ＣＯＥ）、ｇは配当に対する期待安定成長率（いわゆるサステイナブル成長率）を表します。ＰＥＲはその定義より株価を１株当たり利益で除したものであり、上記のＰを代入すると次の関係が得られます。

$$PER = \frac{P}{EPS} = \frac{Dps1}{EPS} \times \frac{1}{r-g} = Payout\ Ratio \times \frac{1}{r-g}$$

Payout Ratioとは配当性向を意味します。このモデルでの配当性向、すなわち１株当たり利益に対する配当の割合は毎期一定と仮定します。したがって、配当に対する期待安定成長率はＥＰＳに対する期待安定成長率と同じことになります。ここで、期待安定成長率ｇはサステイナブル成長率と仮定していますのでｇは次のように表すことができます。

$$g = \frac{株主資本_{n+1} - 株主資本_n}{株主資本_n} = ROE \times (1 - Payout\ Ratio)$$

なお、上式の分子および分母には次の関係があります。

$$株主資本_{n+1} - 株主資本_n = 利益 \times (1 - Payout\ Ratio)$$

第4章　バリュエーション

$$ROE = \frac{利益}{株主資本}$$

この関係からPayout Ratioについて展開すると次のようになります。

$$Payout\ Ratio = 1 - \frac{g}{ROE}$$

この関係を上記のＰＥＲ式に代入すると次のように表すことができます。

$$PER = \frac{1 - \dfrac{g}{ROE}}{r - g}$$

　この関係からＰＥＲは、ｒ（ＣＯＥ）、ｇ（期待成長率）とＲＯＥ（株主資本利益率）の各ファクターに影響を受けることがわかります。長期的にＲＯＥ＞ｇ、ｒ＞ｇと考えられるので、ＲＯＥが高いほどＰＥＲは高くなり、同様にｇが高いほど、そしてｒが低いほどＰＥＲは高くなることがわかります。

● ＰＢＲの理論的な意義

　ＰＢＲは次のように展開することができます。

$$PBR = \frac{P}{BPS} = \frac{P}{EPS} \times \frac{EPS}{BPS} = PER \times ROE$$

ここに、上述のＰＥＲの式を代入すると次のようになります。

$$PBR = \frac{ROE - g}{r - g}$$

　ここに、長期的にはｒ＞ｇと考えられるので、ＰＢＲはＲＯＥが高いほど高くなるという関係にあり、ＲＯＥがｒ（ＣＯＥ）よりも高ければ、ＰＢＲは１倍を超えるという関係が明らかになります。

131

●ＥＢＩＴ倍率の理論的な意義

ＥＢＩＴ倍率は次のように求めることができます。

$$\frac{事業価値}{EBIT} = \frac{(1-t) \times \left(1 - \dfrac{g}{ROIC}\right)}{r-g}$$

ＥＢＩＴ倍率は投下資本利益率（ＲＯＩＣ）とｇに大きく依存し、ｒ（ＷＡＣＣ）がそれに大きな影響を与えていることがわかります。

●ＥＢＩＴＤＡ倍率の理論的な意義

事業価値は次の式で求めることができます。

$$事業価値 = \frac{FCF}{r-g}$$

ここでＦＣＦは次のように表すことができます。

$$FCF = (EBITDA - DA) \times (1-t) - (-DA + Capex \pm \Delta\,Working\,Cap)$$

ここにＤＡは減価償却費を表し、Capexは設備投資支出、Δ Working Capは運転資本増減分を意味します。上式の右辺最終項を純投資額とすれば、ＦＣＦは次のように表すことができます。

$$FCF = (EBITDA - DA) \times (1-t) - 純投資額$$

$$= (EBITDA - DA) \times (1-t) \times (1-投資割合)$$

投資割合は次のように表すことができます。

$$投資割合 = \frac{g}{ROIC}$$

これらの関係からＥＢＩＴＤＡ倍率は次のように求めることができます。

$$\frac{事業価値}{EBITDA} = \frac{\left(1 - \dfrac{DA}{EBIDA}\right) \times (1-t) \times \left(1 - \dfrac{g}{ROIC}\right)}{r - g}$$

　この関係よりＥＢＩＴＤＡ倍率はＲＯＩＣが大きいほど高くなり、ｒ（ＷＡＣＣ）が高いほど低くなることがわかります。また、ＥＢＩＴＤＡに対する減価償却費の割合や投資割合が高くなるとＥＢＩＴＤＡ倍率を下げる方向に働くことが示唆されていることは特徴的です。

③ 類似会社の選定

　ＤＣＦ法が評価対象会社の将来キャッシュフローにもとづく絶対的な評価であるのに対して、類似会社比較法はマーケットにおける類似会社を基準とする相対評価です。そのため評価対象会社の特色を理解した上で、類似会社を適切に選定するステップが重要です。

●ビジネス的な観点からの留意点

　大企業では事業領域が広範囲にわたることも多く、単なる製品・サービスの類似性だけではなく、対象となる事業のセグメント売上や利益状況・構成等も考えながら類似会社の選定を行う必要があります。また、対象としているマーケットや顧客の差異、製造・流通の形態の差異、地理的要因の影響の有無（マーケットで検討されている可能性もあり）等を勘案して類似会社群を検討していきます。

●財務的な観点からの留意点

　ビジネス上の類似性を検討した上で、財務的観点から類似会社群を選定します。各種の規模指標や時価総額の差異、各種の財務パフォーマンス（収益性、資産効率等）や成長性、クレジット状況（財務的に健全であるか危機状況か）等を勘案しながら検討していきます。その際に、先の各種倍率の理論的な意義に記載したとおり、各種倍率に影響を与える基本的なファクターの相違・類似性について考慮しながら検討を加えることが求められます。たとえばＥＢＩＴ

倍率は次の式で表すことができます。

$$\frac{事業価値}{EBIT} = \frac{(1-t) \times \left(1 - \dfrac{g}{ROIC}\right)}{WACC - g}$$

　基本的なファクターには、ドライバーとしての投下資本利益率（ＲＯＩＣ）と成長率（ｇ）や割引率（ＷＡＣＣ）があります。したがって、類似会社群と評価対象との間でそれらのファクターに重要な差異が生じている場合は、必ずしも適切な類似会社ではない可能性が高いと考えるべきでしょう。たとえば、作っている製品は類似していても、事業リスクの少ない形態で製造・販売している会社と、そうでない会社では割引率が相違していると考えられます。同様に、同じ事業領域に属していても、成長率の異なる会社は類似会社としては適切でない可能性があります。ビジネスを分析した上で、それが財務的にどのような意味を持っているか、各種倍率の理論的な意義を考慮した上で何がその倍率に影響を与え得るのかを十分に考察・検証した上で類似会社の選定を検討することが重要なのです。

●その他の留意点

　類似会社群が抽出されたら、類似会社群と評価対象会社の財務分析・比較を行い、対象会社と類似会社群との差異を具体的に検討・整理していきます。この準備がその後の評価や交渉を助けます。特に類似会社群との財務分析・比較により、類似会社に対して対象会社のパフォーマンスはどうなのか、その差異要因は何かを知ることは、事業計画の分析でも役立つとともに、類似会社群の中央値－平均値を適用することが適切なのかなどの検討にも示唆を与えてくれます。たとえば、類似会社に対して劣位（優位）にあるパフォーマンスの会社を平均的に評価していいのか、パフォーマンスの類似する会社群にさらに絞るべきではないのか、また、類似会社の倍率の水準が分散・二極化しているような場合、中央値－平均値を適用することに意義はあるのか、などは特に慎重に検討すべき事項と考えます。

第4章 バリュエーション

バリュエーションの その他留意事項

1 類似取引比較分析

　類似会社比較法での倍率評価の基礎となる株価を類似するM&A取引における買収価額に代えて倍率を分析する手法です。買収価額にいわゆるプレミアムが内包されていると考えらえますので、M&Aマーケットでの各種プレミアムを踏まえた上での分析ということになります。このため類似取引比較分析においては、適切な比較案件の抽出と、それを踏まえ、今検討されているM&A取引のおかれた環境分析が不可欠です。

　類似取引比較分析は、類似取引において他社がどの程度の倍率まで支払って取得したかという情報であり、M&Aの当事会社からすると関心は高いはずです。また、情緒的ではありますが、あの会社よりは高いとか低いとかの直感的な比較は有益なことも少なくありません。このため可能であれば類似取引比較分析は疎かにすべきではないと思われます。この方法では複数の類似取引情報が得られないと有効ではないということもありませんので、1件もしくは2件程度であったとしても類似取引が抽出できるなら、買収価値の分析としては有用です。また、類似取引の対象会社が上場会社の場合、類似取引での倍率情報に加え、後述するプレミアム分析の結果を併せて検討することは有益です（プレミアムで○％、マルチプルでは○倍の取引があったというように）。

　なお、株式を対価とするM&A案件でも、合意された比率×存続会社の公表前日の株価としていくらの株式価値で評価されたかの補足は可能ですので、取引としての類似性を検討できるなら、それらも類似取引として検討すべきでしょう。

2 プレミアム分析

　これは、類似する取引事例でのTOB価格や決定した株式交換比率から逆算

135

される理論株価が、M＆A取引の影響を受けていない直前の株価水準に対してどの程度のプレミアムを含んでいるかを分析する手法です。M＆Aでのプレミアムの程度は、誰にとってのどのような取引なのかにより異なりますが、実際のM＆A取引において合意した結果としての取引条件から妥当性を説明するわかりやすい情報を提供してくれるため、この分析も有用性は高いと考えられます。株式交換、合併あるいはTOBであろうと、実質的に売り手となる企業の取締役は対価としての水準の妥当性を十分に配慮するべき状況におかれています。その際に、過去の類似案件でのプレミアム分析の結果は1つのよりどころとなり得ると思います。もちろん、買い手としても買収価格の合理性を計る1つのよりどころとして、このプレミアム分析を利用することもできます。

なお、一般にTOBでは一定規模（シェア）の株式を市場から集める必要があるため、プレミアムの絶対水準は高くなる傾向にあり、特にスクイーズアウトを想定しているケースでは、既存株主から強制的に投資機会を奪うことになる対価としてプレミアムの水準は高くなる傾向が認められます。一方、株式を対価とする株式交換等ではプレミアムが付与されますが、既存株主は新たに買収した会社の株式を取得し、その株式を通じて将来のシナジーを享受する可能性を期待できるため、TOBに比べプレミアムの水準は低くなる傾向があることは認識しておく必要があります。

3 純資産的な視点からの分析

投資対象の評価に際し、純資産的なアプローチは将来キャッシュフローを反映しないため適切ではないとの考えもあります。

しかし、売り手にとっては、各種の清算コストを考慮すれば将来キャッシュフローなしに実現可能な価値でもありますので、清算価値ベースの純資産を下回るような価格での売却については、その合理性・妥当性について十分な検討が必要になるでしょう。売り手の立場からは売却損益にも直結するため、意思決定に際して純資産額に対する売却価格の水準は重要な意思決定要因となっているケースは多いと思われます。

一方、買い手にとって純資産はのれんの水準を決定する基礎ともなりますので、買収価格の合理性・妥当性とともに、買収後の貸借対照表のコントロール

第4章　バリュエーション

というCFOの視点からも重要性は高いでしょう。

　このため、M&Aにおいて純資産的な視点からの分析も有用な情報を与えて
くれます。

4 その他の分析的な視点

　買い手としては投資採算的な視点にもとづく分析は重要です。投資額に対す
る買収後の取り込み利益水準を勘案したIRR、ROIやROICの分析は多
くの会社で行われています。これにより、想定される利益と投資額をリンクさ
せることで投資の規律を働かせることにも有効です。

137

第5章

デューディリジェンス

1 デューディリジェンスとは

1 M＆Aプロセスでのデューディリジェンス

　デューディリジェンス（Due Diligence ― 正当なる注意：以下「ＤＤ」という）は、M＆A投資により思い描く「仮説」が適切なものであるかどうかを確認するため、投資対象の事業内容や経営実態を詳細に調査・検討することを指す、M＆Aにおける重要なプロセスの1つです。

　「君子もって事をなすに始めを謀る（『易経』）」という言葉があります。何かを始めるとき、優れた人はあらゆる事態を想定して綿密な計画を立てるという意味です。その計画がどれほど思慮深く熟慮されたものかで成功か失敗かが決まるので、事前に全力で情報を収集し、考え抜くことが重要なのです。

　企業買収のプロであるバイアウトファンド等の投資では、投資回収に関するプロジェクションがさまざまなシナリオ分析等により厳密に展開されていきます。そこでは投資時のコスト（買収価格と諸費用）や効率的な資金調達手法、投資後の事業計画と投資回収プランが定量化され、投資後のモニタリングにつなげられるようになっています。

　それは、このようなプロジェクションによる投資コストと出口戦略を見据えた投資回収の見積もりがなければ、ファンドの資金提供者（投資家）に対して説明責任を果たせず、投資を実行するための環境条件をクリアできないからです。

　では、事業会社ではどうでしょうか。

　M＆Aの経験のある会社や優れたＦＡ（ファイナンシャル・アドバイザー）を雇っている会社では、同様のプロセスにより投資に対する規律が働いていると思われます。しかし、時として明確なシナリオを持たないまま、投資を行っているケースもあるのではないでしょうか。

　M＆Aを成功に導くためには、次の事項について適切に対処することが重要です。

- グループ戦略の中でのM&Aの位置づけの明確化と共有化
- 投資先の精査を通じた価値/価格分析の実施と課題の整理
- M&A後の事業計画とそれを実現するための統合プランの策定
- 買収後のアクションプランの立案とモニタリングの仕組みの構築

　まずは、グループ戦略の中でのM&Aの位置づけ（目的）を再確認し、それを言語化されたレベルでマネジメントチームとM&Aを推進するチームとで共有することが大切です。そして、M&Aの目的、すなわちグループとしての価値向上のプロセスをシナリオとして事業計画に落とし込み、計画の実行可能性について詳細な検証を行いながら、シナリオの精度を高めていきます。

　そのための投資先の精査がDDと位置づけられます。

　DDでは、事業計画の合理性・妥当性を確認し、事業の価値/価格分析に必要な情報を収集するとともにリスク要因を抽出し、併せて事業統合上の課題を抽出・整理していきます。

　このような調査の結果、M&Aの成立可能性が高まると、最終契約に向けた交渉と並行して、買収実行に向けたアクションプランの検討が開始されます。さらに事業統合計画とモニタリング体制の設計にも着手されます。

　最終的な投資意思決定を行う前に必要かつ十分なDDを行うことは、経営者が「君子」として正当な注意を払い、「仮説」の合理性や実行可能性をできる限り事前に検証することにより、自らの経営責任を果たすことにつながります。

DDの意義と目的

● DDの意義

　DDには、思い描いている「仮説」を検証するために以下のような情報を収集するプロセスとしての意義があります。

- プロジェクション作成の基礎となる定量情報および定性的リスク情報
- 買収価格の方針決定、その他の買収条件の調整要因

> ・事業統合上の課題となる事項

a　プロジェクションの作成と買収価格の方針決定に必要な情報の収集

　すでに記載したように、企業の価値は唯一のものではなく、売り手と買い手のそれぞれで異なります。理論的には、売り手にとっての企業価値は、現状のプロジェクションにもとづくスタンドアローンバリューですが、これに個々の事例に応じたプレミアムが付加されることによって売却のインセンティブとなることから、一般的にはスタンドアローンバリューは売り手が売却を決断できる最低価格を画するものと位置づけられます。

　一方、買い手にとってはスタンドアローンバリューに加えて、既存事業の統合によるバリューアップや、新たなビジネスが生み出す価値創造の可能性などを見出していることが投資のインセンティブとなります。そのような価値創造の可能性を見極めたうえで、買収価格の上限と交渉方針を決定することが重要課題です。適切なプロジェクションにもとづいた価値/価格分析により、買収価格の上限値と交渉方針を設定することができなければ、本来買収可能な投資機会を逃してしまったり、過度に高額での買収により自らの投資効率の悪化させてしまうことになるからです。

　したがって、DDでは次のような情報を入手しなければなりません。

> ・売り手から提示されたプロジェクションの作成前提に事実との著しい相違や重要なリスクが含まれていないかを確認するための情報
> ・仮説段階である統合後のシナジー効果を定量化するための情報
> ・想定されるリスクとその回避策を検討するための情報

　これらの情報により売り手が見積もるスタンドアローンバリュー（買収価格の下限）を推測するとともに、統合後のプロジェクションを精緻化することで買収価格のレンジを適切に算定するための基礎とします。

b　統合上の課題となる事項

　首尾よく買収することができたとしても、実際に狙いどおりの統合が実現できなければ十分なシナジー効果を享受することはできません。統合のプロセス

がうまく進まず、想定したパフォーマンスを発揮できないまま、買い手の企業価値を下げてしまった、というケースは頻繁に起きています。

このため、統合が困難となるような現実的な課題が抽出された場合は、破談となるかもしれません。たとえば、独占禁止法のような法令に抵触する、重要な許認可を失う、企業文化が著しく異なるため統合により重要な人材が流出する懸念がある、重要な得意先との関係が悪化する等、が考えられます。

このような課題をできるだけ事前に把握しておくためにも、ＤＤに際しては合理的な意図をもった視点から情報収集を行うことが求められます。誤解を恐れずにいえば、ＤＤはＰＭＭ（ポスト・マージャー・マネジメント）の観点から実施されるという当然の視点が抜け落ちているケースが散見されるように思います。

●ＤＤの目的と手続き

ＤＤは、限られた時間と情報アクセス制限の中で行われるため、計画的かつ効率的な情報収集活動が必要です。そのため、総花的な調査を行うのではなく、濃淡を付けた調査となるようにアレンジしなければなりません。

では、何を重要視するかといえば、第一義的には企業価値、すなわち買収価格に直接的に関連する項目（バリュードライバー）について、詳細な調査を実施するということになります。たとえば、類似会社比較法（マルティプル法）やＤＣＦ法により企業価値のシミュレーションを行う場合、計画年度のＥＢＩＴやＥＢＩＴＤＡが１億円修正されれば、５億円、10億円という買収価格に影響するかもしれません。したがって、過去の営業収益や営業費用のトレンド、今後の市場環境や戦略との整合性の分析等により、各計画年度のＥＢＩＴＤＡ等がどのようなレンジとなり得るかを検討するための調査手続きを実施していくことになります。そのような重要なドライバーについては、詳細な調査・分析を行わなければならないのです。

逆に、売却を予定していない事業用の資産の含み損益のように、通常は買収価格に大きく影響しない事項もあるので、そのような事項については省力的に調査手続きを実施します。しかし、潜在的なリスクが眠っていることもあるので、ＤＤの実施者は調査範囲および手続きについて買い手（ＤＤの依頼者）と適宜相談しながら、慎重に手続きを進めていくことになります。

●DDの分類

DDはいくつかの視点で分類することができます。

ここでは次の3つの視点での分類について紹介します。

a	M&Aプロセスによる分類
b	売買当事者による分類
c	調査領域による分類

a　M&Aプロセスによる分類

DDは、当事会社によるNDA（Non Definitive Agreement：秘密保持契約）締結後、あるいはその前段階で行われる初期DDと、LOI（Letter of Intent：基本合意）の締結後に行われる詳細DD、取引の最終局面において行われるクロージングDDに分けられます。

初期DDにおいては、案件を進めていくための判断材料として、投資対象の基本情報や公表資料などにもとづき、簡易な分析を行っていきます。また、次のステップである詳細DDのスコープ（調査範囲）や手続きを検討するための重要なステップでもあります。クロージングDDは、実際に取引を実行する段階になって、最終契約書の価格調整条項に盛り込んだ事項がどのような顛末になったかを調査する手続きです。

b　売買当事者による分類

通常、DDは売り手と買い手の情報の非対称性を緩和させるという意義から買い手側の実施手続きを指すことが多いですが、売り手側で実施されることもあります。両者を区別する場合は、買い手によるDDをバイサイド（バイヤー）DD、売り手によるDDをセルサイド（ベンダー）DDと表現することがあります。

セルサイドDDは、売却方針を立案するための情報収集とともに、買い手候補に提供すべきインフォメーション・メモランダム：（Information Memorandum：IM）と呼ばれる初期的情報を整理する等の目的で実施されます。

第5章　デューディリジェンス

〈M&AプロセスとDDの分類〉

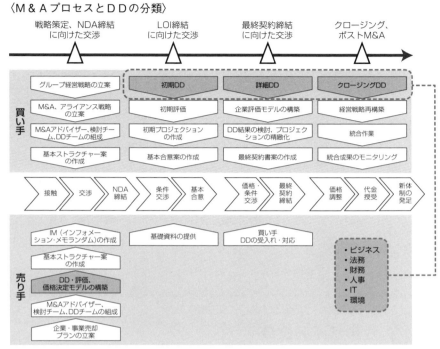

NDA…Non Definitive Agreement：秘密保持契約
LOI…Letter of Intent：基本合意

　買い手側と売り手側では、説明責任という観点から以下のようにDDの目的に違いが生じます。

〈買い手・売り手で異なるデューディリジェンス〉

	買い手側	売り手側
説明責任という観点で留意すべき事項	・買収検討プロセスにおいて発見または想定された問題について十分な議論がなされ、その経過を、株主をはじめとするステークホルダー（以下、「株主等」という）に自信をもって説明できるようにしておくこと	・売却の経緯、売却後の事業戦略について株主等に対して明確な説明を行うこと ・売却価格および条件の決定にあたって、株主等の利益を害しないための最善の努力を行うこと

	・買収のコストを上回る成果を発現させること ・買収後の統合成果をきちんとモニタリングし、その経過および結果を株主等に説明できること	
ＤＤの目的	次の事項のための情報収集等 ・スタンドアローンベースの価値算定モデルの構築 ・買収シナジー（正と負）試算 ・買収に伴うリスクの洗い出し ・リスク回避のための基本的方策立案 ・ＰＭＭに向けての基本計画立案（統合後の財務戦略を含む）	次の事項のための情報収集等 ・売却に伴うリスクの洗い出し ・買い手側の着眼点とその基本的対策立案 ・スタンドアローンベースの価値算定モデルの構築 ・インフォメーション ・メモランダム（ＩＭ）作成及び最終契約における基本タスクの洗い出し

セルサイドＤＤ

▶事業売却方針立案のための情報収集

　事業の売却にあたり売り手は、潜在的買い手の絞込み、想定売却可能額の見積り、懸念事項の抽出、売却時期・売却方法、実施すべき作業等の検討を行っていきます。

　セルサイドＤＤは、バイサイドＤＤに先立ち、第三者的な視点で売却事業の価値を見積もるとともに、売却時の課題となり得る事項を抽出・整理し、事前対策の検討につなげることで、売却時のリスクを低減するためのプロセスとして多くは外部専門家の支援を得て実施されます。

　自らの事業の調査になぜ外部の支援を必要とするのかという点については疑問があるかもしれません。しかし、会社内部の人材にはまだＭ＆Ａの経験者が少ないことも多く、情報をコントロールしながら事前調査を体系的かつ短期間に行うことは困難です。

　さらに、事業売却の検討主体であるコーポレートは、事業売却にあたり事業部門

〈売却プロセス〉

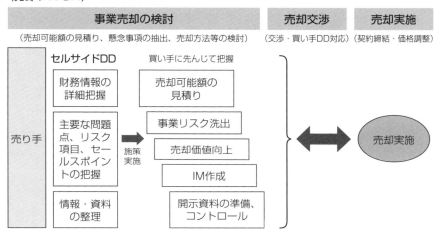

との間に潜在的なコンフリクトを抱えることに留意する必要があります。一般に、コーポレートは事業のモニタリングに必要な情報は把握していますが、売却方針立案に必要かつ十分な詳細情報を体系的に把握していない場合も多いと想定されます。そこで、事業部門の協力を積極的に引き出しながらコーポレートと事業部門の感情的な対立を回避しつつ、短期間に必要な情報を体系的に収集・整理するために、外部の専門家との協働体制をとることは非常に効果的であると考えられます。

▶買い手候補に対する効率的な情報提供

買い手との交渉を優位に進めるため、売り手は競争入札を選択するケースが増えています。このようなケースでは、予め複数の買い手候補に売却対象事業の概要を記載した情報（ＩＭ）が開示されます。

ＩＭには買い手が必要とする最小限の情報が体系的にわかりやすく整理されていることが求められますが、このＩＭの作成もセルサイドＤＤの重要な目的の１つとなります。

一方、相対取引の場合や、競争入札において優先交渉権を得た買い手候補は、Ｉ

〈セルサイドDD実施項目〉

主 な 実 施 項 目		
①財務情報・リスク項目等の把握 （過去情報） 　• 正常収益力の把握 　　　◇調整後EBITDA水準 　• 資産負債の内容把握 　　　◇必要運転資金水準 　　　◇正常運転資本水準	売却プロセスの出発点となる対象事業の利益およびキャッシュフロー	売却可能額の見積り
• 潜在的問題点の把握 　　　◇不採算契約、不採算拠点、遊休・低稼働設備 　　　◇先送りした設備投資やメンテナンス支出 　　　◇人件費水準の上昇リスク、特定取引先への依存 　　　◇訴訟リスク、税務リスク他	問題点の抽出、事前の対応策を検討 （実施により価値向上も）	
（将来情報） 　• 事業計画の検討 　　　◇ポイント整理、過去情報との関連 　• 将来情報の検討において価値認識できるような項目の要約 　　　◇間接費の配賦方法、シェアードサービス・コスト 　　　◇スタンドアローン・コスト 　　　◇引当金・貸倒損失の計上方針、リストラ費用の認識等	諸々のポイントを買い手にどのように理解させるか、過去情報との関連をどのように認識させるか	IM作成、事業リスク洗出 売却価値向上
（その他） 　• 人事関連で予想される問題点（キーマンの退職リスク等） 　• 対象事業を分離する際の問題点 　• 買い手から指摘される可能性のある問題点 　• セールスポイントの把握	問題点の抽出、事前の対応策を検討 （実施により価値向上も）	開示資料の準備、コントロール
②開示資料の準備とコントロール 　• 情報整理、契約書・証拠書類の整備 　• 開示すべき情報の確定	交渉迅速化	

Mで開示されていない情報を入手するためバイサイドDDを実施することになります。しかし、売り手（売却対象部門）にとってセルサイドDDに続き、バイサイドDDに対応することは大きな負担となります。コーポレートサイドでの情報管理の負荷も生じます。そこで売り手の実務負荷を軽減するため、セルサイドDDで実施した結果をIMよりも詳細に記述した調査報告書として作成し、これを買い手候補に開示するケースも増えています。

第5章　デューディリジェンス

▶セルサイドＤＤの主な実施項目

　セルサイドＤＤの主な実施項目として、左図のような事項が挙げられます。

　事業売却に際しては売り手が事前に対処すべき事項は多岐にわたりますので、セルサイドＤＤでどこまで調査すべきかは、認識している課題等について外部の専門家とも十分に情報共有を図りながら検討することが必要です。

c　調査領域による分類

　ＤＤは、一般的にはビジネス・法務・財務の領域に対して行われます。対象事業の規模や統合プロセスの複雑性の程度に応じて人事やＩＴ等の領域についても行われています。さらに、環境への認識の高まりから、土壌汚染等の調査を実施する環境ＤＤも増えています。

　特定の資産を買収目的とする場合を除き、買収の対象となるのはビジネスそのものですから、ビジネスＤＤによりビジネスに対する理解を深めることは極めて重要です。なお、それぞれのＤＤは独立したものではなく、相互に関連しています。例えば、ビジネスＤＤや法務ＤＤの発見事項は財務ＤＤにおいて定量的に把握されることになり、法務ＤＤでの発見事項がビジネスＤＤにおいて制約条件として織り込まれる可能性があります。財務ＤＤの発見事項はビジネスＤＤの結果を受けて作成されたプロジェクションの見積もり修正として織り込まれることもあります（185ページ「4　ＤＤ発見事項の織り込み」を参照）。

　財務・法務ＤＤについては後述するため、ここではビジネス・人事・ＩＴ・環境ＤＤについて紹介します。

【ビジネスＤＤ】

　対象会社の選定にあたっては、買い手において買収後の事業戦略の仮説が構築されており、その仮説を検証するにあたり、重要なポイントをビジネスＤＤにおいて確認します。通常は買い手の事業部門を中心に実施され、その論拠を確認するために必要な情報については、一部財務ＤＤや法務ＤＤ等の調査結果を利用することとなります。

　ビジネスＤＤの項目として、一般的には下記の項目が挙げられますが、対象会社の属性や規模、Ｍ＆Ａの目的により大きな差異があります。

149

項目	内容（例）
マクロ環境分析	• 対象会社が重視している経済指標と業績との関連性を分析
競合構造分析	• 競合他社や代替品の状況、顧客との力関係などを分析
事業構造分析	• 競争力の源泉となっていると考えられる項目を分析
スタンド・アローン分析	• 親会社等に依存している機能を把握し、M&A後の追加コスト等の可能性を分析
事業計画分析	• 事業計画の前提条件を把握し、上記の状況や経営資源の制約等との整合性を分析
統合イシュー分析	• 想定されるシナジーについての仮説を検証 • 具体的なオペレーション上の課題を検証

　川下の製造業が川上の製造業を買収する際には、新たな事業領域への進出となりますので、事業構造はもちろんですが、細かいオペレーションまで確認し、統合後のオペレーションやコストシナジーなど詳細に確認するケースもあります。

　一方、対象会社が同業他社で、買い手よりも規模がかなり小さい場合には、財務・法務DDの結果を見た上で、マネジメントインタビューを実施するのみというケースもあります。買い手に比して規模が小さく、同一地域内に買い手の店舗もあり、マーケット属性がわかっている小売業の買収などはその一例です。

【人事DD】

　M&Aは、対象会社の人材を獲得することでもあるため、その価値を図るためには財務DD同様に人事DDを行うことが必要となります。特に対象会社の価格競争力が人件費に起因していると想定される場合や、企業文化の違いによりM&A後の統合に時間を要すると想定される場合には、ポスト・マージャー・インテグレーションの早期検討のためには欠かせないプロセスとなります（第6章の「ポスト・マージャー・インテグレーション」を参照）。

　人事DDは大きく財務情報と非財務情報の調査に分けることができます。

　財務情報は、財務DDの一環として行われることも多く、まずは人員構成ならびに給与・諸手当・賞与・退職金・福利厚生などの制度内容を把握し、人件費の現状を分析します。過去からの推移は対象会社のデータで確認しますが、

将来への影響はM＆A後の事業計画と照らし合わせる必要があります。M＆A後の事業計画次第では、思わぬ人件費増を招くこともあるので、各制度の増減の条件は注意深く調査することが必要です。また、これらの内容を買い主や同業他社と比較することにより、財務的な特徴や今後に与える影響を分析します。

　非財務情報は、財務情報の調査において入手した人材にまつわる様々な情報をベースに、採用・配置・評価・教育・昇進昇格・報酬といった、人材のマネジメント手法などの分析を実施することで、対象会社の人材がどのような組織風土に置かれ、どのような動機付け・方向付けがなされて育成・評価・報奨されているかなどを調査することとなります。これにより、自社との統合時に発生しうる軋轢をある程度想定することができるようになります。

　また、統合後の円滑な労使関係の構築という意味では、法務ＤＤと連携しながら労働組合との関係や労働争議の状況などについても目を配ることが必要です。対象会社が海外に展開している場合には、統合後の対応方法の選択肢が狭まることのないよう、進出国の労働法制・雇用慣行などについても調査をすることが必要です。

　なお、役員は、その報酬支払条件や契約関係が個別特殊である場合があり、M＆Aによって生じる対象会社の事業面・財務面での変化に連動する条件となっている場合もあるため、個別具体的に把握することが必要です。

【ＩＴ－ＤＤ】

　ＩＴ－ＤＤの意義は大きく３つあります。１つは、対象会社が利用している情報システムを把握し、現在のシステムを維持するために必要な費用や今後の設備投資の必要性について把握することにより、損益構造やキャッシュフローに与える影響を把握することです。

　しかし、現在の情報システムはクラウドやＢＹＯＤ（私的デバイス）等の利用により、情報システム部門でも自社の情報システムの実態を把握することが困難になっていることも少なくありません。このため、利用している情報システムの不法利用や解約により追加コストが発生する可能性を把握する必要も生じています。

　最後に、情報システムに起因するビジネスリスクを可視化することです。顧客や取引先も利用する受発注システム等においてトラブルが発生した場合、事

業機会の逸失だけではなく、その企業全体の信頼を低下させる等の影響を生じる場合があるため、トラブルによる追加コストの発生状況を把握する必要があります。

ただし、時間やコストには制約が存在するため、特にビジネスリスクが懸念されるような場合には、ＩＴ－ＤＤの必要性が増すと考えられます。

〈IT-DDにおいて調査対象となる項目例〉

項目	内容（例）
所有資産	・情報システムの利用状況 ・主要システムのハードウェア、ソフトウェア、ライセンス料、知的所有権　等 ・IT投資計画（導入/廃棄予定の情報システム）
経常的な費用	・情報システム部門の組織体制（役割・人員） ・運用委託費、通信費、保守費（ITベンダーとの保守契約等の条件を含む）等
非経常的な費用	・システム障害の発生頻度と影響、その対策状況 ・事業継続計画（business continuity plan）の状況 ・不法利用や解約による損害賠償、訴訟、紛争の発生状況

【環境ＤＤ】

工場跡地の土壌汚染等が社会問題化してきたことを契機に、環境リスク要因が認識されている場合に環境ＤＤを実施するケースが増えています。環境ＤＤの範囲としては土壌汚染に限らず、大気汚染・水環境などの環境汚染リスクが挙げられますが、これらを規制している法令への違反、ひいては企業のレピュテーションに影響を及ぼす可能性があり、加えて、その汚染に対応するためにＭ＆Ａ後、多額の費用と時間を要する可能性、スキーム変更の可能性があることから、重要な調査であるといえます。

環境汚染リスクの調査範囲については、金属加工業や石油化学業、廃棄物処理業など業種によってリスクの有無が想定できるケースも少なくありませんが、土壌汚染などは、過去の所有者によりすでに汚染されたものを取得している可能性もあり、調査の範囲を慎重に検討する必要があります。また、対象会社が古い工場設備を有する場合には、アスベストやＰＣＢ（Poly Chlorinated Biphenyl）といった物質が使われている可能性があります。

第5章　デューディリジェンス

　土壌汚染に関する調査の場合、書面によるリスク分析に始まり、対象として特定した土地の土壌表面の調査、汚染が認識されればボーリングによる調査を実施することになります。その結果として土壌汚染が検出されれば、浄化コストとその効果を見積もることになります。

　工場設備等に危険物質が利用されていないかについては、書面によるリスク分析に始まり、現地で入手した試料によるサンプル調査により、アスベストやＰＣＢ、オゾン層破壊物質の有無について調査を実施します。調査の結果、危険物質が使用されている場合には、その設備への対策工事が必要となるため、そのコストを見積もることになります。

③ ＤＤのプロセス

　通常、ＤＤは右のようなプロセスで行われます。

　ＤＤチームは、Ｍ＆Ａの検討が決定されると、基礎資料から事前分析を行い、ある程度の重点調査ポイントに絞った上で手続き案を作成し、バリュードライバーとの関係でスコープおよび調査手続きを決定していきます。この事前分析がその後のＤＤプロセスを効率的に進めていくためには重要です。

　ＤＤの実行段階は、情報収集・分析・質問と資料・回答の入手を繰り返していくプロセスです。ＬＯＩ締結前においては、作業は水面下で行われることが多く、案件自体が機密事項となっていることから、機密性を守るため、売り手やターゲットの中でも限られた人員しか案件の情報

〈DDのプロセス〉

基礎資料の入手、案件概要の把握

DDチームの編成

キックオフ・ミーティング、スコープのイメージすり合わせ

事前分析

スコープおよび調査手続きの決定

対象会社への依頼資料リスト送付

資料入手後、資料の閲覧・分析、質問

追加資料の依頼、質問への回答の入手

依頼者への進捗報告、ミーティング

スコープおよび手続きの修正

最終報告

153

を知らされていません。このため、買い手側がアクセスできるのは売り手側の窓口担当者、あるいはFAのみとなるのが通常です。

　資料はデータルームに集められる場合や、買い手に送付される場合などさまざまですが、通常は自由に情報を入手できるわけではなく、一定の制限のもとでDDチームは資料を閲覧・分析し、売り手側に質問し、追加資料を要求することで、できるだけ詳細な分析を実施していきます。

　ターゲットの情報へのアクセス制限に加え、報告書提出までの期間は非常に短いものとなります。このため、DD担当者はDDの依頼者との相談により適宜スコープの絞り込みと優先順位付けを行い、実施手続きを効率的に組み立て、的確な質問を行うことが必要となります。そのためには豊富な経験と高いスキルが必要になります。

　さらに、実施の過程において重要な問題の発見や情報の入手制限、その他の問題が生じた場合は、適宜DDの依頼者に報告し、対応を協議してスコープや手続きの変更を行いながら柔軟に対応していくことも求められます。

DDから得られた情報の評価と対応

　DDによってターゲット自体の定量的あるいは定性的な情報（調整後の正常利益の水準、シナリオ別の将来収益の見積り修正、訴訟や税務リスクなど）や、買い手との統合にあたっての懸念事項（株主との関係、人事、統合コストなど）を得ることができます。

　バリュードライバーに関連する調整事項で定量把握されたものは、DCF法や類似会社比較法（マルティプル法）により買収価格に織り込まれ、売り手に提示されます。また、定量的な把握が困難な問題については、リスクをコントロールする方法を最終契約条件に織り込むことを検討します（185ページ「4　DD発見事項の織り込み」を参照）。

データルームDDの特徴

　入札（オークション）形式のM&Aでは、入札者の絞り込みのために、第一段階のDDとして、いわゆる"データルームDD"が実施されます。データルームDDとは、一般的にターゲットの開示資料を特定の場所（対象会社の会議室等）に持ち込み、そこでのみ資料の閲覧が認められるような情報開示方針のもとで行われるDDをいいます。

　この段階での売り手側の目的は、入札者のおおまかな条件提示を求めることにあるので、データルームDDには一般に次のような特徴があります。

- この段階での開示情報は非常に限定されている（主として財務情報）
- 各入札者に同一の情報を提供するために、原則として個別対応は行われない
- データルームへの入室者数や入室日時に制限が付されることが多い
- データルームへの入室日時が指定され、閲覧時間に制限が付されることもある
- コピー等の持出しが制限されるものも少なくない
- 入札する会社の担当者の入室が認められないことがある　等

　このデータルームDDで開示された事項については、それらをすべて織り込んで条件提示がなされるので、原則として、後日の価格修正条項とはなりません。このため、DDを遂行する人は、時間との闘いのもとで多大なプレッシャーを受けながら調査を実施しなければなりません。

　一見すると売り手に有利な状況にみえますが、買い手は高すぎる入札価額に対するリスクヘッジを十分にとるインセンティブをもっているので、最終的に売り手の思惑どおりに進むかどうかはわかりません。

　近時は、実際にデータルームを開設することに代えて、バーチャル・データルーム（VDR）を開設することも増えています。これは、セキュリティが確保されたウェブ上にデータをアップロードし、閲覧者にはパスコードを与えることによってデータにアクセスしてもらう方法です。入札時のように多数の買い手が同時に調査

を行う場合やクロスボーダー案件では、ＶＤＲ方式のメリットは大きいかもしれません。

〈ＶＤＲのメリットとデメリット〉

	メリット	デメリット
売り手	・多数の外部者が来社することによる社員の憶測や混乱を避けやすい ・一度電子化してアップロードしてしまえば、各買い手に情報を分配する手間が省ける ・多くの人が閲覧することによる原本資料の散逸、毀損を防止することができる ・コピー不可の書類についても、電子的に制限を付すことによって一定の情報制約を掛けることができる ・会議室等を長期間拘束する必要がなく、データルームの管理者やコピー機等の手配も不要である	・すべての資料を電子化した上でサーバーにアップロードするため、ハードコピーでのみ保存されている資料を電子化するには手間がかかる ・データルーム会社にデータルームの使用料を支払う必要がある
買い手	・データルームを訪問せずとも、任意の時間にデータにアクセスすることができる	・特段のデメリットはないように思われる

第5章 デューディリジェンス

2 財務DD

1 財務DDとは

　財務DDとは、対象会社の財政状態や損益の状況、資金の状況を多面的かつ詳細に把握することで、①正常収益力等の基礎情報を提供するとともに、②財務・税務上のリスク要因をできるだけ定量的に洗い出すための手続きです。

　財務DDの第一義的な目的は、対象会社のバリュードライバーに重要な影響を与える項目を詳細に調査し、価値/価格分析の基礎となる正常収益力等の情報を提供することにあります。財務DDが調査・分析の対象とするのは、基本的に対象会社の過去の財務情報ですが、過去の財務情報を詳細に調査・分析することで、プロジェクション（事業計画）の修正や株式価値の評価に有益な情報を提供することが可能になります。

　また、買収後の事業に影響を与えるような事象や統合上の課題は、将来の資金流出や社内作業コストの発生につながる可能性がありますので、これらについて、財務的な観点からできるだけ定量化して把握することも財務DDの目的の1つです。

2 事前準備と他のDDチームとの連携

●対象会社のビジネスの理解とスコープの明確化

　財務DDを有効かつ効率的に実施するためには、案件の目的やストラクチャー、対象会社の特性に応じたスコープ（調査範囲）、調査手続きを計画することが重要です。

　まずは、入手している初期情報（有価証券報告書その他の決算書、税務申告書、インフォメーション・メモランダム（IM）リサーチ会社の情報等）をもとに、対象会社のビジネスの全体像と財務的な特徴を把握します。例えば、対

157

象会社が属している業界の特色、各種経営指標の推移、組織構造、株主・役員の状況を把握した上で、バリュードライバーに重要な影響を与える事項や想定すべきリスク要因等に対する仮説を構築していきます。

この仮説をできるだけ定量的に把握していくために重点的に検討すべき領域をクローズアップし、そのための調査手続きを選択していきます。その一方で、ＤＤを限られた時間内に効率的に実施するためには、相対的にリスクが低いと考えられる領域や、有用な調査結果をもたらさないことが予想される領域については、省力的な調査手続きを選択し、ＤＤ依頼者との協議によりスコープおよび手続きを決定します。

●ビジネスＤＤ、法務ＤＤとの連携

財務ＤＤは、ビジネスＤＤや法務ＤＤにおける調査領域を財務的な視点から調査・分析するという側面もあるため、ビジネスＤＤ・法務ＤＤチームとの連携を図るためのコミュニケーション・プランを設計し、適宜情報共有および意見交換を行いながら作業を進めていくことが有効です。

例えば、ビジネスＤＤにおいてプロジェクションを検討する際の出発点となるのは過去の財務情報であるため、ビジネスＤＤ・財務ＤＤの双方のチームが得られた情報を分析することになりますが、その基本的な考え方について共有しておくことは有用です。また、対象会社が当事者となる契約や訴訟等に関する事項について、法務ＤＤの結果を財務ＤＤにおいて定量的に把握する場合もあります。

〈ビジネスＤＤ、法務ＤＤと財務ＤＤの連携〉

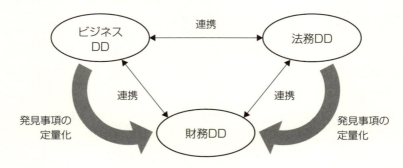

第5章　デューディリジェンス

❸ 財務DDの具体的な手続き

　財務DDの手続きとして検討すべき分析として、以下の視点を挙げることができます。
- 会計方針の把握
- 収益性の分析
- キャッシュフローの分析
- 財務リスク・税務リスクの分析

●会計方針の把握

　対象会社が採用している会計処理の基本的な方針を把握する必要があります。同一業種であっても会計方針が異なることで、決算書の数値が異なる可能性があるため、決算書に表示された結果だけでなく、どのようにその数値が作成されたかを把握することは重要です。例えば、建設業において工事完成基準を採用している企業と進行基準を採用している企業では、売上高の内容が異なるだけでなく、未成工事支出金（在庫金額）が異なります。また、固定資産の評価損（減損）を計上する際の資産のグルーピングの範囲が異なることで、買い手であれば減損損失が計上されている状況であるにもかかわらず、対象会社においては計上されていないことなども考えられます。

　近年では海外企業を買収するケースも増加しており、各国の会計基準の差異を把握しないことが思わぬ落とし穴となることがあります。なお、IFRSを採用している国においても、IFRSをすべての領域で採用しているケースはまれであり、一部適用を除外しているなど詳細な把握が必要です。

　業種が異なる場合には、さらに慎重に対応する必要があります。買い手とは異なる会計方針を採用している可能性があり、買い手が想定していないような基本的な部分で会計方針が異なることがあります。

　このため、買い手が採用している会計方針と大きく異なる部分があれば、買い手と同様の方針を採用した場合の影響について分析・把握することが必要です。

159

●収益性の分析

　対象会社の収益性を把握することはプロジェクション作成にあたっての基礎情報となります。通常、3〜5事業年度程度の対象会社の時系列での分析を行い、業界のトレンド分析や同業他社との比較を通じてその特徴（財政状態や経営成績）を明らかにします。

　収益性の分析は、大きく事業構造分析と正常収益力分析に分けられます。

①事業構造分析

　事業構造分析は、対象会社のビジネスモデルや組織構造が、どのように財務諸表に反映されているかを分析するものです。

　これは、収益性の分析としてだけでなく、キャッシュフローの分析、財務リスク・税務リスクの分析という視点でも必要となりますが、まずは収益性の分析として実施し、必要に応じて両分析の視点を加えていくのが通常です。

　収益性の分析としては、事業別の分析と拠点別の分析に分けて考えることができます。事業別の分析においては、貸借対照表や損益計算書を分析することにより、各事業における経営環境や対象会社の活動と貸借対照表や損益計算書の各項目がどのような関連性を有しているかを鳥瞰することで事業構造を財務的に分析します。

〈企業の管理区分と分析手法〉

		事業別の分析			
		A company	B company	C company	D company
拠点別の分析	Japan				
	Americans				
	Europe · Russia				
	China				
	Southeast Asia India				
	Middle East·Africa				

a　事業別の分析──損益構造（損益計算書分析）──

損益計算書の分析手法としては、ＣＶＰ分析（Cost Volume Profit Analysis）などが挙げられます。ＣＶＰ分析は、コストを売上高と比例して生じるコスト（変動費）と売上高とは直接比例しないで発生するコスト（固定費）を分けることで、過去の損益計算書の構造をシンプルに表現し、プロジェクションを見直すにあたっての基礎的な情報を提供するものです。また、売上高から変動費を控除することで算出される限界利益を用いて、損益分岐点を把握することで、赤字となるリスクの程度を把握することにも利用されます。

例えば、高付加価値の商品で、１つ販売するごとに多額の利益が得られる業種であれば、固定費比率が高いことは事業推進上の制約とならないかもしれませんが、逆に商品１つ当たりの限界利益が少額な場合には、固定費比率が高いことは事業リスクが高いといえます。

非常に単純な分析手法であるがゆえに、汎用性が高いと同時に奥深い分析手法です。変動費とはいっても、売上高と単純に比例するコストばかりではなく、固定費についても、一定の売上高を超えると増加するなど、各費目の変動要素を把握することは損益構造を分析する上で、非常に有益です。

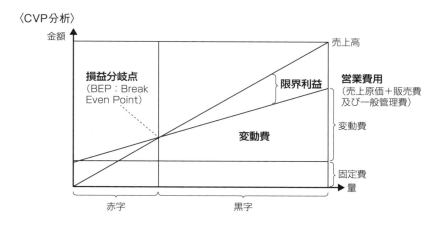

〈CVP分析〉

b　事業別の分析──時間軸（貸借対照表分析）──

事業構造分析に際しては、損益計算書の分析と同時に、貸借対照表の分析を行う必要があります。特に固定費は過去に意思決定した結果として貸借対照表

に計上され、中長期にわたって損益計算書に反映されます。例えば、機械装置への投資が実際の利用可能期間よりも短期で償却されている場合には、実態よりも損益構造が悪く見える可能性があるため、重要な償却性資産が貸借対照表に計上されている場合には、留意が必要となります。

　また、貸借対照表に機械装置などの重要な経営資源が計上されていない場合にも注意が必要です。日本企業では会計上の耐用年数を超えて設備が使用されるケースがあり、その結果として利益が計上されている場合があり、その設備の再投資コストが投資回収の計算上織り込まれない危険性があります。特に長期的に生じる、建物の建て替えや大型機械装置の再投資など巨額投資の影響が見落とされがちです。

c　拠点別の分析

　近年では海外進出している企業も多いため、各海外拠点を含めた企業全体の機能分担やグループ企業間取引の状況を商流、物流の両面から鳥瞰しておくことも重要です。

〈拠点機能分担（例）〉

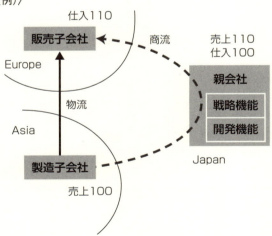

　例えば、国内に戦略機能や商品の開発機能を有することを理由として、アジアで製造している商品を物流上は直接欧州に輸出していても、商流上は日本を

経由して欧州に輸出する会計処理がなされているケースがあります。連結財務諸表としては一体で表示されますが、国際的に機能分担していることから、各国での機能とそれに対応する経営資源次第でコスト構造が変わるとともに、関係会社間の取引価格により各国法人の利益が変わることから、買収後に物流・商流をスクラップ＆ビルドする際には、慎重な検討を必要とします。

②正常収益力分析

正常収益力とは、対象会社が正常な営業活動のもとで有している収益獲得能力をいいます。正常収益力分析は、特別な状況で発生した収益や費用をできるだけ除外して、対象会社が本来有している正常な収益獲得能力を把握することを目的とします。

調査対象期間の営業収益や営業費用にＤＤで発見した正常収益力に関する修正事項を反映させ、正常ＥＢＩＴや正常ＥＢＩＴＤＡを算出することによって、プロジェクションの作成に役立てます。

【収益性分析の手続き】

収益性分析の一般的な手続きの概要は、以下のとおりです。

a　売上高

売上高は得意先別・商品別（売上区分）に、単価×数量で構成されるため、それぞれの要素を時系列で検討する必要があります。

例えば、売上区分については、事業ごとに商品別、主要顧客別、エリア別、販売チャネル別等に時系列で分析する必要があります。その売上区分を重視するかは業種・業態により異なるため、重視する売上区分をＤＤ依頼者と議論し、収益力の源泉となっている商品、顧客、エリア、販売チャネルごとに要因分析を行う必要があります。この際、対象会社において適切な分析が行われておらず、経営者の過去の経験にもとづいて販売戦略が決まっているケースがあります。その場合、時間的制約も考慮しながら、基礎資料から有益な数値を再集計するのか、類似する指標を参照しながら仮説を形成するのかを判断する必要があります。

時系列については、長期のトレンドを分析することが有益な場合と、ベンチ

ャー企業など変化の激しい企業のように直前の月次分析を行うのが有益な場合があり、どの程度の期間で分析を行うかはＤＤ依頼者と議論するポイントの１つとなります。

また、単価については、上記の売上区分を分析するとともに、単価設定やその後のコントロールの方針を把握することで、対象会社の販売戦略を事実として把握できます。例えば、単価がマーケットで決まっている業種においては、値引を効果的に利用できているか否かを把握することが、対象会社の収益力を把握する１つの要因となります。

ただし、値引が適時に決算に反映されていないことで月次売上高がぶれ、それにもとづいて分析することでＤＤ依頼者の判断をミスリードしてしまうことがあります。また、実質的な値引や割戻しが販売費に含まれている場合には、会計基準の適否や法的な取扱いにかかわらず、正常収益力を表示するという観点から、売上高を修正するなどＤＤ依頼者の判断に寄与するような情報として加工する必要があります。さらに、近年においては為替相場が大きく変動することから、外貨建ての輸出高が売上高の数値をゆがめていないかを検討する必要があります。また、統合という観点から、ＤＤ依頼者と同じ販売先に同一商品を販売している場合には、その単価の違いについても把握することが、統合シナジーを分析する上で、有益な情報となります。

数量については、どの得意先・販売チャネルで、いつ（季節等）、どこで販売することが対象会社のコアとなっているかを把握することで、営業機能の強弱、生産規模や物流の制約などを把握することができます。その際、販売先の発注タイミング、物流在庫の有無、返品状況などより踏み込んだヒアリングにもとづき、分析を行うことで対象会社の販売戦略を定量的に"見える化"することが可能となります。

b　売上原価・販売費および一般管理費

売上原価の構成要素としては、材料費（商品・原材料）、人件費、設備費、外注費が挙げられます。

材料費・外注費については、商品・主要材料別、仕入先別（仕入区分）に単価×数量で構成されるため、それぞれの要素を時系列で検討する必要があります。特に商品・材料や仕入先で対象会社の事業運営上の制約となる相手先（対

象会社の関係会社を含む）が存在する場合には、調達の条件を確認するとともに、Ｍ＆Ａ後の取引および取引条件の継続の必要性について確認する必要があります。

人件費については、役員と従業員に区分し、役員は個別に支払条件を把握する必要があります。また従業員については、事業別・部門別の人件費を人数と従業員ごとの給与（平均給与）に分けて把握する必要があります。人数については、組織構造を明らかにするとともに、各部門の生産性（１人当たり売上高など）を確認することにより、売上高等に連動して必要となる人員数の参考資料とすることが考えられます。また、キーとなる人材が出向者ではないかなどの確認も必要となります。財務ＤＤにおいては、概括的な分析にとどまり、より詳細な調査が必要な場合には、人事の専門家による人事ＤＤが行われることになります（150ページ参照）。

設備費については、投資頻度や修繕の状況に応じて、適切な償却方法や耐用年数が設定されているか、修繕費の発生頻度、拠点別の投資額と売上高のバランスなどを把握することで、固定費水準の妥当性を確認することになります。

なお、製造業の場合は、原価計算制度が実態に即しており、正しく製品別の収益性が把握できる体制となっているかの確認も必要です。適切な原価計算制度が採用されていない場合は、不適切な在庫金額となる結果、売上原価がゆがめられてしまう可能性があります。

c　営業外損益・特別損益

営業外損益・特別損益に計上される項目は、原則として本業に直接関係しない損益や、臨時的に発生した損益等です。これらについては内容を把握し、必要に応じて原因を追求するとともに、経常的に発生していると認められる損益について、正常収益力の調整に反映させるべきものがあるかどうか、検討します。

●キャッシュフロー分析

キャッシュフロー分析においては、貸借対照表と損益計算書の関連性を分析する必要があります。通常、キャッシュフローに大きな影響を与える運転資本と設備投資の分析を中心に行われます。

①運転資本分析

　運転資本は、事業運営に必要とされる短期の投下資金を表すもので、一般的に「売上債権＋棚卸資産－仕入債務±その他の流動資産・負債」によって算出されます。売上高や仕入高と運転資本の関係を把握することで、これらの損益項目が変動した際に必要となるキャッシュフローを把握することは、対象会社のプロジェクションやM＆A後の必要資金を把握するにあたって、重要な情報となります。

　運転資本の分析に際しては、運転資本の範囲、分析のメッシュ（情報の細かさ）をDD依頼者とすり合わせる必要があります。

　運転資本の範囲は一義的に定められるものではなく、対象会社のビジネス環境等に応じて決定する必要があります。また、メッシュについては、売上債権や仕入債務、棚卸資産については、販売先・仕入先、事業別によって異なり、複数の事業を有している場合には、対象会社のプロジェクションやM＆A後の必要資金を把握するという観点から、どの程度の細かさで分析することが必要であるかを判断していく必要があります。さらに、季節変動や月中変動についても留意が必要です。

②設備投資計画の把握

　設備投資は、企業が事業活動を行う上で不可欠な投資です。通常は多額の資金流出を伴うことから、プロジェクションに与える影響が大きく、財務DDにおける重要な調査項目となり得るものの1つです。

　調査では、設備投資・修繕費・消耗品費の推移、各設備の取得時期、稼働状況、修繕状況や減価償却状況を把握し、事業計画上、毎期もしくは周期的な修繕、設備の交換が反映されているかを確認します。重要な有形固定資産・リース資産について現物資産の実在性を確認する場合もあります。

　また、売上高の拡大が見込まれている場合には、それに伴い必要となる設備投資が計画に反映されているか、過去に同様の投資が行われている場合には、過去との比較を行います。

　設備投資産業においては、手元現金が潤沢にあるように見えても、将来の投資規模に比しては不足していることがあり、その危機感を対象会社の経営者が有していないこともあります。事業価値に大きなインパクトを及ぼす事項であ

ることから、業種によっては、特に注意して分析する必要があります。

③非事業用資産の把握

　対象会社の資産に非事業用の資産が含まれている場合、その資産は本業の資産とは区分して把握する必要があります。具体的には、余剰資金や有価証券のような金融資産、直接事業の用に供していない固定資産、書画骨董品、ゴルフ会員権等が該当します。

　このような資産は通常は営業活動により直接的にキャッシュフローを生み出さないため、処分時の換金額を把握する必要があり、各資産の時価を把握することになります。

　なお、事業用資産の範囲は対象会社の業界や経営方針により異なるため、対象会社へのヒアリングとＤＤ依頼者への確認が必要となります。例えば、主要な取引先の有価証券を保有することが取引の暗黙の前提となっているような場合には、その有価証券は事業用資産と判断する可能性があります。

●財務リスク・税務リスクの把握

①財務リスクの把握

　財務リスクの把握は、主に評価の妥当性と追加コストの把握に区分されます。追加コストについては、直接資金流出となるためわかりやすいのですが、評価の妥当性については、各資産の評価が直接資金流出とならないため、その必要性が理解されづらいようです。

　例えば、棚卸資産の評価が不適切で販売不能なものの場合、買収後に棚卸資産を追加で保有する必要が生じ、その結果として運転資本（キャッシュフロー）に影響が生じることになります。また、買収価格と対象会社の純資産の差額はのれんとして処理されることになりますが、固定資産の評価が不適切な場合、固定資産の評価が切り下げられたことに伴い、のれんの金額が多額になり、ＤＤ依頼者の連結財務諸表に影響を与える可能性があります。このため、評価の妥当性を把握する必要があります。加えて、財務リスクを調査することで、対象会社の管理水準が把握でき、その結果として短期間の調査では把握できないリスクの程度を測るための参考情報となります。

a　売上債権

　売上債権は、主としてその回収可能性（評価の妥当性）が調査のポイントとなります。回収可能性の検討にあたっては、回転期間分析を事業区分ごと、時系列（年次別・月次別）で行い、異常値となるものについて、より詳細に得意先ごとの年齢調べ表（Aging List）等で分析し、債権が実在しているか、実在している場合には必要な貸倒引当金が設定されているかについて調査します。

b　棚卸資産

　棚卸資産は、主としてその販売可能性（評価の妥当性）が調査のポイントとなります。商品別の回転期間分析を行った上で、異常値となるものについて、詳細な分析を行う点では売上債権と同様ですが、棚卸資産の場合、物として実在していても販売可能価額が下落している可能性があるため、販売価格の下落や過剰在庫の有無を把握することで、評価額の妥当性を調査する必要があります。

　また、現物の視察を行い、管理状況を視察することで評価の妥当性について情報を得ることや帳簿に記録されていない棚卸資産を把握することが重要となる場合があります。

c　仕入債務

　仕入債務の調査のポイントは、正常な残高を把握すること（追加コストの把握）にあります。仕入債務の調査にあたっては、売上債権と同様に、まず回転期間分析を行い、通常の支払サイトと比較して長期間未決済になっている債務があるかなど、異常な取引やトラブルの有無を検討します。また、仕入に関する拘束条件のヒアリングや契約書のレビューを行うことで、将来的な支払義務の有無を調査すると同時に、現物の視察により把握された簿外の棚卸資産に対応する簿外の支払義務の有無についても調査が必要となる場合があります。

d　固定資産

　固定資産の調査のポイントは、評価の妥当性と追加コストの把握の両面にあります。

　事業用の固定資産の評価は、事業活動の結果として計上されるキャッシュフ

ローにより行われるため、減損会計の検討資料などを通じて評価されることになります。ただし、特殊な機械装置やＩＴ、無形資産などの評価については、財務会計の資料だけでは十分な検討ができないため、ビジネスＤＤやＩＴ－ＤＤ、法務ＤＤを通じて評価する必要があります（149、151、174ページ参照）。

　また、追加コストという観点では、過去数年間の設備投資額や修繕費の推移、除却・売却や減価償却の状況を時系列で検討することにより、過去に設備投資や修繕を過度に抑制していないかを分析し、Ｍ＆Ａ後に多額の設備投資が必要になる可能性を調査します。また、土地・建物については、資産の除去に対して必要となるコストや環境汚染リスクの可能性について、調査する必要があります。財務会計上、資産除去債務が計上されている場合には、まず、その検討資料などを通じて追加コストの有無を確認することになりますが、その網羅性を確認するにあたっては、環境ＤＤ（152ページ参照）や法務ＤＤ（174ページ参照）と連携する必要があります。

e　退職給付引当金・諸引当金

　引当金は、対象とする項目に応じて、引当の必要性・十分性（追加コストの把握）を調査することになります。

　従業員の退職給付引当金については、制度の概要や会計方針を把握し、その見積もり前提が合理的であるかを調査します。また、経営統合により退職給付制度を統合ないし変更する場合、それによる影響を把握しておくことも重要です。制度によっては簡易的に影響を把握できますが、複雑な制度を採用している場合や統合・変更の影響が大きく精緻なシミュレーションが必要となる場合には、専門家（保険数理士：アクチュアリー）による検討が必要となります。

　また、対象会社の役員が退任する場合は、役員退職慰労引当金の設定額と支給予定額との乖離状況を把握する必要がありますし、そのほか財務会計上の引当金としては、工事補償、製品保証、損害賠償、返品調整等が挙げられますが、財務会計上は計上されていなくても、広く将来の負担となり得る支出については引当金に準じて認識することがあります。

f　有利子負債の分析

　有利子負債の調査のポイントは、追加コストの有無になります。調査・分析

169

にあたっては、有利子負債残高一覧を入手し、契約書を閲覧することにより、借入先や社債等の引受先、元本、残高、金利、返済条件、コベナンツの有無などを把握します。コベナンツの条件によっては有利子負債の早期返済等が必要になることや逆に早期返済には追加のコストが生じる場合があるため、留意が必要です。

また、支払利息の金額やその推移等を把握することにより簿外債務の存在の可能性を検討すること、契約書の閲覧により債務保証および担保提供の状況を把握し、事業用資産の移転や特に非事業用資産処分に制約がないかを把握することも重要です。

g　偶発債務

偶発債務の調査のポイントは、依頼者にとって将来不利益となる事項の有無を確認することにあり（追加コストの把握）、例えば訴訟案件や債務保証、デリバティブ等があります。

偶発債務は貸借対照表には計上されていない事項であるため、調査にあたっては、契約書等の資料を閲覧するほか、対象会社の経営者等への質問を通じて把握します。特に訴訟案件や債務保証の把握については、法務ＤＤ（174ページ参照）との連携が有用です。

偶発債務の存在が明らかになった場合、定量化が困難であっても、表明保証等で契約に織り込むことや、ストラクチャーの変更によりリスクを回避する方法を検討します。

②税務リスク

税務リスクの調査のポイントは、追加コストを把握することにあります。

税務リスクが顕在化すると、追徴金とあいまって多額の資金流出を生じ、不正や内部管理の不備というイメージとつながることでレピュテーションの低下をもたらす可能性があるため、重要な調査項目として位置づけられます。特に税務コストを支払うことに対して過度に否定的である企業（例えば、一部の未上場のオーナー企業）[1]や事業構造が複雑な企業（例えば、グローバル化が進んでいる企業）で税務リスクを抱える傾向があります。

第5章 デューディリジェンス

a 調査対象

　税務リスクの調査においては、対象法人、税目（法人税や住民税、事業税、消費税など）、調査期間を決める必要があります。

　調査の対象とする法人は必ずしも企業規模だけで決められるものではなく、業種や所得の状況などを勘案して検討する必要があります。特に外国法人のうち、どの国の会社を調査するかによっては、M＆Aのスケジュールやコストなどに影響が生じるため、留意が必要です[*2]。

　次に税目については、過去、国内企業のDDにおいては、法人税を中心とした調査が行われてきましたが、今後、消費税率が上昇することを考えると、業種によっては消費税のDDの重要性が増していくことが想定されます。また、調査期間については、必ずしも財務DDと同じではなく、最近の税務調査を受けた時期や過去の組織再編の時期などを参考として決める必要があります。

b 調査の内容

　税務リスクの把握に際しては、例えば法人税においては、フローとストックに分けて考えることができます。

　フローについては、財務DDにおいて分析された事業構造分析や正常収益力分析、過去の税務調査による指摘事項が参考となります。事業構造分析において、国内から海外への所得移転の可能性がある場合や正常収益力分析において輸出が収益力の源泉となっている場合は、移転価格税制などの国際課税を検討する必要があります。また、グループ内での営業取引もしくは非日常的取引が存在する場合は、取引の合理性や取引価格の妥当性が論点となります[*3]。

　ストックについては、法人税の申告書の加算調整項目をレビューすることで、過去の取引で税務上留意が必要となる事項や税務調査で指摘された事項の履歴を把握することができます。

　例えば、過去に組織再編を実施したことに伴う加算・減算が生じている場合

＊1　個人と法人の会計区分が不明確になり、不正な所得圧縮や給与認定の問題が生じる傾向があります。

＊2　すべての法人について短期間に調査することは困難であるため、ストラクチャーなどでリスク・ヘッジすることも検討する必要があります。

＊3　取引価格によっては寄附金や受贈益への認定リスクがあります。

171

には、その組織再編の目的や税務上の要件を充足しているのかを確認する必要があります。また、グループ内における寄附金・受贈益リスク、不適切な役員給与・賞与・退職金の支払いに伴うリスクなどについても申告書のレビューを通じて把握することになります。

近年では、制度の複雑化（グループ法人制度の採用、連結納税制度）や海外子会社の増加により想定外の取扱いが顕在化することがあると同時に、グローバル化に伴い高度なタックスプランニングを行っていることで移転価格税制や関税などについて課題を有している会社が増加しており、税務リスクの把握にあたっては、今まで以上に高度な知識と幅広い視点が必要となってきています。

コラム スタンドアローン問題

　M&Aのターゲットが、ある企業グループの子会社や１事業部門である場合には、本来、独立した企業であれば負担しているはずのコストが適切に反映されていないことがあります。これがスタンドアローン問題です。
　大企業の子会社は、各種のグループ・インフラや親会社のインフラを利用していることがあります。例えば、
- 電算システム
- 退職年金制度
- 優遇金利の適用
- サプライチェーン
- 仕入先へのバイイングパワー（ボリュームディスカウント）
- 人事上のフリンジベネフィット（付加条件）
- 人事採用コスト

　などです。
　親会社のインフラを利用している場合には、M&A後に再構築するか、買い手のインフラを利用するか、あるいは継続利用するか等の検討が必要になりますが、いず

れの場合も買収後の損益に影響を及ぼします。

　グループの退職年金制度に加入している場合には、従来の基金からの脱退を検討する必要がありますが、脱退により従来のメリットが消滅することで、退職給付費用の負担が増加するかもしれません。

　上記以外にも、親会社の事業所の一部を間借りしていたものを分離することで、追加的な家賃負担が生じることも考えられるし、細かなところでは、会社パンフレットや帳票類のデザイン・印刷費用、契約書作成コストや各種の権利の管理に必要なリーガルコスト等が追加発生することも考えられます。

　インフラ以外の問題としては、子会社の要職に就いている者が親会社からの出向者で、買収により親会社に戻るような場合の人材手当の可能性についても検討しなければなりません。

3 法務DD

1 法務DDとは

　法務DDとは、M＆A取引に際し、主として買い手が対象会社や対象事業について、当該M＆A取引に影響を与える法的問題点の有無を調査する手続きを指すことが一般的です。法務DDは、会社組織・株式、関係会社、M＆A、許認可、契約、資産・負債、知的財産権、人事・労務、訴訟・紛争、環境など、対象となる会社・事業に関する幅広い分野を対象として行われることが多いです。なお、法務DDは、M＆A取引の対象となる会社や事業が、買い手が考えている状態と同じか否かを確認するものですが、法務DDを実施しても、対象会社や対象事業における問題点はわからないことも多く、買い手は、法務DDの限界についても認識しておく必要があります。

　法務DDを実施した結果、M＆A取引を実行する上で問題となるさまざまな事項が発見されることがあります。それらを整理すると主に以下の4点を挙げることができます。

(1)	取引を阻害する事項
(2)	取引の対価に影響を与える事項
(3)	取引条件で対処すべき事項
(4)	取引完了後の円滑な事業運営に役立つ事項

●取引を阻害する事項

　取引を阻害する事項が法務DDにおいて発見されることがあります。M＆A取引を実行した後に、対象会社が事業を継続するために必要不可欠な契約が相手方より解除され、また対象会社が事業継続のために必要不可欠な許認可が承

継できず、新たに取得することも困難な場合など、取引当事者、特に買い手にとって、対処が不可能な問題や、多額のコストがかかるなどの理由で対処することが難しい問題が生じた場合、買い手としてはM＆A取引を行った目的を達成できず、買い手の取締役としては善管注意義務違反の問題が生じる可能性があります。

●取引の対価に影響を与える事項

M＆A取引の対価は当事者の交渉で決まりますが、例えば、対象会社に多額の残業代の未払いが存在する場合や、対象会社が訴訟の当事者となっており、敗訴することにより多額の損害賠償義務を負う可能性がある場合等には、買い手としては、これらの事実を価格交渉に反映させたいと考えるでしょう。

●取引条件で対処すべき事項

発見された問題点によっては、M＆A契約における取引条件の中で対処することによって、買い手は、その問題点から生じる法的リスクを軽減または除去した上で取引を実行することができます。

売り手と買い手が締結する最終契約には、表明保証、誓約事項および取引実行前提条件等の条項が規定されますが、これらの条項において対処することがしばしば行われます（これらの条項についての詳細は、266ページ、第7章「4　M＆Aにおける契約」を参照）。

●取引完了後の円滑な事業運営に役立つ事項

M＆A取引の実行後、事業を円滑に遂行するために対処が必要な問題点が発見されることもあります。

例えば、対象会社において、従業員の労務管理の方法が十分ではなく、また本来整備しておくべき内部規則に不備があるといったコンプライアンス上の問題は、取引を阻害し、または取引の対価に影響を与えるものではない場合であっても、取引実行後、買い手が対象会社の経営権を握った後に改善すべき場合があります。

❷ 法務ＤＤの実施方法

　法務ＤＤの実施方法は、取引の規模、取引の類型などによって大きく異なることがあります。以下においては、典型的なＭ＆Ａ取引において見られる法務ＤＤの流れについて概観します。

〈Ｍ＆Ａ取引での典型的な法務ＤＤの流れ〉

買い手による情報請求と売り手による情報の開示

買い手から売り手に対して、調査のために必要な情報のリストを提出して情報の開示を請求し、売り手は請求にもとづき、必要な情報を開示します。
情報開示の方法としては、法務DDを担当する法律事務所の弁護士が、FA（フィナンシャル・アドバイザー）または対象会社が用意したデータルームにおいて書類を閲覧する方法、弁護士の勤務する法律事務所に書類のコピーを送付する方法、インターネット上でデータを開示する方法などいくつかの方法があり、これらの方法が組み合わされることもあります。

追加の情報請求、質問やインタビューによる情報収集

売り手からの開示の程度に応じ、買い手から売り手に対して追加で開示を請求するほか、買い手から対象会社に対して質問事項を送付して回答を求め、また買い手から対象会社の経営者や担当者に対して、直接インタビューする機会が設けられることもあります。

法務DDの結果報告

法務DDの結果は、中間報告を経ることなく、最終報告が行われる場合と、中間報告として買い手に対して調査結果が報告され、その後、追加調査も含めて結果をとりまとめた最終報告が行われる場合があります。もっとも、法務DDのスケジュールは、M&A取引の規模や、M&A取引全体のスケジュールによるため、事案によって、さまざまです。

　法務ＤＤに限らず、ＤＤを実施する際には、対象会社に関する大量の情報が開示されますが、通常はＭ＆Ａ取引の公表前に行われるため、情報管理には特に気を配る必要があります。ＤＤが行われているという情報が流出することは、

第5章　デューディリジェンス

対象会社の社内や取引先に不安や混乱を招くとともに、上場会社の場合は、インサイダー取引規制との関係で、特に注意が必要です。そのため、ＤＤは、限定されたメンバーで、厳重な情報管理を行った上で実施されます。

❸　法務ＤＤの主な調査対象事項

法務ＤＤにおいて、調査対象となることのある主な資料および調査のポイントとしては、以下の各事項を挙げることができます。

(1)	会社組織・株式	(6)	資産・負債
(2)	関係会社	(7)	知的財産権
(3)	M&A	(8)	人事・労務
(4)	許認可	(9)	訴訟・紛争
(5)	契約	(10)	環境

●会社組織・株式

①　調査対象となる主な資料

対象会社の組織図、商業登記簿謄本、定款、株式取扱規則・取締役会規則等の内部規則、株主総会議事録・取締役会議事録等の会議体の議事録、株主名簿、株式・新株予約権の発行に関する書類等が調査対象となる主な資料です。

②　調査のポイント

対象会社の組織の全体像を把握することが最初の目的となります。また、取締役の業務執行や取締役会の運営が適法に行われているか、株式の発行・譲渡は適法かつ有効か、株式に担保権等の負担は付いていないか、新株予約権等の潜在株式の有無等について調査が行われます。会社組織および株式に関する調査は、法務ＤＤにおいてもっとも基本的な調査事項といえます。

また、対象会社の取締役会議事録や経営会議議事録等には、対象会社の運営において生じた様々な問題が記載されている場合があり、これらの資料を調査することが、以下に述べる他の分野の問題点を発見する契機になることがあり

177

ます。

●関係会社

① 調査対象となる主な資料

　対象会社の子会社、関連会社等、企業グループを構成する関係会社がわかる資料、関係会社ごとの商業登記簿謄本、定款、内部規則、議事録、対象会社と関係会社または関係会社間で締結された契約のリストおよび重要な契約書等が調査対象となる主な資料です。

② 調査のポイント

　対象会社と関係会社から構成される企業グループ全体の把握、グループ会社間取引の状況、グループ会社間取引において通常とは異なる条件による契約の有無等について調査が行われます。

●M&A

① 調査対象となる主な資料

　対象会社および関係会社が過去に行った合併、事業譲渡、会社分割、株式交換等のM&Aに関する契約書、議事録、公的機関に対する届出書、法定の備置書類等が調査対象となる主な資料です。

② 調査のポイント

　対象会社および関係会社が現在に至るまで行ってきたM&Aを把握し、M&Aにおける契約内容に問題がないか、法律上の手続きの適法な履行の有無等について調査が行われます。

●許認可

① 調査対象となる主な資料

　対象会社が事業に関して取得している許認可、届出のリストおよびそれに関する書類、関係当局からの指導、調査、処分等に関する書類等が調査対象となる主な資料です。

② 調査のポイント

　対象会社が事業の実施に必要な許認可をすべて取得しているか、M＆A取引の実行に際して、事前または事後に関係当局への相談、届出等が必要か、現在取得している許認可の承継が認められるか、新たに許認可を取得する必要性があるか等について調査が行われます。

　調査の結果、許認可の承継や新規取得に時間がかかる場合には、M＆A取引全体のスケジュールに影響を与えることもあります。また、許認可に関する調査は、業法による規制業種のM＆A取引では特に重要な調査事項です。

●契約

① 調査対象となる主な資料

　対象会社が締結している契約書が調査対象となる主な資料です。一般に、会社は非常に多くの契約を締結しており、そのすべてを見ることは現実的ではないことも多いため、対象会社の事業における商流を把握した上、例えば、仕入れ、販売、物流等の商流ごとに、取引金額上位10社の契約を調査対象にするなど、対象を限定することも行われます。

② 調査のポイント

　対象会社にとって不利な内容を定めた契約の有無、M＆A取引を実行した場合に契約の相手方から解除されるおそれのある契約の有無、通常とは異なる取引慣行を定めた契約の有無等の調査が行われます。

　契約の調査において特に問題となる事項に、いわゆるチェンジ・オブ・コントロール（Change of Control）条項があります。例えば、契約の一方当事者に支配権の変更が生じた場合、他方の当事者は契約を解除することができると規定した条項が、チェンジ・オブ・コントロール条項の典型的な例です。

　M＆A取引の実行により、対象会社の支配権が売り手から買い手に移った場合、チェンジ・オブ・コントロール条項により契約の相手方に契約を解除されると、その契約が重要で代替性に乏しいような場合、対象会社が事業を継続することが困難になる可能性があります。そのため、重要な契約にチェンジ・オブ・コントロール条項が存在する場合、契約の相手方から事前に同意を得る等の対処を行う必要があります（274ページ参照）。

●資産・負債

Ｉ　資　産

　資産には、不動産（土地、建物）、動産（機械、機器、自動車等）、その他の資産（売掛債権、有価証券、組合出資、知的財産権等。なお知的財産権については後に検討します）などがあります。

（ア）不動産

①　調査対象となる主な資料

　対象会社が所有する不動産のリストおよびその登記簿謄本、対象会社が賃貸借契約等にもとづいて占有している不動産のリストおよびその賃貸借契約書等が調査対象となる主な資料です。

②　調査のポイント

　所有不動産の所有権の確認、担保権などの負担の有無、賃貸借契約の内容（特に、中途解約事項、敷金に関する事項、賃借権の譲渡の可否等）について調査が行われます。特に賃貸借契約においては、前述したチェンジ・オブ・コントロール条項が規定されていることが多いため、Ｍ＆Ａ取引を実行した場合、賃貸人から賃貸借契約を解除され、事業の継続に支障をきたす可能性がないか等の調査が行われます。

（イ）動産

①　調査対象となる主な資料

　会社が保有する動産は無数に存在しうるため、対象会社が保有している動産のうち、一定額以上の帳簿価格を有する動産や代替性のない動産などに対象を限定し、動産のリストおよび関連する契約書等を調査対象とすることが一般的です。

②　調査のポイント

　対象会社が所有する動産については、所有権の確認と担保権などの負担の有無、対象会社が賃借している動産については、リース契約の内容等の調査が行

第5章　デューディリジェンス

われます。

（ウ）その他の資産

　その他の資産については、対象会社が保有する資産のリストおよび関連する契約書の調査等が行われます。なお、対象会社が組合出資などを行っている場合、組合契約にもとづき、対象会社が追加出資義務などを負うか否かなどについて、特に確認が必要です。

Ⅱ　負　債

①　調査対象となる主な資料

　対象会社の金融機関からの借入状況、担保権、保証の設定状況を記載したリスト、金融機関との間の（銀行）取引約定書、金銭消費貸借契約書、担保権設定契約書、保証契約書、社債を発行している場合には、社債に関する資料等が調査対象となる主な資料です。

②　調査のポイント

　対象会社の資金調達の全体像を把握するとともに、各契約における解除事由、期限の利益喪失事由、債権者の承諾の取得の要否等について調査が行われます。

　また、対象会社が企業グループを形成している場合には、特に対象会社と子会社、関連会社等の関係会社との間における金銭の流れと、それに伴う担保権設定契約や保証契約の有無および内容等の調査が行われます。

　資金調達に関する契約においても、前述したチェンジ・オブ・コントロール条項が規定されていることが多く、同条項に該当した場合、対象会社が期限の利益を喪失すると定められていることがあります。そのため、M＆A取引を実行することが同条項に該当するか否か、また、該当する可能性がある場合の対処方法について検討する必要があります。

●知的財産権

　知的財産権（特許権、実用新案権、商標権、意匠権、ノウハウ、著作権等）は対象会社の資産の1つですが、その特殊性および重要性に鑑み、調査結果の報告においても資産とは独立した項目として取り扱われることがあります。

181

① **調査対象となる主な資料**

　対象会社が保有し、またはライセンスを受けている知的財産権のリストおよび関連する契約書、対象会社が第三者にライセンスを行っている場合には、そのリストおよび関連する契約書、特許登録原簿・商標登録原簿等の登録原簿謄本、知的財産権に関する訴訟その他の紛争に関する資料、対象会社の職務発明規定等が調査対象となる主な資料です。

② **調査のポイント**

　対象会社の権利の有無、実施権、使用権、担保権等の付着の有無、ライセンス契約の内容に関する法的な問題点の有無、職務発明に起因する潜在債務のリスクの有無、対象会社による第三者の知的財産権侵害、または第三者による対象会社の知的財産権侵害等の知財紛争の有無およびそれが対象会社の事業運営に与える影響等について調査が行われます。

　また、ライセンス契約についても、前述したチェンジ・オブ・コントロール条項が規定されていることがあるため、M&A取引の実行により、契約が解除される可能性がないか確認が必要です。

●人事・労務

① **調査対象となる主な資料**

　対象会社の従業員構成に関する資料、労働協約、労使協定、就業規則その他人事労務に関する内部規則、社会保険に関する資料、労働組合に関する資料、派遣労働者に関する資料、業務請負に関する資料、労働基準監督署の指導等に関する資料、従業員の時間外労働に関する資料、労働紛争の有無に関する資料等が調査対象となる主な資料です。

② **調査のポイント**

　労働関連法規の遵守、労使関係の状況（特に労働組合が存在する場合）、残業代の未払い等の潜在債務の有無、労働基準監督署からの指導の有無および内容、M&A取引の実行に際して労使間で必要な手続きの有無および内容等について調査が行われます。

　人事・労務の調査では、労働者派遣法違反の業務請負（いわゆる偽装請負）、

第5章　デューディリジェンス

残業代の未払い（いわゆるサービス残業）、管理監督者の範囲（いわゆる名ばかり管理職）など、多くの企業で問題となることのある事項が存在します。残業代の未払いがある場合には、その対象となる従業員の数や未払いの程度によっては、潜在債務が巨額になる可能性もあります。また、近時は、働き方改革が大きな社会問題となり、特に違法な時間外労働に対しては労働基準監督署による監督指導が強化されています。悪質性が高い場合には、多額の潜在債務が発生するだけではなく、刑事罰が科される事案も発生しています。したがって、発見された問題点が、Ｍ＆Ａ取引の障害になるか、取引対価に影響を与えるか否かについて、慎重に検討する必要があります。

●訴訟・紛争

①　調査対象となる主な資料

対象会社が現在当事者となっている訴訟・紛争・クレームのリストおよび関連する資料、過去の訴訟・紛争・クレームのリストおよびそれに関連する資料、紛争・クレーム等の処理に関する内部規則等が調査対象となる主な資料です。

②　調査のポイント

対象会社が現在抱えている訴訟・紛争・クレームの有無および内容、それにより対象会社が負う可能性がある債務の程度、過去の訴訟・紛争・クレームの有無および内容、紛争・クレームに対する対象会社の処理における問題点の有無について調査が行われます。

対象会社が多くの訴訟・紛争・クレームを抱えている場合には、訴訟等から直接的に生じる損害のみならず、対象会社の事業が抱えている潜在的な訴訟等に関するリスクや、対象会社の法令遵守に関する問題点が発見されることもあります。また、対象会社が製造業の場合、製造物責任法（ＰＬ法）に起因する訴訟等のリスクの検討も重要です。

●環境

①　調査対象となる主な資料

環境に関する対象会社の社内規則・文書・通達等、地方自治体との協定、対象会社の工場・事業所その他の不動産における有害物質の有無、産業廃棄物の

処分に関連する資料、対象会社の工場・事業所その他の不動産の環境問題に関する苦情・クレームに関する資料等が調査対象となる主な資料です。

② **調査のポイント**

対象会社の環境関連法規違反の有無、環境問題に起因して生じる潜在債務の有無等について調査が行われます。

●**その他**

上記のほかに、法務ＤＤで調査される主な事項は、コンプライアンス（対象会社におけるコンプライアンス体制の確認および反社会的勢力との関係の確認）、保険（対象会社が事業に関して付保している保険内容の調査）、競争法（独占禁止法）に関する事項、その他対象会社やその業界に特有の事項等が考えられます。

第5章　デューディリジェンス

DD発見事項の織り込み

　DD発見事項は、買収価格や最終契約書（リスク回避の条項等）、その他リスク回避を行うための方策検討、M&A後のPMM等に反映させていく必要があります。特にDDで発見されたリスク事項については、買い手はこれらのリスクに対し、どのように意思決定に織り込んでいくか、もしくはどのような対処が可能かについて、M&Aの最終的な交渉過程において検討していくこととなります。

　なお、M&Aの意思決定にあたり「買収価格は妥当か」という点は、もっとも重要なポイントとなります。したがって、ターゲットの価値/価格分析の基礎となる数値の信憑性をDDにより確認し、さらに発見事項を織り込んでいくことで適正な範囲の買収価格を算定していくというプロセスを順次踏むことが、買い手側経営陣のガバナンス上は非常に重要と考えられます。

 DD発見事項の態様と織り込み

●定量化できる発見事項

　DD発見事項は、「定量化できる発見事項」と「定量化困難な発見事項」とに区分されます。定量化できる発見事項は、基本的にプロジェクションに反映され、またバリュエーションの調整項目として価格調整に織り込んでいくこととなります。なお、金額的インパクトが大きく価格調整での合意が難しい場合、スキーム変更や契約条項への織り込み等によるリスク回避を検討することとなりますが、それでも合意が困難な場合には交渉が破談となり得ます。

　定量化できる発見事項としては、たとえば、以下のような事項があります。
- フリー・キャッシュフローの見積もりに影響を与える事項（正常収益力、設備投資計画、運転資本、その他の支出など）
- 非事業用資産の含み損益、追加認識すべき簿外債務等

185

〈DD発見事項の織り込み〉

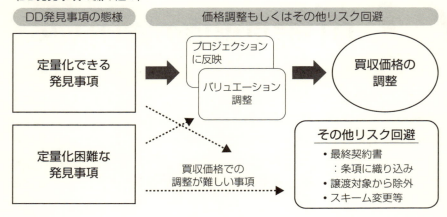

●定量化困難な発見事項

　定量化困難な発見事項は、プロジェクションへの反映は困難です。ただし、重大な環境問題等、発生可能性は低いものの、発生した場合の金額的インパクトが甚大となる可能性のあるリスクについては、たとえ数％の発生可能性であっても、発生時にはターゲットの企業価値そのものがマイナスになってしまうことも考えられるため、すべて価格調整で対処することは困難となります。そのような場合、価格調整以外のリスク回避の方法を検討する必要があります。例えば、環境問題の疑いのある不動産を譲渡対象外とし、賃貸借契約によりその不動産を利用するスキームに変更するといった方法によりリスクを回避し合意可能となるケースも考えられます。

　その他、価格調整以外にリスクの軽減やリスクを回避する方法としては、以下のようなものが挙げられます。

- スキーム変更：例えば、株式取得から事業譲渡や会社分割を活用したスキームにすることで、譲渡の対象となる事業以外のリスクを引き継がないことが可能となります（税務リスクや対象事業以外の偶発債務等）。
- 契約書に表明保証[*4]（Representation＆Warranty）や対応する補償条項等を織り込むことで、リスクを軽減もしくは回避できる可能性があります。

第5章　デューディリジェンス

●M&A契約後、クロージングまでの価格調整

　M&A契約において、財務情報の基準日からクロージングまでの価値変動分について、価格調整条項を定めることが通常です。純資産調整やネットキャッシュ調整、運転資本調整、アーンアウト調整[*5]等が挙げられます。

2　DD発見事項の織り込みおよび対処（具体例）

　DD発見事項の織り込みおよび対処方法の具体例は下表のとおりです。

〈定量化できる発見事項〉

項目	発見事項の例示	価格調整もしくはその他のリスク回避	
		手法の区分	内容
売上債権	• 売上債権のうち多額の滞留債権が発見された。 ✔当該滞留債権は、過年度の経常的な貸倒損失を損失処理しなかったことによるものである。 ✔これを考慮すると、売上債権の回収サイトが長期化することとなる。	価格調整	• 修正後の過年度収益力とプロジェクションとの整合性を分析し、修正する。 • 運転資本（売上債権回転期間）、貸倒損失発生見込額について、プロジェクションに織り込む。
有形固定資産	• 保有不動産のうち遊休となっているものがあり、鑑定評価額は簿価を下回っている状態であることが発見された。	価格調整	• 非事業用資産として鑑定評価額等の時価を利用し企業価値の算定に反映させる。
		スキーム変更	• 売主との交渉にもよるが、譲渡対象外（株式譲渡と同時に売主に買い戻してもらう等）とするスキームを検討する。

＊4　表明保証とは、契約当事者が、一定時点における一定の事実・権利関係の存在または不存在を表明し、その内容が事実であることを保証するものです（第7章271ページを参照）。

＊5　事業に対する不確実性が高く、売り手の主張するパフォーマンスが発揮できる確実性が高くない場合に、一定の指標を用いて、その達成度に応じた金銭支払いを行う取り決め。

187

| 正常収益 | ・特別損失のうち、棚卸資産処分損は過去に経常的に発生した棚卸資産処分損（通常は売上原価計上）を費用処理せず、一時に費用処理したものであることが発見された。
・営業外収益のうち、受取賃料は借上社宅に係る従業員負担分であることが発見された。 | 価格調整 | ・修正後の過年度収益力とプロジェクションとの整合性を分析し、修正する。
・運転資本（棚卸資産回転期間）、棚卸資産処分損の発生見込額について、プロジェクションに織り込む。 |

〈定量化困難な発見事項〉

項目	発見事項の例示	価格調整もしくはその他のリスク回避	
		手法の区分	内容
設備投資	・プロジェクション上の売上計画を達成していくためには、生産能力を増強していく必要があることが発見された。 ✓工場既存設備がほぼフル稼働の状態であるため。	価格調整	・プロジェクション上、必要と考えられる設備投資額をキャッシュフローのマイナスとして織り込む。
その他	・年金事務所から、社会保険等の未加入者に係る過去2年間分の保険料の徴収をする旨の指摘を受けたことが発見された。	価格調整	・修正後の過年度収益力とプロジェクションの整合性を分析し、修正する。 ・運転資本（未払い社会保険料）、未加入者に係る社会保険料増分についてプロジェクションに織り込む。
土壌汚染	・土壌汚染の疑いのあることが発見された。 ✓仮にすべての不動産について土壌汚染処理が必要であるとした場合の処理コスト総額は、取引金額に匹敵するほど多額である。	表明保証・補償条項	・契約上、「将来における発生コストについては売主がすべて負担する」旨を織り込む。
		スキーム変更 価格調整	・当該不動産を譲渡対象外とし、賃貸借契約により当該不動産を利用するスキームに変更する。

	✓現時点における発生可能性は不明である（売主は発生可能性は低いとの認識を持っている）。		✓この場合のプロジェクションには、当該不動産の保有コスト減少（固定資産税等）及び新たな賃料増加を反映させる。
訴訟	• 過去に対象会社が製造販売した製品について、特許抵触に関連する訴訟を受けていることが発見された。 ✓最終的な賠償金額の見積りは困難である。	表明保証・補償条項	• 契約上で「確定した賠償額については売主がすべて負担する」旨を織り込む。
税務（移転価格）	• 日本の親会社と海外子会社との取引につき、移転価格上の問題があることが発見された。 ✓海外の子会社が製造した製品につき、日本の親会社が全量を仕入れ、販売している。	価格調整	• プロジェクション上、将来の特許抵触の可能性についても検討し、価格に反映させる。
		スキーム変更	• 株式譲渡の方法から事業譲渡の方法にすることで、当該訴訟リスクを回避できる可能性がある。
		表明保証・補償条項	• 契約上で、「当該税務リスクが顕在化した場合の税額負担については売主がすべて負担する」旨を織り込む。

❸ 仮説の検証と実行

　M＆A後、ＰＭＭと呼ばれる統合プロセスをスムーズに進めるためには、ＤＤ発見事項について統合計画等に反映させていくことが有用です。

5 クロスボーダーM&A

1 クロスボーダーM&Aの特徴

●クロスボーダーM&Aとは

　クロスボーダーM&Aとは、異なる国に拠点を置く当事者間でM&Aが行われる場合を指します。例えば、企業買収の場合に買い手が日本に所在する会社で対象会社が米国に本社を置いており、売り手（現株主）が中国所在の会社、というような場合をいいます。他方、買い手が日本の会社で対象会社も日本に所在するものの、売り手が米国所在のファンドで対象会社の管理上の資料がすべて英語に拠っていたり、あるいは、対象会社は本社こそ日本にあるが売上の大半が中国の現地子会社であったりする場合も、クロスボーダーM&Aに該当すると言えます。

●クロスボーダーM&Aのプロセス上の特徴

　こうしたクロスボーダーM&Aは、時間（時差）、言語、文化、制度（法務・会計・税務・事業等）の相違や制約があるため、プロセスが長期・複雑になる傾向があります。反面、当事者間でお互いのわからない点が多いため、一部の例外を除いて、社長同士のケミストリーが合ったので即決したり、十分なプロセスを踏まないで取引の合理性を説明できないまま進めたりすることは稀であり、当事者間でお互いに理解と判断の土俵をそろえて段階を踏んで進めることが必要なため、国を選ばずに計画的・標準的なプロセスに沿って進められることが多いです。

　クロスボーダーM&Aでは、次の例のような標準的なプロセスを経ることが考えられますが、国内M&A案件と比して大幅に異なるものではありません。

第5章　デューディリジェンス

〈標準的なクロスボーダーM&Aのプロセス例〉

```
 1．売主サイドによるTeaserの配布
 2．売主と買い手候補との間の秘密保持契約書（Non-disclosure agreement、略
    してNDA）の締結
 3．売主サイドによるInformation Memorandum（略してIM）の配布
 4．IMで開示された限定情報に基づく、買い手候補によるデスクトップＤＤの
    実施（限定された内容での売主とのQ&Aが実施される場合もあります）
 5．１次入札の実施
 6．１次入札通過者による、各種デューディリジェンスの実施
 7．必要に応じ２次入札の実施
 8．必要に応じ２次入札通過者によるConfirmatory Due Diligenceの実施
 9．売主と買主との間の売買契約に関するTerm sheetの合意
10．売買契約（Definitive agreement、略してDA）の締結
11．（必要に応じ）独禁法・競争法等当局への申請・クリアランスの獲得
12．クロージングの実施
13．必要に応じクロージング時価格調整の実施・クロージングＤＤの実施
14．必要に応じ価格調整にかかる決済の実施
```

●クロスボーダーＤＤのプロセス上の留意点

　クロスボーダーＭ＆Ａではプロセスは比較的標準化されているものの、国内
Ｍ＆Ａの場合よりも大きな時間（時差）、言語、文化、制度（法務・会計・税務・
事業等）の相違や制約に対応したデューディリジェンス（略してＤＤ）の設計
が必要となります。例えば、日本の会社の売却案件について、買い手を日本の
事業会社・投資家だけに限定せず海外からも買い手候補を募ろうとすれば、海
外の買い手も国内の買い手も十分に検討ができるように、下記のような点をＤ
Ｄの設計上も考慮することになります。

・買い手候補の選考とＤＤの機会は何段階に分けて行うか、海外のどの範囲の
　買い手候補まで手を広げるか
・ＤＤの質問回答セッションや経営陣のプレゼンテーション、契約関連の検討
　等の設定時間はどちらのタイムゾーンか
・開示情報やＤＤの対応、経営陣のプレゼンテーションや契約関連文書はどの
　言語をベースとするのか
・ＤＤで前提とする契約上の構成や条件はどちらの法体系や取引慣行を前提に

しているのか

・買収金額の算定や金額調整のベースはどこの会計基準に基づいて行うか
・複数の規制当局（独禁法当局等）や税務当局と対応することが必要なため機密情報のＤＤ段階の提示が制約を受けないか（開示不可またはクリーンチームに限定等）、または当局対応で時間を要しないか
・買い手候補を海外にまで広げることで売却条件がより望ましいことになる効果は上記のような海外対応のためのプロセスに追加的に要するコスト・時間よりも大きいか

　クロスボーダーM＆Aにおいては、欧州や南米、アジアのような非英語圏の案件であっても、ほとんどのケースでは英語を共通言語としてプロセスが進められます。すなわち、上記プロセスでいうＮＤＡ、ＩＭ、入札のプロセスレター、タームシート、ＤＡ、価格調整時の財務数値等は英語で作成され、それぞれの段階で売り手・買い手間のＤＤ質問対応やコミュニケーションは英語で行われることが通常です。他方、ＤＤのプロセスにおいて開示される各種資料、たとえば各種契約書、税務申告書等は、通常は対象会社所在国の現地語の資料に拠ることが多く、現地語の資料を検討し、あるいは、国ごとに異なる法制・税制等を理解して対応する必要があるため、買収会社のＤＤのプロバイダーは対象会社所在国の各種エキスパートが関与することになります。

　なお、会計に関しては対象会社グループ全体の連結財務諸表がＩＦＲＳで統一されているような場合等、国ごとの制度差は法務・税務等と比べると小さく、また財務ＤＤで調査においてよく使用される利息・税金・償却控除前利益（Earnings before interest, tax and depreciation、略してＥＢＩＴＤＡ）や純有利子負債（net debt）等はそもそも会計基準差異の影響を受けにくいという特徴があります。しかし、このように比較的共通の目線で検討が可能な範囲が広い財務ＤＤであっても、対象会社連結グループを構成する個社の制度財務報告（Statutory accounts、現地語で現地の会計基準で作成されることが多い）や各種管理書類、諸契約書等の閲覧を要することも多く、また現地商慣行にも通じた現地の会計専門家をＤＤチームに含めることが一般的です。

　言語・制度への対応に加えて、時差への対応もクロスボーダーM＆Aでは必要です。その地理的遠隔性から、売り手サイド・買い手サイド間のコミュニケ

ーションでもFace to Faceで行われるのは交渉上の重要局面に限定され、ＤＤの各種手続き、例えば経営陣へのインタビューや実務者インタビュー、各種専門家インタビュー等は電話会議やEmailによる質問表の送付・回答等の手段によることも少なくありません。実際、クロスボーダーＭ＆Ａの場合の情報開示は、こうした地理的・時間的な制約が多いことから、ＶＤＲ（Virtual Data Room）上で行われることが多くなります。

電話会議等の設定においては、特に欧州・米州と日本とは時差が大きいため、設定可能なスロットが必然的に限定されることに留意が必要です。例えば、日本と米国東海岸の時差は14時間（サマータイム以外）であるため、同じく日本の午前９時と米国東海岸の前日午後７時、日本の午後９時と米国東海岸の同日午前７時等が好んで使われるタイムスロットですが、逆にこれ以外のタイムスロットでの会議設定は、日米いずれかの深夜・早朝になってしまいます。クロスボーダーＭ＆Ａにおいて、いきおい深夜・早朝対応が必要となるケースは否定できませんが、最近の日本における「働き方改革」やフランス等欧州の一部で認められつつある「オフラインになる権利（勤務時間外のメール禁止）」の流れ等に鑑みると、今後は是正が求められる可能性があります。

また、クロスボーダーＭ＆Ａの場合、複数の国の独禁法当局と調整が必要となり、特に米国・英国等の欧米先進国においてはガン・ジャンピング（264ページ参照）ルールが厳密に運用される傾向にあるため、公開情報（米国の10-Kやそれに類するAnnual Report等）以上の情報開示が、二次入札時のデューディリジェンスにおいてすらも限定的にしかなされない場合があります。この場合、カルテル規制上の商業上の機微情報を受領することができるクリーンチームを、コーポレートチーム及びそのアドバイザーにメンバーを限定して組成し、ディールチーム（事業部・営業担当者等を含むチーム）と分離した情報管理を行うことが必要となります。一般に、Ｍ＆Ａのプロセスにおいて情報は売主サイドから買主サイドに提供されるのみであり、クリーンチームは買主サイドでのみ組成されることが多いです。しかしながら、売主サイドにおいて、買主サイドがＭ＆Ａ後に実現する計画の、対象会社との事業シナジー等を問うケースも存在するため、情報の受け手は買主サイドのみに限定されるとは限らず、ケースによっては売主サイドにおいてもクリーンチームを組成すべき状況もあることに留意が必要です。ガンジャンピング規制を受けつつ実施されるデューデ

ィリジェンスにおいては、例えば顧客名をブランクにした顧客別の売掛金明細、主要取引条件を黒塗りにした顧客契約等が開示されることもよく見受けられます。このような情報開示においてデューディリジェンス実施上の制約のある中では一定の仮定・前提を置いた上で検討を進めていかざるを得ないケースもあります。なお、ガン・ジャンピング規制は上記のようなカルテル規制の観点からの「機微情報の交換」が問題となるケースのほか、トランザクション開始前に、事実上の統合活動（ＰＭＩ）を開始してしまう等の「影響力の行使」に対しても適用されます。一般に、ＰＭＩはクロージングを待ってから開始するのでは遅く、トランザクション以前のディールプランニングの段階から構想し速やかに実行することが肝要とされますが、ガン・ジャンピング規制への配慮を行うことは欠かせません。

●クロスボーダーＤＤの検討上の留意点

　クロスボーダーＭ＆Ａの場合、各国のＭ＆Ａを反復継続的に組織だって行っているような場合を除き、当事者間にとって相手の未知の領域が大きいため、案件ではなく投資する国や事業の特徴を事前に学習することがプロセスの効率化と判断の合理化に資する場合が多いと考えられます。例えば、ベトナムの会社に出資を行う場合に、ＤＤを実施するとベトナムの消費財市場の成長やインフラ需要の旺盛さや、外資規制の影響や旧社会主義的な取引慣行（交際費等）、輸入に依存しインフレが大きい経済構造等が発見されることがありますが、これらは調査して初めてわかる対象会社の個別の問題ではなく、ベトナムという国やあるいは対象会社が帰属する事業セクターに付随するメリットやリスクを多分に含んでいます。つまり、対象会社の個別のＤＤの実施の前に、Ｍ＆Ａ戦略として「なぜベトナムか？」「ベトナムは投資適格か？」「なぜ出資するか（Ｍ＆Ａするか）？」「対象となるベトナムの××事業のリスクとリターンの特徴は何か？」という点を事前に検討・学習することで無駄なＤＤコストや下交渉の時間・手間を回避できる可能性があります。クロスボーダーＭ＆Ａの先進企業では、国内Ｍ＆Ａの場合よりもＤＤの前工程で国・事業に関する事業環境調査やリスク・プロファイリング等（Pre-DDと呼ばれる場合もあります）を実施するケースが見られます。

クロスボーダーM&Aの特殊性

　ＤＤの検討事項（scope of works）は実はＡＵＰ（agreed upon procedures）としてＤＤの依頼者と実施者との間で業務契約上合意されており、基本は依頼者の意向に基づく建付となっています。クロスボーダーＭ＆ＡについてＤＤの依頼をするときに、どの目線や深度でＤＤを実施してほしいかを依頼者が主体的に指示せず、専門家が提案してくるＤＤの項目をそのまま受け入れると、対象会社や対象案件への投資に伴う重要なリスクやリターンをきちんとカバーできていない可能性が生じかねません。国や業種ごとに文化・言語・制度・事業環境等が異なるものをクロスボーダー全般の留意点を横断的に説明する意義は薄いため、ここでは、クロスボーダーでＭ＆Ａを検討する場合のリターン及びリスクの洗い出しをどのように行うかのフレームワークの例をご紹介します。買収しようとする会社が国や事業特有の検討項目を洗い出すために必要となる体制及びプロセスについては、後述の10章「Ｍ＆Ａガバナンス」をご参照ください。

●クロスボーダーＭ＆Ａのリスク・リターンの考え方

① 　リターンの「モノサシ」の違い

　クロスボーダーＭ＆Ａを行う場合で、仮に国内に安定した事業があるのにわざわざ多額のプレミアムを払ってリスクの高い（わからないことが多い）海外の会社を買収することを検討しているときは、日本の（既存）事業よりも高い収益性ないしは将来の高い収益性（つまり成長性）を想定していることが一般的となります。したがって、クロスボーダーＤＤにより投資の留意点を洗い出すには、想定している高いリターンの蓋然性とその想定に含まれるリスクの双方を検討することが特に重要となります。例えば、「投資対象の会社の営業利益成長率が10％、営業利益率が20％、自社の成長率・利益率よりも高い」というような案件があったとして、クロスボーダーならではの留意点として、成長率や利益率の測り方、つまり「モノサシ」が日本の事業とどう違うか、下記のような視点を持つことが考えられます。

・その成長率や利益率の集計の根拠となった財務情報の会計基準や会計方針は日本の会計基準（ＧＡＡＰ）と同じ方法に拠っているか？

・その成長率や利益率は対象会社がある国の競合他社や市場と比較しても優位なものか？（競合がもっと高い成長率や利益率を出している可能性）
・コーポレートガバナンスの観点からも、その利益率や成長率は、買収会社グループ及び対象会社のそれぞれの事業ポートフォリオのリスク特性を反映し、資本コストを考慮して有利と言えるか？（例：利益率20％だとしても、対象会社のリスクを考えた資本コストがそれ以上であったり、対象会社のリスク考慮後の利益率と資本コストの差分（ＥＶＡスプレッド等）が買収会社グループ全体よりも小さかったりした場合は、企業価値創造に本件買収はプラスとならない可能性がある）
・その成長率や利益率は将来の事業計画においてどう推移することが予定されているか？
・上記の成長率や利益率の達成は何に依存し、何に阻害されているか？　それは誰（例：まだ雇用もしていない現株主が雇っている対象会社の経営陣か、まだ本件を知らされていない買収会社グループの現地国の地域統括責任者か、など）が責任を負えるのか？
・その成長率や利益率を生んでいる対象会社の経営資本の権原、知的財産、規制環境、法令順守状況等は現地国の法令・規制からみて問題ないか？

　クロスボーダーのM＆Aのリターン（メリット）を考える場合、上記のように会社の業績・財務状況が他国の会計基準（ＧＡＡＰ）で表現されていたり、あるいは主たる市場のルールや取引慣行などが異なり、会社が有する法的な権利や行政上の権利も他国の法律や規則等に拠っており、会社の業績・財務状況、事業の競争力、法的・規制上の扱いなどの見方、「モノサシ」が異なる点に留意が必要であります。

a　財務上の留意点
　買収価格については、例えば、当初価格提示は「ＥＢＩＴＤＡの何倍」、あるいは、最終合意書の価格調整は「クロージング時点の運転資本の確定額と予定額との差額で調整」といった合意がなされますが、ＥＢＩＴＤＡや運転資本が指標に選ばれるのは会計上の利益（当期純利益）や純資産に比べて、会計基準の差異の影響を受けにくいからです。しかし、ＥＢＩＴＤＡや運転資本とい

第5章　デューディリジェンス

えども、例えば、オペレーティングリース料、退職給付費用、複合要素の収益認識（引渡し後にアフターサービスを伴う製品の販売等）、固定資産の減損の方法、デリバティブの会計処理などで会計基準の間で相違があり、あるいは、売上債権の引当方法や棚卸資産の評価方法などで各国・各業界・各社間で会計方針ないし見積もりの方法に相違があります。M＆Aで業績や財務状況を観る「モノサシ」が違う点という意味では、例えば上場会社と非上場会社（小規模な会社であると簡便的な方法や税務基準が用いられる）との間のM＆Aでも同様に留意点となりますが、クロスボーダーM＆Aの場合は国の間の差異が加わるためより注意が必要です。

　また、課税関係も国ごとに相違し、また、国際間の課税関係、例えば移転価格税制やタックスヘイブン税制、ＥＰＡ／ＦＴＡ等の通商ルール変更等の影響を受けるため、税務ＤＤでは法人所得税だけではなくこれらを検討項目に追加することが必要となります。例えば、ＤＤの発見事項では、特定の国の特定の税目に焦点を絞って過年度の納税状況、税務調査の状況、申告税額等の計算過程で発見される税務上の留意点ないし可能性のある過去の課税額の修正の試算等が提示されます。これらの発見事項を適切に投資判断に織り込むためには、法人所得税の税負担率の相違等だけでは全体像がわからず、各国の課税関係について法人所得税、間接税、外形課税、売上税等のどこに重点があるかなどの国ごとの課税体系、また課税のプロセス、特にルーリング（事前照会）制度の有無や課税当局のスタンス（どの程度積極的に税務の更正や追徴をしてくるか）、税務判断の透明性や当局の裁量性の程度などをまず理解してからＤＤの検討事項を決めることが重要となります。

b　事業・法務・規制上の留意点

　対象会社が展開する市場環境や法律上・規制上の環境も異なる点を事業ＤＤ、法務ＤＤ等で明らかにすることが必要となります。

　例えば、対象会社が有する商圏や製造技術や有形固定資産を獲得する目的でM＆Aをするとして、対象会社が主として事業を行っている市場の参加者や競争優位、参入障壁、競合状況等は当然に日本の既存事業とは異なるため、現地国における事業環境を前提に、対象会社の競争力や成長性を事業ＤＤにおいて検討しておくことが重要となります。

また、対象会社と得意先との間の契約条件や特許・意匠登録・ライセンス契約等や固定資産の私有財産権や処分権は、日本の法体系と同様の法的な拘束力や安定性に基づいたものとは限りません。代表的な例として、中国や一部新興国の土地に関する権利は永続的で所有・処分が自由な所有権ではなく一定期間の使用権であったり、あるいは、フィリピン等でほとんどすべての会社の財務諸表は法定の「会計監査」を受けているものの監査手続きを伴うものではなく実質は金融当局への「登録」に過ぎない、などの例があります。

②　リスクを軸とした「監督」の必要

　経営者または監督者の目線で考えた場合、（現地や事業部の）Ｍ＆Ａチームが案件の審議を上げてきたときに、現地の目線で検討を終えていたり、あるいは、案件の収益性や成長性を強調し、リスクは「ＤＤを実施した」という免罪符で片付けられるようだとクロスボーダーＭ＆Ａに関しては非常に危険な対応となります。昨今、日本企業の海外展開が加速しているなか、クロスボーダーＭ＆Ａが生じるときにはどうしても「海外の専門家や事業の経営者に任せる」「海外の子会社に任せる」などの場合が増加しており、現地にてＤＤを実施する場合も増加しています。また、例えば、案件の将来の収益性は海外事業部長が、対象会社の制度会計上の対応は連結経理部長が所管しているが、案件のＤＤの段階ではこうした責任を分担する当事者が詳細を知らされず、監督や事業計画の実行可能性を当事者により考慮されないまま検討が進む等のケースもあります。こうした事業が多角化・国際化し、間接統治形態が進んだ企業経営においてクロスボーダーＭ＆ＡのＤＤを監督する場合には、以下の点に注意が必要となります。

・投資ガバナンス：ＤＤの検討事項を日本＝最終の資金提供者、意思決定者の立場でリスク及びリターンの双方で検討項目を洗い出して指示すること
・監督者によるＤＤの主体的検討（ＤＤに対するＤＤ）：ＤＤの結果を査定・評価する基準、すなわち、投資判断基準を備えて現地が行ったＤＤの結果を検討し、任せっきりのＤＤを防止するプロセスを踏むこと
・リスクマネジメント：異なる国・事業にまたがるＭ＆Ａに伴うリスクについて、その見方や項目を事業・国横断で案件間の比較ができるように標準化・見える化・共通言語化し、経営意思決定の仕組みに組み込むこと

・Pre-PMIによるリスク・リターンの責任担保：ＤＤの結果判明したリスク及びリターンに関する課題について、どう対処するのか打ち手を検討し、実際に買収後の対象会社の経営にあたる当事者に責任と役割の分担を行うこと

　クロスボーダーＭ＆Ａを行う場合、いかにＤＤという「プロセス」を経ても、その結果行う投資判断が「ＤＤで検討済み」の業績や財務を見るだけでは、国・事業ごとに異なるリスクや資本コストに対してなぜその案件に投資すべきなのか説明が不十分になるケースが増えています。ＤＤの結果を踏まえてリターンだけでなくリスクも定量化や点数化、あるいは項目ごとのリスクをマッピングして比較するなどして、例えば下記のような比較検討ができることが望ましいと考えられます。

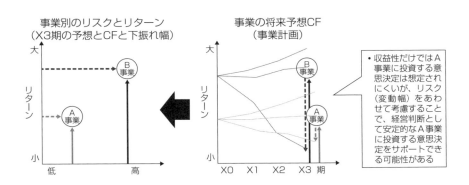

③　リスク体系の例

　次にリスクについては、こうしたリターンを得るために（一定の将来の収益の獲得を前提にした）対価という犠牲を払うのですから、対価に見合うリターンが獲得できない不確実性として整理できます。対価が大きく、リターンの期待が大きければそれだけリスクは高くなり、また、リターンを変動させる事項（将来の事業計画が実現するための主要な前提条件が崩れる事項）の発生可能性が大きく、あるいは、発生したときの計画への影響額（変動幅）が大きいほど、リスクは大きいことになります。クロスボーダーＭ＆Ａの場合、このリスクは案件固有のものとそうでないものに大まかに分けて考えることができます。例えば、「ベトナムは資源・食料の輸入依存が大きくマクロ経済が不安定でリ

スクが高い」といった話は、案件固有ではなくベトナムという国の一般的なリスクとなりますが、他方、「対象会社は特定の原材料仕入のほとんどを輸入品目に頼っており、業績の原材料価格・為替に対する感応度がとても大きくリスクが高い」といった話は対象会社固有の話となります。このようにリターンと結び付けてリスクを分類すると、クロスボーダーM&Aの、その国・事業（環境）に帰属するリスク、つまり、プロジェクト共通で検討するべきリスクのうえにプロジェクト固有のリスク、例えば、対象会社がその事業環境にどういう事業戦略をとっているか（事業リスク）、案件で想定するストラクチャーやファイナンスに特有のリスクに分けて考えることができます。

識別したリスクは、それぞれ移転、回避、低減といった対応策を、保険や買収契約上の条項、買収価格への反映などの方法で実現し、残ったリスクを事業計画等に反映して投資に当たり受容することになります。一般に、より高い収益性・成長性を期待して高い買収価格を提示する場合は、その価格を裏付けるために要する事業計画とそこで期待する将来ＣＦも大きく膨れており、重たくなります。

そこで、ＤＤにより国、事業、ストラクチャー、ファイナンスの各階層の重要なリスクを漏れなく検討し、その結果を対象会社の過去の実績及び将来事業計画に反映して投資判断を行うことで、洗い出された適切なリスクのうち受容するもののみを計画に織り込んでより蓋然性の高い事業計画と将来キャッシュフローに基づいた買収価格の検討を行うことができます。

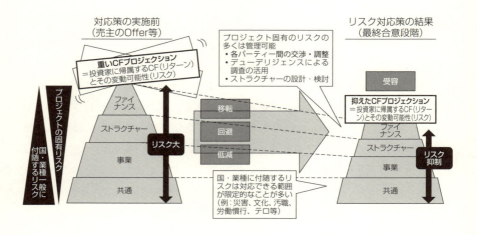

第5章　デューディリジェンス

大項目	小項目	No.	リスク項目	具体的なリスク		影響度	発生頻度	重要度
				一般的なリスク	プロジェクト固有のリスク			
政治的リスク	法制度	1	法制度変更リスク	・×××	・×××	××	××	××
		2	公的支援リスク	・×××	・×××	××	××	××
		3	規制リスク	・×××	・×××	××	××	××
		4	未成熟な法制度	・×××	・×××	××	××	××
		5	外貨送金規制（親会社への配当含）	・×××	・×××	××	××	××
	政治	6	政治リスク	・×××	・×××	××	××	××
		7	許認可の失効・取り消し	・×××	・×××	××	××	××
		8	汚職	・×××	・×××	××	××	××
		9	政治安定性及び属人性	・×××	・×××	××	××	××
	税制	10	税制度変更リスク	・×××	・×××	××	××	××
		11	一般的に税規制が不明瞭	・×××	・×××	××	××	××
経済的リスク	インフレ	12	物価高騰リスク	・×××	・×××	××	××	××
		13	急激なインフレ	・×××	・×××	××	××	××
	融資	14	利子率リスク	・×××	・×××	××	××	××
		15	融資条件	・×××	・×××	××	××	××
	為替	16	外貨交換率リスク	・×××	・×××	××	××	××
		17	為替レートの悪化	・×××	・×××	××	××	××
	財政	18	財政リスク	・×××	・×××	××	××	××
社会的リスク	社会	19	影響住民リスク	・×××	・×××	××	××	××
		20	環境リスク	・×××	・×××	××	××	××

大項目	小項目	No.	リスク項目	具体的なリスク		影響度	発生頻度	重要度
				一般的なリスク	プロジェクト固有のリスク			
パートナーリスク	パートナー	1	パートナーデフォルトリスク・パートナー計画実行リスク	・×××	・×××	××	××	××
フォースマジュール	不可抗力	2	大災害リスク	・×××	・×××	××	××	××
		3	戦争リスク	・×××	・×××	××	××	××
マーケットリスク	需要	4	需要リスク	・×××	・×××	××	××	××
	価格	5	料金リスク	・×××	・×××	××	××	××
計画リスク	設計	6	パートナー選定リスク	・×××	・×××	××	××	××
		7	ビジネスデザインリスク	・×××	・×××	××	××	××
		8	計画リスク	・×××	・×××	××	××	××
		9	計画変更遅延リスク	・×××	・×××	××	××	××
建設/製造リスク	用地/資源	10	用地買収リスク	・×××	・×××	××	××	××
		11	水源・土地の確保	・×××	・×××	××	××	××
		12	水源枯渇リスク	・×××	・×××	××	××	××
		13	土地の取得方法（購入/リース）	・×××	・×××	××	××	××
		14	資源の枯渇	・×××	・×××	××	××	××
	製造技術/キャパ	15	製造設備のキャパシティ	・×××	・×××	××	××	××
		16	設計・プランニング	・×××	・×××	××	××	××
		17	技術者	・×××	・×××	××	××	××
	スケジュール	18	建設遅延リスク	・×××	・×××	××	××	××
		19	設備毀損・減耗	・×××	・×××	××	××	××
		20	完工リスク	・×××	・×××	××	××	××
	コスト	21	コストオーバーランリスク	・×××	・×××	××	××	××
		22	原材料の高騰	・×××	・×××	××	××	××
		23	原材料調達時の不正行為	・×××	・×××	××	××	××
	性能	24	パフォーマンスリスク	・×××	・×××	××	××	××

大項目	小項目	No.	リスク項目	具体的なリスク		影響度	発生頻度	重要度
				一般的なリスク	プロジェクト固有のリスク			
運用時リスク	受注	25	受注予測リスク	・×××	・×××	××	××	××
		26	技術が不十分	・×××	・×××	××	××	××
		27	インフラが不十分	・×××	・×××	××	××	××
	供給	28	供給量減少リスク	・×××	・×××	××	××	××
		29	供給者責任	・×××	・×××	××	××	××
		30	インフラが不十分	・×××	・×××	××	××	××
		31	供給設備	・×××	・×××	××	××	××
	費用	32	運用コストリスク	・×××	・×××	××	××	××
		33	資材発注リスク	・×××	・×××	××	××	××
	労務	34	労働力の不足	・×××	・×××	××	××	××
		35	労務問題	・×××	・×××	××	××	××
	財務	36	資金調達	・×××	・×××	××	××	××
		37	現金の管理	・×××	・×××	××	××	××
EXIT	法規制	38	営業、出資持分、権益、連結基準等の制度の変更・不透明	・×××	・×××	××	××	××
		39	EXIT時の資金等の回収不能リスク	・×××	・×××	××	××	××
	利害調整	40	スポンサーとの関係	・×××	・×××	××	××	××
	残余財産	41	残存資産の取扱い	・×××	・×××	××	××	××
ガバナンスリスク	取締役会の機能	42	取締役会の構造とリーダーシップ	・×××	・×××	××	××	××
		43	取締役会の有効性と情報供給	・×××	・×××	××	××	××
	企業文化	44	経営者の倫理観	・×××	・×××	××	××	××
		45	倫理・コンプライアンス体制	・×××	・×××	××	××	××

201

製造業である新興国を例にしたリスクマップは前ページのようになります。リスクは大まかにカントリーリスク等の一般的なリスク、事業ごとのリスク、案件固有ごとのストラクチャーリスクやファイナンスリスクに大別されます。これらは、Risk Intelligence Mapとして各国・各事業ごとのリスク項目のデータベースとして管理・蓄積されていきます。

④ 共通（カントリー）リスク及び事業リスクの例

実際のＤＤの重点調査項目は対象会社の国及び事業だけではなく、対象会社の個別の経営環境、財務状況、会社の形態・組織構造、主要な契約内容、資本構成・資本政策、事業計画等を参照して個別のリターン・リスクの検討ポイントを抽出して決定します。ここでは、前項までのフレームワークに則って、特定の国に所在する対象会社に対してＤＤを実施する場合に、国・事業特有のリスク・リターンを識別した場合の例を提示します。

〈共通（カントリー）リスクの例〉

| 想定リスク | | 新興国 | | | | | 先進国 | | | | |
大項目	中項目	全般	中国	インド	ブラジル	ベトナム	全般	米国	フランス	豪州	イスラエル
カントリー	戦争・テロ等のリスク	○		○			○		○		◎
カントリー	贈収賄・不正等の発生リスク	○	○	○	◎	○			○		
カントリー	外資規制・外資誘致策等の対応リスク	◎	◎	○	○	○	○	○	○		○
カントリー	為替変動リスク	◎	○	○	○	◎	○				
カントリー	労務係争・労務負担増大リスク	○	○	○		◎			◎		
カントリー	二重帳簿、財務報告不正リスク	○	◎	○	○	○					
カントリー	信用不足リスク	◎		○	◎	◎					

a 戦争・テロ等のリスク／贈収賄・不正等の発生リスク

フォースマジュール（不可抗力）に属する戦争・テロ等のリスクや対象国の贈収賄・不正のリスクは通常保険や内部統制等によるカバーができないため、カントリーリスクプレミアムを割引率に加算するなどの方法で事業価値評価に反映されます。ＤＤにおいては、対象会社が過去にこうしたリスクの被害にあ

った経験があるか、ＢＣＰが定まっているか、贈収賄等に対する防止体制が備わっているかを検討しますが、対象国で100％の防止が難しいことを前提に一定程度の許容も検討が必要な場合があります。対象国でのリスクが大きすぎる場合は、プレミアムの上乗せなどの対応でなく投資適格かどうかスコアや格付などで一定の制限をかける方法も見られます。テロ・戦争等のリスクは政治上の情勢により時と共に変化し、また、贈収賄・不正等のリスクは新興国のほうが全般的に高く「腐敗マップ」等により俯瞰されることがあります。

b　外資規制・外資誘致策等の対応リスク

　ＡＳＥＡＮの新興国や中国等においては、製造業・消費財、国防・国内の社会インフラに関する業種の保護や研究開発や設備投資の国内での促進を目的として外資系企業の投資に対する規制や外資系企業からの投資の誘致策（例えば研究開発費の補助金交付や税額控除、一定期間の法人所得税等の免除（タックスホリデー）など）が取られています。しかし、こうした規制・誘致策等は、政権の交代や国内の経済環境等により長期的には変更される可能性があり、投資後に重大な変更が生じることで投資の採算が当初予定より悪化し、あるいは、投資の一部または全部の撤退等を余儀なくされる場合があります。インド、中国では外資系企業が買収するときには現地国の資格を持った評価者による価格を下回ることができないといった買収価格面での規制や、イスラエルのように出世払い方式で返済が予定される補助金が供与される、などのような形態もあります。

c　為替変動リスク

　対象会社の機能通貨が投資を行う会社の通貨単位と異なる場合、投資の価値や対象会社の業績や資本（借入金や自己資本）の価値は毎期の為替変動により増減します。加えて、ＤＤにおいては、対象会社グループが負っているネットの為替エクスポージャーがどの通貨にどの程度あるか、また、対象会社の通貨・国のインフレ率や為替変動がどの程度か留意が必要となります。例えば対象会社の利益が増加している場合に、対象会社の為替ポジションにとってたまたま有利な為替の推移によるものであったり、あるいは、利益の増加率がその国の為替の切り下げ率や物価上昇率よりも低い場合には、数量ベースもしくは購買

力平価ベースの成長は止まっていることを意味している可能性があります。為替変動リスクはどの国にもありますが、新興国のうち特に外貨準備が少なかったり貿易赤字の大きな国は一般的にボラティリティが大きい傾向があります。

d　労務係争・労務負担増大リスク

　ブラジル、フランスのように権利意識の高い国や労働組合の加入率の高い国の場合、労務管理を巡って係争を含めたトラブルが生じる頻度・可能性が高いことがあります。また、中国、ブラジルのように一定の金額を従業員に分配するために積み立てたり賞与として支払うことが企業の法律上の義務である場合があります。なお、新興国全般は技術系・管理系の人材等を中心に労務費の水準が経済全体の成長率よりも高い比率で上昇しつつある場合が多い点に留意が必要です。また、海外は全般的に勤続年数が短く、労働市場の需給がひっ迫すると労務費は増加し離職者も日本よりはるかに多くなることを織り込んでおくことが必要です。

e　二重帳簿、財務報告不正リスク

　中国、ベトナム等の新興国では、経理処理が税務基準に拠ることが容認されており、監査等が充実していないことが多いです。こうした場合、例えば、説明する相手ごと（株主、債権者、税務当局、従業員）に別に帳簿を作成したり、経営者が使途不明金を支出するなど不透明な経理などが行われていることがあります。投資会社グループが上場会社であり対象会社の不正な財務報告があると買収後ただちに問題が生じるときは、財務報告プロセスや帳簿体系や経理の外注、監査の実施状況、親会社の財務報告のチェック状況など、ガバナンスの観点からＤＤを実施するケースもあります。

f　資金不足・信用不足リスク

　ブラジル等の新興国の一部では間接金融が十分発達していないため、外資系企業に買収された対象会社が自社の信用だけで現地で資金を借り入れることができない場合があります。また、事業計画上、現地の旺盛な成長予定に応えるため、買収後に設備投資や運転資本の積み上げが必要となり一時的に急な資金の追加が必要となることもあります。こうした場合、対価を払って株式を取得

第5章　デューディリジェンス

した後に、対象会社から保証や貸付を求められることがあり、買収対価以上の財務負担とそれに伴う与信等のリスクを負うことになります。

⑤　共通（インダストリー）リスクの例

〈共通（インダストリー）リスクの例〉

想定リスク	新興国					先進国				
	全般	中国	インド	ブラジル	ベトナム	全般	米国	フランス	豪州	イスラエル
食品加工業の場合										
原材料価格変動リスク		○			◎	○	○		○	
販売価格変動リスク	○	◎	○	◎				○	○	
為替変動リスク	◎	◎	○	◎	◎	○	○	○	○	○
売上・運転資本の季節変動性	○	◎		◎						
工場または製造委託先の不正、サボタージュ、操業停止リスク	○	◎		○	○			○		
ブランド毀損、風評リスク	○	○				◎	○	○		
機械製造業										
売上・運転資本の季節変動性	○	◎	○	○	○	○				
売上代金の回収リスク		◎								
販売価格変動リスク				○		○	○			
為替変動リスク	○					○	○			○
技術労働者の賃金上昇または不足のリスク	◎	○	〈○〉	◎						
革新的な技術の出現のリスク	◎	○	○			○	○			○

【食品加工業特有のリスクの例】

a　農産物と消費市場で調達と販売の市場が異なる場合、原材料・販売いずれも価格変動リスクが大きくなります。冷凍食品等の加工度の高い食品の輸出が多い中国、農産物の輸出に特化したブラジル、貿易赤字の大きいベトナム、加工用食品の輸出が多いフランスなどではこれに加えて為替リスクの影響が大きくなります。

b　食品は消費や流通に一定の季節的な要因があるため、それによる在庫や売掛金等の運転資本の増加（それに伴う追加の資金需要）が生じます。年末やクリスマス商戦に向けて在庫等の変動が大きい先進国に対して、中国の国慶節やブラジルのカーニバルのように販売や支払など実質的な事業の一時的休

止や集中が見られることによる場合もあります。

c　食品加工業に関連するリスクの1つに、工場等での品質問題等が生じるとブランドの毀損や風評リスクが生じることが挙げられます。操業停止などが生じる場合には、加えて事業の縮小等を伴い、従業員の一部または全部の整理解雇等が生じる場合には撤退損の発生なども考えられます。

【機械製造業特有のリスクの例】

a　機械製造業は製品の検収や据え付け、アフターサービス等が生じるため、代金支払いサイトや販売後のコスト発生や返品、在庫の長期の回転期間などが見られることがあります。特に新興国において販売先との関係が弱かったり、中国のように旧正月前後にまとめて支払う等の取引慣行がある場合は運転資本の膨張や回収リスクが大きくなる場合があります。

b　機械製造は特定の製品を一定期間継続してロット受注することが多いですが、その場合、毎年の原価低減や効率化等が要求され価格が継続的に低下する場合があります。輸出が多い国の場合はこれに加えて為替リスクの影響を受けます。

c　労務費は新興国を中心に上昇傾向でありますが、特に技術系労働者の労務費は平均以上に上昇しており、先進国においても技能の高い技術者の賃金は上昇傾向にあります。

d　他方で、競合する技術や新規参入などにより製品の需要が急速に失われる場合もあります。高機能製品の製造ではなく製品コストの低さと市場への近さから新興国で営まれている場合、こうした技術代替に対する耐性は比較的弱いと考えられます。

⑥　個別リスクの検討の例

　DDにおいては、こうした国・事業に起因するリスクを検討したうえで、対象会社特有のリスクを中心に検討を行うことになります。例えば、対象会社の主要なサプライヤー・顧客との取引条件や取引構造、過年度の実績財務数値や将来の事業計画数値、市場規模・シェアの推移と競合の状況等をDDにより検討しますが、これらは国・事業の観点を対象会社の固有の外部・内部経営環境の情報を当てはめて行うことになります。クロスボーダーM&Aの場合は通常

第5章　デューディリジェンス

は国内案件よりも高い成長または高い収益を見込んで投資する場合が多いため、事業や株式の価値には現在または将来の収益に基づいたプレミアム（買収のれん）が多く上乗せされるケースが多いです。こうした買収のれんを上乗せした事業または株式の価値は、対象会社（または買主）が前提として引いた事業計画の重要前提条件の達成可能性や重要前提条件が未達の場合の影響度（計画の振れ幅）をリスクとして明確にしておくことが重要となります。ＤＤの結果を踏まえて一部価格調整を行うことは一般的ですが、例えば販売計画が未達成になったり展開国での販売承認が得られなかったり新規工場による生産性向上が予定を下回ったりした場合に、いざ撤退または売却したらどの程度損失が出るかなど、想定最大損失やリスクシナリオをＤＤの結果を踏まえて検討しているケースは必ずしも多くありません。

　さらに、ファイナンス及びストラクチャーは、主として対象会社または対象案件ごとの固有の状況によることが多いため、国や事業により標準化して判断されない項目が多くなります。ストラクチャーの検討は、買収目的の達成のために必要な資本・税務や取引・ガバナンス・法務等の構造を設計することでもあります。例えば、買収を資産買収とするか株式買収とするかで買収後の対象会社グループの税務ポジションや課税所得が変わる場合に、対象会社グループの将来の課税所得の発生状況や対象会社の買収の成果の還流方針等と照らしてどのような税務上の買収方法を選択するかを検討します。また、資本・税務だけでなく、例えば、対象会社の所在国の外資規制・外資誘致の政策等や買収する会社の海外子会社へのガバナンスの方針等に照らして、対象会社の持分の保有割合、役員の構成や管掌の分担、配当方針、対象会社の意思決定への関与の程度、買収した会社グループと対象会社グループとの間の取引関係や機能分担、地域統括会社の設定の有無や買収した会社グループ内での対象会社の資産や機能の持たせ方などを併せて設計していくことが必要となります。こうしたストラクチャーの検討の先には、最終的に買収する会社グループが本件の買収に必要な資金をどこから用立て、買収から生まれた経済的な成果をどのように還流・再投資するかを設計する必要があります。成果は配当により日本の親会社に吸い上げて日本の株主に分配することが通常考えられますが、日本にわざわざ還流することで配当源泉課税の負担や相対的に高い日本の税率で所得課税を受けることがかえって資本効率を悪化させる可能性があり、対象会社の所在国や所

在地域での域内再投資や、配当以外にグループ会社間の資金融通（ローン）などのファイナンスの仕方を検討することが必要となります。これらの検討項目は、国内のM＆Aでも検討が必要な場合がありますが、クロスボーダーM＆Aの場合は特に日本、対象会社の所在国、他の国で役割や機能の配分を変えることで実際の対象会社グループの税負担や監督の有効性等が大きく変わるため、より重要度が増すことになります。

第6章

ポスト・マージャー・
マネジメント

7 ポスト・マージャー・マネジメント (PMM)のポイント

　M&Aの最終的な成否を決めるのは、ポスト・マージャー・マネジメント（PMM）にかかっているといっても過言ではありません。本章では、そのポスト・マージャー・マネジメントにおいて重要となるいくつかのポイントについて解説します。

1 仕組み化されていないPMM手法

　PMMとは、経営統合後の新会社の企業価値向上に向けた統合プロセスの管理手法であり、経営統合の成功に向けての体系的な「仕組み」として捉えることが重要です。

　しかしながら、多くの企業は、このPMMを体系化された「仕組み」としては捉えていないため、事前準備が十分ではないまま個別議論に突入してしまい、次々と出てくる経営統合上の課題に対し事後的に対応せざるを得ず、結果として必要以上に時間を要し、当初期待していた経営統合の目的を達成できずにいるケースがよく見受けられます。

　また、PMMは、経営統合後の新会社の将来像を検討する重要なプロセスであるにもかかわらず、経営統合する各社メンバーで構成する経営統合委員会では、各社メンバーが旧会社の利益代表者のごとく自社の言い分や立場をぶつけ合い、あたかも調停委員会のような主導権争いの場と化すケースも散見されます。

　PMMは、単にM&Aにおいて合併・買収契約を成立させるための手続き手法でも、Day1（統合日）を無事に迎えるためのリスク・マネジメント手法でもなく、あくまでも当初のM&Aの目的（ゴール）を達成し、そのM&Aを成功に導くための「仕組み化された」統合プロセスの管理手法であるということを強調したいと思います。

210

第6章 ポスト・マージャー・マネジメント

2 組織を変革させるための要件　〜ビジョンが人を動かす〜

　経営学者の古典であるチェスター・I・バーナードによれば、組織が成立するための要件として、「共通の目的」「貢献意欲（協働意志）」「コミュニケーション」の3つを挙げています。同氏によれば、自由な意志を持って自由に行動する人間が、組織に参加（協働・貢献）したいと思うかどうかは、その組織がこの3要件を備えているかどうかによって決まると説いています。

　この3要件は、PMMにもそのまま当てはめることができます。つまり、経営統合によって、自身の職場環境が今後大きく変化するかもしれないという漠然とした不安を抱えた中で、個々の従業員が、新会社の一員として積極的に協働・貢献したいと思えるかどうかは、その新会社が3要件を満たしているかどうかによって左右されます。言い換えれば、その3要件を具備できない新会社は、個々の従業員の参加意欲が高まらず、結果として、統合という極めて難易度の高い作業を乗り越えることが難しくなると考えられます。そこで、経営統合を迎える組織において必要となる3要件を詳しく見ていきたいと思います。

〈バーナードの組織成立要件とPMMへの適用〉

バーナードの 「組織が成立する3要件」		ポスト・マージャー・マネジメント への適用
【共通の目的】 組織の目的を共有すること		経営統合する経営トップ同士が、共通の目的とビジョンを共有する
【貢献意欲（協働意志）】 組織のために頑張ろうとする意欲		1人でも多くの従業員に、経営統合にはメリットがあると感じてもらう
【コミュニケーション】 意志を伝え、情報交換すること		両社の経営トップが、自らの言葉で全従業員に同じメッセージを発信する

211

●共通の目的

　まず、M＆Aを成功させるためには、何よりも統合する経営トップ同士が、共通の目的とビジョンを共有することが重要です。経営トップ同士が、パワーバランス争いに終始するのではなく、経営統合の目的を共有し、新会社の数年後のビジョンを真剣に議論し、これらを合致させることが鍵となります。一部には、明確な目的やビジョンを提示せず、「統合作業は現場レベルに一任している」という発言をされる経営トップもいますが、目的やビジョンが曖昧なままでの経営統合は、必ず失敗するといっても過言ではありません。

　また、統合の基本合意を締結する前後では、新会社の社名、本社所在地、代表取締役社長などについて両社の思惑が交錯しますが、新社長の決定後は、新社長が経営統合のリーダーシップを発揮することになります。その際、事前に経営統合の目的や新会社のビジョンが両社間で共有されていないと、新社長の一方的なメッセージや思いが両社の従業員に発信される可能性もあり、現場が混乱しかねません。したがって、本来は、基本合意を締結する前に経営トップ同士が腹を割って議論を重ね、信頼関係の構築に努め、両社の経営統合の目的および新会社のビジョンを共有しておくことが重要になります。

　なお、ここでいう経営統合の目的とは、通常２つの意味合いを持ちます。１つは、経営統合を通じて、中長期的により大きなメリットを獲得したいと考えるケースです。例えば、「両社が合併することにより、グローバル展開を加速し、世界市場での確固たるポジションを確立する」というものです。

　もう１つは、危機感を醸成し、その現状を打開することを打ち出したいケースです。例えば、「縮小する国内市場において両社が合併することにより、業界での生き残り競争に打ち勝つ」というものです。いずれのケースにおいても、この経営統合の目的は、経営統合の実務において、各社の議論が行き詰ったり、平行線をたどったりするようなことがあった場合、「目的は何であったか」と振り返るための重要な道標となります。

●貢献意欲（協働意志）

　次に、経営トップ間で共有された目的・ビジョンは、両社の従業員にとって貢献意欲を沸きたてるものであることが重要です。従業員は、自社の経営統合

第6章　ポスト・マージャー・マネジメント

に関して、その目的や新会社のビジョンが自身にどのように影響するのかを知りたいと思うのです。そのためには、一方の会社から押し付けられた目的・ビジョンではなく、両社の経営トップが合意したものである必要があります。なぜなら、経営統合前においては、自社の従業員に対して目的・ビジョンを伝える作業はあくまでも各社の経営トップの仕事であり、経営トップ自身が納得した内容を自身の言葉で伝えることが重要だからです。

　また、当然のことながら、経営統合に対する個々人の捉え方は様々であり、経営統合を自身が飛躍するチャンスと捉える人もいれば、自身のポストや既得権益が奪われるのではと不安に感じる人もいます。実際、すべての従業員が満足するメリットを提示することは現実的に困難かもしれませんが、自社が置かれている環境、統合によって目指したい目標（目的）とビジョン、その必要性（危機感）などを明確に伝えることで、1人でも多くの従業員に、経営統合にはメリットがあると感じてもらえることが肝心です。

●コミュニケーション

　両社で共有化された目的とビジョン、従業員に対するメッセージ（貢献意欲を沸きたてるメリット）が明確になった上で、最後に重要なものがコミュニケーション方法ですが、これは、経営トップの考え方によって様々なやり方が想定されます。

　例えば、中堅企業であれば、全従業員を一同に集め、経営トップが直接従業員に語りかけるというやり方もありますし、大手企業の場合は、社内報やイントラネットなどを通じて経営トップのメッセージを発信するという方法もあります。なお、経営トップが直接コミュニケーションする範囲は役員や部門長レベルにとどめ、現場の従業員に対しては部門長からメッセージを伝えるというやり方もありますが、経営統合の影響範囲にもよるものの、少なからず自社内に影響を与える経営統合に関しては、基本的には、経営トップが自らの言葉で全従業員にメッセージを発信することが望ましいと考えます。

　このコミュニケーション方法に関して重要なことは、各社でのコミュニケーションの内容とタイミングを一致させることです。経営トップ同士が目的・ビジョンを共有したとしても、それを各者がそれぞれの「言葉」に落とした時、微妙な表現やニュアンスの違いが生じます。経営統合作業を進める中で、実務

213

メンバー同士が、「うちの社長は○○と言っていた」「そんな話は聞いていない」という水掛け論にならないように、公式・非公式を問わず、各社で発表するメッセージの内容は「言葉」レベルで共有し、タイミングも合わせることが望ましいといえます。

　また、国内外の既存子会社に対するコミュニケーションおよび外資系企業を買収した場合のコミュニケーションには注意が必要です。まず、既存子会社については、親会社の経営統合に伴って、子会社を再編するという可能性も容易に想像できますので、少なくとも自社に対するコミュニケーションと同様の注意を払い、遅滞なくかつ断片的でない情報を各子会社に対しても発信することが重要です。

　次に、外資系企業を買収した場合ですが、日系企業を買収した場合よりも、より明確なメッセージの発信が求められます。特に、経営統合が自身に与えるメリットに加え、会社が自身に期待していることまで含め、日本人以上に「貢献意欲（協働意志）」につながる直接的なメッセージを求める傾向にあります。こうしたメッセージは、現地の文化・風土、ものの考え方などを踏まえた上で、確実に伝わる「言葉」に落としこむことが重要です。また、外国人は、日本人よりもレポートラインに敏感ですので、実質的な権限を有さない相手からのメッセージを受け入れにくい傾向にあります。したがって、現地にメッセンジャーを送り込むのでは不十分であり、日本本社の経営トップ自らが現地に赴き、自らの言葉でメッセージを伝えることが、特にこれから経営統合作業を始めようとする初期段階には重要になってきます。

コラム　シナジーとは何か

　近年、経営統合した会社のプレスリリースを見ますと、経営統合の目的の1つとして、「シナジー（相乗効果）の実現」という言葉がよく使われています。経営統合におけるシナジーとは、各社がそれぞれに持っている経営資源などを相互に活用することで、各社が個別に事業活動すること以上に発現されるメリットを指します。

第6章 ポスト・マージャー・マネジメント

しかしながら、実際は、シナジーという言葉だけが独り歩きをし、具体的な内容は十分に検討されていないという事例も散見されます。このコラムでは、シナジーを具体的に検討するための考え方について、いくつかのポイントを解説します。

まず、シナジーとは、売上増加やコスト削減など、財務諸表に直接的にインパクトがあるものが代表的なものです。例えば、売上増加シナジーであれば、両社の異なる製品を互いの顧客に販売するクロスセル、両社の研究開発資金を集結させた新商品開発、両社の異なる販売チャネルを相互に活用したチャネルミックス強化などが挙げられます。また、コスト削減シナジーであれば、同一エリアでの重複拠点（工場・支店など）の統廃合、人事・経理などの間接部門の集約、共同購買や共同配送などが挙げられます。

しかし、シナジーをより広義に捉えた場合には、短期的には財務諸表に直接現れにくいものもシナジーとして扱うことができます。例えば、高度なリスク・マネジメント手法を共有することによるコンプライアンス力の強化（リスクの低減）、厳密な予算管理制度の移植による業績見通しの精度向上などが挙げられます。これらは、一方の会社の高度なノウハウや手法をもう一方の会社に移植することで生まれるシナジーとも言えます。また、財務諸表には影響があるものの、負のシナジー（逆シナジー）として現れるものもあります。例えば、不利益変更にならないように人事

〈バーナードの組織成立要件とPMMへの適用〉

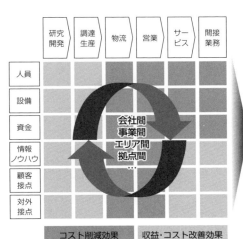

215

制度を揃えたことによる人件費増加などがそれにあたります。このように、シナジーとは、一般的に想像しやすい売上増加やコスト削減に加え、定性的なシナジーや負のシナジーも考慮することで、網羅的なシナジーを洗い出すことが可能となるのです。

　それでは、シナジーを網羅的に洗い出すためには、どのように検討を進めるべきでしょうか。まず、各社の「機能」と「経営資源」（リソース）をマトリックスで整理することが第一歩です。ここでいう機能とは、研究開発、調達、生産、物流、営業、人事、経理などであり、経営資源とは、人材、設備、資金、情報、ノウハウ、顧客基盤、技術などを指します。また、ノウハウには、営業ノウハウや管理ノウハウなど、形式知化されていない知識や経験値などが含まれます。

　次に、このマトリックスのそれぞれのセルにおいて、どのようなシナジーが発現されうるかを整理するわけですが、その検討においては、企業、事業、エリア、拠点、部署、製品など、ある単位において実現可能なシナジーがないかという視点を持つことが重要です。例えば、「物流」という機能と、「設備（倉庫、トラックなど）」という経営資源の交差するセルにおいては、「会社」「事業」「製品」をまたいだトラックの共同利用（共同配送）、「エリア」重複による物流拠点の統廃合などが想定されます。このように、セルごとにシナジーの可能性を検討することにより、網羅性のあるシナジーの洗い出しが可能となるのです。

第6章　ポスト・マージャー・マネジメント

2 リソースのインテグレーション
~インテグレーションはハードとソフトの二面性~

　ポスト・マージャー・マネジメントにおいては、検討の初期段階に「領域別のインテグレーション（統合）方針」を固めることが重要です。領域別のインテグレーション方針とは、例えば、各社の機能別の組織、業務、制度、情報システムなどを統合させるのか、並存させるのか、統合させるとすればどのタイミングで行うのか、また統合方法は一方の会社に合わせるのか、まったくゼロベースから再設計するのかなどを整理したものです。インテグレーション方針が固まることによって、Day1時点の新会社の状態が具体的にイメージでき、Day1に向けて必要な作業とマイルストンが明らかになります。つまり、インテグレーション方針とは、その後のすべての経営統合実務の出発点となるのです。

　このインテグレーション方針は、機能別のリソースと仕組みの組合せによって整理することができます。機能別のリソースとは、主に人や物に関するものですから、組織、業務、システム、技術などが該当します。一方、仕組みとは、戦略、制度、ルール、企業風土などがそれにあたります。本章では、インテグレーション方針の中でも最も検討が難しい「人」と無形資産などの「見えないリソース」に焦点を当て、インテグレーション方針を検討する上でのポイントを解説します。

1 人材のインテグレーション

　人材のインテグレーションが難しい理由は、新会社における人材の配置・評価・処遇などが極めてデリケートな問題であり、その決め方次第によっては、その後の経営統合そのものに多大な影響を与えるからです。ここでは、人材のインテグレーションにおいて重要となるいくつかのポイントについて解説します。

●人材のマネジメントをどう考えるか

　経営統合における「人材評価と配置」の考え方は、本来、新会社に求められる人材要件および選定基準を定義し、旧会社の所属に関係なく、その要件に最適な人材を選定することが理想的です。しかしながら、特に合併の場合は、もめ事を避けるためにタスキ掛けの人事配置が行われたり、逆に、主要ポストの激しい争奪戦が行われ、なかなか決着がつかなかったり、一方の会社に有利な人事配置になったりします。

　この人事評価と配置の決め方は、そのやり方を間違えると、その後の各社の従業員のモチベーションに大きな悪影響を与えることになります。そこで、人事評価と配置の決定を公正なものとするために、その決定プロセスにおける重要な点を整理します。

　まず、新会社に求められる人材要件とその選定基準は、必ず各社の従業員に開示することが求められます。情報を開示することにより、公正な人事評価が行われていることを社内に示すことができ、従業員の一定の理解を得られることが可能となります。また、求められる人材要件とその選定基準は、一方の会社からの押し付けではなく、各社が納得した内容であることが重要です。情報が開示されたとしても、一方の会社がその内容に納得していないとしたら、情報を開示すること自体が無意味なものになってしまいます。

　さらに、特にDay1に向けては、求められる人材要件として、「変革に対してポジティブな人材」や「変革を実行しきれる（リーダーシップを発揮できる）人材」を織り込むことも必要です。たとえ業務に精通しており、各社では優秀だと評価されている人材であっても、経営統合に対して後ろ向きであったり、快く思っていなかったりする人材は、Day1を乗り切る過程においては必ずしも適任であるとは言えないケースもあります。

　最後に、求められる人材要件と選定基準を定義した上で、人材評価と配置を実際に行う専門チームのメンバー構成がポイントとなります。この専門チームが、一方の会社に偏った人員構成であったり、各社から出てくるメンバーの役職の差が大きかったりすると、公正な選定基準を決めようにも決められなかったり、結果として、その決定内容が一方の会社に有利なものになってしまったりする可能性があります。各社の人員規模にもよりますが、基本的には、人材

第6章　ポスト・マージャー・マネジメント

評価の担当者として、各社から同ランクのメンバーを同数程度選出することが
望まれます。

●人事制度の統合方針

　人材のインテグレーションに関するもう１つの大きな論点は、「人事制度の
統合方針」の考え方です。この人事制度もまた、前述の「人事評価と配置」と
同様、その制度設計のやり方を間違えると各社の従業員のモチベーションを著
しく悪化させる要因となります。一般的に、新会社における人事制度の策定方
法には３つのパターンがあり、それぞれのメリット・デメリットは下表のよう
に整理されます。

〈人事制度の統合パターン比較〉

パターン	メリット	デメリット
新制度の構築	• いずれかの会社の不利益変更にならない限り、公平感のある制度となり、トラブルを回避しやすい	• 制度設計に時間がかかる • 大幅な変更を短期間で行った場合、混乱が生じる
一方への片寄せ	• 合併時の負荷が少なく、移行作業での混乱を防ぎやすい	• 変更する会社側の従業員の不満が顕在化しやすい（他方の長所を制度上活かせない）
両制度並存	• 移行負荷が最も低く、統合スケジュールに影響が少ない • 異業態の統合の場合、異文化を残すことができる	• 全体整合がとれず、非合理な制度が残る（運用負荷が高く、合併効果が出せない） • 一定期間運用すると、新制度への移行がしづらい

　どの方法にも一長一短があり、１つの方法をベースにしながら、状況に合わ
せて対応していく必要があります。また、統合直後においては、一方への「片
寄せ」を中心にし、その後１年間かけて新制度を構築するという時系列の中で
の組合せも考えられます。

●グローバル人材マネジメント

　近年、日系企業による外資系企業の買収（アウトバウンドＭ＆Ａ）が日常的
なものとなっていますが、特に、この数年で急速に海外展開を果たした企業が

219

共通して抱えている課題が、「グローバル人材マネジメント」の強化です。

この課題をさらに紐解いていくと、まず挙げられるのが、「グローバル経営人材の育成」です。多くの日系企業は、海外現地法人の社長や役員など、キーポジションはほぼ本社から派遣された日本人が担っています。その理由としては、そもそも、現地社員の経営人材としての計画的な育成に手がつけられていないことや、言語や文化の違いに対する日本本社側の受け入れ態勢が整っていないことなどが挙げられます。その結果、展開する海外拠点が増えるにつれ、日本から派遣できる人材が徐々に不足して自社の海外展開の足枷になるというケースも発生しており、各社とも、いかにして経営層の現地化を図るかが大きな課題となっているのです。

グローバル経営人材を計画的に育成するためには、まず、グローバル経営を行う上で、どのような資質の人材が必要かを明確にすることが第一歩です。コア人材が担うべき重要な職位の責任・役割や人材要件を定義し、ローカル社員を重要な職位へ登用する際の判定基準も明確にします。さらに、グローバル共通の人材評価・育成のプログラムを構築する必要があります。候補者群の選抜から育成、登用に至るまでのプロセスやその運営体制を整備し、最後に、個々のローカル社員の人材プロファイルを整理し、経営人材の候補者群を特定した上で、上記の育成プログラムを定期的、計画的に運用していくのです。

もう１つの課題は、「グローバル人事制度の構築」です。グローバル人事制度を検討する際には、現地法人のトップマネジメント（社長・役員）クラスと、その他の社員は分けて考えるのが一般的です。まず、トップマネジメントクラスについては、基本的に日本本社で評価・任命するケースが多いです。ここで注意すべきは、現地法人の役員クラスが現地社員である場合、彼らのキャリアパスをどこまで描くかです。つまり、現地社員のキャリアパスとして、将来的に日本本社の重要な役職に就く可能性があるかどうかを決めておくことが重要になります。もし、日本本社の役員として現地社員を登用する可能性があるのであれば、役員クラスについてはグローバルレベルで人事制度を統一しておくことが必要になります。

一方、現地法人の部門長以下の人事制度については、現地固有の事情を勘案してローカライズし、基本的に採用〜評価〜処遇の一連のプロセスを現地法人に任せているケースが多く見受けられます。ただし、部門長クラスに対しては、

第6章　ポスト・マージャー・マネジメント

グローバル経営人材の育成を目的として、計画的に教育プログラムを適用している企業もあります。特に、新興国においては、管理職以上の引き抜きが増加しており、自社へのロイヤリティを高め、リテンションを強化する一環としてのグローバル経営人材候補群の囲い込みが課題となっています。

●見えないリソースのインテグレーション

　「リソースとは主に人や物に関するもの」と前述しましたが、もう１つの重要なリソースとして「見えないリソース」があります。見えないリソースとは、すなわち顧客基盤、技術、ノウハウなどの無形資産を指します。この見えないリソースもまた、統合方針を検討する上での重要な論点となります。なお、無形資産のインテグレーションは、前述のシナジーとも密接に関わってきますので、その点を踏まえてポイントを解説します。

　まず、「顧客基盤」ですが、代表的なものは顧客情報です。通常、顧客情報は各社の顧客データベースとして管理されており、各社の顧客データベースをどのように統合するのかという点が情報システム上の論点になります。しかしながら、より重要なことは、その顧客基盤をどのように活用するかという方針を打ち出すことです。各社の顧客の重複状況や各種属性の違いなどを把握し、クロスセル（同一顧客に複数の商品・サービスを提供すること）やアップセル（同一顧客により付加価値の高い商品・サービスを提供すること）など、既存顧客の囲い込みに向けた戦略的なシナジー施策を具体的に想起することによって、顧客基盤の統合方針がより明確になり、その重要性を認識することができます。

　次に、「技術」ですが、これは、研究テーマを統合することによる共同研究や共同開発、あるいは開発拠点の統廃合による効率化など、シナジー効果と紐付けて検討されることが一般的です。重要なことは、技術をさらに細分化して検討するということであり、技術の統合方針は、知的財産管理、研究プロセス、研究テーマ、開発予算、開発拠点などに分解して検討することが望まれます。

　特に、知的財産管理や研究テーマの統合方針は、各社の知財出願状況や開発フェーズごとの進捗状況などを相互に確認し合い、新会社としての統合方針を明確にする必要があります。また、研究開発の成果が組織的に生み出されているのか、一部の優秀な研究者に依存しているのかによって、研究プロセスが大

221

きく異なる場合もありますので、各社の実態をしっかりと共有した上で、統合方針を決めることが重要です。

　最後に、「ノウハウ」は、営業ノウハウやオペレーションノウハウなどが代表的ですが、無形資産の中で一番扱いの難しい項目といえます。一部の企業は、「我が社には優れた営業ノウハウがある」とアピールしたりしますが、実際にそのノウハウを教えてもらおうとすると、「ノウハウは言葉にできるものではないから、伝えるのは難しい」といわれることがあります。このように、ノウハウとは、その言葉だけが独り歩きしてしまい、実態を掴めないケースが多いのです。したがって、経営統合においても、「営業ノウハウの統合による営業力強化」とうたってみたものの、現実は掛け声倒れに終わってしまうリスクがあります。

　しかしながら、ノウハウは重要なリソースの1つですから、できることなら統合することによって有効活用したいものです。そこで重要になるのが、ノウハウの「見える化」です。各社が唱える「我が社のノウハウ」について、それを何らかの目に見える形にできるかどうかが評価のポイントになります。ノウハウを言葉として定義することによって、初めて各社が共通言語として認識することができ、その統合方針を議論することが可能となるのです。

仕組みの
インテグレーション

1　仕組みのインテグレーション

　人材を中心としたソフト面でのインテグレーションもさることながら、グループ全体としてのシナジーを創出するためには、グループを統制するハードとしての"仕組み"のインテグレーションも重要です。仕組みというものは1つの企業の「型」ともいえます。伝統的な企業は皆この「型」ができ上がっています。企業文化を形成する1つの要素といっても過言ではありません。統合後の新しい会社としての企業文化形成の礎としても、この仕組みの構築は重要課題といえます。

　なお、ここでいう仕組みとは権限・職務分掌・ルール・レポートライン・モニタリングシステムなどを指しています。当然ながらそれらの運用の前提となる組織設計も重要となりますが、その考え方についてはレポートラインの中で触れることとします。特にレポートラインは"仕組み"の中でも最重要であるため1つのテーマとして切り出して述べることとします。

　仕組み個別について述べる前に、インテグレーションの考え方について整理しておきます。一般にインテグレーションの考え方としては、

- ■ 規模の大きい方（強者）に合わせる
- ■ いいとこ取りをする

のどちらかの考えになりがちです。統合作業の初期段階では「対等の精神で…」などといっておきながら、いざ個別の議論を進める段になると双方の主義がぶつかることになり、その割り切り方として上記のような考えのどちらかで整理しようとなります。前者の考えでは規模の小さいほう（弱者）のモチベーションが下がりますし、後者では何色の会社かわからないものになってしまいます。あえて申し上げるとどちらの考えでもありません。あくまで「新会社」としての原理・原則に則って整理すべきことと考えます。

223

もちろん、作業に際しては双方の現状の在り方を持ち寄って議論を進めることになりますが、あくまでも新会社としての在りようを組み上げるということを忘れてはなりません。
　なお、この考え方は、インテグレーション（統合化）の前にそれぞれの仕組みが、スタンダーディゼイション（標準化）されていることが前提となります。その標準化におけるポリシーを持ち寄った上で、新会社としてのポリシーを定め、そのポリシーに則り統合化を進めることが重要です。

●権限・職務分掌・ルール

　基本的な考え方として誰にどこまで裁量権を持たせるかということが重要になります。当然、それは同じ「部長」であったとしても親会社のそれと、子会社のそれでは権限が異なるでしょう。また、同じグループ内子会社であっても、事業特性・機能特性などによっても異なります。
　まずはグループとしてのポリシーを明確にする必要があります。グループ企業を、その属性により分類した上で、各分類ごとの権限を定めます。後は、その企業がどの分類に属するのかを明確にすれば、自ずと権限は定義されること

〈グループ会社の分類化イメージ〉

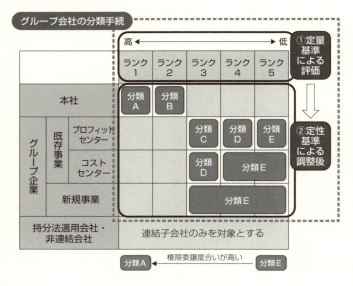

224

第6章　ポスト・マージャー・マネジメント

になります。

　一般的には、資本関係、売上高、事業（機能）形態、事業（マーケット）ステージなどを目安に分類するケースが多いようです。

　なお、当然のことながら基本的な考えは分類により定められますが、実態に合わせた多少の調整も必要になります。

　権限の統合化もさることながら、日常の業務運営上の各種ルールの統合もインテグレーションプロセスにおいては重要となります。ここでも前述の「標準化済みである」ということが前提になります。双方の業務運営ルールが標準化されており、それを新会社においてどう機能させるのかを検討することが重要であり、標準化されていない状態では非効率的な議論となります。

　おそらく業務ルール・プロセスの統合においては、使用する情報システムにも規定される部分が多く存在します。したがって、どの情報システムを使うのかということが方針として明確になっていることも統合作業の前提ともいえます。

　また、権限の考え方および業務ルールが新形態に変わるということになると、当然内部統制システムの見直しも必要になります。特に内部統制システムの設計において有効性に偏重し、効率性を多少劣後させた企業においては、この作業をその有効性と効率性のバランスの再考を行うよい機会として捉えることも肝要です。

●PDCAとモニタリング

　PDCAサイクルを回すということは、企業運営の要です。それはインテグレーション云々ではないものですが、インテグレーションにおけるキーは、そのPDCAサイクルで用いるメジャー（追いかけるべき指標）の整理・統合にあります。

　垂直統合であれば、そもそも担うべき機能が異なりますので、それぞれが用いていた指標（ＰＩ：Performance Indicator）を継続しながら、企業全体としてのＫＰＩ（Key Performance Indicator）を双方で検討すればよいでしょう。

　しかしながら水平統合の場合、単に双方の指標を持ち寄るのではなく、新会社の目的および目標値から真に追い求めるものが何かを議論し、それを測るメ

225

ジャーとして何が適切かを定めることが肝要です。そしてあらためてですが、ここでメジャーという言葉を用いたのも、測定可能であることが重要だからです。何らかの数値指標として定め、実際に事業推進する段になって、水掛け論になってしまわないように世界共通の言語である"数字"を出発点として考えるべきです。併せて、その数字が持つ意味を明確にすることも必要です。

PDCAサイクルが企業運営の要と記しましたが、PDCAサイクルそのものの要はモニタリングにあるといえます。モニタリング対象としては定めた指標ということになりますが、それをどのサイクルで、そして誰（あるいは機関・会議体）が行うかという取り決めが重要になります。特に会議体で行う場合、事前の情報収集・精査・整理などを担う事務局的な機能も明確にしておく必要があります。このようなモニタリングの仕組みが整うと、統合後の事業運営に適度な緊張感をもたらし、よい結果を導出できるようになるでしょう。

 ## レポートラインのインテグレーション

前項の仕組みのインテグレーションで述べたように、中でも重要であるレポートラインについて本項で述べることとします。

権限および情報共有とも密接に関連しますが、統合後、自分は誰にレポートをすればよいのかが明確でなければ、情報発信や判断依頼も行えない事態が生じます。このような事態を回避するためにもレポートラインを明確にしておく必要があります。

もちろんレポートラインを定める上での前提は組織の建付けにありますので、組織設計の考え方について触れておくことにします。

●組織設計の考え方

組織設計を行う上において考慮すべき事項は以下の3つと考えます。
- ■ 機能としての整理
- ■ 管理統制のしやすさとしての整理
- ■ 人材の充足度から見た整理

第6章　ポスト・マージャー・マネジメント

1つ目の機能としての整理は、当然のこととして何を担うべき機能が必要で、それをどのように配置したら円滑な事業運営が行えるのかという考え方です。

2つ目の管理統制のしやすさとしての整理とは、単純に機能上の話ではなく、管理単位としてのサイズの適切性はどうか、内部統制が有効に機能するものであるかどうかなどの観点です。

3つ目は現実を見据えてということになります。1つ目、2つ目の整理はある種原理・原則にもとづいて行うべきものですが、実際の人事の段になって、そのポジションを担える人材が不足するということが起きないよう、人材充足という観点からの現実解も必要になります。

ただし避けるべきは、不足しているという事態は回避したいものですが、過剰となるケースにおいて処遇を重視した組織設計を行ってしまうことです。わかりやすくいうと、今の人材を前提としてポストを量産してしまうということです。

スタート段階および一定期間経過後でその考え方は変遷するものですが、いずれにおいても明確な役割の定義と評価システムがなければ、適切な運営が行えない事態が生じます。

●レポートラインの明確化

組織定義、権限・職務分掌が定義されますと、必然的にレポートラインは定義されます。ただし高度化、広域化、複雑化する経営環境においては必ずしも単一のラインとはなりません。事業（および商品・サービス群）軸、機能軸（営業、製造、物流など）、地域軸それぞれにおいてマネジメントが存在し、それぞれに必要となるレポートを行うことが求められます。このようなマルチラインは昨今は当たり前のことになっていますので、レポートライン定義の前提としてよいと思います。

むろんそうなるとレポートラインごとに、情報種別・粒度・サイクルを定義する必要があり、かつ共通する情報を効率的にレポートする仕掛けが必要になります。

このようにレポートラインを機能させる上で、必要となるものの1つに情報共有の仕組みがあります。

227

モニタリングのところでも記しましたが、その精度を高める上でも、またレポートラインを有効なものとさせるためにも、適切な情報共有の仕組みが必要になります。

ここで共有すべき情報と考える対象は以下の2つとします。

■ 事業運営上の判断に必要となる情報
■ 事業運営にドライブをかけるための情報

●事業運営上の判断に必要となる情報

ＰＤＣＡサイクルとも関連しますが、事業運営上適切なタイミングで判断を行うことが必要な局面が多々あります。特に当初想定と異なる結果が生じた、あるいは生じる可能性が見出された場合などは、別の策を講ずる必要性が生じます。そのような判断が必要とされる場面において、重要なのは適切な情報の収集にあります。

その情報の収集を適切に行うためには、収集すべき情報、収集タイミング、情報発信者と受信者、受渡しの方法（サーバー上の定型フォームへの入力、基幹システムへの入力、メールによる交換等）を定義する必要があります。また、ここで重要なのは、良い情報ではなく、悪い情報をいかに早く収集するかにあります。その仕組みを構築するためにもマネジメントは、情報の良し悪しではなく、情報発信タイミングの適切性に重きを置いて、常日頃指導を行うことが大事です。そのあたりの考え方についても双方で共有しておく必要があります。

これらの情報共有を推進するための1つの仕掛けとしてグループ内でのシェアードサービスの活用があります。一般的には業務の効率化・標準化・業務知識の向上などを目的に設立するものですが、副次的な効果として、物理的なものはもちろん、組織的にも情報が一元管理されるようになるという効果ももたらします。

●事業運営にドライブをかけるための情報

「事業運営上の判断に必要となる情報」をあえていうなら組織の縦方向の情報共有といえます。それに対し「事業運営にドライブをかけるための情報」とは、横方向の情報共有とイメージしてください。

すなわち、必要となる知識移転を行い、実践局面での知恵として活用するた

めの情報共有のことです。暗黙知の共有に始まり、形式知へと昇華させるサイクルを作ること、それもインテグレーションにおいては重要な事項です。

　同じくレポートラインを機能させるために必要なものとして、権限・責任との整合性、およびその権限・責任と評価システムの対応があります。

　情報を発信すべき人が誰であり、その情報にもとづき判断をすべき人が誰であるか、そしてそれが各々の権限と整合しているか、整合している場合、責任を評価という形で明確化しているか、などを明示する必要があります。結局のところそこが明確でなければ、情報を求めなくなりますし、発信者も自己の責任の範疇であることも忘れてしまいがちになりますので、定めたレポートラインも機能不全に陥ってしまいます。

# スケジューリング

　最後に、ポスト・マージャー・マネジメントを実践する上での「スケジューリング」の重要性について解説します。スケジューリングとは、Day1に向けて、誰が（担当部署・担当者）、何を（タスク、アウトプット）、いつまでに（期限）、行う（作成、意思決定、報告）のかを決めることですが、スケジューリングにおいて最も重要なことは、「ゴールから逆算で考えること」です。

　先述のとおり、まずDay1時点の新会社の姿（ゴール）を統合方針として定義しますが、そのゴールを実現するために、いつまでに何をしておくべきかを逆算で考えてスケジュールに落とし込むことにより、現在のタスクが、その後のタスクや他のタスクにどのような影響を与えるのか、どのタイミングが重要なマイルストンになるのかが明確になります。

　ここでは、どのようにしてスケジューリングを行うべきか、また、いかにしてスケジュール管理を徹底させるかという点について、そのポイントを整理したいと思います。

Day1までにすべきこと

　スケジューリングを検討するためには、まず、Day1までに完了すべき「タスク」を洗い出す必要があります。その際、以下に示すように、各種のタスクを大きく3分類することで、モレなくタスクを洗い出すことが可能となります。

●法制度の遵守にかかるタスクとスケジューリング

　まず、Day1に向けて最優先で取り組むべきタスクは、新会社の設立および事業開始に必要な「法制度を満たすためのタスク」です。例えば、新会社の設立にかかる法定手続き、事業運営に必要な各種事業免許（許認可）の再取得、関係監督官庁への各種届出などが挙げられます。また、大規模な会社同士の合併の場合は、独占禁止法への抵触に関する事前調査に関するタスクなども必要

第6章　ポスト・マージャー・マネジメント

〈Day1に向けたタスクの抽出方法と優先度〉

法制度の遵守にかかるタスク	ステークホルダーとの 関係維持にかかるタスク	日常業務の 品質維持にかかるタスク
・各種法令、所属団体のルール等を 満たすために必要なタスク 　✔新会社設立にかかる法定手続 　き、顧客との契約書のうち、再 　締結・修正が必要なものへの 　対応 　✔行政当局から要請されるコン 　プライアンス態勢の整備、等	・顧客、株主、代理店、外注先等と 現状どおりの関係を維持するた めに必要なタスク ・社外ステークホルダーに対して 「新会社」として最低限行うべき タスク 　✔ガバナンスの維持・強化 　✔主要顧客への挨拶回り、新社 　名での名刺作成、会社案内の 　修正、等	・業務を行う上で、最低限手当すべ きオペレーション上のタスク 　✔新会社人事制度の整備 　✔財務・会計面での業務方針 　✔情報セキュリティポリシー等 　の基本方針の策定、等
タスク洗い出しの視点（例）	**タスク洗い出しの視点（例）**	**タスク洗い出しの視点（例）**

会社法	税法
各種契約	保険業法
金融商品取引法	FSA監督指針

顧客	金融機関
株主	業界団体
代理店	外注先

組織体制	会計制度
営業	情報システム
人事制度	業務プロセス

優先順位　高

になります。

　法的手続きのうち、取締役決議と開示日、株主総会の開催日、登記日などは、経営統合のスキームに合わせて一般に定められたルールにもとづいてDay1から逆算でスケジューリングすることが可能ですが、主要株主など、スキームを実行する上での重要な利害関係者に対しては、事前の説明（根回し）をすることもありますので、そのタスクとスケジュールも意識しておく必要があります。

　また、事業免許（許認可）の再取得、関係監督官庁への届出、労働組合との交渉などは、明確に「○か月間で完了できる」というものではありませんので、ある程度の余裕を見ておくことが望ましいでしょう。自社の小さい子会社同士の合併など、グループ内の再編であればDay1が多少ずれても大事にはならないかもしれませんが、「○年○月にA社とB社は合併します」と大々的に告知してしまったものの、許認可の取得が間に合わず、結果として統合日が延びてしまったというような事態は避けたいものです。

●ステークホルダーとの関係維持にかかるタスクとスケジューリング

　次に重要なタスクは、顧客や仕入先などの「各種ステークホルダーとの関係性を維持するためのタスク」です。通常、各社とも顧客や仕入先への対応は十

分留意しますので、重要な顧客・仕入先への挨拶回り、契約の再締結・修正、各種の外部告知資料（会社案内、営業パンフレット、各種伝票、名刺など）の修正などは想起しやすいタスクだと思われます。一方で、相対的に重要ではない業務を外部委託していた場合の外注先への案内や、自社の子会社・孫会社の取引先への対応などは、忘れがちなタスクですので注意が必要です。

　このように、取引先への対応に必要なタスクが洗い出されることによって、前もって行うべきタスクも明確になります。例えば、新会社の会社案内や名刺を作るためには、新会社名、本社・事業所・支店の所在地、連絡先、役職名などを事前に決めておく必要があります。さらに、そのためにはDayt1時点での事務所・支店の統廃合方針、新拠点のロケーション、各拠点の人事なども決めておく必要があります。また、各種伝票についても、実際に使用するのはDay1以降ですが、それまでに、現状使用している帳票の洗い出し、新帳票のレイアウト設計とシステム対応、旧帳票の発注期限（在庫）管理など、行うべきタスクは多岐にわたり、取引先とのコミュニケーション開始から逆算で考えると、実はすぐにでも検討しなければならないタスクが山積していることに気づきます。

●日常業務の品質の維持にかかるタスクとスケジューリング

　３番目に、日常の業務において「現状の品質（精度・納期）を維持するためのタスク」があります。例えば、新業務（新たなオペレーション、決裁・運用ルール）への移行、新たな人事制度や会計制度への移行、およびそれらに関連する情報システムの移行など、Day1からの新業務を混乱なくスムーズに行うために必要なタスクが挙げられます。また、これらの移行に際しては、事前に新業務・新システムに慣れるための研修が必要であり、そのためには、業務の詳細な設計と情報システムの設計・開発・テストなどが完了していなければなりません。また、Day1時点での人事異動や配置換えなどを想定している場合には、新部署の新業務に慣れるための研修に加え、後任者への引継ぎも発生することになり、どのタイミングで人事異動を内示するかもスケジューリング上の重要なポイントとなります。

　さらに、これらの日常業務に関するタスクは、前述の「統合方針」と密接な関係にあります。「法制度の遵守にかかるタスク」や「ステークホルダーとの

第6章　ポスト・マージャー・マネジメント

関係維持にかかるタスク」は、統合方針にかかわらずDay1までに必ず完了すべきタスクですが、日常業務に関するタスクは、仮に統合方針において「両社の○○制度はDay1から半年間は並存する」と決定したのであれば、その制度統合はDay1までに対応しなくてもよいタスクとなり、Day1の半年後にDay2を設定し、その期日に向けたタスクとスケジューリングを検討すればよいことになります。このように、段階的に統合する場合は、Day1、Day2、Day3といった各マイルストンに向けてスケジューリングを行わなければなりません。

　また、仮に「Day1までに各社の業務運用を一本化する」という方針を打ち出したとしても、そのために必要なタスクを洗い出してスケジュールを立てた結果、極めてタイトなスケジュールになり、現場や顧客の混乱が避けられないことが想定される場合には、統合方針そのものを見直すことも必要になります。このように、日常業務の統合・移行にかかるタスクとスケジューリングは、「現場が大きな混乱を起こさず、最低でも現状の品質は維持すること」を大前提とし、常に統合方針とセットで検討・見直しすることが重要です。

　これらの日常業務に関するスケジューリングですが、外資系企業を買収した場合には、Day1までに行えるタスクに限りがあることがあります。Day1までにできる限り業務やシステムの統合作業を進めておきたいと思っても、相手国の法律によって、最終合意に至るまでは相手企業の情報が開示されず、Day1以前に統合作業を完了させるのは現実的に困難なケースもあります。しかし、だからといってDay1の日付を遅らせれば、それだけ買収メリットが発現する時期も遅れることになりますので、その場合は、まずは法的な買収手続きをしっかりと進め、最低限、連結決算や業績把握のためのシステム連携を図ることに注力することになります。このようなケースでは、先ほどの段階的統合と同様、Day1、Day2、Day3といった各マイルストンに向けてスケジューリングを行う必要がありますが、むしろ、Day2以降のほうがより重要なタスクが目白押しになる可能性もあります。

　なお、本章の冒頭に、ポスト・マージャー・マネジメントのポイントとしてコミュニケーションについて触れました。経営統合のスケジューリングを検討する際、どうしても組織・業務・制度・システムの統合に向けたタスクに注目しがちですが、Day1に向けて、いつ、誰が、誰に、どのようにコミュニケー

233

ションを図るかという点も非常に重要であり、しっかりとタスクとスケジュールを整理しておく必要があります。そうすることで、その説明に向けて事前準備すべきタスク（資料の準備、問合せへの対応など）も明確になります。また、取引先に対して、説明する担当者ごとに説明内容が異ならないように、どのタイミングに何を使ってどう説明するのかについて、具体的なタスクとスケジュールを決めておくことも重要です。

さらに、Day1以前に各社の風通しを良くし、企業風土の融合を図ろうと考えた場合には、各社合同での交流イベントや懇親会の開催、相互出向等による人事交流、各社社員が共通で閲覧できる情報基盤（イントラ等）の整備などが具体的なタスクとなります。これらのタスクは、組織・業務・制度・システムなどの統合タスクを議論していてもなかなか出てこないタスクですので、各社共通のコミュニケーションのあり方として、切り出して議論をする必要があります。

❷ 想像以上に難しいスケジュール管理と意見調整

前述のように、経営統合に関するタスクの洗い出しとスケジューリングが完了したとしても、実際の経営統合作業が計画どおりに進むかどうかは、経営統合のＰＭＯ（Project Management Office：事務局）の手腕にかかっているといっても過言ではありません。

買収の場合であれば買収する側とされる側の立場は比較的に明確ですが、合併の場合、多くの日系企業は「対等の精神にもとづき、既存の概念にとらわれずに真の新しい会社を作る」というスローガンを掲げがちです。この「対等の精神」が曲者であり、実際に経営統合に向けた議論をスタートさせると、それまで総論賛成であった両社が、各論ではあからさまに両社の既得権益を主張して主導権争いをしたり、あるいは各社とも腹の探りあいを行い、なかなか本音を見せずに議論が停滞したりするケースもよく見受けられます。このように、経営統合では、各社の利害が対立、もしくは議論が停滞することによって、その調整作業に想定以上の時間がかかってしまい、当初の計画どおりに作業が進まないことがしばしば起こります。

また、仮に両社が前向きに議論をスタートしたとしても、実際の統合作業で

は思わぬ障害が発生することもあり、一部の作業スケジュールが予定より遅れた場合に、その対応策の検討に時間がかかったり、影響範囲を読み違えて、後々に新たな障害を巻き起こしてしまったりすることもあります。

このようなスケジュール管理や利害調整において、重要な役割を果たすのがPMOです。まず、スケジュール管理において、PMOは、計画に沿って統合作業が進んでいるかどうかを頻繁に確認し、統合に向けてのリスクにいち早く気づくことで、未然にスケジュール遅延を防がなければなりません。また、仮にスケジュールの遅延が生じてしまった場合には、その原因と影響度合いを適切に検証し、早期に代替案も含めた対応策を検討することが求められます。

特に、これは経営統合に限りませんが、情報システムの設計・開発は当初の予定より大幅に遅れることがあります。情報システムは、新会社の業務に直結しており、業務の混乱は自社だけでなく顧客に対しても迷惑をかける可能性があります。もちろん、小まめに進捗を確認することで、スケジュールの大幅な遅延が生じないように進捗管理を徹底することは言うまでもありませんが、万一、大きな遅延が生じた場合には、Day1の期限を守るための代替策を早急に講じるか、もしくは、その遅延が顧客や自社にとって致命的であれば、Day1をどのような状態で迎えるか、あるいはDay1そのものを延期するかという初期判断を行い、経営層に対して意思決定を仰ぐこともPMOの重要な役割なのです。

また、利害調整においては、PMOが中立的な立場から適切な助言やサポートをできるかどうかが鍵になります。特に、先に触れた人員評価と配置を検討する場合には、両社の思惑が激しくぶつかることが想定されます。そのような場合に、PMOが間に立ち、客観的立場から助言をすることは最低限の対応として求められますが、それでも議論が進行しないようであれば、PMO自らが公正妥当と思われる決定ルールやガイドラインを提示し、行事役としての役割を担うことも検討しなければなりません。さらに、このような利害対立を最小限にとどめるための社内コミュニケーションの融合もPMOの重要な役割になります。これらのタスクは、個々の業務・制度・システムとは直接的に関連性の低いタスクであるが故に、担当者が曖昧なままであることがよくあります。会社によっては、コミュニケーション分科会として専門チームを組成する場合もありますが、その場合においても、チームメンバーは全体を見渡せるPMO

が兼務しているケースが多いようです。

　以上のように、スケジュール管理、利害調整、コミュニケーションの融合など、経営統合におけるＰＭＯの役割は極めて重要であり、ＰＭＯの良し悪しが経営統合の成否の鍵を握っているといえます。一般的に「事務局」というと裏方的なイメージがあり、担当者も若手の現場担当者レベルを任命するケースが多いですが、過去に経営統合を経験し、ＰＭＯの重要性を十分理解している会社では、ＰＭＯにあえてキーパーソンを任命するというケースが増えています。さらに、ＰＭＯという役割は、日常業務では経験しづらい特殊なノウハウやスキルが求められること、また社内のＰＭＯでは、客観性・公平性という期待役割に対してどうしても限界があることなどから、近年、ＰＭＯ業務をコンサルタントなどの外部専門家に委託し、プロジェクトマネジメントのノウハウや客観的第三者としての助言・提言を上手く活用している会社が増えていることも注目すべき傾向だといえます。

第7章

M&Aに関する法務

7 M&Aに適用される法律等

M&Aに適用される法律等[*1]は多岐にわたるとともに、各法律等によってその適用範囲なども異なるため、M&Aに適用される法律等を一律に分類することは困難です。しかしながら、以下のようにいくつかの視点から分類することにより、各法律の特徴を理解することができます。

私法と公法

当事者間で締結される各種契約は民法を基礎とし、M&Aの過程で問題となる会社と株主や債権者等との関係には会社法が適用され、会社と従業員との関係には労働法が適用されます。このように、M&Aにおける当事者間および会社と各利害関係者との関係を定める法律を「私法」といいます。

もっとも、M&Aを行う際には私法だけではなく、投資家および資本市場の保護の観点から一定の情報開示義務等を規定する金融商品取引法（以下「金商法」という）、公正な競争の確保の観点からの事前届出義務等を規定する私的独占の禁止及び公正取引の確保に関する法律（以下「独占禁止法」という）、外国為替及び外国貿易法（以下「外為法」という）、環境法、法人税法などの公的色彩を有する法律が適用されることもあります。これらの法律は「公法」といわれます。

M&Aに際しては、その行為を行うにあたって適用される法律の有無、法律にもとづく規制とその結果生じる効果などについて慎重に検討することが重要です。

---

*1 M&Aには、民法や会社法といった法律のほか、金融商品取引所の規則等も適用されます。

第7章　M＆Aに関する法務

❷　上場会社と非上場会社

　上場会社が当事者または対象会社であるM＆Aに際しては、会社法に加えて、金商法や金融商品取引所の規則等が適用され、留意すべき事項が増加することになります。

　したがって、M＆Aに際しては、当事者や対象会社の上場の有無や有価証券報告書の提出義務の有無を意識しつつ、適用される法律や規則にもとづく規制を検討することが不可欠であるといえます。

❸　法律要件/効果と手続的規定

　M＆Aに際して適用される民法および会社法等の多くの規定は、一定の法律効果を生じさせるための法律要件とその法律要件が充足された場合に生じる権利義務の発生・消滅・変更といった法律効果を中心に規定しています。

　他方で、金商法や会社法の一部の規定、金融商品取引所の規則等は、社内手続きや開示・提出すべき書面など、当事会社がM＆Aを行う際に従うべき手続的な規定を中心に規定しています。M＆Aに際しては、当事者などが履践しなければならない手続きが多く存在しており、各手続きを履践することがM＆Aを完了させるための有効要件になっていることもあります。

　したがって、M＆Aを完了させるために必要とされる行為自体の検討が重要であると同時に、そのために履践しなければならない手続きの遵守や取引全体のスケジュール管理の観点からも検討・整理することが必要です。

　以上のようにM＆Aにおいて適用される法律には特徴がありますが、実際に企業の方がM＆Aを検討される際には法律から考えるよりも、ビジネス面から考えてストラクチャーの方向性が決まり、そのストラクチャーで利用される手法（ツール）において生じる法律問題について検討されるという順序になると思われます。各手法ごとの特徴は第3章で解説しているため、以下では各手法に共通する法律上の論点を解説し、その上で、不足する論点については法律ごとに解説します。

239

〈M＆Aに適用される法律等とその特徴〉

法律の特徴／法律名	適用される取引		適用対象会社		法律の内容	
	私法	公法	上場会社	非上場会社	効果中心	手続中心
民法	●	―	●	●	●	―
会社法	●	―	●	●	●	●
労働法	●	―	●	●	―	●
金商法	―	●	●	△	―	●
独占禁止法	―	●	●	●	●	―
外為法	―	●	●	●	―	●
金融商品取引所の規則	―	●	●	―	―	●

第7章　M&Aに関する法務

M&Aの手法と法律上の論点

1　概説

　M&Aの手法は、法律面からは大きく①会社法上の組織再編行為および事業譲渡と②対象会社の株式の取得に分けられます。

　①会社法上の組織再編行為には、合併、株式交換、共同株式移転、会社分割等の各種組織再編行為があり、事業を取引行為として譲渡する事業譲渡が行われることもあります（以下、組織再編行為とあわせて「組織再編等」という）。

　また、②株式の取得は、対象会社の支配権を取得する最も簡便な方法で、対象会社の株式を一定割合以上取得することにより、対象会社の株主総会における議決権行使等を通じて対象会社を支配することができます。具体的には、(a)対象会社の既発行株式を現在の株主から譲り受ける方法と、(b)対象会社から新株の発行または自己株式の処分を受ける方法があります。

　以下では①②ごとに一般に問題となる点について説明します。

2　組織再編等の主な手続き

●株主総会決議の要否

（ⅰ）原則

　組織再編行為は、合併、株式交換および吸収分割については相手方である会社との間の契約の締結（以下「組織再編契約」という）、株式移転および新設分割については計画の作成（以下「組織再編計画」という）により行います。組織再編契約または組織再編計画は取締役会において承認を得た上で、原則として、当該組織再編行為の効力発生日の前日までに株主総会の特別決議による承認を得ることが必要となります。

　また、事業譲渡については、事業の全部の譲渡または事業の重要な一部の譲

241

〈吸収合併手続きのスケジュール〉

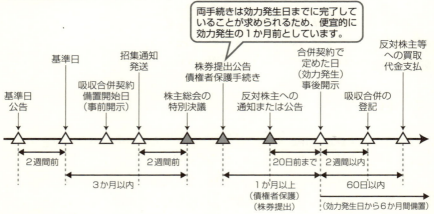

※事前開示について
　①株主総会の2週間前の日、②反対株主への通知または公告の日、③債権者保護手続開始日のうち、最も早い時点をもって備置開始日とするため、他項目のスケジューリングによってタイムスケジュールが変わります。
※手続きの実施会社
　株券提出公告は合併消滅会社、事後開示は合併存続会社のみの手続きとなります。

渡を行う場合には、組織再編行為と同様、譲渡会社において取締役会の承認を得るとともに、効力発生日の前日までに株主総会の特別決議による承認を得なければなりません。譲受会社においては、他の会社の事業の全部を譲り受ける場合にのみ、同様の手続きが必要となります。

(ⅱ) 簡易・略式組織再編手続き

　組織再編等を行うには、原則として株主総会特別決議による承認を受ける必要があります。しかし、これらの組織再編等が組織再編等の後に存続する会社の株主に及ぼす影響が軽微な場合には、株主総会の決議が不要となる場合があります（以下「簡易組織再編行為」という）。

　具体的には、吸収合併の合併存続会社、株式交換完全親会社、および吸収分割の承継会社（以下「組織再編存続会社等」という）においては、原則として、組織再編行為の際に交付する対価の額[*2]が、組織再編存続会社等の純資産の5分の1を超えない場合に、株主総会の特別決議が不要とされています。

242

第7章 M&Aに関する法務

〈簡易組織再編行為要件（合併の場合）〉

原　則

1. 規模要件

$$\frac{消滅会社等の株主等に交付する株式数 \times 1株当たり純資産額等}{存続会社等の純資産額} \leq \frac{1}{5}$$

2. 反対株主要件
   基本的に、議決権の1/6超を有する株主が決議に反対する旨を通知したとき

左記1を充足し、かつ2でない場合は、存続会社における株主総会決議は不要

なお、簡易再編か否かの判定は、契約締結日（契約で異なる日を定めた場合にはその日）で行う

例　外

1. 存続会社等において差損が生じる場合※
2. 吸収合併会社の株主に交付する対価の一部又は全部が譲渡制限株式の場合

上記原則に該当しても、左記のいずれかの例外に該当する場合には、存続会社における株主総会の決議が必要

※　合併仕訳によって存続会社の純資産が減少する場合

　また、組織再編の一方当事会社が他方当事会社に支配されている場合には、支配されている当事会社が組織再編後に存続するか否かにかかわらず、その手続きを省略することができます（以下「略式組織再編行為」という）。具体的には、組織再編の当事会社の一方が、他方当事会社の総株主の議決権の10分の9以上を有するときは、他方当事会社における株主総会の決議を要しないとされています。

●反対株主の保護―株式買取請求権

　組織再編等は、株主の権利に大きな影響があることから、組織再編等に反対する一定の株主に対して、投下資本回収の機会を与えるために株式買取請求権が認められています。株式買取請求権とは、株主が、会社に対して自己が保有する株式を、「公正な価格」で買い取ることを請求することをいいます。株式買取請求権を行使するためには、組織再編等についての決議が行われる株主総会に先立ち、その組織再編等に反対する旨を会社に通知し、かつ、株主総会で実際に反対することが必要です。ただし、存続株式会社等において簡易組織再

＊2　組織再編存続会社等が交付する株式数に1株当たりの純資産額を乗じて得た額と、組織再編存続会社等が交付する社債その他財産の帳簿価額の合計額。

編の要件を満たす場合には存続株式会社等の反対株主は、また譲受会社において簡易事業譲渡の要件を満たす場合には譲受会社の反対株主は、それぞれ株式買取請求権を有しません。また、略式組織再編または略式事業譲渡の要件を満たす場合には、特別支配会社は株式買取請求権を有しません。

株式買取請求権が行使された場合における会社による買取価格は、原則として会社と株主の協議によって決定されますが、協議がととのわない場合には、株主または会社は裁判所に対して価格決定の申立てをすることができ、「公正な価格」が買取価格となります。「公正な価格」は一義的には明確ではなく、裁判所が決定する場合であっても、明確な基準があるわけではないため、種々の要素が考慮されて決定されることとなります。なお、株式買取請求権が行使された場合における株式の買取りの効力が生ずる日は、組織再編等の効力発生日とされています。

●債権者保護手続き

会社法上の組織再編行為は、当事会社の債権者に対して影響を与える場合があることから、債権者保護手続きが終了していなければ効力が発生しないこととされています。これに対し、事業譲渡については、債務の承継には債権者の個別の同意が必要とされており、債権者に一方的に影響を与えるおそれがないことから、債権者保護手続きは不要とされています。組織再編行為について異議を述べることができる債権者は、次ページ図のとおりです。

債権者が異議を述べることができる場合、会社は組織再編に関する事項を官報で公告するとともに、知れたる債権者に個別に催告しなければなりません（以下「個別催告」という）。なお、一定の要件を満たすことで、個別催告は日刊新聞に掲載する形での公告または電子公告による代替が可能です。会社は、公告または個別催告において、債権者が一定の期間内（1か月以上）に異議を述べることができる旨を公告し、その期間内に債権者から異議が述べられた場合には、組織再編行為において債権者を害するおそれがない場合を除き、債権者に弁済するか、担保を提供する等しなければなりません。

●組織再編行為の差止請求

株主が組織再編行為の効力を争う手段としては、組織再編行為の無効の訴え

244

第7章　M&Aに関する法務

〈組織再編行為について異議を述べることができる債権者〉

	合併存続会社、分割承継会社、株式交換完全親会社	合併消滅会社、分割会社、株式交換完全子会社
新設合併		すべての債権者
吸収合併	すべての債権者	すべての債権者
新設分割		• 新設分割後、分割会社に対して債務の履行を請求することができない債権者（注1）
吸収分割	すべての債権者	• 吸収分割後、分割会社に対して債務の履行を請求することができない債権者（注2）
株式交換	— （注3）	— （注4）
株式移転		— （注5）

（注1）分割会社の株主が分割対価である分割設立会社の株式を取得する場合（以下「分割型分割」という）には、すべての債権者。
（注2）分割型分割の場合には、すべての債権者。
（注3）完全子会社の株主に交付する対価が完全親会社の株式のみである場合以外の場合は、すべての債権者。
（注4）株式交換契約新株予約権が新株予約権付社債に付された新株予約権である場合は、当該新株予約権付社債の社債権者。
（注5）株式移転契約新株予約権が新株予約権付社債に付された新株予約権である場合は、当該新株予約権付社債の社債権者。

の制度がありますが、組織再編行為の効力発生後にしか提起することができません。会社法上の組織再編行為は株主に重大な影響を与える可能性があることから、組織再編行為が法令または定款に違反し、株主が不利益を受けるおそれがある場合に、組織再編の効力発生前に、株主が組織再編行為の差止を請求できる旨の規定が設けられています。

　なお、簡易組織再編行為の要件を満たす場合には、株主への影響が軽微であることに鑑み、差止請求はできないこととされています。また、事業譲渡については、無効の訴えの制度が存在せず、差止請求の規定は設けられておりません。

株式の取得の主な手続き

株式を取得する方法としては、①株式譲渡、②第三者割当による株式発行または自己株式の処分があります。

● **株式譲渡の手続き等**

（ⅰ）主な手続き

株式譲渡は、買主および対象会社の既存の株主である売主との間で株式譲渡契約を締結し、その契約に従って、譲渡代金の支払いと引換えに株式を譲り受けることが一般的です。

対象会社が株券発行会社[*3]の場合には、買主と売主との合意に加えて、株券の交付がなければ譲渡の効力は生じません。また、上場会社の場合、株式振替制度が採用されているため、株券は発行されず、株主の権利の管理は証券保管振替機構および証券会社等に開設された口座において電子的に行われています。そこで、対象会社が上場会社である場合は、買主の振替口座簿において株式数の増加が認識されることによって株式譲渡が行われます。株券発行会社ではない会社の株式で、上記株式振替制度の対象とならないものについては、当事者間の意思表示によって譲渡の効力が発生します。

買主は、原則として株式の譲渡が完了した後に、対象会社に対して株主名簿の名義の書換えを請求します。株券発行会社の場合は、株主名簿の書換えによって対象会社に対して権利の移転を対抗できるようになります。これに対し、株券発行会社以外の会社で、株式振替制度の対象とならない株式の場合は、株主名簿の書換えの完了によって株式の移転を対象会社だけでなくその他の第三者に対して対抗することが可能となります。

なお、対象会社が金商法上の有価証券報告書の提出会社である場合、一定割合以上の株式を取得するためには金商法に規定される公開買付けの手続きを経なければならない場合があります。公開買付けの手続きが必要となる場合については251ページ以下を参照ください。

　＊3　株券発行会社とは、その株式について株券を発行する旨を定款で定めた会社をいいます。会社法上は株券を発行する旨を定款で定めない限り、株券を発行する必要はありません。

第7章　M&Aに関する法務

　子会社の株式の譲渡は、実質的に事業譲渡と同様の機能を果たす場面があることから、①譲渡する子会社株式の帳簿価額が譲渡人となる親会社の総資産額の5分の1を超え、かつ、②当該株式譲渡により当該親会社が当該子会社株式の議決権の過半数を有しないこととなる株式譲渡については、事業譲渡と同様に取り扱い、効力発生日の前日までに株主総会の特別決議による承認を得ることが必要とされております。

（ⅱ）株式譲渡制限

　会社法上、株主は、原則として株式を自由に譲渡することができます。しかし、会社は、株式の全部または一部について、譲渡するには株主総会（取締役会設置会社においては取締役会）の承認を要する旨を定款に定めることにより、譲渡を制限することが認められています。株式の譲渡制限は、主に非上場会社のような閉鎖的な会社において、会社にとって好ましくないものが株主になることを防ぐことを趣旨としています。対象会社の株式に譲渡制限が付されている場合、買主は、対象会社の承認を得なければ株式の譲受けを対象会社に対抗できないため、その株式譲渡につき、会社の承認が得られていることを株式譲渡の取引実行の前提条件として当事者間の契約に規定する例が多く見受けられます。

●第三者割当による新株発行・自己株式処分の手続き等

（ⅰ）主な手続き

　募集株式の発行等を行うためには、まず、募集株式の数や、払込金額等の募集事項を決定する必要があります。募集事項の決定は、公開会社[*4]においては原則として取締役会決議で足りるとされています。しかし、株主が自己の持株比率を維持する要請が強い、公開会社ではない会社においては、原則として株主総会の特別決議が必要とされています。

　もっとも、第三者割当において、払込金額が割当てを受ける者にとって「特に有利な金額」である場合には、既存株式の経済的価値の低下を招くおそれが

　＊4　定款において、株式の全部につき、譲渡を制限する旨の定款の定めが設けられていない会社をいい、上場会社に限られません。

247

あるため、公開会社か否かを問わず、募集事項の決定について株主総会の特別決議が必要となります。この場合、取締役は株主総会においてその払込金額で株式の発行を行う理由を説明しなければなりません。

「特に有利な金額」の判断基準は、会社法の明文上定められてはいないものの、上場株式については、市場価格を基準に判断されており、多くの場合「株式の発行にかかる取締役会決議の直前日の価額（直前日における売買がない場合は、当該直前日からさかのぼった直近日の価額）に0.9を乗じた額以上の価額」であるか否かが基準とされています[*5]。

なお、支配株主の異動については経営者ではなく株主が決定すべきであるとの観点から、公開会社が行う支配株主の異動を伴う第三者割当による募集株式の発行等[*6]については、当該公開会社に対して、引受人に関する事項の株主への通知または公告等を義務づけたうえで、総株主の議決権の10%以上の議決権を有する株主による反対がある場合には、当該公開会社の財産の状況が著しく悪化しており、事業の継続のために緊急の必要がある場合を除き、株主総会の決議による承認が必要とされています。

第三者割当により株式を取得する場合にも、金商法に規定される公開買付規制に留意しなければならない場合があります。公開買付規制については251ページ以下を参照ください。

(ⅱ) 違法な第三者割当等に対する措置

(a) 募集株式の発行等の差止請求

募集株式の発行等が(ア)法令もしくは定款に違反する場合、または、(イ)著しく不公正な方法により行われる場合であって、株主が不利益を受けるおそれがある場合には、既存の株主は、会社に対して募集株式の発行等をやめることを請求することができます。

(ア)のうち、法令違反とは、たとえば特に有利な払込金額による第三者割当に

[*5] ただし、直近日または直前日までの価額または売買高の状況等を勘案し、当該決議の日から払込金額を決定するために適当な期間（最長6か月）をさかのぼった日から当該決議の直前日までの間の平均の価額に0.9を乗じた額以上の価額とすることができます（日本証券業協会「第三者増資等の取扱いに関する指針」平成22年4月1日）。

[*6] 募集株式を引き受ける者が、当該引受けにより公開会社の総議決権数の過半数を有することとなる場合がこれに該当します。

おいて株主総会の特別決議がなされなかった場合等をいい、定款違反とは、たとえば定款記載の発行可能株式総数を超えて募集株式を発行した場合等をいいます。また、(イ)の「著しく不公正な方法」とは、不当な目的を達成する手段として募集株式の発行等が利用された場合をいいます。不当な目的とは、支配権の維持・争奪目的や、少数株主を排除する目的等がこれにあたるとされていますが、そのような目的達成の動機が他の動機に優先する場合にのみ差止めが認められるという考え方が有力です。

　株主は、会社に対して裁判外でも書面や口頭で差止請求をすることができますが、会社がそれに応じないときは、通常、募集株式発行等の差止めの訴えを本案として、募集株式発行等差止めの仮処分を求めることになります。これは民事保全手続きとして行われますので、募集株式発行等差止めの仮処分が認められるためには保全の必要性も充足する必要があります。

(b) 募集株式発行の無効の訴え

　募集株式の発行差止請求が、違法な第三者割当等に対する事前の措置であるのに対し、すでになされた募集株式の発行についても、株主や役員などが事後的に無効の訴えを提起することができる場合があります。

　会社法上、募集株式の発行が無効となる事由は定められていないものの、事前の差止請求が認められていることや、取引安全の要請等から限定的に考えられています。

(iii) 第三者割当に対する会社法以外の規制

(a) 金商法上の規制

　上場会社が株式の第三者割当を行う場合、原則として、金商法上の有価証券の「募集」または「売出し」（自己株式の処分の場合）に該当します。この場合、有価証券届出書（発行価額の総額が1億円以上の場合）または有価証券通知書（発行価額の総額が1千万円以上1億円未満の場合）を管轄の財務局に提出する必要があります。

　対象会社は、届出前には勧誘行為を行うことはできず、届出後効力発生前までは勧誘行為は行うことができるものの、効力発生前に有価証券を取得させることはできません。有価証券届出書は、原則として受理された日の15日後に効

力が発生します。

　また、第三者割当を行う場合、その総額が1億円以上であり、金商法上の有価証券の「募集」に該当する場合には、有価証券の発行者である対象会社は相手方に対して、有価証券届出書と同一の内容および有価証券届出書の効力発生の有無等を記載した目論見書を交付する必要があります。

(b)金融商品取引所の規則による規制

　金融商品取引所の規則上、投資家保護の観点からいくつかの規制がおかれています。

　具体的には、第三者割当を行う場合に、募集事項決定前の発行済株式総数にかかる議決権の総数に対する、その第三者割当により割り当てられる募集株式にかかる議決権の比率（以下「希釈化率」という）が、300％を超える場合には、株主および投資家の利益を侵害するおそれが少ないと取引所が認める場合を除いて、上場が廃止されます。また、第三者割当により支配株主が異動した場合、その異動日が属する事業年度の末日の翌日から起算して3年を経過する日までの期間に支配株主との取引に関する健全性が著しく毀損されていると取引所が認める場合にも、上場が廃止されます。

　さらに、希釈化率が25％以上である場合、または、支配株主が異動する場合には、㋐経営陣から一定程度独立した者による第三者割当の必要性および相当性に関する意見の入手を行うか、または、㋑株主総会決議等による株主の意思確認を行うことが「遵守すべき事項」とされています。

　以上に加えて、上記手続きの内容、割当先の払込みに要する財産の存在について確認した内容、払込金額の算定根拠およびその具体的な内容ならびにその他取引所が投資判断に重要と認める事項は、適時・適切に開示することが求められています。このような、金融商品取引所の規則によって求められている情報開示を適時開示といいます。適時開示の概要については257ページ以下を参照ください。また、割当先が反社会的勢力との関係がないことを示す確認書を、作成後ただちに提出することも義務付けられています。

〈第三者割当に関する上場廃止基準・企業行動規範の適用関係（概要）〉

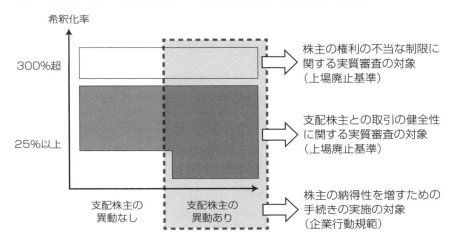

出典：「解説　第三者割当てへの対応等に係る上場制度整備の概要と実務上の留意事項」
（東京証券取引所上場部企画担当調査役　渡邉浩司、T&A master No320.2009.8.31）

● **公開買付け**

　公開買付けとは、不特定かつ多数の者に対して、公告により株式の買付け等の申込みまたは売付け等の申込みの勧誘を行い、金融商品取引所の有価証券市場（以下、本項目において「市場」という）の外で株式の買付け等を行うことをいいます。

（ⅰ）公開買付けが強制される場合

　発行者である会社の支配権に重大な影響を与え、また発行者の株式その他の有価証券の価格形成に重大な影響を与える株券等の買付け等について、取引当事者間の自由な合意にもとづく市場外における取引を無制限に許容すると、株主・投資者間の情報の偏在、発行者の支配権を取得することにより生じる上乗せ価値（いわゆる支配権プレミアム）の分配の不公正、さらに、株主・投資者間に対して付与される売却機会の不平等により、公正な価格形成、円滑な流通、および株主・投資者間の平等が確保されないという問題が生じ得ます。そこで金商法は、会社の支配権に影響を及ぼしうるような証券取引について、証券取

引の透明性および公正性の観点から、主に市場外で一定数以上の株券等の買付けを行う場合には、買付者に対して公開買付けを行うことを義務付けています。

一般に、以下のケースにおいては公開買付けが必要となりますが、適用除外事由も定められています。

一定の要件	金融商品取引法第27条の2第1項等の内容
対象会社	上場会社など、株券等について有価証券報告書の提出義務を負っている会社
株券等	株券、新株予約権証券　等
買付け等	株券等の買付けその他の有償の譲受け
取引態様	・市場外買付け等で5％を超える場合（60日間で10名以下の者から買付けを行う場合を除く） ・著しく少数の者からの市場外の買付け等で1/3を超える場合 ・立会外取引による買付け等で1/3を超える場合 ・急速な買付け等（市場外取引、株券の買付け等、新規発行取得の組み合わせで行う場合）等

（ii）主な手続き

(a)　概説

公開買付けは、公開買付けの目的、価格、期間、買付け予定の株券等の数等を記載した公開買付開始公告を行い、公開買付届出書を提出することにより開始されます。公開買付届出書には公開買付者の定款、公開買付者の公開買付けに要する資金の存在を示すに足りる書面等を添付する必要があります。なお、これに加えて、いわゆるMBO（マネジメント・バイアウト）の場合や対象会社を子会社とする公開買付けの場合、買付価格の算定にあたり参考とした第三者による評価書、意見書その他これらに類するものがある場合には、その写しを添付しなければなりません。

公開買付けにかかる株券等の発行者（対象者）は、公開買付開始公告の日から10営業日以内に、公開買付けに対する意見（賛成・反対・中立・留保）等を記載した意見表明報告書を提出しなければならず、意見表明報告書には、公開買付者に対する質問を記載することができます。この場合、公開買付者は5営業日以内に質問に対する回答等を記載した対質問回答報告書を提出しなければ

なりません。

　公開買付者は、公開買付期間の末日の翌日に、公開買付けの結果を公告または公表しなければなりません。具体的には、公開買付けにかかる応募株券等の数および買付け等を行う株券等の数、決済の方法および開始日その他内閣府令で定める事項を公告または公表する必要があります。また、公告または公表を行った日に、内閣総理大臣に対して公開買付けの内容および買付け等の結果を記載した公開買付報告書を提出することが義務付けられています。

(b)　株券等の数の上限および下限

　公開買付けにおいて、公開買付者は原則として買い付ける株券等の数に上限および下限を設けることができます。すなわち、応募された株券等の数が公開買付者の設定した下限を下回る場合には、買付者は買付けを一切行わないことをあらかじめ定めることができ、また上限を超える場合には超えた部分の全部または一部の買付けを行わないことをあらかじめ定めることができます。

　ただし、公開買付け後における買付者の株券等所有割合が特別関係者と合わせて3分の2を超える場合には、上限を設定することができず、買付者は、応募された株券のすべてを買い付ける義務を負うこととなります。

〈公開買付けの流れ〉

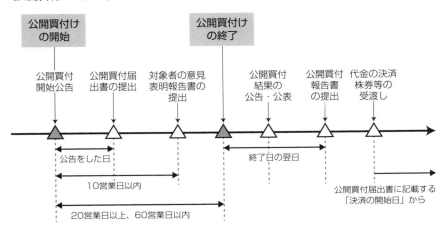

(c) 公開買付けの条件の変更

　公開買付けの開始後の買付条件等の変更について、価格等の引き下げ、買付予定の株券等の減少、買付け等の期間の短縮等の応募株主にとって不利となる条件変更は、原則として認められません。ただし、株式分割、株式の無償割当て等により株式が希釈化された場合には、あらかじめ公開買付届出書において、上記の場合に買付価格の引き下げをすることがある旨を記載しておけば、その希釈化分に相当する価格等の引き下げが認められます。

(d) 公開買付けの撤回など

　公開買付者は、原則として、公開買付開始公告を行った後に公開買付けの撤回および契約の解除を行うことができません。もっとも、公開買付公告および公開買付届出書において、法律上認められた一定の事由が生じた場合には公開買付けの撤回等をすることができる旨の条件をあらかじめ付すことが認められています。法律上認められる事由としては、対象会社の合併等の組織再編、倒産手続きの開始、新株の発行、買収防衛策の発動、災害による損害の発生等があります。これに対し、応募株主等は、公開買付期間中であればいつでもその公開買付けにかかる契約を解除することができます。

M&A取引における第三者委員会の機能

　マネジメント・バイアウト（Management Buyout、以下「MBO」という）や親会社等の支配株主とのM&A取引においては、これらの取引を実施する経営陣や支配株主と他の株主との間で構造的な利益相反関係が生じるため、このような利益相反関係を回避または軽減する措置をとることが一般的です。

　MBOに関しては、平成19年9月4日に経済産業省が公表した「企業価値の向上及び公正な手続確保のための経営者による企業買収（MBO）に関する指針」（以下「MBO指針」という）において、利益相反に起因して取締役による恣意的な判断がなされないようにするための措置の具体例として、独立した第三者委員会に対するMBOの是非および条件についての諮問およびその結果なされた判断の尊重が挙げられています。また、支配株主との取引に関しては、東京証券取引所の有価証券上場規程において、当該取引の決定が少数株主にとって不利益なものでないことに関し、当該支配株主との間に利害関係を有しない者による意見の入手を行うことが義務付けられており、この「利害関係を有しない者」の具体例の1つとして第三者委員会が挙げられます。

　これらの取引を行う場合の利益相反関係を回避または軽減するための措置として、必ず第三者委員会の設置が義務付けられるものではありませんが、第三者委員会の設置は、他の措置に比べてより実効性が高い措置であると考えられているところ、コーポレートガバナンス・コードが制定され、各社の利益相反への意識が高まる中で、M&A取引において第三者委員会が設置される事例が増えています。

　第三者委員会は、社外役員のみが構成員になるケース、当事会社から独立した弁護士や公認会計士、学者等の社外有識者と社外役員の双方が構成員になるケース、また社外有識者のみが構成員となるケースがありますが、上場会社において社外役員（とりわけ社外取締役）が増加する中で、社外役員が構成員となる事例が増加しています。第三者委員会は、取締役会から委嘱を受けて、①当該M&A取引の目的、②当該M&A取引の手続きおよび条件等の正当性や、③当該M&A取引が少数株主

にとって不利益ではないこと等について検討するため、複数回の会合を開催し、当事会社や取引価格を算定した第三者算定機関等へのインタビューや関連資料の検討等を行います。

　そして、これらの検討を踏まえ、取締役会から委嘱を受けた上記事項についての検討結果をまとめた答申書を作成し、当該M＆A取引の意思決定を行う取締役会に提出します。また、第三者委員会にM＆A取引の相手方との条件等に関する交渉権限が付与され、第三者委員会が主体的に交渉を行う場合もあります。

　したがって、上記のような利益相反関係が生じうるM＆A取引を実行する場合には、第三者委員会を設置するかどうかを初期の段階で検討し、設置する場合には、委員の選定等を行うとともに、第三者委員会の開催等に要する期間をスケジュールに織り込んでおかなければならない点に注意が必要です。

3 M&Aに関する その他の法規制

1 金融商品取引法による規制

●開示規制

(ア) 臨時報告書

　金商法上、有価証券報告書を提出しなければならない会社は、公益または投資家保護のために必要かつ適当なものとして定められている事由が生じたときは、臨時報告書を提出しなければなりません。

　臨時報告書の提出事由としては、親会社の異動、主要株主の変更、および、一定以上の規模の組織再編の場合において、組織再編が行われることが「業務執行を決定する機関により決定された場合」等が挙げられており、M&Aに際して、臨時報告書の提出義務が生じる場合は多いといえます。

(イ) 大量保有報告書

　会社の株式等を特定の株主が大量に保有することは、株価に影響を及ぼす可能性があります。そこで、市場の公正性や透明性、投資家の保護を図るため、発行会社の5％超の株券等を保有する株主（以下「大量保有者」ということがある）は、大量保有者となった日から5営業日以内に大量保有報告書を提出しなければなりません。

　また、大量保有者は、発行済株式総数1％以上の増減がある場合、その株式を担保に差し入れる等の事由が発生した場合、保有目的が変更となった場合その他重要な事項の変更が生じた場合には、5営業日以内に変更報告書を提出しなければなりません。なお、株券等の保有者は株主名簿の記載とは関係なく、実質的に保有しているか否かで判断されます。

〈保有株数に応じた規制〉

保有株式数	規制内容
5％超	大量保有報告書の提出 公開買付制度の適用
10%以上	臨時報告書の提出（主要株主の異動）
1/3超	公開買付制度の適用
過半数	親会社等状況報告書の提出

●インサイダー取引規制

　インサイダー取引規制とは、証券取引の公正性および透明性を保持するため、会社の関係者等が一定の重要事実を知ったときに、その事実の公表前に有価証券等の売買をすることを禁止する規制です。金商法は、「会社関係者」であって、上場会社等にかかる「業務に関する重要事実」につき、一定の状況において知った者は、その事実が公表されたあとでなければ上場会社等の特定有価証券等にかかる売買等をしてはならないとしています。また、会社関係者または元会社関係者が、他人に対し、重要事実の公表前に売買等をさせることにより、当該他人に利益を得させ、または当該他人の損失の発生を回避させる目的をもって、重要事実を伝達すること（情報伝達行為）、または重要事実の公表前に売買等をすることを勧めること（取引推奨行為）も禁止されています。

　M＆A取引においては、㋐M＆A取引に関わる会社関係者等がインサイダー情報を利用して不正な取引を行うこと、また、㋑M＆A取引の当事者がインサイダー取引規制に抵触することについて注意が必要です。特に、㋑に関しては上記「会社関係者」に、会社の役員、代理人、使用人などに加えて、その上場会社等と契約を締結している者または締結の交渉をしている者なども含まれるため、株式譲渡や公開買付けの方法によってM＆Aを行う場合には注意が必要です。

　また、金商法は、会社関係者に対する規制に加えて、公開買付者等関係者のインサイダー取引についても規定を設けています。

第7章　M&Aに関する法務

❷ 金融商品取引所の規則による規制－適時開示

　金商法上の開示規制に加えて、上場会社については金融商品取引所の規則にもとづく適時開示が求められる場合があります。適時開示は、上場会社の重要な情報をタイムリーに開示することで、投資家が適切な投資情報を入手し、投資判断を可能とするものとして重要な意味があります。

　適時開示が求められている会社情報は、上場会社の情報として㋐決定事項（株式の募集、組織再編行為、公開買付け等）、㋑発生事項（主要株主の異動、親会社の異動等）、㋒決算情報、および㋓業績予想、配当予想の修正等があり、子会社の情報についても開示が求められる場合があります。

　なお、不適正な開示に対しては口頭注意処分、改善報告書の提出、開示注意銘柄指定、上場契約違約金または上場廃止の制裁が課されることがあります。

　組織再編行為を行う場合、組織再編の対象会社となる上場会社は、組織再編を決定したことについて適時開示を行うこととなります。

　なお、スクイーズ・アウトの場合など、上場会社が支配株主などと組織再編行為等をする場合には、少数株主が害されるおそれがあることから、合併比率等の公正性の担保や利益相反回避のための措置として、通常の開示事項の適時開示に加えて、利害関係を有しない第三者機関からその取引が少数株主にとって不利益なものでない旨の意見を入手すべきことが定められています。

❸ 労働法による規制

　M&A取引は、基本的には労働者が関与しないところで行われるにもかかわらず、労働者に重大な影響を及ぼすことがあります。そこで、M&A取引によって労働者に不利益が及ばないよう、様々な手段が講じられています。

●合併

　合併は、消滅会社の権利義務がすべて他の既存の会社または新設会社（以下「存続会社等」という）に承継されるため、労働関係もすべて存続会社等に承継されます。

本来は別々であった会社が１つの会社になるので、部門や人員が重複することもありますが、合併によってすべての権利義務が承継されていることから、一部の労働者との関係のみを承継しないとすることはできません。

　厚生労働省が2016年８月に公表した「事業譲渡又は合併を行うに当たって会社等が留意すべき事項に関する指針」（以下「事業譲渡等指針」という）においても、合併によって、労働者の労働契約は労働条件をそのまま維持したまま存続会社等に包括的に承継されることが確認されています。

●事業譲渡

　事業譲渡は、合併と異なり事業に属する個々の資産について個別に移転させる必要があります。そのため、労働関係についても自動的には承継されず、原則として当事会社間の合意および労働者の個別の同意を必要とします。もっとも、事業譲渡を理由に労働者に不利益を及ぼすことはできません。

　また、事業譲渡等指針では、事業譲渡に伴って、承継予定労働者や労働組合との間で事前の協議をすべきことなど、労働者との関係で履践すべき手続等について規定されており、事業譲渡の当事会社は当該指針に沿った対応が求められます。

●会社分割

　会社分割は、合併と同様、労働者との労働関係が当然に承継されます。しかし、消滅する会社の権利義務すべてが承継される合併と異なり、会社分割によってどのような権利義務が承継されるかは、吸収分割契約や新設分割計画で定められた内容に従うため、その内容によっては、全部または一部の労働者が分割前まで従事していた事業と切り離されてしまう可能性があります。

　そこで労働者の不利益を回避すべく、会社分割に伴う労働契約の承継等に関する法律が制定されており、会社分割を行う会社は、雇用する労働者の理解と協力を得るように努めなければならないと定めています。また、①会社分割によって承継される事業に主として従事する労働者、②吸収分割契約や新設分割計画で承継される旨が定められた労働者（①以外）、および③会社との間で労働協約を締結している労働組合との間で協議を行うとともに、承継される事業の概要等を記載した書面をもって通知しなければなりません。さらに、会社分

割によって、㋐承継される事業に主として従事する労働者（①）を承継対象としない場合、また㋑承継される事業に主として従事する労働者以外の労働者を承継させる場合には、その労働者は異議を申し出ることができるとされており、労働者本人の意向が一定程度尊重される形が採用されています。

4　独占禁止法による規制

　M＆A取引によって市場における競争者が減少し、特定の会社が市場を独占する可能性があります。そこで、独占禁止法は、M＆A取引のうち、株式保有、役員兼任、合併、会社分割、共同株式移転および事業等の譲受け（以下「企業結合」という）について、㋐企業結合による影響を実質的に判断して悪影響の蓋然性がある場合を禁止する実質面の規制と、㋑一定規模以上の企業結合について事前届出を要求する形式面の規制を設けています。

●**禁止される取引**

　企業結合によって、「一定の取引分野における競争を実質的に制限することとなる場合」や、企業結合が「不公正な取引方法」によるものである場合は、企業結合が禁止されます。これらの規制は、企業結合が競争に与える実質的な影響に着目するものであり、以下に述べる事前届出の基準を満たしているか、実際に届出が行われているか否か等に関係なく、企業結合が市場に与える影響を実質的に判断して適用されます。

　「一定の取引分野における競争を実質的に制限することとなる場合」の判断基準に関して、公正取引委員会は、「企業結合審査に関する独占禁止法の運用指針」を公表し、「企業結合により市場構造が非競争的に変化して、当事会社が単独でまたは他の会社と協調的行動をとることによって、ある程度自由に価格、品質、数量その他各般の条件を左右することができる」状態をいうとの考え方を示すとともに、その具体的な判断方法を規定しています。

　なお、禁止される企業結合が行われた場合、公正取引委員会は排除措置命令を出すことができます。もっとも、以下に述べる事前届出および問題解消措置が事前に採られていることから、実際に排除措置命令が出されることは必ずしも多くありません。

● **公正取引委員会への事前届出**

　独占禁止法は、会社が株式の取得、合併、会社分割、共同株式移転、および事業等の譲受けを行うにあたり、一定規模以上の場合には公正取引委員会に事前に届出することを義務付けています。事前届出の対象となる場合、届出が受理されてから30日を経過しなければ、取引を実行することができません。なお、公正取引委員会は、必要があると認める場合には期間を短縮することができます。

　仮に前述した禁止される取引に該当するような場合であっても、事前届出が行われ、当事会社が適切な対応を採ることによって「一定の取引分野における競争を実質的に制限」する状態が解消される場合には、公正取引委員会が問題解消措置を提案し、これを当事会社が受け入れることで企業結合が可能となる場合もあります。このように、事前届出は前述した実質規制の予防的な措置としての意味を有します。事前届出を怠って合併等の企業結合が行われた場合、公正取引委員会は当該合併等について無効の訴えを提起することができます。

〈企業結合審査の流れ〉

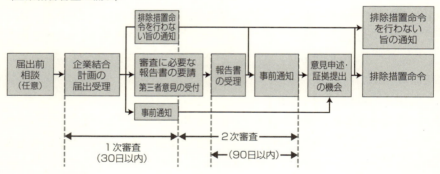

● **事前相談制度**

　前述した禁止される可能性のある企業結合について、あらかじめ公正取引委員会に事前相談する手続きも準備されています[*7]。

　公正取引委員会への事前届出が必要な企業結合については、届出書の記載方

---

*7　2011年公正取引委員会「企業結合審査の手続に関する対応方針」。

法等に関して相談することができる届出前相談の制度があります。実務上は、届出書の記載方法等に限らず、独占禁止法上の問題の有無といった実質的な論点についても協議する機会として利用されています。また、事前届出が不要な企業結合についても、具体的な計画内容を示して公正取引委員会に相談することにより、届出がなされた場合に準じた対応により公正取引委員会の判断を得ることが可能です。

●海外の競争法による規制

ここまでは日本の独占禁止法による規制について触れましたが、海外の各国における競争法に基づく企業結合規制にも留意する必要があります。米国や欧州、中国といった主要国に加え、近時では、新興国においても多くの国で競争法に基づく企業結合規制が存在します。

海外各国の企業結合規制については、国によって異なりますが、その多くの国では、日本の独占禁止法と同様に、①企業結合が市場に与える影響を実質的に判断して一定の企業結合を禁止する実体的な規制と、②一定の要件を満たす企業結合について競争当局への事前の届出等を義務付ける手続的な規制が存在します。

②の事前の届出の要否は、各国の競争法が定める一定の企業結合の類型への該当性と、企業結合の当事会社における売上高等の数値基準の充足の有無に基づいて判断されることが一般的ですが、例えば株式譲渡の場合、企業結合の対象会社が当該国において売上高等を有する場合だけでなく、対象会社が当該国における売上高等を有しない場合であっても、譲渡の当事会社が当該国における売上高等を有している場合には、当該国において競争当局への届出が必要となる場合がありうるため、注意が必要です。

海外において競争当局への届出が必要となった場合、競争当局から企業結合の承認が得られるまでに、長い場合には１年以上の期間を要する場合があり、Ｍ＆Ａ取引のスケジュールに大きく影響します。そのため、Ｍ＆Ａ取引のスケジュールを検討するにあたっては、競争当局への届出が必要となる国の洗い出しを実施し、その届出および承認に要する期間を十分に考慮に入れる必要があります。

●ガン・ジャンピング

ガン・ジャンピングとは、M＆A取引において、競争当局への事前届出の実施や競争当局による承認といった事前の手続きが完了する前の段階で、M＆A取引の完了を前提とした行為を実施することにより、競争法違反が生じることをいいます。

例えば、同一の事業を行っていて競合関係にある2社が統合を検討する場合、当該2社が、公正取引委員会に対して事前届出を実施し、30日間の待期期間が経過する前に、製品価格等の情報交換や仕入先の共通化等の行為を実施すると、独占禁止法上のカルテル規制や企業結合規制に違反する可能性があります。同様の問題は、日本の独占禁止法だけでなく、海外の競争法との関係でも生じえます。

そのため、競合関係にある当事会社間のM＆A取引など、ガン・ジャンピングの問題が生じやすい類型のM＆A取引を実施する場合には、交渉の開始に先立って、ガン・ジャンピングを防止するためのルールを当事会社間で決めておくことが一般的です。

具体的には、M＆A取引に当たっては、デューディリジェンス等の過程で相手方に情報を開示することになりますが、開示する情報のうち、価格や生産数量等のカルテルを引き起こしやすい情報（「機微情報」とも呼ばれます）については、マスキングして相手方が判読できないようにしたり、クリーンチームのみに開示するといったルールが設けられることがあります。クリーンチームとは、外部の専門家や法務部・経理部等のバックオフィス部門の従業員で構成されるチームであり、営業担当者等の営業に関する意思決定に関与する者は含まないことが通常です。このようなクリーンチームを組成し、クリーンチームのみに機微情報を開示することで、営業担当者等が機微情報を用いて価格調整等の競争法に違反する行為を実施することをあらかじめ防止しようとしております。

5 外為法による規制

M＆A取引が国境を越えて行われる場合、外国からの投資に関する基本法で

ある外為法による規制が及ぶ場合があります。

　外為法は、対内直接投資（外国投資家による日本の上場会社の株式の10％以上の取得や日本の非上場会社の株式の取得等）を行う場合には、その取引について財務大臣に事後的に報告書を提出することを義務付けています。したがって、海外の投資家が日本企業の株式を取得する場合には、外為法にもとづく事後報告が必要となります。ただし、⑴対内直接投資に関する条約等がない国（アフリカおよび中央アジアの一部等）からの投資、および⑵航空機、武器、原子力、宇宙開発、エネルギー、通信、放送、鉄道、旅客運送、石油または皮革等の一定の各産業を実際に営んでいる会社に対する投資などについては、投資実行前に財務大臣および主務大臣への届出が必要となることがあり、届出が受理されてから30日を経過する日までは届出にかかる投資を実行することはできません。政府は審査をしたうえで、投資内容の変更または中止を勧告することができ、また、事前の届出がなく投資がなされた場合には株式売却等の措置を命令できることとされています。

　なお、外為法上、外国の企業（外国法令にもとづいて設置された法人等）のみならず、国内の企業のうち外国の企業の出資比率等が50％以上の外資系企業も外国投資家に含まれるため、外資系企業から出資を受ける場合には、その出資が外為法による規制の対象とならないか注意が必要です。

M&Aにおける契約

 M&A契約の種類

　これまでM&Aに関する法律や規則について説明してきましたが、多様な利害関係者の利益調整を法律のみで一律に行うことは不可能であり、法律では規定できない利害調整については、当事者間の契約により行われることになります。

　ここでは、M&A取引に際して締結されることの多い以下の3つの契約書について説明します。

〈主な契約書〉

契約書名	略称	英訳
秘密保持契約	NDA	Non-Disclosure Agreement
基本合意書	LOIまたはMOU	Letter of Intent、またはMemorandum of Understanding
最終契約書	DA	Definitive Agreement

　このうち、秘密保持契約はM&Aを行おうとする当事者が、M&Aの実現可能性等を検討する目的で相互に情報開示を行う前提として最初に締結する契約です。また、基本合意書は必ず締結されるものではありませんが、締結される場合には、M&Aの基本的な条件が原則として法的拘束力を有しない形で規定されます。さらに、最終契約書には、M&A取引に関する当事者間の権利義務が法的拘束力を有する形で規定されます。

　M&Aにはさまざまな手法が存在しますが、本項では、M&A取引の最も典型的な形である、売主が100％の株式を保有する非上場会社の株式のすべてを、買主に対して売却する場合に締結される株式譲渡契約において規定されること

の多い主な事項について説明します。

なお、以下の説明では、株式の譲渡会社を「売主」、株式の譲受会社を「買主」、売主が100％の株式を保有している会社を「対象会社」といいます。

2　秘密保持契約

●締結の意義

買主が対象会社の株式を譲り受けることを検討する場合、買主は、対象会社の業務内容や財務内容を知ることが必要となります。そのため、通常、買主は対象会社より、非公開の情報も含め、対象会社の価値を判断するために必要な情報の開示を受けます。また多くの場合、売主が対象会社の株式の売却を検討しているという事実も秘密情報です。そこで、M＆A取引の交渉を進め、また買主が非公開の情報の開示を受けるにあたり、売主および（または）対象会社と買主の間で、秘密保持契約が締結されます。

●主な規定事項

一般に、買主が開示を受けた対象会社に関する情報および売主と買主の間で買収交渉が行われている事実を第三者に開示または漏洩しないこと、また開示された情報を買収の検討以外の目的に使用しないことなどが規定されます。また、秘密保持義務の例外事由および秘密保持義務の存続期間などもあわせて規定されることがあります。

3　基本合意書

●締結の意義

売主と買主の間で秘密保持契約が締結され、対象会社の業務内容や財務内容に関する基本的な情報が買主に開示されると、買主による情報の調査・検討、買主による買収についての意向表明を経て、売主と買主の間で買収についての基本的な条件に関する交渉が行われます。

基本合意書は、M＆A取引に際して必ず締結されるものではありませんが、締結される場合、買収の基本的な条件を定めて売主と買主の共通認識を明確にして、後日の認識の相違を防止するとともに、今後交渉が必要となるポイントを明確にする機能があります。もっとも、この時点において、通常、買主は対象会社に関する詳細な業務内容や財務内容に関する調査・検討を経ておらず、最終的な条件を決定するための情報開示を受けていないことが多いため、基本合意書の多くの条項には、法的拘束力を持たせないことが一般的です。しかし、最終契約の交渉の基礎として重要な意味を持つことが多いため、その内容については慎重に検討する必要があります。

●主な規定事項

　一般に、以下の点などが定められます。

―　基本合意書　―

① 　買収の基本的な条件
② 　誠実交渉義務
　　 売主と買主は、当該条件に沿って最終契約の締結に向けて誠実に協議する義務。
③ 　独占交渉権
　　 売主は一定期間、買主以外の第三者と対象会社の株式の売却等について交渉してはならないという義務。
④ 　守秘義務
　　 事前に秘密保持契約を締結していない場合や、事前に秘密保持契約を締結していても、当該契約の対象となっていない範囲の情報が開示される可能性がある場合に必要となります。
⑤ 　買収についてのその後のスケジュールの概略

　このうち、①買収の基本的な条件および⑤買収についてのその後のスケジュールの概略などは、最終契約が締結されるまでは法的拘束力を持たないと規定されることが一般的ですが、③独占交渉権および④守秘義務は、法的拘束力を持つものとして規定されることが一般的です。
　以下では、特に問題となることが多い独占交渉権について説明します。

第7章　M＆Aに関する法務

●独占交渉権

　独占交渉権とは、買主のみが、一定期間、売主と対象会社の株式の売却または類似する取引について交渉することができる権利をいいます。

　買主は、基本合意の締結後は、最終契約の締結に向けて、デューディリジェンスの実施など、買収の完了へ向けて多大な費用および時間を投入することが一般的であるため、これが無駄になるリスクをヘッジする必要があります。また、売主が、より有利な条件を提示してきた第三者の存在を買主に対して示唆することにより、買収価格の引上げを求める可能性もあります。そこで、買主からは、しばしば売主に対して、一定期間の独占交渉権の要求が出されます。

　他方で、売主としては、買主より有利な条件を提示する可能性がある他の買主候補者との交渉を行うことができなくなるため、売主は、独占交渉権の内容・付与の適否について慎重に検討する必要があります。

　独占交渉権を規定する場合、その期間は売主との交渉によって決められるため事案によって異なりますが、一般的には3か月から6か月程度が多いといえます。

　売主が独占交渉条項に違反した場合、買主としては、仮処分によって差止請求することが考えられますが、差止めが認められるための要件は厳しいため、実際に差止めが認められるケースはまれです。また、売主に対して損害賠償を求めることも考えられますが、買主が被った損害額を立証することは容易ではありません。したがって、買主としては独占交渉権を得られた場合でも、その効力は限定的であることを認識しておくべきでしょう。

④ 最終契約書

●締結の意義

　基本合意の締結後に行われるデューディリジェンスの結果等を踏まえて、売主と買主は、M＆A取引に関する当事者間の権利義務について、法的拘束力を

269

有する最終契約を締結します。

　最終契約の内容は、M＆Aの手法によって異なります。合併、会社分割、株式移転、株式交換などの会社法上の組織再編行為が用いられる場合、会社法に定められた事項を規定する契約（以下「法定契約」という）を締結する必要があるとともに、法定契約とは別に最終契約が締結されることがあります。

　他方で、株式譲渡および事業譲渡の場合、買収当事者間においていかなる事項を取り決めるかについて会社法上の定めはなく、契約の内容は当事者間の交渉に委ねられています。

　最終契約の内容は、対象会社の規模・業態、買収の目的、当事者の属性など、様々な事情により異なりますが、以下では、株式譲渡契約を例に、最終契約に規定される一般的な事項について説明します。

●株式譲渡契約書の主な規定事項

　株式譲渡契約書に規定される主な事項を示すと、以下のとおりです。

```
―　株式譲渡契約書　―
① 譲渡対象株式の特定と譲渡価格
② クロージング
③ 表明および保証
④ 契約締結後クロージングまでの義務（誓約事項）
⑤ 取引実行前提条件
⑥ クロージング後の義務
⑦ 補償条項
⑧ 解除条項
⑨ その他（準拠法、管轄、通知、完全合意、その他の
　　一般条項）
```

①　譲渡対象株式の特定と譲渡価格

　株式譲渡契約は売買契約であることから、売買の目的物である譲渡対象株式の特定（譲渡対象株式の種類および数）、譲渡価格、譲渡実行日（いわゆるク

第7章　M&Aに関する法務

ロージング日）などが定められます。

②　クロージング

「クロージング」とは最終契約に定めた取引の実行を意味します。株式譲渡の場合、買主から売主に対する代金の支払いと、売主から買主に対する株券の交付（株券を発行しない会社の場合には、売主が署名済の株主名簿書換請求書の交付）が同時履行で行われることが一般的です。クロージングの時点で、株式に関する権利が売主から買主へ移転します。

③　表明および保証（表明保証条項）

• 意義

表明保証条項とは、契約当事者が、一定時点における一定の事実・権利関係の存在または不存在を表明し、その内容が真実であることを保証するものです。表明保証条項は、わが国の法制度の概念ではなく、英米法のRepresentations and Warrantiesという概念に由来するものですが、現在では、株式譲渡契約その他多くのM&A契約において規定され、M&Aの契約交渉において最も重要な論点の1つとなっています。

売主および買主の双方について、表明保証条項を定めることが一般的ですが、株式譲渡契約において重要なのは、売買の目的物である対象会社の株式の価値に直結する、対象会社に関する売主の表明保証です。

• 機能

M&A取引においては最終契約の交渉に先立ち、買主がデューディリジェンスを行い、対象会社の業務内容および財務内容等を調査することが一般的です。

しかしながら、買主が行うことのできるデューディリジェンスの範囲は限定的であるとともに、限られた時間の中で行われるものであるため、開示を受けた事実についても、買主が十分にそれらの事実を精査し、すべての問題点を拾い上げることができるとは限りません。

そこで、買主は、売主から対象会社に関する事実について表明保証を取得すべく、交渉を行うことが一般的です。

表明保証は、売主が表明保証をした事実について、その事項が真実でなかっ

271

たことが後に判明した場合、売主に損害賠償責任などを負わせることによって、当該事項が真実でなかった場合の経済的なリスクを買主から売主に転嫁する機能を有しています。他方で、表明保証条項に規定されていない事項について、後日想定外のことが生じても、買主は損害賠償請求その他の措置を講ずることができない可能性があることから、売主の責任を限定する機能も果たします。さらに、売主は、表明保証条項に違反することを避けるため、契約締結時点において表明保証条項に違反していることを知っている事項については、表明保証の対象から除外するよう、買主に対して要求することから、デューディリジェンスを補充する機能もあります。

● 内容

　株式譲渡契約に含まれる表明保証条項の内容は、売買当事者間の交渉の結果、合意されるものであるため、事案ごとに異なりますが、一般的に定められるものとしては、以下の３つに大別することができます。

（ⅰ）売主または買主自身の属性に関するもの
（ⅱ）売買の目的物である対象会社の株式に関するもの
（ⅲ）対象会社の財務、事業および資産に関するもの

　（ⅰ）に属するものとしては、売主または買主の設立および存在が適法かつ有効であること、売主または買主にはM＆A取引実行のための権限が存在すること、M＆A取引実行のために必要な手続きがすべて履践されていること、売主または買主に関して倒産手続きの申立が存在しないこと等があります。
　（ⅱ）に属するものとしては、発行済株式総数の確認、その発行が適法であること、譲渡対象株式には担保権等の負担が付いていないこと、開示されている以外に新株予約権等の潜在株式が存在しないこと等があります。
　（ⅲ）に属するものとしては、財務諸表が正確であること、偶発債務が存在しないこと、訴訟・紛争等が存在しないこと、動産・不動産・知的財産権等を有効に保有していること、事業に関する重要な契約が有効であること、業務の遂行において法令違反がないこと、税務・人事労務・環境等について問題が存在しないこと等があり、対象会社の業務全般について多岐にわたり規定され、

272

表明保証条項の中でも最も重要な部分となります。

• 表明保証条項に違反した場合の効果

　表明保証条項は、日本法上に存在する概念ではないため、その法的性質については見解が分かれており、必ずしも明確とはいえません。そのため、表明保証条項を規定する場合には、一方当事者の表明保証違反に対して、相手方当事者は何を請求できるのかを契約上明記しておくことが重要です。

　表明保証違反に対する救済としては、最終契約の締結後、クロージング前に表明保証違反が判明した場合には、相手方当事者にクロージングを回避する権利（次ページ「取引実行前提条件」を参照）および補償請求権を認め、クロージング後に表明保証違反が判明した場合には、補償請求権のみを認めることが一般的です。

　なお、2017年5月に民法の一部を改正する法律が成立し、2020年4月1日に施行される予定です。改正後の民法（以下「改正民法」という）では、瑕疵担保責任について、改正前の「売買の目的物に隠れた瑕疵があったとき」という文言から、「引き渡された目的物が種類、品質又は数量に関して契約の内容に適合しないものであるとき」という文言に変更されています。もっとも、上記のとおり表明保証条項の法的性質については見解が分かれているものの、瑕疵担保責任とは別の責任であるという見解が有力です。そのため、民法の瑕疵担保責任の改正が株式譲渡契約の表明保証条項に影響を与える可能性は低いと考えられます。

④　契約締結後クロージングまでの義務（誓約事項）

• 意義

　誓約事項とは、買主から売主に対し、対象会社の運営について、一定の約束を求めるものをいいます。

　M&Aにより対象会社の支配権が移動する場合には、通常、クロージングに先立ち、対象会社の従業員や取引先・債権者などに当該事実を説明し、理解を求めることが必要となることが多いため、最終契約の締結とクロージングの間に1か月ないしそれ以上の間隔が設けられている場合も珍しくありません。

　買主としては、最終契約の締結時からクロージングまでの間に、対象会社の

価値が減少しないことを確保する必要があるため、対象会社の価値を減少させるような行為をしないよう、売主に対して約束させる必要があります（消極的な義務）。

さらに、買主としては、デューディリジェンスなどでM＆A取引を実行する際の問題点が発見されている場合には、クロージングまでの間に、その問題点に対する対処を売主に完了してもらう必要があります（積極的な義務）。

• 内容

（ⅰ）対象会社の価値を減少させる行為をしないこと（消極的な義務）

対象会社をして、善良なる管理者の注意義務をもって従来の事業運営を継続して行うこと、重要な財産の処分等を行わず、事業・会社組織の変更等を行わないこと、対象会社株式に対する配当その他の剰余金の分配を行わないこと、株式および新株予約権その他の潜在株式を発行しないこと等が規定されます。

（ⅱ）M＆A取引実行の障害となる事項に対処すること（積極的な義務）

対象会社が当事者となっている重要な契約がチェンジ・オブ・コントロール条項（チェンジ・オブ・コントロール条項については第5章「3　法務ＤＤ」の「③法務ＤＤの主な調査対象事項」の「契約」、179ページを参照）によって解除されるおそれがある場合には、クロージングまでに対象会社をして、M＆A取引の実行後も当該契約にもとづく取引を継続することができるように、契約の相手方の同意を取得すること等が規定されます。

⑤　取引実行前提条件

取引実行前提条件とは、クロージング日において、買主または売主がクロージングを行う義務を履行するための前提として、充足されていなければならない事項をいいます。取引実行前提条件として定められた事項が充足されていない場合、買主または売主は、クロージングを行う義務を履行する必要がありません。

取引実行前提条件としては、一般的に、相手方当事者の表明保証が、重要な点において真実かつ正確であることや、誓約事項に規定した事項を相手方当事者が重要な点において履行していること等が定められます。これにより、クロ

274

ージング前に相手方当事者の表明保証条項の違反が判明した場合や、相手方当事者が誓約事項を遵守していない場合、取引実行前提条件が満たされていないことを理由にクロージングを回避することができます。

⑥　クロージング後の義務

一定の場合には、M＆A取引実行後の買主および売主の義務が定められることもあります。この場合の義務も、誓約事項と同様に、一定の行為を行ってはならないことを定める消極的な義務と、一定の行為を行うことを定める積極的な義務があります。

例えば、買主について、対象会社をして、対象会社の従業員を一定期間解雇しない義務や、対象会社をして、売主と取引関係を継続させる義務等が規定され、また、売主について、競業避止義務、対象会社の従業員を勧誘しない義務や、対象会社の事業運営に必要なライセンスを供与する義務等が規定されることがあります。

⑦　補償条項

補償条項とは、相手方の契約違反や表明保証違反が判明した場合などに、損害賠償を求めることができる旨の規定です。取引実行前提条件や解除条項と異なり、相手方の契約違反等に対して金銭での解決を図るものであり、特に対象会社に関する表明保証条項の違反の際の補償は譲渡対価を事後的に価格調整する機能も有しています。

なお、売主が無制限に損害賠償請求を受けるリスクを避けるため、損害賠償の期間を限定し、または損害賠償額の上限額もしくは下限額を限定することがあります。そのため、最終契約の交渉においては、補償の期間や上限額または下限額が重要な争点となることもあります。

⑧　解除条項

解除条項とは、相手方に契約違反や表明保証違反があった場合に、最終契約を解除する権利を認める規定です。M＆A取引に際しては、クロージング後の解除を禁止する定めが設けられることが一般的です。

クロージング後の解除が禁止された場合には、クロージング後に判明した相

手方の契約違反や表明保証違反に対する救済としては、上記の補償条項に限られることになります。

⑨ その他

上記のほか、最終契約に規定される主な事項としては、準拠法に関する条項、管轄に関する条項等があります。

また、改正民法では「契約及び取引上の社会通念に照らして」との文言が多く用いられており、損害賠償や解除等の要件の充足性の判断に当たって、契約の目的等の背景事情が「社会通念」として考慮される可能性があると考えられています。その点を踏まえ、株式譲渡契約においても株式譲渡の目的を規定する目的条項を設けることも考えられます。

第8章

M&Aに関する税務

1 税務に関する基本的な考え方

1 原則的な取扱い

●取引で発生した経済的利益に対する課税

　税務では、何らかの取引によって経済的利益が発生した場合、これを「所得」として課税するという基本的な方針があります。これは、M＆Aにおける取引についても同様であり、M＆A取引によって経済的利益が発生した場合には課税がなされるのが原則です[*1]。

　ただし、M＆A取引においては個人が取引の当事者（主に売り手と考えられる）になることもあれば、法人が取引の当事者（買い手、売り手および対象会社のいずれにもなりうる）になることもあります。税務上は、個人と法人で課税上の取扱いが異なるため、その基本的な考え方を理解しておく必要があります。

〈買い手、売り手、対象会社の関係図〉

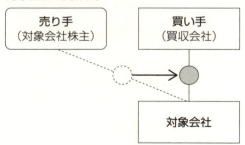

---

*1　参考文献：『租税法　第11版』　金子宏著　弘文堂　平成18年4月
　　　　『租税法』　佐藤正勝著　同文舘出版　平成17年2月
　　　　『スタンダード所得税法　補正版』　佐藤英明著　弘文堂　平成21年1月

第8章　M&Aに関する税務

■**個人と法人に対する課税スタンスの違い**

　租税は、国家が公共サービスを提供するために必要となる資金を調達する目的で、一定の要件に該当する場合に本人の意思に関わらず強制的に徴収するものです。したがって、課税にあたっては納税者の担税力（実際に税金を納める能力）に応じ、負担の公平性が求められると考えられます。一方で、政策上の目的から、公平性とは別の観点で特別な取扱い（特別措置）が定められています。

　これは、個人も法人も同様ですが、両者では担税力および実現したい政策目的が異なることから、課税に対する取扱いが異なっています。

■**個人に対する課税（所得税）**

　所得税においては、所得の性質に応じて異なる取扱いが設定されています。具体的には、所得を①利子所得、②配当所得、③不動産所得、④事業所得、⑤給与所得、⑥退職所得、⑦山林所得、⑧譲渡所得、⑨一時所得として9つの区分に分け、これらのいずれにも該当しない所得を雑所得としてそれぞれ異なる税率および控除方法によって課税しています。

　これは、それぞれの所得で担税力が異なると考えられるためです。例えば、勤務先から受け取る給与・賞与などの給与所得については、今後も所得が継続すると考えられることから、担税力は比較的高いと考えられます。一方で、定年退職時に受け取る退職金などの退職所得は、それ以降、給与所得がなくなることが想定されることから、担税力が低いと考えられます。したがって、退職所得は給与所得に比して控除額および税率の面で有利な取扱いとなっています。また、政策目的としては、経済に大きな影響を及ぼしている分野に対して特別措置が規定されています。例えば、株式譲渡所得については、株式市場の活性化を目的として、証券会社等を通じた上場株式等の譲渡益については、特別な取扱いがされています。

　いずれの所得区分に該当するか、特別措置が存在するかによって課税額が大きく変わると考えられるため、M&A取引において売り手である個人に所得が発生する場合には、これらの点に留意する必要があります。

279

■法人に対する課税（法人税）

　法人のうち、株式会社のような営利法人は出資者から出資を募り、その出資を元本として事業を行い、出資者に獲得された利益を分配することを目的としています。事業運営により経済的利益が生じた場合には、これを所得として課税対象としますが、法人税法上、出資の受入れおよび払戻し、または利益の分配については経済的利益は発生していないものと考え、課税対象としていません（後者の取引を「資本等取引」[*2]という）。一方で、法人が行う資本等取引以外の取引を「損益取引」とし、取引から発生した収益を「益金」、発生した費用を「損金」として、これらの差額を所得として課税対象としています[*3]。なお、1つの取引が一部損益取引で、一部資本等取引であることもあり、単純に取引属性を区分できないことに留意が必要です。

〈資本等取引と損益取引〉

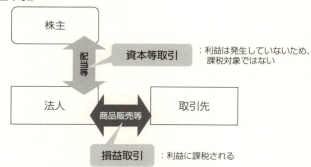

　法人税においては、所得税のように所得の区分を行っていません。これは、営利法人自体、経済的な利益の獲得を目的として設立される存在であるため、獲得された経済的利益には公平性および担税力について差がないと考えられるためです。したがって、企業会計において用いられる「一般に公正妥当と認められる企業会計の基準」にもとづいて一括して所得を算出する計算構造になっ

---
*2　「法人の資本金等の額の増加又は減少を生ずる取引並びに法人が行う利益又は剰余金の分配及び残余財産の分配」（法人税法第22条5項）をいいます。
*3　ただし、すべての収益および費用が益金および損金に該当するわけではなく、法人税法上の規定により除外または追加されるものが存在します。

第8章　M&Aに関する税務

ています。また、特別措置については、所得税と同様に企業行動が経済に大きな影響を及ぼしうる分野に対して定められています。詳細は後述しますが、M&A取引におけるツールの1つである組織再編行為についても特別措置が規定されています。

　M&A取引において利用される一般的なツールのうち、第三者割当増資等（資本等取引に該当する取引）以外のツールは損益取引に該当し、原則として課税関係が生じます。組織再編においては、買い手（買収会社）、売り手（対象会社株主）および対象会社のいずれの課税所得にも影響する可能性があるため、いずれの取引主体に所得が発生するかについて留意する必要があります。

■独立第三者間の取引価格から乖離している場合の取扱い

　税務上は、互いに利害関係のない独立した第三者間で行われる取引（アームズレングス取引：Arm's length transactionという）について、当事者双方の合意にもとづき取引価格が決定された場合、原則としてその価格が適正なものとして取り扱われ、これにもとづき所得が計算されます。この価格は、「独立第三者間の取引価格」といいます。

　しかし、グループ会社間取引や親族間取引などの利害関係者間の取引においては、取引価格が恣意的に決定されるケースも想定されます。この場合には取引価格が否認され、時価をもって課税される可能性があることに留意する必要があります（株式譲渡時における具体的な取扱いについては298ページ「コラム　株式譲渡時における低額譲渡・高額譲渡」を参照）。

●取引そのものに対する課税

　取引で所得が発生するか否かに関わらず、取引を実行したという行為そのものに対して課税されるのが流通税です。法人および個人のいずれが取引当事者となる場合にも課税されます。流通税とは一般的に、不動産取得税、登録免許税、印紙税、自動車重量税等が該当し、このうちM&A取引で主に論点となるのは不動産取得税および登録免許税です[4]。

＊4　M&A取引の契約締結時等において印紙税が発生するケースが想定されますが、通常は金額的に重要とならないため、ここでは割愛します。

281

不動産取得税および登録免許税は、原則として課税対象となる取引ごとに、資産を受け入れた当事者や資本金を増加させた当事者が課税されることに留意する必要があります。例えば、多段階の組織再編によって不動産が複数回移転する場合、不動産取得税および登録免許税が複数回課される可能性があるため、流通税の負担という観点からは、不動産の移転回数がなるべく少なくなるようなストラクチャーを採用することが検討されます（流通税のうち、不動産取得税および登録免許税に関する具体的な取扱いについては320ページ「コラム　流通税」を参照）。

2　例外的な取扱い

■組織再編を実行した場合における適格組織再編（所得税および法人税）

　組織再編につき原則どおりに課税がなされた場合、資産・負債を時価で譲渡したとみなされ、所得が生じます。例えば合併の場合、消滅法人が保有する資産・負債のすべてを存続法人に時価で譲渡したものとみなされ、時価と帳簿価額との差額が消滅法人の所得となります。組織再編は法人全体または法人の重要な部分を対象とすることから、この場合における課税額は多額なものとなり、企業の事業戦略上、日本の産業政策上必要と考えられる組織再編の実行が阻害される可能性があります[5]。

　したがって、事業戦略の実行等を円滑化することを目的として、組織再編により資産が他の法人に移転した場合であっても、その資産に対する「支配が継続」している場合には、個人および法人に対する課税を繰り延べるものとしています。資産に対する支配が継続しているか否かは客観的に識別することが難しいため、一定の要件（これを「税制適格要件」という）を設定しています。具体的には、グループ内の法人同士の組織再編であり、組織再編の前後でグループとしての資産に対する支配が継続しているとみなされる場合には「グループ内再編」とされ、組織再編後において共同で事業を営むことを企図し、共同事業で用いられる資産について支配が継続しているとみなされる場合には「共

＊5　参考文献：『企業組織再編税制の要点解説』　阿部泰久、緑川正博共著　財団法人大蔵財務協会　平成13年1月

同事業再編」として課税関係が生じないこととされています。

　グループ内再編および共同事業再編として適格要件を充足する組織再編行為を「適格組織再編」といいます。組織再編を行った場合の原則的な課税関係および適格要件の詳細については次項（291ページ「2　組織再編税制」で記述します。

■子会社が存在する場合におけるグループ法人税制および連結納税制度（法人税）[6]

　法人税は、法人がそれぞれ独立して活動を行う主体であることから、原則として個々の法人ごとに課税を行います。しかし、ある会社が複数の子会社や関連会社を有している場合、親会社を頂点とするグループ単位で経営が行われているため、企業行動もグループで一体の行動をとる傾向が強いと考えられます。

　このような場合には、個々の法人単位でなく、グループ単位で課税を行うべきとの考えにもとづき、法人税においては「グループ法人税制」および「連結納税制度」が設けられています。グループ法人税制は、グループで一体的な運営を行っていると考えられる場合（資本関係が100％である場合）、グループ内の法人間取引で発生した一定の所得については、経済的利益が実現していないものとして課税を繰り延べる制度です（337ページ「4　グループ法人税制」参照）。一方で、連結納税制度はグループ法人での相互の関係がさらに推し進められていると考えられる場合（資本関係が100％であり、かつ適用申請を行っている場合）に、グループ法人の所得を一体として（それぞれの法人の所得を通算して）課税する制度です（322ページ「3　連結納税」参照）。

　連結納税制度ではグループの所得を一体として課税するため、税制が根本的に異なる外国子会社は対象に含まれません。また、100％資本関係の判定にあたっては、外国子会社の保有分を含めずに判定します。例えば、グループ全体としてみれば100％孫会社の場合であっても、外国子会社が1株でも株式を保有している場合には連結納税グループに含めることはできません。一方で、グループ法人税制では100％資本関係の判定にあたり外国子会社の保有分を含めて判定するという違いがあります。

　＊6　参考文献：『資本に関係する取引等に係る税制についての勉強会　論点取りまとめ』　財務省
　　　平成21年7月

〈グループ法人税制と連結納税制度の相違点〉

名　称	グループ法人税制	連結納税制度
適用要件	• 100％資本関係にある ✓100％の判定にあたっては外国子会社保有分を含む • 強制適用	• 100％資本関係にある ✓100％の判定にあたっては外国子会社保有分を含まない • 適用の申請書を提出する • 任意適用
課税関係	• 100％グループ内の資産譲渡損益繰り延べ	• 100％グループ内の資産譲渡損益繰り延べ • グループ内の法人における所得を通算して課税する

※上記はあくまで制度の概要である。詳細については322ページ「3　連結納税」および337ページ「4　グループ法人税制」参照。

コラム　再編における海外税制の留意点（1）

　本書では、基本的に日本国内の税制について述べていますが、諸外国においては基礎となる社会環境や法制度が異なることから、日本国内の税制とは異なる論理で課税が発生する場合があります。クロスボーダー取引の場合には注意が図られますが、国内会社同士の再編においても影響が生じる場合もあります。このため、クロスボーダー取引だけではなく海外子会社等を有する会社が関与する国内再編においても、海外子会社等が存在する国の税制にも気を配る必要があります。

　以下では、代表例として中国に関連する課税上の論点を述べます。

○日本における組織再編と中国における課税

　中国の税制では、日本で組織再編を行う場合にも課税が生じる場合があります。

　例えば、日本親会社Xが「分社型分割」を行い、保有する中国子会社B（100％子会社）の持分を移転する場合を事例として想定します。

　このような取引は、中国の税務上「日本親会社が100％の直接子会社である日本

〈日本での組織再編が中国の税制の影響を受ける事例〉

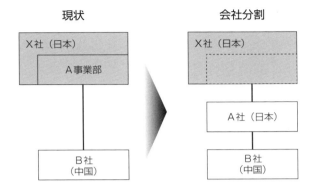

子会社Aに、中国子会社Bの持分を譲渡する」取引と見なされます。この場合、日本親会社が3年内に日本子会社Aの株式を売却する場合には、後述（参考）の「特殊税務処理」の条件をみたさず、中国子会社Bの持分譲渡について課税されることになります。この場合には、中国において譲渡益に対して10％の源泉税が課されます。

（参考）
○中国における組織再編税制の概要

　中国における組織再編にかかる税務上の取扱いについては、「財務部、国家税務総局：企業の再編業務にかかる企業所得税の処理に関する若干の問題についての通知」（財税［2009］59号、以下「59号通達」という）（2008年1月1日より施行）において定められ、一定の要件に応じて、一般税務処理規定と特殊税務処理規定のいずれかが適用されることとなります。

　59号通達では次の6つの取引を「組織再編」と定めています。イメージをしやすくするために、日本における類似の取引と対応させると以下のとおりになります。

① 持分買収：「株式の買取」に相当します。
② 資産買収：「事業譲渡」に相当します。
③ 合併：日本における合併とほぼ同様です。
④ 企業の法律形成の変更：社名、登録地変更等に相当します。
⑤ 債務再編：DES（Debt Equity Swap）や、債務免除に相当します。
⑥ 分割：日本における「分割型分割」に相当します。

これらの組織再編が、「一定の要件」をみたすと、日本でいう「適格組織再編」になります。日本で適格組織再編といわれているものは、中国では「特殊税務処理」と呼称されます。一方、「非適格組織再編」は、「一般税務処理」といわれています。「特殊税務処理」に該当する「一定の要件」は、概ね以下のとおりとなります。

(1)　合理的な組織再編の目的がある

(2)　全持分の50％以上や総資産の50％以上が譲渡される

(3)　経営活動の連続性がある

(4)　合併交付金や分割交付金のようなものの割合が15％以下である

(5)　買収会社が持分の所有権を1年以上は継続保有する

　さらに、クロスボーダー型再編の場合には、以下の要件が上記に追加して求められることとなります。

A）　非居住者企業間での取引の場合

　●非居住者企業が、100％の持分を直接保有する他の非居住者企業に対して、保有する居住者企業の持分を譲渡すること

　●再編前後において非居住者企業に対する中国での源泉所得税率が変わらないこと

　●非居住者企業が再編後3年間、保有する非居住者企業の持分を譲渡せず、継続して保有すること

B）　非居住者企業と居住者企業間での取引の場合

　●非居住者企業が、100％の持分を直接保有する居住者企業に対して、保有する居住者企業の持分を譲渡すること

　なお、近年、「特殊税務処理」の適用が承認制から届出制に変更されたり、また中国居住者企業間のグループ内再編については、その適用範囲が拡大されるなどの、組織再編をスムーズに行えるような法制度の整備が行われています。

第8章　M&Aに関する税務

再編における海外税制の留意点（2）

　非居住者企業の譲渡において、中国で課税される場合があります。以下にその論点を述べます。

○間接譲渡が生じる際の中国における課税

　中国では、非居住者企業が中国法人の持分を保有する中国国外の中間持株会社の持分を売却し、中国法人の持分を間接的に売却する場合において、中国法人の持分を直接譲渡したのと同じ効果があり、その譲渡に合理的な事業目的がないとみなされた場合は、中国法人の持分を直接譲渡としたものとみなされて、中国で譲渡益に対して10％の源泉税が課されます。

〈間接持分譲渡の事例〉

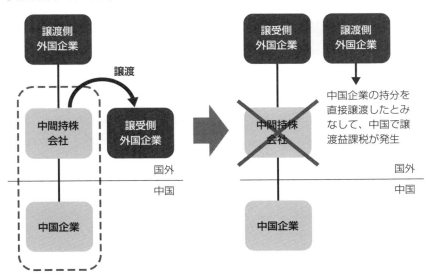

（参考）
　中国法人の間接譲渡にかかる税務上の取扱いについては、「国家税務総局：非居住

者企業による財産の間接譲渡に係る企業所得税の若干の問題に関する公告」（国家税務総局公告2015年第7号、以下、「7号公告」という。2015年2月3日より施行）において定められ、中国法人の持分が合理的な事業目的がない状況において間接的に譲渡される場合に中国で課税が生じることになります。

7号公告では、合理的な事業目的の判断に関する詳細な指針が定められており、具体的には、グループ内再編に係るセーフハーバールール、合理的な事業目的がないと即時に認定される取引（ブラックリスト）、及び実際の状況を踏まえて総合的に分析する7つの要素等により判断されることになります。

また、取引について、中国税務当局に譲渡者、譲受者、中国法人などのいずれもが自主的に報告する制度が設けられています。この報告をすることにより、譲受者に課される罰金が軽減されるなどの措置も図られています。そのため、中国法人の持分を保有する会社を売却もしくは買収する場合は、中国での課税の可能性について、取引の当事者間で確認し、それぞれが負担する役割や内容について合意しておくことが必要となります。

コラム **税務当局に対する事前照会（国税照会）**

税制非適格再編では対象会社および対象会社株主に課税が生じ、またグループ内再編でみなし共同事業要件の充足等ができない場合には、繰越欠損金や特定資産の含み損に対し利用制限が生じる等、M＆Aのストラクチャリングに際し、税務上の取扱いの差異は大きな影響を与えます。

すべてのケースについて事前に想定し、条文で規定することは難しいため、実務において税務上の判断に迷うケースが生じることから、通常、M＆Aの当事会社は税理士などに依頼して、税務上の判断の合理性についてアドバイスを求めることになります。税理士は、事実関係や経営判断の意図などを踏まえた上で、条文、自己の経験、財務省の担当者が記載した出版物などを参考にしてアドバイスを行い、会社はそれにもとづき最終判断を行います。しかし、法文上、複数の解釈が可能と考えられる場合など、確定的な判断が難しい場合であり、かつ影響が巨額におよぶ取

引の場合には税務当局へ確認を行う必要が生じます。

　税務当局として税務に携わる官庁には、財務省、国税庁、国税局、税務署が挙げられますが、それぞれ役割が異なります。各会社で税法にもとづく処理がなされているかの確認を行うのは、国税局や税務署（以下、「税務署等」という）ですが、税務署等は特定の取引につき税務上の取扱いが明確でない場合に税法の趣旨等を財務省に確認したり、税務署全体の取扱いの整合性を確保するために国税庁に確認を行います。

名称	業務内容
財務省	・法律案等を作る
国税庁本庁	・税務行政の執行に関する企画・立案等 ・国税局と税務署の事務を指導監督
国税局	・管轄区域内の税務署の賦課徴収事務についての指導監督 ・大規模納税者等について賦課徴収
税務署	・国税の賦課徴収

　会社が税務署等に確認する方法としては、「税務上の取扱いに関する事前照会に対する文書回答」（以下、「事前照会」という[7]）の利用や、移転価格については「事前確認制度（Advance Pricing Agreement）」の利用などが挙げられます。

　事前照会では、M＆Aのストラクチャーが固まった段階で、①照会の趣旨、②照会にかかる取引等の事実関係、③事実関係に対する事前照会者の見解を記載した文書等をもって、税務署等に問い合わせることとなります。

　事前照会にあっては、上記③において会社の見解を、根拠となる事例、裁判例、学説、およびすでに公表されている弁護士、税理士、公認会計士等の見解を引用して説明する必要があります。この際、会社が考える税務上の論拠やロジックの合理性の検証を税理士に求めることになります。会社で税務上のロジックが十分に検討可能な際には、税理士の力を借りずに事前照会をすることも考えられますが、一旦提出した後に照会文書の見解を修正することはできないため、重要な検討事項については、税理士に確認することが多いと考えます。

　税務署等に対する照会結果は、通常、口頭による回答を入手することとなります。回答は、照会時になされる場合もあれば、税務署等の内部で相応の検討を得て、数

か月後になされる場合もあります。税務署等内では、会社ごとに照会事項に関する資料が保管されるとともに、税務署等の回答内容が記録されており、後日、会社に対して税務調査を実施する際にはそのファイルを参照すると考えられるため、基本的には事前照会時の回答と異なる判断をされることはないと考えられます。ただし、会社側でもどのような回答を受けたのかについて記憶があいまいになることや税務署等と理解が異なる可能性があることから、照会時には議事録を作成し、税務署等に議事録を送付しておくことが、理解の齟齬を防止するのに有効であると考えます。

　なお、この取扱いは照会した際の事実関係どおりに取引が実行されていることが前提であり、事実関係等が異なる場合や開示しなかった情報が存在する場合には、異なる判断がされることに留意が必要です。

＊7　大規模企業は国税局に照会することとなるため、「国税照会」と呼ぶケースもあります。

組織再編税制

　平成13年の商法改正により会社分割制度が導入されたことを契機として、同年の税制改正によりいわゆる「組織再編税制」が創設されました。これは会社分割だけでなく、合併や現物出資、事後設立といったそれまでの組織再編ツールを含む包括的な税制として、過去の問題点を見直した上で設計がなされました。その後に行われた組織再編ツールの整備の基礎となった法人税法上の制度です。

　また、平成11年の商法改正時に導入されていた株式交換・株式移転制度に対する税制は、当初創設間もないということで時限立法として税制が規定されていましたが、平成18年の税制改正により組織再編税制に組み込まれることとなり、平成22年の税制改正により現物配当についても組織再編税制の範疇として規定されています。平成29年の税制改正ではスピンオフ税制、スクイーズ・アウト税制、適格要件の見直し、平成30年の税制改正では自社株を対価とした事業再編および適格要件の見直しがされ、事業再編にさまざまな手法が手当されることとなりました。

組織再編のツール	税務上の特殊な取扱いの有無
事業譲渡	特殊な取扱いなし
合併、会社分割、株式交換等・株式移転、現物出資、現物配当	組織再編税制

 組織再編税制の概要

●税制適格要件の構成

　税務では、資産・負債は時価で移転することを原則としていますが、合併等のすべての組織再編において、資産・負債を時価で移転したものと考えて課税

した場合、企業の適切な組織再編を阻害することになり、結果としてわが国全体としての国際経済競争力を削いでしまう可能性があります。このため一定の要件を満たす場合には、組織再編時の課税関係を生じさせず、従前の課税関係を継続させる（簿価での移転）という考え方が採られています。

このような取扱いを行う税制を「組織再編税制」といい、この要件を「（税制）適格要件」、要件を満たす組織再編を「適格組織再編」といい、それ以外の組織再編は「非適格組織再編」といいます。

適格要件は資本関係（支配関係）が希薄になるに応じて、制度の趣旨に合った利用を促すために、要件を加重するという構成になっています。

〈税制適格要件と支配の関係〉

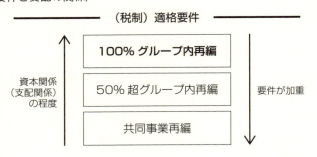

100%の支配関係にある会社（「完全支配関係」という）は、法人格が分離されているとしても実質的に一体であると考え、そのグループ内で行われた組織再編（これを「100%グループ内再編」という）による資産・負債の移転は形式的な移転であり、資産・負債に対する「支配は継続している」として、それら資産・負債を簿価で移転することにしています。資本関係が50%超100%未満の会社（「支配関係」という）間の組織再編（これを「50%超グループ内再編」という）についても、要件は一部追加となりますが、同様に考えることとされています。

資本関係が50%以下の会社間で行われる組織再編（これを「共同事業再編」という）の場合にも、企業グループを超えた組織再編が企業の競争力を高めることに寄与していることを考慮し、共同で事業を営んでいる実態がある場合においては、「共同での支配が継続している」と考え、一定の要件を満たすこと

でグループ内での組織再編と同様、資産等に対する移転前の支配は継続しているとして、資産・負債の移転を簿価で行うこととしています。

●適格と非適格の有利不利

組織再編税制においては当事会社による選択的な適用は認められていません。しかし、自社に有利な課税関係となるように、適格要件を形式的に満たすような（あるいは非適格となるような）組織再編を実施することを検討する場合も想定されます。

しかし、不当に税負担を減少させることを目的とした組織再編の場合、包括的租税回避防止規定が適用され、法律関係に関係なく、あるべき課税関係となるように課税庁によって修正されることに注意が必要です。特に組織再編が多段階で行われるような複雑なスキームでは、個々の行為の適格性だけでなく、組織再編行為の背景にある企業戦略の目的や全体スキームの必然性に照らし、一連の行為を総合的に判断されることになります。

実務においては、一般に適格要件を充足することが税務コストの削減につながりやすいことから、要件を充足することが目的化されてしまう場合があります。しかし、以下のように必ずしも適格組織再編が有利であるとは限らないことに留意する必要があります。

▷資産の含み損がある場合　─売り手[8]のメリット─

　売り手の会社の資産に含み損があり、これを非適格組織再編により移転させた場合、売り手の会社ではその資産の譲渡損が全額顕在化します。

▷資産調整勘定が計上される場合　─買い手[9]のメリット─

　買い手である会社が交付する対価よりも、移転を受けた資産等の時価純資産額のほうが小さい場合、買い手では、その差額について税務上ののれんが計上され（300ページの図参照）、組織再編後5年間で均等減額し、損金算入することができます。売り手では基本的に譲渡対価と簿価の差額が

＊8　ここでの「売り手」とは、合併における被合併会社、会社分割における分割会社、株式交換における株式交換完全子会社、株式移転における株式移転完全子会社、事業譲渡における事業譲渡会社をいいます。

＊9　ここでの「買い手」とは、合併における合併会社、会社分割における分割承継会社、株式交換における株式交換完全親会社、株式移転における株式移転完全親会社、事業譲渡における事業譲受会社をいいます。

課税されることになりますが、買い手では株式譲渡など手法によっては税務上ののれんが生じない場合もあり、この差を条件交渉の引き出しとして利用する場合もあります。

▷売り手の会社の法人株主にみなし配当と株式譲渡損が発生する場合

　　—対象会社株主のメリット—

　　売り手の株主が組織再編の対価として金銭の交付を受けた場合、株式譲渡損益を認識しますが、組織再編の場合、同時にみなし配当を計上することがあり、その場合には株式譲渡損失が計算上、対価と簿価の差額よりも多額になり、対象会社株主においてタックスシールド（節税効果）が生じるケースがあります（302ページの図参照）。個人の場合には株式譲渡損益は分離課税となり、その損失を利用できないのが通常ですが、法人株主の場合は、みなし配当は一定額が益金不算入となる一方で、株式譲渡損は損金算入されるため、所得が圧縮される場合があります。

●繰越欠損金や含み損益に対する利用制限

　適格合併の場合、消滅会社の繰越欠損金を引き継ぐことができる場合があります。しかし、すべての適格合併で引継ぎを認めると、繰越欠損金がある会社を合併するだけで課税所得を減少させることが可能になり、租税回避のために利用される可能性があるため、一定の規制を設けています。また、適格組織再編では、再編後においても従前の課税関係を継続させるために資産・負債を簿価で移転し、移転する資産の含み損益は移転先に引き継がれることになります。含み損失は対象会社において顕在化されることで繰越欠損金を引き継ぐことと同様の効果となる可能性があることから、含み損失と繰越欠損金は整合的な規制が必要であると考えられています。

　特に（100%または50%超）グループ内再編においては、当事会社の意思で含み損失や繰越欠損金の移動を目的とした組織再編が比較的自由に行われる可能性があるため、課税庁としては一定の制約を設けています。

　また、再編当事者のいずれを存続会社あるいは承継会社とするかにより課税関係が異っていたことから、過去に含み損益等の利用が操作されてきたという課税庁の問題意識があり、合併を実行した際には被合併法人の繰越欠損金だけでなく、合併法人の繰越欠損金等にも利用制限が生じること、会社分割等を行

〈含み損益の利用制限の趣旨〉

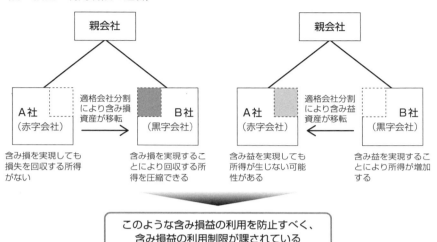

った場合には分割会社から引き継いだ資産だけでなく、承継会社の資産の含み損益にも利用制限が生じることに留意が必要です。

なお、現在の日本の税制においては、原則として[*10]米国と異なり株主の変更による繰越欠損金の制限は行っていないことから、適格株式交換・適格株式移転では、株式交換完全子会社および株式移転完全子会社において含み損益の利用制限は生じないことになります。

また、会社分割や現物出資では、会社の一部分の事業が移転する場合もありますが、その移転する事業から生じた繰越欠損金とそれ以外の事業から生じた繰越欠損金とを区分することは不可能であるため、適格会社分割および適格現物出資であっても繰越欠損金の引継ぎは認められていません。

● **非適格再編の課税関係**

非適格組織再編を行う場合、関連する当事者のいずれかに課税が生じることになります。

[*10] 日本の税制においては、一定の要件に抵触する株主変更につき、「欠損等法人」の規制がかかり、繰越欠損金が制限を受けます。

〈ツールごとの買い手および売り手の課税関係〉

ツールの区分		会　社　分　割	
名　称	合　併	分割型 会社分割	分社型 会社分割
原則 買い手（買収会社）	のれん[注2]		
原則 対象会社[注1]	資産譲渡損益		
原則 売り手 （対象会社株主）	株式譲渡損益／みなし配当[注3]		（対価の交付なし）

　対象会社においては、損益取引である事業譲渡、現物出資、合併および会社分割の場合には資産譲渡損益が発生し、損益取引に類似する取引である株式交換および株式移転の場合には資産評価損益が発生します。株式交換および株式移転は、資産が移転する合併等の損益取引と異なり、対象会社での資産移転がないため、損益取引に類似する取引として、資産譲渡損益でなく資産評価損益となります。

　これに対して、買収会社においては、資産譲渡損益が発生する事業譲渡や合併などを利用した場合、一般にのれん[*11]が認識され、以後5年間にわたって取り崩されて所得に算入されます。なお、資産移転がない株式交換および株式移転の場合に、実務上、取扱いが不明確であった自己創設のれんは、平成29年税制改正により時価評価対象資産から帳簿価額1,000万円未満の資産が除かれることとなったため、認識されないことになりました。

　対象会社株主については、対価が対象会社株主に直接交付され、かつ株主が対象会社株式を譲渡したとみなされる場合にのみ課税がなされることになります。したがって、金銭が対価となる株式（対象会社の発行済み株式）の取得、合併、分割型会社分割、株式交換の場合においてのみ、課税が生じます（株式

＊11　税務上の営業権、資産調整勘定および負債調整勘定を総称したものです。

第8章 M&Aに関する税務

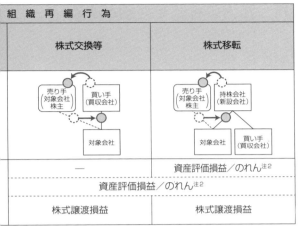

注1…株式取得における発行法人、事業譲渡における譲渡法人、現物出資における被出資法人、合併における消滅法人、会社分割における分割法人、株式交換・株式移転における完全子法人を意味する。

注2…税務上の営業権、資産調整勘定および負債調整勘定を総称したものである(ただし、株式交換および株式移転時は貸方側の営業権および負債調整勘定は発生しない)。

注3…対象会社に対する持分比率に応じて、50%または100%益金不算入となる。

移転の場合、金銭が対価として交付されることがないため課税は発生しません)。また、対価が交付されうるツールのうち、法人の全部または一部が清算されると考えられる合併および分割型会社分割については、みなし配当が発生し課税されます。これは、交付される対価には清算配当が含まれるとの考え方によるものです(後述する特別事業再編を行う法人の株式を対価とする株式等の譲渡の場合は、株式譲渡益課税が繰り延べられます)。

〈再編当事者の基本的課税関係〉

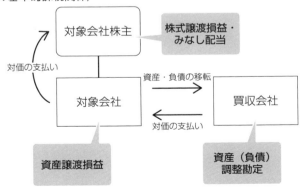

297

特別事業再編を行う法人の株式を対価とする株式等の譲渡

　産業競争力強化法に規定する特別事業再編計画の認定を受けた認定特別事業再編事業者の行った特別事業再編計画に従って個人および法人が、その有する他の法人の株式等を認定特別事業再編事業者に譲渡し、その認定特別事業再編事業者の株式の交付を受けた場合、当該他の法人株式の譲渡は、譲渡直前の帳簿価額で行われたものとし、交付を受けた認定特別事業再編事業者の株式の取得価額は、譲渡された当該他の法人の譲渡直前の帳簿価額とされます。すなわち、他の法人株式が認定特別事業再編事業者株式に付け替わることとなり、株式の譲渡損益課税が繰り延べられることになります。

　認定特別事業再編事業者にあっては、他の法人株式を取得し、その対価として自社の株式を交付することになります。

　この取扱いは、産業競争力強化法の改正法の施行日から令和3年3月31日までの間に同法の特別事業再編計画の認定を受けた場合に適用されます。

 ## 株式譲渡時における低額譲渡・高額譲渡

　M&Aのツールとして株式譲渡を用いる場合、通常、買い手（買収会社）は安く買いたい、売り手（対象会社株主）は株式を高く売りたいと考えるため、取引価格は独立第三者間の取引価格に収斂(しゅうれん)すると考えられます。ただし、M&A前に大株主が親族等から株式を買い集める場合や、M&Aの交渉時において、売り手または買い手の力が一方的に強い場合には、時価よりも高額または低額で株式を移動したいというインセンティブが働くケースも考えられます。また、M&A後にグループ内で株式を移動する場合に、時価よりも低い価格で移動したいというインセンティブが働くケースも想定されます。

第8章　M&Aに関する税務

〈低額譲渡・高額譲渡における課税関係〉

区分	取引当事者		譲渡価額	課税関係	
	買い手	売り手		買い手	売り手
低額譲渡	個人	個人	時価の1/2以上、時価未満	・譲渡価額と相続税評価額との差額はみなし贈与として課税	・通常の所得計算（みなし譲渡課税なし）
			時価の1/2未満		・譲渡損はないものとする
	法人	個人	時価の1/2以上、時価未満	・譲渡価額と時価の差額は受贈益として課税	・通常の所得計算（みなし譲渡課税なし＊）
			時価の1/2未満		・みなし譲渡課税
	個人	法人	時価未満	・一時所得として課税（譲受人が役員等の場合は給与所得）	・譲渡価額と時価の差額は寄附金（譲受人が役員等の場合は賞与）
	法人	法人	時価未満	・譲渡価額と時価の差額は受贈益として課税	・譲渡価額と時価の差額は寄附金
高額譲渡	買い手から売り手に対する贈与とみなす 買い手が法人で、売り手が個人の場合、売り手である個人では一時所得（役員または使用人の場合には給与）				

＊…「同族会社等の行為計算否認」に該当する場合には、時価相当での譲渡とみなされる可能性がある。

　このような場合、上図のとおり買い手（買収会社）および売り手（対象会社株主）には通常の株式譲渡の場合とは異なる課税関係が生じます。特に、個人間で低額譲渡に該当する場合には、買い手でみなし贈与（最高税率55%）として課税されたり、売り手が個人で買い手が法人の場合でみなし譲渡（最高税率20%＊12）として課税される場合があるため、充分に留意する必要があります。

2　非適格再編時課税関係の詳細

　非適格再編の課税において特に論点となるのは①買収会社においては資産（負債）調整勘定で、②対象会社株主においてはみなし配当と株式譲渡損益です。このため、以下ではこの2点に絞って詳細を説明したいと思います。

＊12　復興特別所得税が原則として所得税額の2.1%課されます。

299

●資産（負債）調整勘定 ―買収会社―

　企業結合会計基準等では、企業やその一部の事業を取得した場合に、取得原価が取得した資産・負債に配分された純額を超過する額を「のれん」とし、不足する場合は「負ののれん」としています。

〈非適格組織再編で差額資産調整勘定が計上されるとき〉

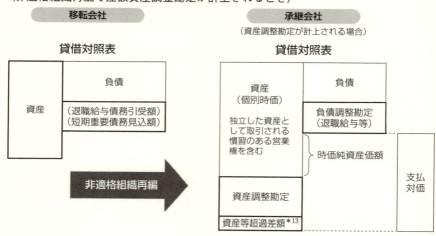

　実務的な取扱いの状況や企業結合会計基準等における取扱いなどを勘案し、税務上も非適格組織再編や事業譲渡により移転を受けた資産および負債の取得価額は個別に時価を付すとともに、退職給付債務等に相当する負債を認識した上で、これら資産および負債の時価純資産価額と非適格組織再編の対価の時価との差額について、のれんとして営業権とは別に計上することとされています。

　会計上の「正ののれん」は最長20年で償却され、「負ののれん」は全額が発生した事業年度に利益として処理されるのに対して、税務上の「資産調整勘定」または「差額負債調整勘定」は5年間で均等減額（損金または益金に算入）することとされます。資産（負債）調整勘定は多額となるケースがあり、承継会

---

*13 　資産等超過差額とは、たとえば非適格合併の場合における以下の金額をいいます。
　　(1) ①「交付した合併法人株式の合併時の時価」が、②「合併契約締結時の時価」の2倍を超える場合に、①の金額から合併時の事業価値もしくは②を差し引いた金額
　　(2) 実質的に、被合併会社の欠損金額に相当する部分からなる金額

社の課税所得に大きな影響を及ぼすとともに、会計上の繰延税金資産にも影響を及ぼす可能性があるため、影響の程度は事前に検討しておく必要があります。

● みなし配当と譲渡損失 ──対象会社株主──

非適格組織再編では、税務上は被合併会社等の利益積立金が合併会社等に引き継がれません。非適格合併や非適格分割型分割が行われた場合、被合併会社または分割会社の利益積立金は、合併会社または分割承継会社において資本金等の額[*14]として認識されることになります。その結果として、組織再編により株主が株主としての地位にもとづき分配を受けた株式その他の資産のうち、元の会社の資本金等の額以外の部分（直前の利益積立金および課税後の含み益に該当する部分）については、株主に対する利益配当として課税されます。これを「みなし配当課税」といいます。

〈みなし配当課税の趣旨〉

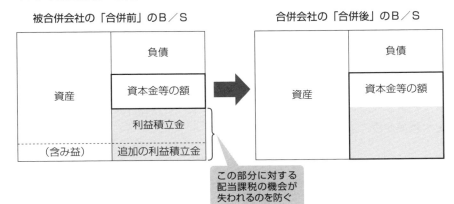

みなし配当課税の趣旨は、「その利益積立金が資本金等の額に転化するときに課税しておかないと課税機会を失うことになってしまうため」と説明されています。つまり、税務上は、その利益積立金部分がいったん株主に分配され、再度、株主から同額が出資されたものとみなし、株主への分配金額についてみなし配当として課税するのです。

---

*14 法人が、株主等から出資を受けた金額として政令で定める金額をいいます。

301

このようなみなし配当課税は、のれんや知的財産権などの無形資産や優良な子会社株式の含み益なども実現したうえで課税されるため、現状の貸借対照表で剰余金（利益積立金）がないような会社であっても、多額の課税が生じる可能性があります。

なお、非適格株式交換・非適格株式移転の場合には、合併や会社分割と異なり、株主に資産が分配されるわけではないため、非適格組織再編であっても、みなし配当は認識されません。

● みなし配当と株式譲渡損失の関係

非適格再編であっても、株主に対し対象会社の株式のみが交付される場合、株主にとって投資は継続していると考えられます。したがって、資金的な裏づけがなく担税力のない譲渡益への課税は繰り延べるという措置がなされています。

一方で、株主に対して資産・負債を引き継ぐ会社（承継会社）もしくはその直接支配の完全親会社の株式以外の資産（金銭等）が交付される場合は、投資は継続していないため、譲渡益に対して課税が行われます。

例えば合併の場合、下図のように、交付される金銭の額および株式の時価の合計と、被合併法人の資本金等の額との差額がみなし配当の額となります。そして、被合併法人の資本金等の額と、株主における被合併法人株式の取得価額との差額が株式譲渡損益となります。

〈みなし配当と株式の譲渡損益（合併の場合）〉

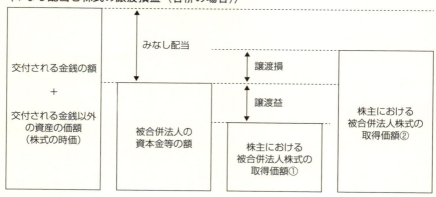

第8章　M&Aに関する税務

●みなし配当に関する実務上の留意点

a．法人株主と個人株主の課税負担の違い

　みなし配当は、通常の配当金と同様に益金不算入の適用があるので、法人株主の税負担は軽減される可能性があります。

　一方、個人株主にとってみなし配当は基本的に配当所得として総合課税となり、累進課税（所得税・住民税合わせて最高税率55％）の適用を受けることから、配当控除を加味しても、株式譲渡時（原則として20％の分離課税）よりも税負担が重くなる場合があります。

　みなし配当は過去の留保利益が一時に顕在化すること等から、金額が多額になることがあります。また、個人株主は法人株主と異なり、株式譲渡損益は申告分離課税となっているため、みなし配当を含めた他の所得と通算することが原則としてできません。したがって、個人株主の税負担をあらかじめ慎重に検討しておくことが重要となります。

〈みなし配当の法人と個人における取扱いの違い〉

	法人	個人
みなし配当	法人税課税	総合課税
二重課税防止規定	受取配当金の益金不算入	配当控除
譲渡損益	法人税課税	分離課税
みなし配当と譲渡損益の通算	みなし配当と譲渡損益の損益通算可能	みなし配当と譲渡損益の損益通算は原則不可

b．源泉徴収税相当額が資金流出する可能性

　みなし配当は、通常の配当と同様に会社に源泉徴収義務が生じます。ところが、通常の配当と異なり、金銭等での配当が行われないケースもあり、そのケースでは事実上、源泉徴収することができません。あらためて株主から回収することも考えられますが、上場会社の場合には、株主を特定して株主から源泉徴収税相当額を徴収することは実質的には不可能といえます。

　そこで、代替的にみなし配当に対する源泉徴収税相当額をあらかじめ配当見合いの交付金として株主に交付し、それで源泉徴収税額をまかなうという手法

303

が実務上とられているようです。

事前に非適格組織再編であることを認識している場合には、上記のとおり、交付金等で対応することができます。ところが、適格組織再編としてプランニングしていたケースで非適格認定された場合の事後対応は深刻です。源泉税は会社にとって立替金にすぎないので、事後的に株主から回収する以外には対応することができません。

それが実務上不可能と思われる上場会社等の場合には、実質的に会社が負担しなければならなくなり、組織再編を意思決定した取締役が代表訴訟を受ける可能性も否定できないといわれています。

3 税制適格要件

●グループ内再編と共同事業再編

税務上の適格要件の基本的な考え方は、移転した資産等に対する「支配の継続」があれば適格性を認めるというものです。

適格要件を満たす組織再編は、その資本関係に応じて、グループ内組織再編と共同事業再編に分かれます。これらは「支配の継続」を求める趣旨から、資本関係が希薄になるにしたがって、要件が加重される構成になっています。

また、株式交換と株式移転については、合併や分割と異なり、資産・負債、従業者が移転しないため、「支配の継続」を補完する趣旨から次表の②独立事業単位要件、⑥経営参画要件、⑧完全親子関係継続要件において異なる取扱いが定められています。

Ｍ＆Ａや組織再編で主に利用される合併、会社分割、株式交換・株式移転に関する適格要件を一覧にしたものが次表です。これらのうち、主要な資産・負債の引継ぎや従業者の引継ぎ、事業の継続など、組織再編後にならないと実質判定ができない要件もありますが、適格要件の判定は、組織再編の直前で行われることになっています。

そのため、組織再編後の状況に関わる適格要件に関しては、組織再編の直前において描く組織再編後の事業計画等から、これらの状況が予定されているか

否かで判定せざるを得ないことから、「見込まれていること」と規定されています。

　なお、組織再編後に状況が変化した結果、要件を満たさなくなった場合でも問題はありませんが、その場合、意思決定時点ではなく、あくまで組織再編の実行時点にその状況変化が見込まれないことが必要である点に留意が必要です。

〈税制適格要件〉

要件		グループ内再編		共同事業再編
		完全支配関係再編（資本関係100%）	支配関係（資本関係50%超100%未満）	
①対価要件		○	○	○
②独立事業単位要件	主要資産・負債の引継ぎ（注1）		○	○
	従業者の引継ぎ		○	○
③事業継続要件			○	○
④事業関連性要件				○
⑤規模要件　または　⑥経営参画要件				○
⑦株式継続保有要件				○
⑧完全親子関係継続要件（注2）				○

○：充足する必要あり
　注1　会社分割の場合に限り適用される
　注2　株式交換・株式移転に限り適用される
　注3　例外として、適格現物分配は完全支配関係のある内国法人間に限り税制適格となる

●税制適格要件の内容

●対価要件

　組織再編の対価として株式以外の資産（金銭等）の交付がある場合には、その金額の多寡にかかわらず、その組織再編は譲渡取引とみなされ、支配が断絶されるとの考え方から、この要件があります。なお、単元未満株式の調整や配当見合いの金銭交付、株式買取請求権にもとづく金銭の支出などは、不可避な金銭交付であり、対価の一部としての属性はないので、これらの理由による金銭の支出は問題ないとされています。

また、会社法の下で合併等対価の柔軟化が図られ、再編当事会社の株式に代えて、親会社株式や社債の交付なども認められましたが、税務上は資産・負債を引き継ぐ会社（承継会社）もしくはその直接支配の完全親会社の株式以外の資産が交付される場合には原則として非適格再編となります。

●主要な資産・負債の引継ぎについて

　事業を営むのに必要な資産・負債については、引き継がなくてはならないこととされています。

　なお、この規定は会社分割、現物出資の場合に適用されます。合併では、被合併会社のすべての資産・負債が当然に合併会社に移転すること、株式交換・株式移転では、完全子会社から完全親会社への資産・負債の移転は生じないことから、この規定は設けられていません。

●従業者の引継ぎについて

　資産譲渡ではなく、事業として引き継ぐためには、その事業に関与する従業者を引き継ぐ必要があるという考えのもとに、その事業に関連する従業者の概ね80％以上を引き継ぐことが要件とされています。従業者には、役員や従業員のほかに、出向者、派遣社員、パートなども含まれます。

　なお、株式交換・株式移転では、完全子会社から完全親会社への事業の移転は生じないので、株式交換・株式移転後に完全子会社の従業者の概ね80％以上が、引き続きその子会社の業務（その子会社と完全支配関係がある法人の業務等を含む）に従事する必要があります。

　また、連続した組織再編を行い、従業者が他の法人に移動することが予定されている場合には、従業者を引き継いでいる・引き続き従事していると認められない可能性があります。連続した組織再編を行う場合には注意が必要です。

●事業継続要件

　事業の移転であるからこそ、組織再編税制上も例外的に資産・負債の簿価での移転を認めています。再編後、すぐに事業を廃止してしまっては、単なる資産の譲渡と差がなくなってしまうため、事業の継続が見込まれている必要があります。

株式交換・株式移転の場合も同様の考え方により、株式交換・株式移転後に完全子会社（その完全子会社との間に完全支配関係がある法人等を含む）における事業の継続が見込まれている必要があります。

なお、事業の規模の維持までは求められていないため、再編後に規模を縮小しても要件を満たすことができます。

●事業の関連性

税務上の共同事業の考え方は、「事業の関連性」と「支配の継続」から成り立っています。「事業の関連性」について、M＆Aツールを利用して共同して運営しようとする事業を統合する場合には、それぞれが相互に関連性を有することが必須条件になります。

具体的に、どのような事業であれば相互に関連する事業と認められるかについての判断は、事業の種類の同一性だけでなく、経営資源（棚卸資産、固定資産のほか、知的財産権や生産技術等を含む）を考慮したうえでの同一性や類似性の観点からも事業関連性の判定をすることとなります。

ただし、共同して行う組織再編によりシナジーが生まれ、それによって組織再編のコスト以上のメリットが見込まれることから組織再編を実行するのが本来の姿です。事業の関連性の有無は形式的なものではなく、実態として当事会社同士がコスト以上のシナジー効果があると見込んでいることを客観的に説明できる必要があります。通常のM＆Aは、十分なメリットが見込まれることを前提として行われますから、事業の関連性について説明することはそれほど困難でないことが多いと考えられます。

ペーパーカンパニーについては事業実体を認めていませんが、組織再編の有無にかかわらず自らの事業の開業準備行為（市場調査や広告宣伝等）を行う会社に対しては、事業実体が認められるケースもあると思われます。

●規模要件

「関連する事業」の売上金額、従業者数、もしくはこれらに準じるものの相対比率が概ね5倍を超えない必要があります。これは規模が大きく違うM＆Aは共同事業ではなく、大が小を飲み込むというような事業買収と推定するという割り切りをした要件です。

なお、合併の場合に限り、当事会社それぞれの資本金の額で比較することも可能です。このため、合併については他の再編と比べて規模要件を満たしやすいかもしれません。

●経営参画要件

上記「規模要件」を補完する実質要件として、合併、会社分割、現物出資において再編当事会社[*15]の双方の再編前の特定役員[*16,17]が、組織再編後の承継会社において特定役員として共同事業の運営に参画する場合には、実質的に支配が継続するとみなされます。

株式交換・株式移転の場合には、株式交換・株式移転に伴って完全子会社の特定役員のすべてが退任するものでないこととされています。

注意が必要なのは、この要件は実質要件であり、形式的に満たしていればいいというものではないという点です。実質的か形式的かについては、組織再編後の事業運営において自ずと明らかになる事項と考えられるので、安易な解釈での形式的な役員の続投等は税務否認リスクを伴うと考えるべきでしょう。

●株式継続保有要件

合併、分割型分割または株式交換・株式移転の場合には、組織再編直前の被合併法人、分割法人または完全子法人（以下「被合併法人等」という）の発行済株式の50％超を保有する支配株主が、合併、分割または株式交換・株式移転により交付される株式（以下「対価株式」という）の全部を継続して保有することが見込まれていることが必要です。支配株主のいない会社の支配はその法人自身であり、その場合は株式継続保有要件は不要ですが、支配株主がいた場合には、その株主に交付された対価株式のすべてについて株式継続保有要件が課されています。

なお、支配株主とは、再編の直前において被合併法人等と他の者との間に当

---

*15　合併会社と被合併会社、分割会社と分割承継会社、現物出資会社と被現物出資会社のように再編の当事者となる会社。

*16　役員には、会社法上の役員のみならず、税務上役員とされる「役員に準ずる者」も含まれます。

*17　特定役員とは、役付取締役と「役員に準ずる者」のうち経営の中枢に参画しているものを含みます。

該他の者による支配関係がある場合における当該他の者および当該他の者による支配関係がある者をいいます。

〈株式の継続保有要件〉

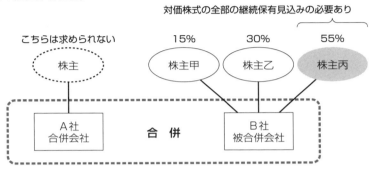

なお、株式継続保有は組織再編により交付される株式についてのみ求められるため、第三者割当増資で新たに株式を発行することで株主の持株比率が減少しても要件の充足には影響しません[*18]。

● 完全親子関係継続要件（株式交換・株式移転のみ）

わが国の株式交換・株式移転のルールは、完全な親子関係（100％）が成立する場合のみを指しています。そのため相互に関連する事業を共同して運営する方法として株式交換や共同株式移転を利用する場合には、原則として、立ち上げる事業を運営する会社（完全子会社）と、これを所有管理する会社（完全親会社）とは保有関係100％の完全な親子関係となり、かつ、この関係が継続する見込みがなければなりません。

[*18] ただし株式交換・株式移転の場合には、後述の完全親子関係継続要件に影響するので注意が必要です。

会社分割後に分割承継法人株式の譲渡が見込まれる場合の適格性の判断

　M＆Aにおいては、対象会社の一部分の事業を、株式で取引する場合があります。その場合には、対象会社においてＭ＆Ａの対象となっている事業を会社分割により別会社化し、その別会社株式を買収者に譲渡する方法が多く用いられます。

　税務上の適格要件の基本的な考え方は、移転した資産等に対する「支配の継続」があれば適格性を認めるものです。その考え方から、グループ内の適格組織再編に関しては、組織再編の前後を通じて、100％の資本関係（完全支配関係）、または50％超100％未満の資本関係（支配関係）の継続を要求しています。また、共同事業目的の組織再編では、資本関係の希薄な会社同士が、これから共同して事業を行うのですから、組織再編により交付された承継会社の株式を支配株主が継続保有することで、「支配の継続」を補完しています。

　そのため、前述したように対象会社の事業を別会社化し、その別会社株式のすべてを買収者に譲渡する場合には、別会社に移転した資産等に対する分割会社の「支配の継続」が、別会社株式の譲渡に伴い絶たれることになるため適格要件を満たさなくなり、非適格会社分割となります。

　なお、平成29年10月１日以降に行われる完全支配関係または支配関係がある法人間の分割型分割については、「支配の継続」は承継法人株式についてのみ課されることになりました。したがって、分割法人株式の売却見込みがある場合においても、適格要件に抵触しないこととなります。

 スピンオフ税制とスクイーズ・アウト税制

●スピンオフ税制

　誰にも支配されない法人の実質的な支配者はその法人自身であり、その法人自身の分割であるスピンオフについては、単にその法人が２つに分かれるような分割であれば、移転資産に対する支配が継続すると観念できることから、新

310

たな税制適格要件が創設されました。これは、分割法人が行っていた事業を新設分割型分割により新たに設立する分割承継法人において独立して行うための分割（平成29年4月1日以降分割）をいいます。

また、これと同様の効果があるとして、誰にも支配されない法人の完全子法人株式の全部の分配について、株式分配の適格要件を充足するものは、現物分配法人において譲渡損益の課税をせず（帳簿価額による譲渡）、また株主において帳簿価額の付け替えをすることとされました。

●単独新設分割型分割の適格要件

① 新設分割型分割であること

② 分割前に分割法人が他の者による支配関係（発行済株式数の50％超の直接・間接の保有関係）がなく、分割後に分割承継法人が他の者による支配関係があることが見込まれていないこと

③ 分割前の分割法人の役員等（役員に準ずる者で法人の経営に従事している者、分割事業に従事する重要な使用人を含む）のいずれかが、分割後に分割承継法人の特定役員（社長、副社長、代表取締役、代表執行役、専務取締役、常務取締役またはこれらに準ずる者で法人の経営に従事する者）になることが見込まれること

④ 分割事業にかかる主要な資産および負債が分割承継法人に移転していること

⑤ 分割法人の分割直前の分割事業にかかる従業者のうち、その総数のおおむね80％以上の者が分割承継法人の業務に従事することが見込まれていること

⑥ 移転事業の継続見込みがあること

⑦ 金銭等が交付されていないこと、按分型分割（分割法人の株主構成比率と同様の比率で分割承継法人の株式が交付されること）であること、中間型（分割型分割と分社型分割の組合せ）ではないこと

●株式分配

株式分配とは、現物分配（剰余金の配当または利益の配当に限る）のうち、現物分配の直前において現物分配法人により直接100％保有されていた法人（完全子法人）の発行済株式等の全部が移転するものをいいます。

適格株式分配の適格要件は、次のとおりです。

① 株式分配の直前に現物分配法人が他の者による支配関係がなく、かつ、その株式分配後に完全子法人が他の者による支配関係があることが見込まれていないこと

② 株式分配前の完全子法人の特定役員のすべてが株式分配に伴って退任するものでないこと

③ 完全子法人の分配直前の従業者のうち、その総数のおおむね80％以上の者が完全子法人の業務に引き続き従事することが見込まれていること

④ 完全子法人の株式分配前に行う主要な事業が完全子法人において引き続き行われることが見込まれること

⑤ 金銭等不交付要件、按分型交付であること

●スクイーズ・アウト税制（完全子法人化の課税関係の統一）

100％未満の子法人を100％化する手法として、株式交換のほか、全部取得条項付種類株式の端数処理による方法、株式併合の端数処理による方法、株式売渡請求の制度があげられ、実務的にもこれらの手法で行われています。

これらの手法による100％子会社化を組織再編税制の下に位置づけ、株式交換と同様に適格要件に該当しない場合には、対象となる子法人についてその有する資産の時価評価の対象とし、適格要件に該当する場合には時価評価の対象外となり、連結納税加入時の欠損金の持ち込みを可能とすることとされました。

5 適格組織再編後の繰越欠損金や含み損の利用

●繰越欠損金の引継ぎと利用の考え方[19]

繰越欠損金は自社で利用することが原則となります。そのため、原則的な取扱いである非適格合併では、被合併会社の繰越欠損金を合併会社で利用することはできませんが、合併会社の繰越欠損金に影響はありません。

一方、適格合併の場合は、他者の繰越欠損金を引き継ぐことが認められる可

---

[19] 清算時の取り扱いについては割愛しています。

〈繰越欠損金の引継ぎと利用の考え方―合併の場合―〉

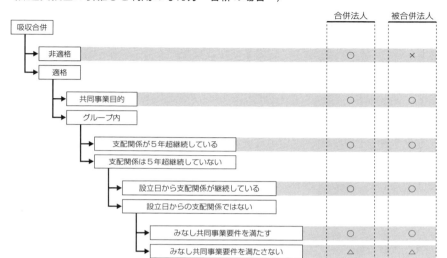

○：繰越欠損金の利用もしくは引継ぎが可能
×：繰越欠損金の利用もしくは引継ぎが不可能
△：繰越欠損金の利用もしくは引継ぎに制限を受ける

能性があります。しかし、すべての適格合併で引継ぎが認められるわけではありません。共同事業目的の適格合併では原則として引継ぎが認められるものの、グループ内の適格合併では適格要件の数も少なく、かつ、グループ内であることからそれらを比較的容易に充足できるため、繰越欠損金の引継ぎを目的とする適格合併が行われることも想定できます。

そのため、グループ内の適格合併のうち、①支配関係が5年超継続している会社間の適格合併は、繰越欠損金の引継ぎを目的とした適格合併とはいえないとの考え方から、繰越欠損金の引継ぎ制限を設けていません。また、②支配関係が5年以下であっても、グループ内の会社により設立され、設立日から支配関係が継続している会社間の適格合併も同様の考え方により繰越欠損金の引継ぎ制限を設けていません。さらに、③上記①および②の状況にない場合であっても、共同事業目的の適格合併の要件に類似した「みなし共同事業要件」（315ページ参照）を充足する場合には同様の考え方により繰越欠損金の引継ぎ制限を設けていません。

これらの要件を満たさないグループ内の適格合併は、繰越欠損金の引継ぎを目的とする適格合併とみなして、繰越欠損金の引継ぎを規制しています。

　なお、同様の判定要件により、グループ内の適格合併において被合併会社だけでなく、合併会社が有する繰越欠損金についても利用を制限していることに留意が必要となります。

●特定資産の譲渡等により生じた損失の損金算入制限

　繰越欠損金について、一定の場合に利用制限が課されますが、資産の含み損（「特定資産の譲渡等損失」という）についても一定の場合に利用制限が課されます。これは、繰越欠損金の場合と同様に、組織再編後において含み損を顕在化させることを目的としたグループ内の適格再編が行われることが想定されるためです。

　資産の含み損に関する利用制限の判定要件は、繰越欠損金の引継ぎ・利用に関する制限の判定要素に類似しています。

　また、この規制の対象となる資産は、組織再編の当事会社が支配関係発生日前に所有していた「特定資産」[20]で、組織再編において移転法人から移転したもののほか、承継法人が支配関係発生日の属する事業年度開始の日に保有していたものも対象となります。

●利用が制限される繰越欠損金と含み損の範囲

●利用が制限される繰越欠損金の範囲

　利用が制限される繰越欠損金は、基本的に支配関係発生前のものです。加えて、支配関係発生後に発生した繰越欠損金のうち、支配関係発生日の属する事業年度開始の日（移転法人においては支配関係発生日前）に有していた特定資

＊20　以下の資産は、特定資産から除外されています。
　　・棚卸資産（土地、土地の上に存する権利を除く）
　　・短期売買商品
　　・売買目的有価証券
　　・適格再編の日における帳簿価額または取得価額が1,000万円に満たない少額資産
　　・支配関係発生日の属する事業年度開始の日以後に取得した資産および同日において含み損となっていない資産（明細書の添付があり、一定の書類を保存した場合に限る）
　　・非適格合併により移転を受けた譲渡損益調整資産以外のもの

第8章　M&Aに関する税務

産を譲渡等することにより生じた損失額に相当する部分（特定資産の譲渡等により生じた利益額がある場合は利益額を控除した金額）も、同様に利用が制限されます。

●利用が制限される特定資産の譲渡等による損失（含み損）の範囲

利用制限を受ける含み損は、支配関係発生時に保有する資産で、支配関係発生日の属する事業年度開始の日（移転法人においては支配関係発生日前）に含み損のあるものについて、組織再編後における譲渡等により、その含み損（譲渡損失）を実現させたものです。

基本的な考え方は、支配関係発生日の属する事業年度開始の日（移転法人においては支配関係発生日前）に有する特定資産の含み損について、同時点に有する資産の含み益の範囲で利用を認めるというものです。

ただし、特定資産の譲渡等による損失（含み損）については、実務上の便宜を考慮して適格組織再編の日を含む事業年度開始の日から3年を経過するか、もしくは支配関係発生時から5年を経過した後は、利用制限は課されません。

●事業が移転しない適格会社分割や適格現物出資の特例

平成22年度税制改正において、適格会社分割や適格現物出資で事業が移転しない（＝資産・負債の移転のみ）場合における繰越欠損金や含み損の利用制限について改正されました。事業が移転しない適格会社分割や適格現物出資では、事業から生じる収益はないことから、移転した資産の含み益が実現することが唯一の収益と考えられます。

よって、移転した資産の含み益の範囲内で、繰越欠損金および含み損の利用を制限しています。

また、移転した資産に含み損がある場合には、承継会社における繰越欠損金の利用制限と、承継会社が支配関係発生日の属する事業年度開始の日に有する特定資産にかかる含み損の利用制限は課されません。

●みなし共同事業要件

グループ内再編において、次ページ表に示す「みなし共同事業要件」を満たす場合には、繰越欠損金の利用制限や特定資産の譲渡等により生じた損失の損

315

金算入制限を受けることはありません。

〈税制適格要件とみなし共同事業要件〉

要件		税制適格要件【参考】			みなし共同事業要件
		グループ内再編		共同事業再編	
		完全支配関係（資本関係100%）	支配関係（資本関係50%超100%未満）		
①金銭の支払いがない		○	○	○	
②独立事業単位要件	主要資産・負債の引継ぎ(注1)		○	○	
	従業員の引継ぎ		○	○	
③事業継続要件			○	○	
④事業関連性要件				○	○
⑤規模要件又は⑥経営参画要件				○	○
⑤-2規模継続要件（⑥を満たさないときのみ）					○
⑦株式継続保有要件				○	
⑧完全親子関係継続要件(注2)				○	

○：充足する必要あり

注1　会社分割の場合に限り適用される
注2　株式交換・株式移転に限り適用される
注3　適格現物分配においては、みなし共同事業要件は設けられていない

　④⑤については、共同事業要件と同じであるため説明を割愛し、以下では共同事業要件とみなし共同事業要件で相違のある⑤-2と⑥について説明します。

● 規模継続要件

　被合併会社等および合併会社等の規模継続要件とは、被合併会社等の規模要件の対象となった事業が、支配関係発生時から組織再編の直前まで継続して営まれており、かつ、支配関係発生時と組織再編の直前における被合併会社等または合併会社等のそれぞれの事業規模の割合が概ね２倍を超えないことを要求するものです。これは支配関係が生じると規模の変更は比較的容易であると考

えられることから、規模要件の規制としての実効性を高めるための追加的要件です。

● 経営参画要件

経営参画要件が実質要件であり、就任期間について形式的に満たすだけでは不十分なことは前述のとおりです。また基本的な要件も同様ですが、下図のように支配関係発生前の状況を含めて検討を要するところに違いがあるので、十分な注意が必要です。

〈経営参画要件の違い〉

				グループ化(注)	再編時
共同事業要件	合併	合併会社		常務以上	常務以上
		被合併会社		常務以上	常務以上
	会社分割	承継会社		常務以上	常務以上
		分割会社		平取締役	常務以上
	現物出資	被現物出資会社		常務以上	常務以上
		現物出資会社		平取締役	常務以上
みなし共同事業要件	合併	合併会社	平取締役	常務以上	常務以上
		被合併会社	平取締役	常務以上	常務以上
	会社分割	承継会社	平取締役	常務以上	常務以上
		分割会社	平取締役	平取締役	常務以上
	現物出資	被現物出資会社	平取締役	常務以上	常務以上
		現物出資会社	平取締役	平取締役	常務以上

(注) 共同事業要件は、50%超のグループでないことを前提とする

● 繰越欠損金や特定資産の譲渡等損失額の損金算入制限の特例

グループ内の適格組織再編において繰越欠損金や含み損（特定資産の譲渡等損失額）に制限が課せられている理由は既述のとおりです。

しかし、再編当事会社が、支配関係事業年度の前事業年度終了の時において含み益を有しており、同日における時価純資産額が同日における簿価純資産額を超える場合には、含み損を利用するためのグループ内の適格組織再編とはい

えないと考えられます。

　同様に、支配関係事業年度の前事業年度終了の時における時価純資産額から同日における簿価純資産額を控除した金額が、同日における繰越欠損金額以上の場合には、繰越欠損金の利用を目的とした適格組織再編とはいえないと考えられます。

　そのため、これらの状況にあるときには、組織再編日の属する確定申告書に明細書を添付し、かつ、その根拠となる資料を保存している場合に限り、繰越欠損金や含み損の利用制限を課さないこととされています。なお、この判定は、再編当事会社がそれぞれ個別に実施する必要があります。

　この特例の適用に際しての含み損益の把握方法ですが、その有する資産の個別の時価を把握し、簿価と比較する方法が一般的であると思われます。会社の規模が大きい場合には、各資産の個別の時価を把握するために多大な時間と労力を要することが予想されます。

 無対価組織再編成

　無対価組織再編成とは、対価が交付されない組織再編成の総称です。
　平成29年の税制改正により、無対価組織再編成となる類型の見直しが行われました。基本的には、株式交付を省略していると認められるものについて、適格組織再編成と整理されていますが、完全支配関係がある場合ならびに再編当事会社の株主構成が同一の場合の対価の交付を省略しているとみなすことができる合併・会社分割・株式交換について、税制適格となる無対価組織再編成となることが明確に定義されています。
　複雑な資本構成における無対価組織再編成の場合には、要件を満たさない可能性もあるため、条文に当てはめた慎重な検討が必要です。なお、現物出資・株式移転については株式が必ず発行されるため、無対価組織再編成に関する条文は設けられていません。
　なお、個人とその親族等によって完全支配関係が成立している会社間（次図③で

318

〈無対価組織再編成が利用されるケース（会社分割の場合）〉

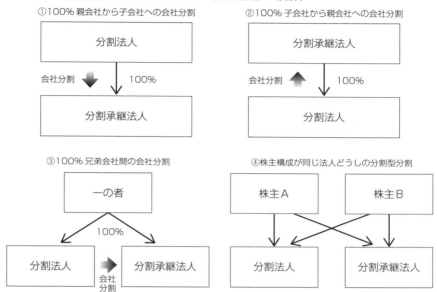

注）①のケースについては、会計上の取扱いについて、検討を要することに留意が必要。

一の者が個人と親族等である場合）での無対価組織再編成には留意が必要です。無対価組織再編成以外の条文では、完全支配関係が個人と個人の親族等によって成立する場合を含む旨の規定がなされている箇所がありますが、無対価組織再編成の条文では個人の親族等を含む旨の規定はありません。このため、個人とその親族等によって完全支配関係が成立している会社間での無対価組織再編成については、税制非適格となると考えられます。

流通税 ―登録免許税・不動産取得税―

　M&Aでは法人税以外に流通税[*21]の金額が多額となる場合もあるため、法人税の検討と並行して流通税の検討も必要となります。例えば、不動産業や小売業等の所有不動産の多い業界でのM&Aの際は、流通税の負担が大きくなるケースも見受けられます。このような場合、実務上は法人税に関する影響を考慮しつつも、流通税の支払総額を抑えるために、移転する不動産を必要最低限に絞ったり、スキーム自体を事業譲渡から会社分割あるいは合併へ変更したり、合併の存続会社を所有不動産の多い会社にするといった工夫を行うこともあります。

　なお、登録免許税および不動産取得税の取扱いは、法人税法上の適格、非適格とは別の議論となりますので、適格組織再編等の議論と混同しないよう留意が必要です。

1. 登録免許税

		課税標準	税率	
			通常時	産業競争力強化法認定時の特例（注1）
(1)所有権移転登記				
合併	新設合併 吸収合併	不動産の価額	0.4%	0.2%（注4）
会社分割	新設分割 吸収分割	不動産の価額	H27.4.1～は2.0%	0.4%（注4）
現物出資		不動産の価額	2%（注2）	1.6%
譲渡・事業譲渡		不動産の価額	2%（注2）	1.6%（注4）
(2)会社の商業登記				
合併	①新設合併による設立登記	資本金の額	0.15%（注3）	0.1%（注3）
	②吸収合併による資本金の増加の登記	増加した資本金の額	0.15%（注3）	0.35%（注3）

*21　流通税には、登録免許税、不動産取得税および印紙税等があるが、ここでは金額負担が比較的多額になる登録免許税および不動産取得税のうち主なものをまとめています。

第8章　M&Aに関する税務

		課税標準	税率	
			通常時	産活法認定時の特例（注1）
会社分割	①新設分割による設立登記	資本金の額	0.7％（注3）	0.5％（注3）
	②吸収分割による資本金の増加の登記	増加した資本金の額	0.7％（注3）	0.5％（注3）

（注1）　令和2年3月31日までに一定の認定を受けたものに限ります。
（注2）　土地の売買による所有権移転登記は、平成31年3月31日まで1.5％（なお、事業譲渡の場合は当該軽減措置の適用はない）。
（注3）　実質的な増資部分（3千億円以下の部分）については、通常時0.7％、産業競争力強化法認定時0.35％となります。
（注4）　中小企業等経営強化法の一定の認定についても同様。

2．不動産取得税

	課税標準	税率	
	不動産の価額	通常	特例
合併		非課税	
会社分割・現物出資	土地・住宅（注5）	R3.3.31まで3％ R3.4.1以降4％	非課税（注6、7）
	住宅以外の家屋	4％	
譲渡・事業譲渡	土地・住宅（注5）	R3.3.31まで3％ R3.4.1以降4％	
	住宅以外の家屋	4％	

（注5）　令和3年3月31日までに取得した宅地評価土地（宅地および宅地比準土地）については、課税標準は1/2。
（注6）　会社分割で以下の要件をすべて満たす場合は、非課税。なお、法人税法に規定する50％超グループ内再編と同じ要件ですが、株式の50％超グループ内の継続要件は課されていません。
　①　分割承継法人株式以外の資産が交付されないこと
　②　非按分型分割型分割に該当しないこと
　③　分割事業に係る主要な資産および負債が分割承継法人に移転していること
　④　分割事業が分割承継法人において当該分割後に引き続き営まれることが見込まれていること
　⑤　当該分割の直前の分割事業にかかる従業者のうち、その総数のおおむね80％以上に相当する数の者が当該分割後に分割承継法人の業務に従事することが見込まれていること。
（注7）　現物出資で以下の要件をすべて満たす場合は、非課税。
　①　新設会社を設立するために行う現物出資であること
　②　新設会社の設立時において、現物出資会社が、新設会社の発行済株式の総数の90％以上の数を所有していること
　③　新設会社の設立時において、新設会社が現物出資会社の事業の一部の譲渡を受け、当該譲渡に係る事業を継続して行うことを目的としていること
　④　新設会社の設立時において、新設会社の取締役の1人以上が現物出資会社の取締役または監査役であること

3 連結納税

　会社法や独占禁止法の改正、会計制度の変化などの環境変化、企業グループの一体的な運営が急速に浸透しつつある実態を踏まえ、平成14年度税制改正により、連結納税制度が導入されました。

　この制度は、完全支配関係があり、かつ、適用の承認を得ている場合に導入可能な制度であり、企業グループを１つの納税単位として法人税[*22]の申告・納税を行う制度です。

　グループ内の黒字法人や赤字法人の損益を通算し、グループ全体の課税負担の軽減を図りたい場合に、導入を検討すべき制度です。

　以下では、連結納税制度の概要について記載するとともに、連結納税制度がM＆Aに与える影響について記載いたします。

1 連結納税制度の概要

　連結納税制度は、親会社（税務においては「親法人」という）とその親法人に発行済株式総数の100％[*23]を直接・間接に保有される子会社（税務においては「子法人」という）を、１つの納税単位とみなして法人税の申告・納税をする制度であり、その適用範囲は次図のようになっています[*24]。

　連結納税制度は任意に導入可能な制度であり、連結納税制度の適用を受けようとする親法人およびすべての100％子法人が連名で、連結納税を開始しようとする事業年度の開始の日の３か月前までに申請し、国税庁長官の承認を受けることにより導入することができます。

＊22　地方税には連結納税の制度はありません。

＊23　資本関係は議決権ではなく、発行済株式総数に占める割合で判定します。なお、自己株式または出資、従業員持株会およびストック・オプションの行使により取得された株式のうち、一定のものは保有割合の計算から除かれます。

＊24　ここでの会社は、日本国内の法人（「内国法人」という）に限られ、外国法人または外国法人が出資している内国法人は除きます。

〈連結納税の適用範囲〉

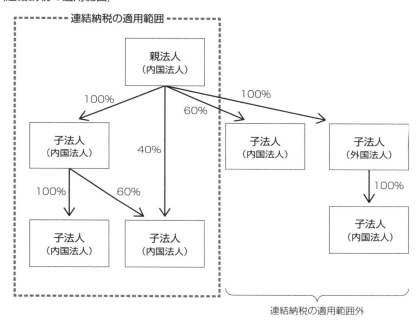

　連結納税制度を導入した場合は原則として継続適用が必要となり、一定の取消事由が無い限り、適用の取止めはできないため、導入に当たっては、そのメリット・デメリットと影響額を慎重に検討する必要があります。

　連結納税制度が導入されると、連結納税グループ内における黒字法人の所得と赤字法人の所得とを通算して算出した連結課税所得に税率を乗じて法人税額が計算されます。法人税以外の法人住民税および法人事業税については、連結納税制度が設けられておらず、親法人と100％子法人がそれぞれ個別に申告・納税を行うため、損益の通算は行われません。連結納税制度を採用している場合にも各法人の所得を計算する必要があります。また、連結納税制度に対応するための申告手続きは煩雑なため、システムの導入が検討されることになります。

　また、連結納税制度を開始する場合や連結納税制度を採用している法人が新たに子法人を連結納税グループに加入させた場合には、連結納税制度開始前または加入前の子法人の一定の資産について時価評価されること、子法人の繰越

欠損金に利用制限が生じる場合があることが状況に応じてメリットまたはデメリットとなります。

〈連結納税制度のメリット・デメリット〉

項目	メリット	デメリット
グループ内法人間の損益通算	連結グループ内の黒字法人の所得と赤字法人の欠損の通算が法人税法上可能となる	
連結納税適用前の繰越欠損金	連結納税適用前の親法人の繰越欠損金の連結グループ全体での利用が可能となる	連結納税適用前の子法人の繰越欠損金は原則として切り捨てられる。また、時価評価対象外法人の欠損金は持込み可能であるが、その法人においてのみ利用可能となる
連結納税適用前の資産の含み損益に対する課税	状況によって異なるため、個別に検討を要する	
事務負担等		申告手続きが煩雑となる。税務申告に当たり、別途システムを導入する必要がある

2 連結納税制度がM＆Aにおいて与える影響

　連結納税制度がM＆Aに与える影響は、連結納税制度採用会社が売り手であるのか、買い手であるのかに分けて考える必要があります。次図のように主に買い手において影響がありますが、売り手が連結納税制度採用会社の場合で、売り手である連結親法人を買収してグループ全体を傘下に収める際には売り手が連結納税制度を取り止める影響がすべて買い手の負担となることに留意が必要です。

●組織再編税制との関係

　連結納税制度を採用している法人であっても、基本的には単体納税を採用している法人と同様の組織再編税制が適用されます。ただし、資産の時価評価、繰越欠損金の引継ぎについては一部例外がありますので、以下を参照ください。

第8章　M&Aに関する税務

〈M&Aにおける留意点〉

立場	制度	場面
買い手	組織再編税制と連結納税制度の関係	連結納税制度採用会社が、買収後に組織再編する場合
		連結納税制度採用会社が、組織再編により買収を行う場合
	連結納税制度開始または加入の際の取扱い	連結納税制度採用会社が、買収を行う場合
	連結納税制度の取止めまたは離脱の際の取扱い	連結納税制度を採用する親会社を、買収対象会社とする場合
売り手		連結納税制度採用会社が、子会社を売却する場合

●連結納税制度開始または加入の際の取扱い

①連結納税制度の開始前または連結納税グループへの加入前の子法人の一定の資産の時価評価

　連結納税制度を開始した場合や子法人が連結納税グループに新たに加入した場合には、原則として、子法人が開始時または加入時に保有する一定の資産[25]について時価評価が行われ、評価損益を認識することになります。これは、単体納税から連結納税に納税単位が変更されるため、単体納税下での課税関係を精算した上で、連結納税制度を適用すべきであるとの考え方によります。

----

*25　時価評価の対象となる一定の資産は、非適格株式交換・株式移転の場合と同様に、以下の資産に限定されています。
　　・固定資産
　　・土地（土地の上に存する権利を含み、固定資産に該当するものを除く）
　　・金銭債権
　　・有価証券（売買目的有価証券、償還有価証券を除く）及び繰延資産
　　　ただし、含み損益が当該子法人の資本金等の額の2分の1または1,000万円のいずれか少ない金額に満たないものを除きます。なお、平成29年度の税制改正により、帳簿価額1,000万円未満の資産が時価評価対象資産から除外されました。これにより、連結加入時において帳簿価額が付されていない自己創設営業権は時価評価の対象外となりました。

325

ただし、すべての子法人の一定の資産を時価評価するわけではなく、事務負担や課税上の弊害が生じにくいこと等を考慮し、一定の子法人については例外的に時価評価制度の適用対象外とされており（下表参照）、連結納税制度採用会社においては買収ツールとして時価評価課税をさけるため、税制適格株式交換等が利用されます。

　また、株式購入等で取得した子会社に重要な含み益が存在する場合には、時価評価による課税を回避するため、連結納税の適用時期を遅らせることもあります。

〈一定の資産の時価評価の要否・繰越欠損金の持込みの可否〉

一定の資産の 時価評価の要否		種　類	繰越欠損金の 持込みの可否	
連結納税 開始時	連結納税 加入時		連結納税 開始時	連結納税 加入時
不要		親法人	持込み可 注5	注8
不要		株式移転にかかる 完全子法人 注1	持込み可 注6	
必要	必要	子法人	切捨て	切捨て
不要	不要	長期保有子法人注2	持込み可 注7	持込み可 注7 注8
		グループ内法人により 設立された法人等注3		
		適格合併・適格株式交換等・ 適格株式移転の際の被合併 法人等の長期保有子法人 注4		
		単元未満株の買取り等 による子法人注3		
		適格株式交換等注9による 株式交換完全子法人注3		

注1　連結納税開始の日の5年前の日以降に、株式移転により連結親法人となる法人を設立した完全子法人で、その後、親法人に直接または間接に継続保有されている法人をいいます。
注2　連結グループ内の法人により、連結納税開始の5年前の日から継続保有されている場合をいいます。
注3　連結納税開始時は、連結納税開始日の5年前の日以降に設立、単元未満の買取りまたは適格株式交換等により100％保有となった子法人を意味します。連結グループ加入時は、このような事由により100％保有となった子法人を意味します。
注4　被合併法人・株式交換等完全子法人・株式移転完全子法人（被合併法人等という）の長期保有子法人とは、連結納税開始時は、その開始日の5年前の日（または設立日）から直接・間接に100％継続保有されている子法人をいいますが、連結納税への加入時は、その合併等の日の5年前の

日（または設立日）から100％直接・間接に継続保有されている子法人をいいます。
注5　連結グループ全体の課税所得に利用することができます。
注6　原則として、連結グループ全体の課税所得に利用することができますが、①非適格株式移転の場合の株式移転日以前の完全子法人の繰越欠損金、②株式移転直前に他の法人に50％超保有されていた場合の当該完全子法人の繰越欠損金、③株式移転日以降に間接保有になる等、直接保有が継続していない場合の当該完全子法人の繰越欠損金は、連結グループ全体の課税所得に利用することはできず、当該法人の個別所得を上限として利用することができます（特定連結欠損金という）。
注7　連結グループ全体の課税所得に利用することはできず、当該法人の個別所得を上限として利用することができます（特定連結欠損金という）。
注8　連結納税開始後に連結親法人または連結子法人が外部の法人を適格吸収合併することにより承継した被合併法人の繰越欠損金は、連結グループ全体の課税所得に利用することはできず、当該合併法人の個別所得を上限として利用することができます（特定連結欠損金という）。
注9　適格株式交換等とは、次の4つの手法による完全子法人化をいいます。①株式交換、②全部取得条項付種類株式にかかる端数処理による完全子法人化、③株式併合にかかる端数処理による完全子法人化、④株式売渡請求による完全子法人化。なお、平成29年の税制改正により、平成29年10月1日以降に行われる②～④については、適格要件を充足する場合に適格株式交換等として取り扱われることになりました。

　なお、連結納税の開始日または子法人が新たに連結納税グループに加入した日以後2か月以内に、親法人との間に完全支配関係を有しなくなる法人は時価評価制度の適用対象外とされています。例えば、連結納税制度採用会社が、第三者から株式を100％取得した後、2か月以内に外部へ一部売却することにより合弁会社化する場合、時価評価制度の適用はありません。しかし、2か月という時間は長いとはいえないことから、不必要な時価評価による課税を回避するため、最終的な資本関係を見据えたスケジュールの策定が必要となります。

②連結納税開始前または加入前の繰越欠損金の引継ぎ

　連結納税制度を開始した場合や、子法人が連結納税グループへ新たに加入した場合には、原則として、子法人が開始前または加入前に有していた繰越欠損金は、連結納税制度へ引き継ぐことはできません。

　これは、納税単位が単体から連結グループという別の納税単位に加入することから、他の納税単位の課税関係を精算するために、原則として切り捨てることとされたものです。

　なお、従前は、連結納税開始前に生じた繰越欠損金のうち、①連結親法人の繰越欠損金と②連結納税開始前5年内の株式移転によって設立された親法人により、発行済株式のすべてを継続して保有されている株式移転完全子法人（「株式移転に係る完全子法人」という）[26]の繰越欠損金のみが、例外的に引継ぎ可能とされていました。

＊26　株式移転直前において発行済株式の50％超を他の法人に保有されている法人を除きます。

この点に関し、平成22年度税制改正において、連結納税制度の普及を促進する観点から、繰越欠損金の引継ぎ制限が緩和され、連結納税制度の開始または加入に際し、時価評価制度の適用対象外とされる子法人について、連結納税の開始前または加入前に有していた繰越欠損金は引き継がれ、当該子法人の個別所得を限度として利用することが可能となりました。

　しかし、仮に連結納税制度内に子法人の繰越欠損金を引き継ぐことができたとしても、当該子法人について将来の所得が十分に見込めない場合には、繰越期限の満了により欠損金が消滅することになります。

●連結納税制度の解消または離脱の際の取扱い

①譲渡損益調整資産にかかる繰延譲渡損益の取崩し

　連結納税グループ内で固定資産等の譲渡損益調整資産[*27]の譲渡を行った場合には、譲渡損益を繰り延べる調整が必要となりますが、繰り延べた譲渡損益は、譲受法人が再譲渡する場合や連結納税グループから離脱することにより譲渡法人と譲受法人との完全支配関係が崩れた場合、など一定の理由が生じた場合に益金または損金として計上することとなります。完全支配関係が崩れることにより、買い手が取得後に税負担が生じる可能性を考慮する必要があります。

②子法人株式または出資にかかる帳簿価額の修正

　連結納税グループ内の子法人株式[*28]を譲渡した場合や連結納税制度を取り止めた場合には、保有していた子法人株式にかかる帳簿価額の修正が必要となります。

　これは、連結納税グループ内の子法人株式を売却する場合、過去の当該子法人の利益および損失を加味した価格で売却されますが、子法人の利益および損失は連結グループの課税所得としてすでに反映されている部分があり、子法人株式にかかる帳簿価額を修正しなければ二重課税（二重控除）となるためです。

　なお、修正額は、対象となる子法人の連結子法人であった期間中に増減した利益積立金額から既修正額を控除した金額に、発行済株式総数等に占める保有

＊27　譲渡損益調整資産の種類や繰り延べた譲渡損益の計上理由の詳細は、後述します（339ページ）。
＊28　出資を含みます。

〈帳簿価額修正の概念（利益の場合）〉

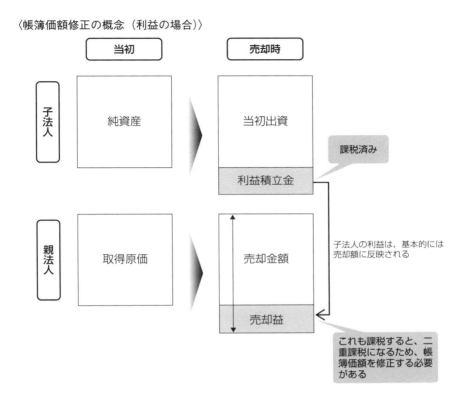

割合を乗じて計算します。

③繰越連結欠損金の引継ぎ

　連結納税を取り止めた場合や、子法人が連結納税グループから離脱した場合には、これらの法人は連結納税から単体納税に移行します。このため、繰越連結欠損金のうち、各社に帰属する金額（連結欠損金個別帰属額）については、原則として、それぞれの法人の繰越欠損金として引き継ぐこととなります。

　なお、連結納税開始時または加入時に切り捨てられた単体納税における繰越欠損金は、原則として[*29]復活することはありません。

---

　*29　一度も連結申告に参加していない場合には例外として引き継がれます。

連結納税制度からグループ通算制度へ

　令和2年度税制改正により、連結納税制度は損益通算のメリットを残しながら単体申告化するという抜本的見直しが行われることになり、名称も「グループ通算制度」に変更されることになりました。グループ通算制度は約2年の猶予期間の後、令和4年4月1日以後開始事業年度から適用されます。現行の連結納税制度を適用している企業グループも、それ以降はグループ通算制度に自動移行します（ただし、連結親法人が令和4年4月1日以後最初に開始する事業年度開始の日の前日までに税務署長に届出書を提出することにより、連結納税制度の適用を取り止め、グループ通算制度を適用しない単体納税法人となることも選択できます）。

　また、この抜本的見直しに伴い、従来連結納税制度選択の足かせとなっていた、子法人の時価評価課税・欠損金の切捨てについて、組織再編税制の考え方を取り入れた判定に大きく見直し、その対象を縮小することとされました。

1　損益通算の基本的な仕組み

(1) 損益通算しながら単体申告

　連結納税制度においては、連結親法人が納税義務者となり、グループ内に所得の法人と欠損の法人が存在する場合には、それらを合算・相殺したものを連結所得として連結申告することにより、損益通算が行われていました。

　これに対し、グループ通算制度においては、納税主体はグループ内の各法人とされ、次のプロラタ計算により、欠損法人の欠損金額を所得法人において損金算入することとされます。

　① 欠損法人の欠損金額の合計額（所得法人の所得金額の合計額を限度）を所得法人の所得の金額の比で配分し、所得法人において損金算入する
　② 損金算入金額の合計額を欠損法人の欠損金額の比で配分し、欠損法人において益金算入する

　例えば、次の図のような計算になります。

〈グループ通算制度〉

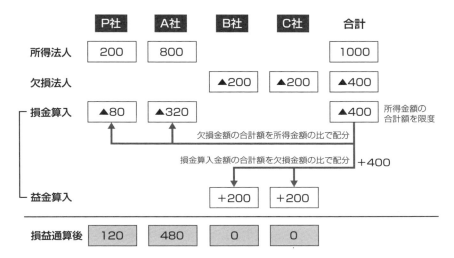

① 欠損金額の合計額（400≦所得金額1,000）を所得金額の比で配分し、損金算入
　A社　400×200／1,000＝80
　B社　400×800／1,000＝320
② 損金算入金額の合計額を欠損金額の比で配分し、益金算入
　C社　400×200／400＝200
　D社　400×200／400＝200

(2) 繰越欠損金の通算

(1)の損益通算をしてもなお欠損金が残る場合には、これを10年間繰越控除し、基本的にグループ全体の所得から控除できる点についても、連結納税に比べ基本的な変更はありません。

2　その他基本的な仕組み

その他の基本的な仕組みは、連結納税制度と概ね同様とされ、主には次のとおりです。

項目	連結納税制度の概要	グループ通算制度
適用法人	基本的に、完全支配関係（100％の支配関係）のある内国普通法人のグループ	基本的に同左
適用方法	原則として、最初の連結事業年度開始の日の3月前までに承認申請を行い、国税庁長官の承認を受ける	基本的に同左
青色申告	青色申告とは別個の制度（青色申告とおおむね同等の要件が必要）	青色申告を前提とする ■グループ通算制度の承認を受けた場合青色申告の承認を受けたとみなされる ■適用法人・適用方法・承認取消事由等の規定において青色申告の承認を前提とした規定が追加されるが、実質的な改正にはならない見込み
電子申告	令和2年4月1日以後開始事業年度については、親法人の資本金が1億円超であれば、電子申告が義務化される	グループ通算制度適用法人は、電子申告により法人税・地方法人税の申告をしなければならない ■親法人の電子署名により子法人の申告及び申請、届出等を行うことができることとされるほか、ダイレクト納付についても所要の措置がとられる
申告期限の延長特例	親法人が申請を行い、原則2カ月延長される	同左
事業年度	親法人の事業年度に統一	同左
取止め	制度適用の取止めは基本的にやむを得ない事情がある場合に限られる ■親法人が帳簿不備等により連結納税の承認を取り消された場合には、グループ全体の連結納税が取止めになる ■親法人が解散したり、他の内国法人の100％保有になった場合などには、グループ全体の連結納税が取止めになる	基本的に同左 ■青色申告を前提にした制度になることによる措置が加えられる

税率	連結親法人が中小法人等に該当するかどうかにより適用税率が決まる。中小法人の軽減税率は連結所得の年800万円以下の金額について適用される。	各法人の適用税率によることとされているが、協同組合等を除き、以下のように、実質的には通算グループ全体を考慮して決定される ■中小法人の軽減税率は、通算グループ内の全法人が中小法人に該当する場合のみ適用され、その適用対象所得金額は、年800万円を所得金額の比で配分した金額とされる
連帯納付責任	有	同左 ■通算グループ内の他の法人の法人税について連帯納付責任を負う
包括的租税回避防止規定	有	同左

3 グループ通算制度開始・加入

(1) 制度適用開始・加入時の時価評価・欠損金の取扱いの概要

　M＆Aの場面では100％化により連結加入する子法人のその直前の保有資産の時価評価を行い含み損益を清算し（時価評価課税）、繰越欠損金の切捨てを行うこととされています。

　グループ通算制度においては、開始・加入時の時価評価課税・欠損金切捨ての対象について、組織再編税制の考え方を取り入れることにより、その対象が縮小されます。すなわち、従来は主に100％化した手法により時価評価課税・欠損金切捨ての有無が判断されていましたが、時価評価課税については適格組織再編と同等の要件を満たしているかどうか等により判定され、欠損金切捨てについても、支配関係が5年超継続しているか、みなし共同事業要件と同等の要件をみたすかどうか、等により判断されることになります。

　ただし、親法人については、連結納税制度においては納税義務者として特別扱いされていたのに対し、グループ通算制度への移行により基本的に子法人と同列に扱われることになり、時価評価課税・欠損金切捨ての対象外になるためには一定の要件を満たすことが必要になるほか、繰越欠損金を持ち込めた場合にも特定欠損金とされ、親法人の所得を上限に控除をすることになります（SRLYルール（注））。親法人については連結納税開始時に比べ納税者不利な改正といえます。

（注）欠損金の繰越控除を自己の所得の範囲内に限定するルールをSRLYルール（Separate Return Limitation Year Rule）と呼ぶ。

(2) 制度適用開始時の時価評価・欠損金の切捨て

制度適用開始時の保有資産の時価評価及び含み損益・開始前欠損金の制限の対象は次の通りです。

法人	時価評価	含み損益・開始前の欠損金		
親法人との間（親法人についてはいずれかの子法人との間）に完全支配関係の継続が見込まれる	時価評価対象外	親法人との間（親法人についてはいずれかの子法人との間）の支配関係が5年超		含み損益の利用・欠損金の持込みに制限なし（持ち込んだ欠損金は特定欠損金になる（SRLYルール））
		親法人との間（親法人についてはいずれかの子法人との間）の支配関係が5年以内	共同事業性(*1)あり	
			共同事業性(*1)なし	含み損益・欠損金等の利用を一部制限(*2)
親法人との間（親法人については全ての子法人との間）に完全支配関係の継続が見込まれない	時価評価対象	開始前の欠損金は切捨て		

(*1) **共同事業性**：当該法人の主要な事業と通算グループ内いずれかの法人の事業について、組織再編税制におけるみなし共同事業要件と同内容の要件に該当するもの

(*2) **含み損益・欠損金等の利用を一部制限**：支配関係発生から5年経過日と開始から3年経過日といずれか早い日まで、以下の場合分けにより制限が課される

　イ）ロ・ハ以外の場合：グループ通算制度開始後に支配関係発生前から有する資産の実現損が計上され、これが欠損金を構成した場合には、損益通算の対象外とされた上で、特定欠損金としてその法人の所得金額を限度として繰越控除される

　ロ）支配関係発生後に新たな事業を開始した場合：支配関係発生前に生じた欠損金及び支配関係発生前から有する資産の開始前の実現損から成る欠損金は切り捨てられ、支配関係発生前から有する資産の開始後の実現損は損金不算入となる

　ハ）原価及び費用の額の合計額のうちに占める損金算入される減価償却費の額の割合が30％を超える場合：グループ通算制度開始後に生じた欠損金について、損益通算の対象外とされた上で、特定欠損金とされる

(3) 子法人加入時の時価評価・欠損金の切捨て

損益通算グループに子法人が加入する場合についての時価評価及び含み損益・加入前欠損金の制限の対象は次の表のとおりです。

第8章　M&Aに関する税務

法人	時価評価	含み損益・加入前の欠損金		
通算グループ内新設法人	時価評価対象外	親法人との間の支配関係が5年超		含み損益の利用・欠損金の持込みに制限なし（持ち込んだ欠損金は特定欠損金になる（SRLYルール））
適格株式交換等により加入した株式交換等完全子法人		親法人との間の支配関係が5年以内	共同事業性(*4)あり	
適格組織再編成と同様の要件(*3)に該当			共同事業性(*4)なし	含み損益・欠損金等の利用を一部制限(*5)
上記以外	時価評価対象	加入前の欠損金は切捨て		

(*3)　**適格組織再編成と同様の要件**：加入直前の支配関係の有無に応じ、組織再編税制の適格要件と同様の要件に該当するもの

(*4)　**共同事業性**：次の法人については共同事業性ありと判定される。
　　A）加入の直前に親法人との支配関係がない法人で上記(*3)適格組織再編成と同等の要件に該当するもの
　　B）加入の直前に親法人との支配関係がある法人で、当該法人の主要な事業と通算グループ内いずれかの法人の事業について、組織再編税制におけるみなし共同事業要件と同内容の要件に該当するもの
　　C）非適格株式交換等により加入した株式交換等完全子法人で共同で事業を行うための適格株式交換等の要件のうち対価要件以外の要件に該当するもの

(*5)　**含み損益・欠損金等の利用を一部制限**：開始における(*2)と基本的に同様であり、支配関係発生から5年経過日と加入から3年経過日といずれか早い日まで、(*2)の制限が課される。

(4)　完全支配関係の継続が見込まれない子法人株式の時価評価

　グループ通算制度の適用開始または通算グループへの加入をする子法人で、親法人との間に完全支配関係の継続が見込まれないものの株式については、租税回避防止等の観点から、株主において時価評価により評価損益を計上することとされます（損益通算をせずに2か月以内に通算グループから離脱する法人を除く）。

4　通算グループからの離脱

(1)　離脱時の時価評価

　連結納税制度では、連結納税グループから離脱する法人についての資産の時価評価は行うことはありませんでしたが、グループ通算制度では、次の場合には、それぞれ次の資産について、直前の事業年度において時価評価損益の計上を行うこととされます。

　　イ　主要な事業を継続することが見込まれていない場合（離脱の直前における含

335

み益の額が含み損の額以上である場合を除く）：固定資産、土地等、有価証券（売買目的有価証券等を除く）、金銭債権及び繰延資産（帳簿価額が1,000万円未満のもの及びその含み損益が資本金等の額の2分の1または1,000万円のいずれか少ない金額未満のものを除く）

ロ）　帳簿価額が10億円を超える資産の譲渡等による損失を計上することが見込まれ、かつ、その法人の株式の譲渡等による損失が計上されることが見込まれている場合：その資産

⑵　離脱時の投資簿価修正

　連結納税制度においては、連結納税グループ内で二重課税・二重控除を回避するため、連結子法人株式簿価を調整する投資簿価修正制度がありましたが、この投資簿価修正制度は、グループ通算制度においては以下のように改組されます。なお、グループ通算制度の適用開始または通算グループへの加入後、損益通算をせずに2か月以内に通算グループから離脱する法人については適用されません。

項目	改正内容
修正対象	通算グループからの離脱法人の株式
修正のタイミング	離脱直前の帳簿価額を修正
修正金額	離脱法人の株式簿価＝離脱法人の簿価純資産価額に相当する金額になるよう修正する

第8章 M&Aに関する税務

4 グループ法人税制

　法人の組織の多様化に対応するとともに組織形態の違いによる課税関係の中立性や公平性を確保する目的から、平成22年度税制改正により、完全支配関係があるグループ内での取引を対象としたグループ法人税制が創設されました。

　先に述べた連結納税制度が、制度を選択した場合に連結グループを１つの納税単位として取り扱う制度であるのに対し、グループ法人税制は、完全支配関係があれば強制的に適用され、かつ、グループ内の各法人をそれぞれ１つの納税単位とする制度です。法人税について、グループ内での所得通算を行うか行わないかが違いとなっています。

　グループ法人税制の主な内容は、下表のとおりですが、以下では、グループ法人税制の概要として、その適用範囲と、M＆A実施後等のグループ内再編に関係する可能性が高いと思われる譲渡損益調整資産の譲渡損益の繰延べ（表中①）、寄附金の損金不算入・受贈益の益金不算入（表中②）、法人の解散に関する課税（表中⑥）について記載するとともに、先に述べた連結納税制度との主要な差異について説明します。

〈グループ法人税制一覧〉

行為	制　度	概　要
譲渡等	①譲渡損益調整資産の譲渡損益の繰延	100％グループ内の内国法人間における譲渡損益調整資産の譲渡等により、譲渡法人で生じた譲渡損益について、譲受法人が当該資産を譲渡等するまで繰り延べる
	②寄附金の損金不算入・受贈益の益金不算入	法人を頂点とする100％グループ内の内国法人間の寄附金・受贈益について、支出法人において寄附金の全額を損金不算入とし、受領法人において受贈益の全額を益金不算入とする

337

行為	制度	概要
資本取引	③受取配当金の全額益金不算入	100％グループ内の内国法人からの受取配当金について、益金不算入制度の適用において、100％益金不算入とし、負債利子控除を行わない
	④適格現物分配制度の創設	100％グループ内の内国法人間の現物配当については、帳簿価額による資産の移転とする
	⑤みなし配当事由に係る譲渡損益の不計上	100％グループ内の内国法人株式について、自己株式の取得等のみなし配当事由が生じた場合には、当該株式の譲渡損益は計上しない
その他	⑥法人の解散に関する課税	100％グループ内の内国子法人が清算し、その残余財産が確定した場合、当該法人の株主法人は、一定の場合に当該内国子法人の繰越欠損金を引き継ぐことができる。一方で、当該内国子法人に対する投資簿価は損金の額に算入されない
	⑦中小企業特例の不適用	資本金１億円以下の中小法人の特例（軽減税率、留保金課税の不適用、貸倒引当金の法定繰入率の利用、交際費の損金不算入にかかる定額控除制度、欠損金の繰戻還付）について、資本金の額が５億円以上の法人（または相互会社）の100％グループ内法人には適用しない

グループ法人税制の概要

●グループ法人税制の適用範囲

　グループ法人税制は、行為ごとに多少の相違はあるものの、発行済株式総数の100％を直接・間接に保有する関係（完全支配関係）にある内国法人を適用対象としています。完全支配関係を図で示すと次のようになります。

第8章　M&Aに関する税務

〈完全支配関係図〉

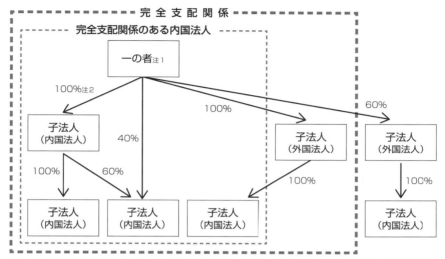

注1　連結納税制度の場合と異なり、内国法人のみならず、外国法人や個人も含まれます。なお、個人には同族関係者である6親等以内の血族、配偶者、3親等以内の姻族等も含まれることとなります。

注2　議決権数ではなく発行済株式数で判定します。なお、自己株式または出資、従業員持株会およびストック・オプションの行使により取得された株式のうち、一定のものは保有割合の計算から除かれます。

●譲渡損益調整資産の譲渡損益の繰延

　日本国内で設立された法人（「内国法人」という）が完全支配関係のある他の内国法人に対して、一定の資産[*30]を譲渡した場合、譲渡法人の所得計算上、その資産に関わる譲渡損益について、譲受法人が当該資産の譲渡等を行うまで繰り延べることとされました。

---

*30　譲渡損益の繰延の対象となる一定の資産は、以下のものに限定されています。
　　・固定資産
　　・土地（土地の上に存する権利を含み、固定資産に該当するものは除く）
　　・金銭債権
　　・有価証券（譲渡側または譲受側で、売買目的有価証券となるものを除く）
　　・繰延資産
　　ただし、これらの資産であっても、帳簿価額が1,000万円に満たないものは除きます。

339

〈譲渡損益調整資産の譲渡損益の繰延の概要〉

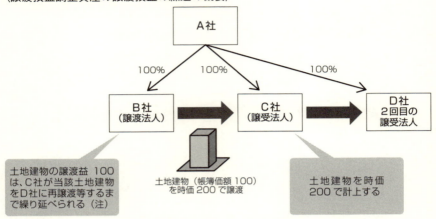

注　C社が譲渡する場合、D社が完全支配関係にあるとしても、B社で繰り延べていた譲渡損益は実現します。これは、グループ内での転売は一般的に想定されないこと、実務の簡便化を考慮する必要があることが理由であるとされています。

　なお、譲渡法人は譲渡損益調整資産を時価で譲渡したこととなり、繰り延べた損益は、下表に記載されている事由が生じた場合に益金または損金として計上し、譲渡法人の所得に算入されることとなります。

〈主要な計上事由〉

対象法人	事由
譲受法人	▶譲渡損益調整資産の譲渡（注1）・償却・評価替え・貸倒れ、除却等が生じた場合 ▶公益法人等に該当することとなった場合 ▶解散した場合（注2）
譲渡法人	▶連結納税の開始または加入に伴う時価評価の適用を受けた場合 ▶解散した場合（注2）
譲渡法人および譲受法人	▶譲渡法人および譲受法人の完全支配関係がなくなった場合

注1　組織再編による移転を含みますが、完全支配関係のある内国法人との適格組織再編による移転は除きます。
注2　完全支配関係がある内国法人との適格合併により解散した場合を除きます。

第8章　M&Aに関する税務

　また、事業譲渡などに際し、税務上ののれんである自己創設営業権や差額資産調整勘定または差額負債調整勘定（以下「のれん」という）が認識される場合、のれんには帳簿価額が存在しない（帳簿価額が1,000万円未満である）ケースが多いことから、通常、のれんに関わる譲渡損益を繰り延べることはできないことにも留意が必要です。

● 寄附金の損金不算入・受贈益の益金不算入

　法人を頂点とする完全支配関係のある内国法人間で寄附があった場合には、支出した法人は寄附金の全額を損金不算入とし、受領した法人は受贈益の全額を益金不算入とすることとされました[*31]。

　なお、子法人が寄附金の全額損金不算入・受贈益の全額益金不算入の規定の適用を受けた場合、その株主である親法人は、寄附金や受贈益の額をその資本の持分割合に応じて、子法人株式または出資の帳簿価額を修正することとなります。

〈寄附金の損金不算入・受贈益の益金不算入の概要〉

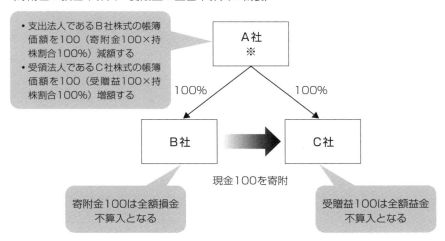

※法人に限られ、個人およびその同族関係者は含みません。

[*31] この制度の適用範囲は、「法人による」完全支配関係がある場合に限られ、個人株主およびその同族関係者による直接の完全支配関係がある法人間の寄附には適用されないことに留意が必要です。

341

親会社が所有する子会社株式を他の子会社に譲渡する場合（または子会社が所有する孫会社株式を他の子会社に譲渡する場合）、時価による譲渡損益は繰り延べられるため、この制度を利用して譲渡対価の精算を行わないことにより、その時点では完全支配関係のある法人間の資本移動を課税なしに行うことが可能になります。しかしながら、繰り延べた譲渡損益はいつかは実現すること、寄附に関する会計上の取扱いが必ずしも明確でないことや、寄附は反対給付のない一方的行為であり、支出法人のみならず、完全支配関係のあるグループ全体の経営管理・業績管理上好ましくないとの見方もあることなどから、その実行は慎重に行うべきと考えます。

●法人の解散に関する課税

平成22年度税制改正では、内国法人の清算に関する税制について、①清算所得課税の廃止による通常所得課税への移行と、②グループ法人税制の導入に伴う改正が行われています。

①清算所得課税の廃止と通常所得課税への移行

従来、内国法人が解散した場合、清算所得（残余財産の時価−（解散時の資本金等の額＋利益積立金額））に対して法人税が課されるという清算所得課税が採用されていました。しかしながら、解散前後で損益法から財産法へと課税方式が変更されることにより、税負担額が異なるケース[32]が散見されたため、課税の公平性・中立性の確保を目的に、平成22年度税制改正において清算所得課税は廃止され、通常の所得課税へ移行することとされました。

この改正により、債務超過の法人が多額の債務免除を受けて清算する場合、債務免除益に多額の課税が生じ、税負担が重くなるという不都合が生じるため、残余財産がないと見込まれる場合には、期限切れ欠損金を利用可能とする改正も併せて行われています。

----

[32] 例えば、資産を時価評価しても債務超過であり、多額の欠損金を有するものの、そのほとんどが期限切れ欠損金である会社が、含み益のある資産を、解散前の通常事業年度において売却した場合は、損益法による所得計算が行われ、かつ、期限内の繰越欠損金が少ないことから課税所得が発生します。しかしながら、当該資産を解散後の清算事業年度において譲渡した場合には、財産法による所得計算が行われ、債務超過であり、残余財産がないことから、課税所得が発生しません。

②グループ法人税制の導入に伴う改正

　完全支配関係のある内国法人間において、子法人の清算により、その残余財産が確定し、親法人がその残余財産を現物で分配を受けた場合は、適格組織再編の1つである適格現物分配として整理されました。

　清算法人である子法人の資産は、その帳簿価額により株主である親法人に移転し、親法人では受領した資産を子法人での帳簿価額で受け入れ、対応する配当額はすべて益金不算入とします。

　また、100％子法人の清算による残余財産の分配は、100％子法人を吸収合併する場合と同様の行為・効果があることから、両者の整合性を図るべく、100％子法人の清算において次の2点の改正が行われました。

⑷　子法人の清算に伴う子法人株式消滅損の損金不算入

⑸　清算した子法人が有する繰越欠損金の引継ぎ

⑷　子法人の清算に伴う子法人株式消滅損の損金不算入

　100％子法人を吸収合併する場合、親会社が有する子法人株式の消滅損は資本金等の額のマイナスとして処理され、損金とはなりません。100％子法人の清算に伴う残余財産の分配においても、これと同様の考え方が採られており、株主である親法人が有する子法人株式の消滅損は資本金等の額のマイナスとして処理され、損金とはならないこととされました。

⑸　清算した子法人が有する繰越欠損金の引継ぎ

　適格合併では、原則として被合併法人の繰越欠損金の引継ぎが可能とされています。

　100％子法人の清算による残余財産の分配においても、これと同様の考え方がとられており、完全支配関係のある内国法人間における清算において、子法人と親法人との間に5年超または設立から継続した支配関係がある等の一定の場合には、残余財産確定時に子法人が有する繰越欠損金額は親法人に引継がれることとされました。

343

〈完全支配関係がある子法人の残余財産の分配の概要〉

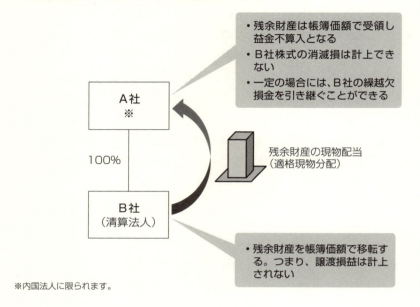

※内国法人に限られます。

　このように、内国法人間の完全支配関係がある場合の清算は適格現物分配となり、課税の繰延べがなされます。完全支配関係の有無により、子会社を清算する場合の課税関係が大きく異なることに留意が必要です（次ページ参照）。

〈完全支配関係の有無と清算課税の概要〉

清算法人と株主法人との関係	対象法人	課税の概要
完全支配関係あり	子法人	✓ 残余財産の分配（金銭を除く）は適格現物分配となり、帳簿価額で移転するため譲渡損益は発生しない
	親法人	✓ 受領した残余財産の分配（金銭を除く）は益金不算入 ✓ 子法人の繰越欠損金は一定の場合に引継ぎ可能 ✓ 子法人株式の消滅損（清算損失）は損金不算入
完全支配関係なし	子法人	✓ 残余財産の分配（金銭を除く）は残余財産確定時の時価で移転することとなり、譲渡損益を認識する
	親法人	✓ 受領した残余財産の分配（金銭を除く）は、時価により益金算入（受配の益金不算入あり） ✓ 子法人の繰越欠損金は引継ぎ不可 ✓ 子法人株式の消滅損（清算損失）は損金算入

2 グループ法人税制と連結納税制度の比較

　グループ法人税制と連結納税制度の相違点をまとめると次表のようになります。両者には、納税単位や強制適用か任意適用か等の異なる取扱いはあるものの、グループ内の内国法人間の譲渡損益調整資産の譲渡損益の繰延や受取配当の全額益金不算入等、類似・重複する制度もあります。100％グループとなった場合は、連結納税制度を採用していなくとも連結納税制度を採用しているのと同様の事務負担が生じることがあり、今後はグループ法人の課税所得を通算する等のメリットを得るために、連結納税の採用を検討する企業が増加するものと考えられます。

〈グループ法人税制と連結納税制度の比較〉

項目	グループ法人税制	連結納税制度
納税単位	単体納税	連結納税
適用	強制	任意
対象法人	直接または間接に100％保有し、または保有される関係にある内国法人（外国法人または個人による100％保有関係を含む）	連結親法人である内国法人と親法人に直接または間接に100％保有されている内国法人（外国法人または個人による保有関係を除く）
申告書の提出義務および納税義務	各法人	連結親法人
グループ法人間の課税所得の通算	認められない	認められる
グループ内の内国法人間の譲渡損益調整資産の譲渡損益の繰延	あり	あり
グループ内の内国法人間の寄附	支出法人…全額損金不算入 受領法人…全額益金不算入 株主法人…子法人株式等の帳簿価額修正（寄附修正）あり（ただし、法人を頂点とする完全支配関係に限る）	支出法人…全額損金不算入 受領法人…全額益金不算入 株主法人…子法人株式等の帳簿価額修正なし（ただし、連結納税離脱時等の帳簿価額修正により同等の効果あり）
グループ内の内国法人からの受取配当	全額益金不算入	全額益金不算入
連結納税制度開始前または加入前の子法人の資産の時価評価	―	原則として時価評価の適用あり（ただし、一定の場合には免除される）
連結納税制度開始前または加入前の資産の繰越欠損金の切捨て	―	原則として繰越欠損金は切り捨てられる（ただし、一定の場合には持込み可能）
貸倒引当金の設定対象	グループ内の法人への債権も対象となる	連結グループ内の法人への債権は対象としない
貸倒引当金の法定繰入率の不適用	資本金が1億円超の法人 資本金が5億円超の親法人に直接または間接に支配されている場合	連結親法人の資本金が1億円超の場合
交際費（社外飲食費を除く）の全額損金不算入	同上	同上
軽減税率の不適用	同上	同上

第9章

M&Aに関する会計

会計に関する基本的な考え方

1 M&Aに関する会計処理の基本コンセプト

　企業会計とは、企業の経済的行為によって生じた結果について、財務数値として主に定量的に表現するための「ツール」であると考えられます。定量的に表現された結果は、経営者が自らの経営の成果を把握するとともに、利害関係者に対して自らの意図や成果を報告することに用いられるため、会計には財務諸表作成者である経営者とその利用者である利害関係者という2つの視点が必要となります。

　会計上は、M&Aを「ある企業が他の企業に対して投資を行う経済的行為」という視点で捉えているため、その投資をどのように表現するかが主要な論点となります。

　企業が行う投資においては、投資が純投資か事業投資か（投資の性質）という側面があると考えられます。M&Aに関する会計でも投資の性質に着目して会計処理が規定されており、投資の性質が変化した場合に会計処理を行います。投資の性質は、一義的には経営者の意思にもとづくものと考えられますが、利害関係者が他社と比較できるようにする必要があることから、経営者の意思という主観的な判断基準だけでなく、一定の客観的な判断基準（メルクマール）を設定しています。

　以下では、M&Aにおける買い手および売り手における投資の性質変化にかかる判断基準について解説します。

2 会計における「投資性質の変化」の判断基準

〈買い手と売り手（合併の場合）〉

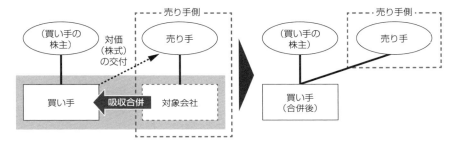

■買い手における判断基準

買い手では、当初の投資が純投資（配当やキャピタルゲインなど、運用益を得ることを目的とする投資）から事業投資（投資先が事業を営むことで、投資先において発生する利益や、投資会社において発生する利益[*1]を得ることを目的とする投資）となった時点で投資性質が変化したとみなします。会計上は、投資性質の変化を把握することを目的として、「支配」の獲得という概念を採り入れています。

投資会社が投資先の意思決定機関（株主総会や取締役会）を「支配」している場合、当該機関を通じて投資会社における意思決定を反映させ、投資先の事業にもとづき投資先または投資会社で利益を発生させることができると考えられます。その状態となったことをもって「支配を獲得」したとして、投資の性質の変化を認識します。株式会社の事業にかかる実質的意思決定機関としては、取締役会や一定の役付取締役から構成される役員会が想定されますが、これらの構成員たる取締役は、株主総会決議にもとづき選任されることから、株主総会を支配していること、つまり議決権の過半数を保有していることを主要な判断基準としています（支配の獲得にかかる詳細は、364ページ「3　取得企業の決定」を参照）。

---

*1　例えば、投資先から割安・安定的に商材を仕入れることができる、投資先が有する技術等を利用できるといったことで発生する利益が考えられます。

上記から、会計上、買い手における投資は、純投資・事業投資という２つの区分に分けられることになります[*2]。

■売り手における判断基準

　買い手では、純投資が事業投資となったことを投資性質の変化とみなすのと同様に、売り手では事業投資であったものが純投資となった時点で投資性質が変化したとみなします。買い手と整合的に判断基準を設定するならば、支配を喪失した時点で投資の性質が変化したと判断することができそうです。しかし、売り手の場合には一部について投資を売却し換金化したものの、残余は事業投資として継続して保有されているケースも想定されます。このような場合、全体として事業投資という性質に変化がないことから、投資性質の変化を認識しない（換金化された部分について会計処理を行わない）場合、換金化された部分についての投資の成果（投資に対する累積のリターン）が認識されず、不合理な結果になると考えられます。

　したがって、売り手では投資の成果を把握するという観点から、「投資が継続しているか、または清算されたか」という概念を取り入れています。具体的には、事業に対する影響があるか否かを、投資を売却した際に受け取った「対価」と投資対象に対する「継続的関与」を判断基準として会計処理を行います。受取対価については、例えば、対価として株式以外の現金等を受け取った場合には、投資対象が異種の資産に交換されてしまったことになるため、投資が清算されたと考えます。また、子会社であった会社が、子会社および関連会社に該当しないその他の投資先になった場合で、他に事業上の関わりもない場合には、継続的な関与がなくなったと考え、投資が清算されたと認識されます。投資が清算された部分については、当該部分に関する損益を認識します（投資の継続と清算にかかる詳細は、383ページ「6　事業分離」を参照）。

＊2　支配の獲得までは至っていないものの、投資先における事業上の方針を左右できるような重要な「影響力」を獲得した場合も事業投資に含まれると考えられますが、ここでは割愛しています。

第9章　M&Aに関する会計

③　個別財務諸表と連結財務諸表の作成目的と特徴

　　M&Aに関する会計においては、同一の取引について個別財務諸表と連結財務諸表で異なる取扱いが規定されているケースがあるため、会計処理の検討にあたっては、両者を区別して考える必要があります。

　　個別財務諸表と連結財務諸表は、そもそも財務諸表の作成目的が異なっており、その結果として異なる会計上の取扱いが定められています。以下では作成目的から両者の特徴を記述します。

■個別財務諸表の作成目的と特徴

　　個別財務諸表は、会社法上の要請から債権者との利害調整機能を負っており、ある会社の株主に対して単独で支払うことが可能な配当の金額（いわゆる分配可能額）を算出するための基礎となります。また、税法上の要請として、個別財務諸表はある企業が負担すべき税額を計算するにあたっての基礎となっています。会社法の観点にもとづけば、主な財務諸表利用者は会社の株主および債権者ということになり、税法上の観点にもとづけば主な利用者は納税者（つまり会社自身）になると考えられます。したがって、個別財務諸表の会計上の取扱いには次のような特徴があると考えられます。

　　▶個別財務諸表への資産・負債・収益・費用の計上にあたり、会社が厳密に区分される。

　　　　✓ある会社に対して直接的に帰属する資産・負債のみが貸借対照表に計上され、当該会社が単独で獲得した収益および要した費用のみが損益計算書に計上される。

　　▶分配可能額を算出するという作成目的から、資産の含み益を計上する場合や組織再編に伴い株主資本の増加が生じる場合には会社法上の規制を受ける。

■連結財務諸表の作成目的と特徴

　　ある会社が当該会社を頂点とする企業グループ（事業投資となっている会社群）を形成している場合、その会社の株式を保有している一般投資家は、会社の成果だけでなく、むしろ企業グループ全体としての成果を把握したいと考え

351

ます。会社ごとに区分された個別財務諸表では、親会社による子会社からの仕入や子会社間での売上といった企業グループ間の取引がそのまま成果として反映されることから、企業グループ全体としての成果を把握するという投資家の要望を満たしえないと考えられます。このような個別財務諸表の限界を踏まえ、企業グループ全体としての財政状態・経営成績を把握する目的で連結財務諸表は作成されており、連結財務諸表には次のような特徴があると考えられます。

▶ 企業グループのうち、親会社・子会社（孫会社を含む）は一体であると考え、法人格の区分なく、親会社および子会社のいずれかの会社に帰属する資産・負債がすべて連結貸借対照表に計上され、獲得した収益および要した費用がすべて連結損益計算書に計上される。

　✓ ただし、親会社・子会社以外の外部者との取引によって生じた収益および費用のみが計上され、親子会社間および子会社間の取引によって生じた収益および費用は連結損益計算書に計上されない。また、親子会社間および子会社間の債権債務は相殺され、連結貸借対照表に計上されない。

▶ 企業グループのうち、関連会社に対しては持分法が適用される。

▶ 資産の含み益計上にあたり、会社法上の規制を受けない。

■M＆Aに関する会計では個別と連結の区分を意識することが重要

　M＆Aにおいては、投資先の企業グループへの新規加入や、買収後においてグループ内で組織再編を行うといった事象が発生するため、連結財務諸表においては、基本的に当該事象が発生する前後で整合的な会計処理がなされるように規定されています。一方で、個別財務諸表では既述のような規制があるため、一部の会計処理において前後の財務諸表が整合的な処理とならない場合も想定されています。

　結果として、連結財務諸表上の処理と個別財務諸表上の処理は異なる規定がされており、M＆Aに関する会計を理解するうえでは、いずれの処理に関する議論であるのかを明確にすることが重要であると考えられます。

　以下では、連結財務諸表または個別財務諸表いずれに関する議論であるかについて、項目ごとに明らかにしたうえで論点を記載しています。

〈個別財務諸表と連結財務諸表〉

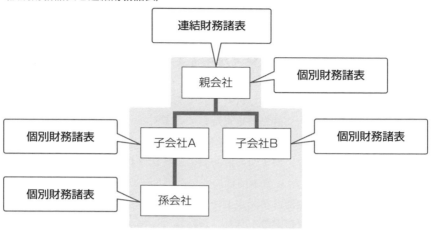

M&A取引に関する会計上の属性

　M&A取引に関する会計では、買い手の視点および売り手の視点からそれぞれ異なる概念を設定し、会計処理を規定しています。

　買い手からみた取引は、会計上「企業結合」として、「ある企業（事業を含む）と他の企業（事業を含む）が1つの財務諸表に統合されること」という整理が行われています[*3]。例えば、資本関係のない会社同士が合併を行った場合、消滅会社は存続会社の「個別財務諸表上で」統合される（合併時には貸借対照表上、消滅会社の資産・負債が計上され、合併後には損益計算書上、消滅会社の収益・費用が加算される）ことになるため、その合併は企業結合に該当します。また、同様に資本関係のない会社同士が株式交換を行った場合、子会社は親会社の「連結財務諸表上で」統合されることになるため、その株式交換は企業結合に該当します。

　買い手にとっての企業結合は、対象会社にとって会計上「事業分離」に該当することがあります。「事業分離」とは、ある企業における事業を他の企業に移転させることですが、例えば、会社分割や事業譲渡を行った場合、いずれも対象会社の事業を買い手に移転することになるため、その取引は事業分離に該当します。このとき、対象会社を分離元企業（事業分離において、当該企業を構成する事業を移転する企業）といい、買い手を分離先企業（事業分離において、分離元企業からその事業を受け入れる企業をいう。新設される企業を含む）といいます。

　また、買い手にとっての企業結合が、売り手に影響することがあります。例えば、対象会社が買い手の株式を対価として合併した場合、売り手は対象会社株式を買い手に引き渡し、買い手株式の交付を受けることになります。この取引は、売り手の事業を移転させていないため、事業分離には該当しませんが、

＊3　会計基準における企業結合の正確な定義は、ある企業またはある企業を構成する事業と他の企業または他の企業を構成する事業とが1つの報告単位に統合されることをいうとされています。

〈買い手と売り手（分割型吸収分割の場合)〉

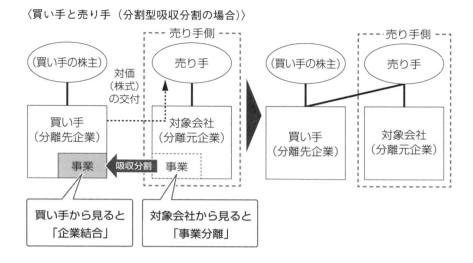

　取引の実質が事業分離と類似しているため、会計処理にあたっては事業分離と同様の考え方が適用されています。以下では、売り手と対象会社をあわせて「売り手側」とし、取引属性および会計処理を記述します。

1　買い手から見た場合の取引属性と会計処理

①買い手から見た場合の取引属性

　企業結合においては、取引前後における投資の性質に基づき、①企業結合前は純投資であったが、企業結合により支配を獲得し、事業投資に変化する場合として「取得」、②企業結合の前後において、ともに事業投資（のうち、支配獲得済み）である場合として「共通支配下の取引」、③「取得」のように単独で支配を獲得するのではなく、共同で支配を獲得する場合として「共同支配企業の形成」という3つの取引属性ごとに会計処理が規定されています[4]。

＊4　なお、企業単位での企業結合および事業単位での企業結合の両者が想定されますが、基本的な取扱いは同様であるため、以下では事業単位の企業結合は割愛し、企業単位の企業結合を前提として記述します。

355

〈買い手から見た場合の取引属性（典型的な取引の場合）〉

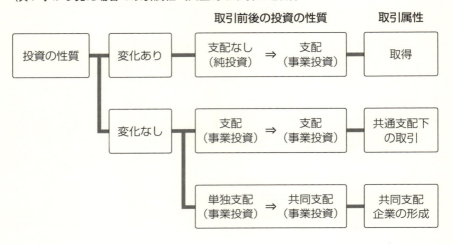

■取得：投資性質の変化あり（単独での支配獲得）
　…個別財務諸表および連結財務諸表の議論

　買い手が他の企業の支配を獲得し、投資の性質が事業投資に変化する取引は「取得」に分類されます。典型的には、これまで資本関係がなかった企業に投資を行い、または従来わずかな持分比率[*5]しか有していなかった企業に追加投資を行うことで、子会社化したようなケースがこれに該当します。合併のように、個別財務諸表上と連結財務諸表上の両方で報告単位が統合されるケースがあるため、取得は、個別財務諸表および連結財務諸表の両者に関する議論になります。

　取得では投資の性質が変化しているため、ある企業を時価で購入し、その企業の資産および負債を時価で受け入れたものとして会計処理を行います。具体的には、まず「どちらの企業がどちらを買ったのか」を検討します。支配を獲得した企業を「取得企業」といい、取得企業により支配を獲得された企業を「被取得企業」といいますが、取得においては、M＆A取引においていずれが取得企業であるかを決定することが必要になります（**取得企業の決定**）。

　次に、「いくらで買ったのか」を検討します。取得企業は、被取得企業の株

---

*5　支配獲得に至らない持分比率はすべて含まれます。

主等に対価を支払い、被取得企業を時価で購入したものとみなします。この対価を「支払対価」といい、「支払対価」となる財の企業結合日における時価で「取得原価」を算定します（**取得原価の算定**）。

　最後に、「具体的に何を買ったのか」を検討します。このプロセスは、通常の資産取得取引と順序が逆となっていることに気がついた方も多いと思います。通常の資産取得においては、「何を買うのか」が決まり、その後に「いくらで買うのか」が決まるという順序が一般的です。しかし、企業結合において取得する対象は「企業」ですので、まず「どの企業を買うのか」が決まり、次に「当該企業をいくらで買うのか」が決まります。この段階で総額としての企業の価値（取得原価）は明確になりますが、企業が保有する各資産・負債をどのような金額で評価するかは確定しておらず、このままでは会計処理ができません。原則として、企業が保有する資産・負債の時価ベースの価値の合計が企業としての価値になると考えられることから、取得原価をそれぞれの資産・負債に配分し、最後に個別資産・負債に配分しきれなかった残余をのれんとします（**取得原価の配分**）。

■共通支配下の取引：投資性質の変化なし
…個別財務諸表の議論

　買い手がある企業の支配を獲得した後において実行され、取引の実行後においても支配が継続していることから、投資の性質が事業投資のまま変化しない取引は「共通支配下の取引」に分類されます。典型的には、取得により子会社となった会社が、グループ内再編により他の子会社と合併するようなケースがこれに該当します。共通支配下の取引では、連結財務諸表上の報告単位がすでに統合されていますので、基本的には個別財務諸表に関する議論となります。

　共通支配下の取引では、親会社から見た企業グループ全体として投資の性質に変化が生じていないため、取引の前後で連結貸借対照表に変化が生じないように会計処理を行います。また、個別財務諸表上は資産、負債および資本を帳簿価額[*6]で受け入れます。ただし、グループ内再編によって、グループ外部の株主から持分を取得し、親会社の持分が増加する場合（例えば、グループで90

＊6　取引内容に応じて、連結財務諸表上の帳簿価額または個別財務諸表上の帳簿価額となります。

％の持分を保有していた子会社を株式交換し、100％化する場合）には、企業結合前に取得していなかった持分を取得したことを意味するため、この取引（**非支配株主との取引**）は連結貸借対照表に反映されます。

■共同支配企業の形成：投資性質の変化なし（ただし、単独での支配⇒共同での支配）　　　…個別財務諸表および連結財務諸表の議論

　ある企業単独では投資先の支配を獲得していないものの、投資先における重要事項等について他の企業と契約を結んでおり、契約にもとづき両社が意思決定を行えば、投資先に意思決定を反映させることができる状況を「共同支配」といいます。共同支配されている投資先を共同支配企業といい、企業結合によって共同支配の状況が成立するものを「共同支配企業の形成」といいます。共同支配企業の形成は、ある企業および他の企業が単独で支配している投資先が企業結合し、共同支配となる取引であるため、投資企業にとっては個別財務諸表および連結財務諸表の両方に関わる議論であり、共同支配企業にとっては個別財務諸表上の議論になります。

　共同支配企業の形成の典型例としては、ある会社が他の会社とそれぞれ事業を統合し、ジョイント・ベンチャーを組成して共同で事業運営を行うようなケースが挙げられます。投資企業は、個別財務諸表上は帳簿価額で資産・負債を移転させたとみなしますが、連結財務諸表上は、移転した事業にかかる持分の減少分について、時価でグループ外に切り出したとみなして、資産・負債の帳簿価額と時価の差額を連結損益計算書に計上します。共同支配企業は、個別財務諸表上、資産・負債を投資企業の帳簿価額で受け入れます。

②買い手から見た時系列ごとの会計処理と留意点

　以下では、対価として株式を交付する場合の買い手の会計処理と留意すべき点を時系列で記述いたします。

■基本合意公表日

　買い手と売り手側が基本合意に至り、これが公表された時点において、買い手が売り手側に支払う買収対価の比率（合併比率や株式交換比率）、実行後に

第9章　M&Aに関する会計

おける当事会社の持分比率や事業運営方針の概略が明確になると考えられます。したがって、会計処理上は、この時点で取引の属性（取得、共通支配下の取引、共同支配企業の形成のいずれか）が確定し、また取得企業（どちらが買ったのか）が決定するケースが多いと考えられます。

■統合日

M&Aのツールとして合併や会社分割などの組織再編行為を利用する場合、会社法上の効力発生日が統合日となり、買い手が対象会社の資産・負債を受け入れます。

取得原価の算定（いくらで事業または会社を買ったのか）にあたっては、原則として統合日の時価を用います。また、取得原価の配分（どのような資産・負債をいくらで買ったのか）についても、原則として統合日の時価にもとづいて資産・負債の貸借対照表価額を確定させるため、その時点でのれんの金額が確定します。また、統合に関する条件が最終確定することから、基本合意公表日において取得企業を決定できるだけの判断根拠がなかった場合、統合日において取得企業が決定することになります。

■統合日以降

買い手の会計処理は、原則として統合日で確定するものの、取得原価が確定しない場合[7]、または取得原価の配分において資産・負債の価額が確定しない場合[8]には統合日以降に会計処理がなされます。

■留意点

基本合意公表日に統合に関する条件が公表されると、取引の属性が確定し、取得の場合にはいずれの企業を対象として資産・負債を時価評価し、のれんを計上するかが決定されます。つまり、会計処理の方針は基本合意公表前にほぼ確定してしまうといえるため、交渉においては検討されている統合条件にもと

＊7　具体的には、対象会社が一定以上の業績をあげた場合には追加で買収対価を支払うという条件が付されている場合（条件付対価）があります。

＊8　具体的には、開発用の土地のように一義的に時価が定まりにくい、資産・負債について検討・調査の結果、時価が確定した場合があります。

359

づいた場合、取引の属性はどのようになるか、また、取得の場合にはいずれが取得企業になるかを念頭に置きながら交渉を進める必要があると考えられます。

〈買い手から見た時系列ごとの会計処理〉

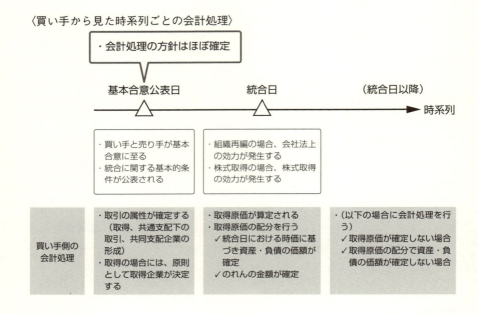

また、のれんは原則として統合日の時価にもとづくため、基本合意公表日の時点では金額を確定することができませんが、のれん金額の多寡は統合後におけるのれん償却費に影響を及ぼすため、経営者が考えているM＆Aの目的や効果を十分に説明（ＩＲ）することによって投資家に理解してもらい、支払対価が市場株価によって追認されることが重要であると考えられます。

❷ 売り手側から見た場合の取引属性と会計処理

①売り手側から見た場合の取引属性

売り手側から見た場合、M＆A取引に関する会計処理は、事業投資に対する①投資が継続している、②投資が清算されているという2つの属性の取引ごと

に規定されています。これは、事業投資に限らないことですが、投資が清算されているのであれば、投資の成果を損益として認識すべきですし、投資が継続しているのであれば、清算されるまで損益として認識すべきではないと考えられるためです。

また、投資の継続・清算を検討するにあたっては、個別財務諸表上は投資が清算されているものの、連結財務諸表上は投資が継続しているケースも想定されるため、両者を区別して検討する必要があります。

■個別財務諸表上の取扱い

個別財務諸表上は、投資の継続・清算を受け取った「対価」と事業に対する「継続的関与」の有無にもとづいて判断します。具体的には、移転した事業と明らかに異なる財産（現金など）を対価として受け取った場合には、事業投資の成果が変動することの影響を受けなくなるため、投資が清算されたとみなして損益を認識します。

次に、買い手の株式を対価として受け取る場合には、統合後においても、買い手株式を通じて引き続き事業にかかる投資成果の変動について影響を受けますが、売り手側が事業に対して何らの関与もない、つまり、子会社でも関連会社でもなく、その他重要な事業上の関与もない場合には、以後の投資成果は純投資としての投資成果として計上されるべきと考えられるため、一定の継続的関与がある場合には投資が継続、継続的関与がない場合には投資が清算されたとみなして損益を認識します。

■連結財務諸表上の取扱い

個別財務諸表上は、株式を対価として受け取り、継続的関与もあるため投資が継続しているとみなして損益を認識していない場合でも、連結財務諸表上は持分比率が変動していることを理由に損益を認識する場合があります。

具体例として、買い手（持分比率100％）と売り手側の対象会社（持分比率：60％）が合併し、合併後会社の持分比率が80％となるケースを想定します。この場合、売り手の個別財務諸表上は損益を認識しませんが、売り手の連結財務諸表上は、対象会社の持分20％を失い、買い手の持分20％を得たものと取引を擬制して会計処理を行います（持分交換の処理）。減少したと考えられる対象

会社の持分の減少額と増加したと考えられる買い手の持分の増加額との間に生じる差額については、資本剰余金として処理します。

②売り手側から見た時系列ごとの会計処理と留意点

以下では、株式対価でのM&Aにおける売り手側の会計処理について時系列ごとの会計処理と留意すべき点を記述します。

■基本合意公表日
M&Aに関する基本的条件が事実上確定するため、この時点で取引の属性（投資の継続か清算か）が決定すると考えられます。

■統合日（売り手側にとっては売却日）
売り手側の会計処理も統合日（売却日[*9]）で確定します。具体的には、売り手側が受け取る対価の算定にあたっては、統合日の株価を用います。また、分離する資産・負債の帳簿価額が確定するため、その時点で損益が確定することになります。

〈売り手側から見た時系列ごとの会計処理〉

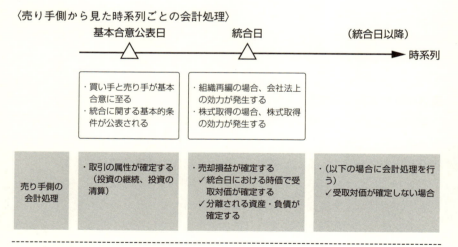

---

*9　会計基準上は事業分離が実行される日として「事業分離日」と定義されています。

第9章　M&Aに関する会計

■留意点

　基本合意公表日における条件公表により、取引属性が確定し、損益の発生有無が決まるのは買い手と同様です。したがって、売り手側も交渉時の条件にもとづいた場合、会計処理がどのようになるのか検討しながら交渉を進める必要があると考えられます。

　また、受取対価は通常は買い手側の株価をもって決定するため、売り手側が与えられる影響は大きくないと考えられますが、統合日（売却日）の株価にもとづき損益が確定するため、経営者が想定する売却の目的や効果をＩＲで明らかにし、投資家の理解を促す必要があるのは買い手と同様です。

3 取得企業の決定
（個別財務諸表、連結財務諸表の議論）

1 基本的な会計処理の考え方

　取得の場合、M＆A当事者のいずれが取得企業[*10]とされ、いずれが被取得企業[*11]となるのかが重要です。取得企業に該当した場合と被取得企業に該当した場合とでは会計処理が決定的に変わり、統合後の損益計算書および貸借対照表に大きな影響を与えるためです。また、いずれが取得企業になるかの決定は、機械的に行うことはできず、実態にもとづく判断を行う必要がある点に難しさがあります。

■取得企業の決定による会計処理への影響

　A社とB社が合併するケースを考えてみましょう。いずれの会社が他の会社を「買った」（取得した）のかを決定するのが取得企業の決定です。A社が取得企業に該当した場合には、B社（被取得企業）の資産、負債を新規に時価で購入したものと考え、時価で受け入れます。この受け入れた資産および負債の時価の差額（のれんを除く時価純資産）と取得対価の時価との差額をのれんとして計上することとなります。

　合併の場合においては、存続会社（消滅会社を吸収する会社）と消滅会社（存続会社に吸収され、会社そのものが消滅する会社）のうち、一般的には存続会社が取得企業になるケースが多いと考えられます。しかし、取得企業の決定においては「存続会社か消滅会社か」という法的形式は考慮されないため、消滅会社が取得企業になるという場合もあります。この場合、会社は合併で消滅しているものの、取得企業であるという直感的には理解しにくい状況となり、会計処理も複雑なものとなります。このようなケースを「逆取得」といいます。

[*10]　ある企業または企業を構成する事業を取得する企業をいいます。
[*11]　取得企業に取得される企業をいいます。

第9章　M＆Aに関する会計

〈取得企業の決定と会計処理の俯瞰図〉

　　　　　　　　　　　　　　　　　　　　　　　個別財務諸表上　　連結財務諸表上

取得	取得企業の決定	取得企業（買い手）	通常の取得	時価で引き継ぐ方法	
			逆取得（注）	帳簿価額を基礎とする方法	時価で引き継ぐ方法
		被取得企業（売り手）		取得企業の財務諸表に統合される	

（注）逆取得の会計処理および具体的なケースについては369ページを参照。

■取得企業の決定の基本的な考え方

　企業結合会計では、M＆A当事者のうち他の企業の支配を獲得した企業が取得企業になるという考え方を採用しています。この考え方は、共同で支配するという例外を除き[12]、これまで資本関係のなかった当事者が企業結合を行う場合、いずれか一方が必ず他方の支配を獲得する、つまり、いずれの当事者も支配を獲得していない状況は想定されないという考え方にもとづいています。これは、取得企業の決定にあたり株主の視点が取り入れられていることを意味します。例えば、議決権比率が50：50の同率であったとしても、M＆A前の株主グループレベルの議決権比率や対価の種類など総合的にみて、ほとんどの場合には、どちらかの企業が他の企業の支配を獲得しているということになります。

■取得企業の決定における判断基準

　前述の基本的な考え方にもとづき、支配獲得の有無を識別できるように具体的な判断基準が定められています。これらの判断基準に照らしながら、M＆Aの当事者が実態にもとづき総合的に判断を行い、取得企業の決定を行います。

＊12　企業結合会計では、取得の会計処理とは別の項で定められています。

365

〈取得企業の決定における判断基準の全体像〉

判断基準			内容	性質
①意思決定機関の支配あり	②対価が現金	③対価が株式		
○			• 他の企業の意思決定機関を支配しているか	（支配に関する基本的な考え方）
	○	○	• 対価を引き渡した企業（支出側）はいずれか	株主としての視点で考慮すべき事項
		○	• 総体ベースでの議決権比率の大きさ	
		○	• 最大議決権比率を有する株主の存在	
		○	• 取締役等の選解任権を有する株主の存在	
		○	• 取締役会等の構成	経営者としての視点で考慮すべき事項
		○	• 交換条件プレミアム	
		○	• 企業の相対的規模の大小	その他、経営者からの視点にもとづく判断のサポート材料
		○	• 最初の提案者	

■判断基準①──意思決定機関の支配

　ある会社が他の会社の意思決定機関（株主総会など）を支配している場合、他の会社が行う投資や資金調達といった事業の根幹に関する事項につき、ある会社の意思決定を直接反映させることができます。このように、他の会社の事業に関する意思決定をコントロールできる場合、支配を獲得しているとするのが、会計上の支配に関する基本的な考え方です。

　この支配の獲得の要件は、会計基準上[13]、3つのケースに分けて定められています。具体的には、自社だけで株主総会を支配できるケース[14]として、「①他の企業の議決権の過半数を自己の計算において所有している」があり、さらに、自社および自社に協力的な者であわせて株主総会を支配できるケースとして、「②他の企業の議決権の40%以上50%以下を自己の計算において所有しておりその他支配をしていると認められる事実[15]がある」、「③自己の計算におい

---

*13　企業会計基準第22号「連結財務諸表に関する会計基準」および企業会計基準適用指針第22号「連結財務諸表における子会社及び関連会社の範囲の決定に関する適用指針」。

*14　自社の議決権のみで普通決議を決議可能なことを指します。

第9章　M&Aに関する会計

て所有している議決権と緊密な者[16]および同意している者[17]が所有している議決権を合わせて他の企業の議決権の過半数を占めており、その他支配をしていると認められる事実がある」が挙げられています。これが、取得企業を決定する際に最も重要な考え方であり、M&Aの実態にもとづく総合的判断の幹となります。

しかし、ここで述べた支配の要件だけでは取得企業の決定が困難となる場合もあります。そのような場合を想定して、会計基準では、対価の種類やその他の判断指針を具体的に示しています。

■判断基準②—主な対価の種類が現金もしくは他の資産負債の場合

対価の種類として、現金等の財産を引き渡すこととなる場合には、通常、引渡す側（支出側）が取得企業となります。株主の視点から考えれば、このような場合には買い手は株式を交付しないため、ターゲットとなる会社（対象会社）が対価を支出する側（買い手）の株主とはならず、買い手による対象会社への持分比率のみが増加することになると考えられます。このような場合、通常は対価の支出側が取得企業になると考えられます。

■判断基準③—主な対価の種類が株式である場合

主な対価の種類が株式である場合には、M&Aのターゲットとなる会社の株主が買い手の株主となるため、企業グループを支配している株主グループがM&A前後で変動することとなります。例えば、吸収合併において、消滅会社の株主グループはM&A後に存続会社の株主グループに加わることとなります。

M&A後の企業グループ支配は株主グループの視点から、総体としての株主が占める相対的な議決権比率の大きさ（総体ベース）、最も大きな議決権比率を有する株主の存在（個体ベース）という2つの基準があります。

----

* 15　取締役の過半数の派遣、重要な財務および営業または事業の方針の決定を支配する契約の締結、負債の部に計上されている資金調達額の概ね過半の融資などが挙げられています（同基準7項、同指針11〜14項）。
* 16　緊密な者とは、自己と出資、人事、資金、技術、取引等において緊密な関係があることにより自己の意思と同一の内容の議決権を行使すると認められる者をいいます（同指針8項）。
* 17　同意している者とは、自己の意思と同一の内容の議決権を行使することに同意していると認められる者をいいます（同項）。

367

総体ベースの基準は、M＆A当事企業のうち一方の企業の株主全体がM＆A後の企業における議決権比率のうち最も大きな割合を占める場合には、通常、その企業が取得企業になるという基準です。個体ベースの基準は、ある株主または株主グループが単独でM＆A後の企業における議決権の最も大きな割合（過半数保有の有無は問わない）を有する場合、通常、この筆頭株主のいた企業が取得企業になるという基準です[*18]。

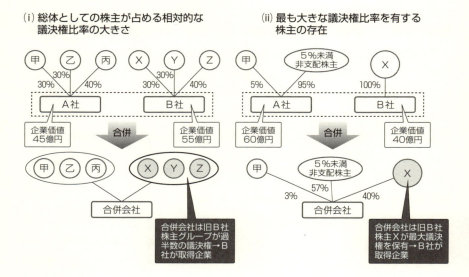

〈株主の視点で考慮すべき判断基準の例〉
(i) 総体としての株主が占める相対的な議決権比率の大きさ
(ii) 最も大きな議決権比率を有する株主の存在

　また、主な対価の種類が株式である場合には、経営者の視点で考慮すべき判断基準として、取締役会等の構成、株式の交換条件プレミアムなどの基準があります。また、これらのサポートとして、企業の相対的規模の大小、企業結合の最初の提案者という基準も設けられています。これらの判断基準についても、基本的には、支配の獲得という観点から意思決定機関を支配しているかを総合的に勘案して、取得企業を決定することとなります。

[*18] 当該株主または株主グループ以外に関連会社にあたる程度にまで議決権比率を有しているような株主または株主グループが存在しないことが必要です。

2 実務上の留意点

　以上の判断基準を総合的に判断した結果、取得企業に該当する場合には、被取得企業の資産および負債を時価で受け入れ、取得対価との差額をのれんとして計上することとなります。この場合には、個別財務諸表の作成方法に留意が必要となる逆取得という論点があります。

■逆取得の会計処理

　通常の取得の場合、個別財務諸表上、連結財務諸表上ともに、被取得企業の資産・負債の時価受入れとのれんの計上を行います。しかし、合併でいうと「すでに会社が存在しない（消滅会社）にもかかわらず、取得会社である」という特殊な状態にある逆取得の場合には、会計処理が異なります。

〈取得と逆取得〉

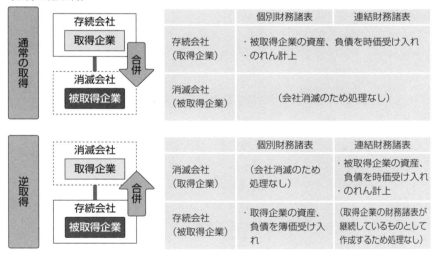

　まず、連結財務諸表においては、逆取得の場合であっても、通常の取得と同様に、被取得企業（存続会社）の資産・負債の時価受入れおよびのれん計上を行います。なぜなら、連結財務諸表は個々の会社ごとに区切ることなく、グループ全体としての財政状態や業績を報告するためのツールであり、取得企業が

存続していても消滅していても、経済実態が同じであれば、同じ結果となる必要があると考えているためです。

次に、個別財務諸表上は被取得企業（存続会社）の資産・負債は簿価のままとなります。個別財務諸表には、ある企業単独の財政状態・業績の報告という目的に加え、当該企業の分配可能額（株主に対してどれくらい配当できるか）を計算し、株主と債権者の利害調整を行うという目的があります。このような利害調整目的からすれば、存続会社である被取得企業の資産・負債を時価に置き換えるということは、いまだ存続している会社の含み損益を財務諸表に反映させることにつながり、仮にこれが含み益である場合にはそれだけ分配可能額が増加することになると考えられます。存続会社の含み益という未実現の利益にもとづき配当が行われた場合、債権者が害されると考えられるため、逆取得の場合には個別財務諸表の会計処理上、特別の配慮がなされているものと考えられます。

■逆取得となりうる具体的なケース

例えば、以下のようなケースでは、その条件次第では逆取得になりうるため、個別財務諸表上の会計処理に留意が必要となります。

【ケース①】 上場企業と非上場企業が合併や株式交換を行うケース

上場企業と非上場企業のM＆A案件において、非上場企業の企業規模のほうが大きいといった理由から、非上場企業が取得企業、上場企業が被取得企業となりうるケースがあります。このような場合、非上場企業が存続会社または完全親会社となれば通常の取得に該当しますが、実務上は、合併において上場企業を存続会社（株式交換においては完全親会社）、非上場企業を消滅会社（株式交換においては完全子会社）とすることがあります。

非上場企業を存続会社または完全親会社とした場合、統合後の会社が引き続き上場を維持するためには、非上場企業が取引所の上場審査を受け直す必要があり、相応の期間を要すると考えられ、その間上場企業の株主の流動性を確保することが難しいためです。一方で、上場企業を存続会社または完全親会社とした場合には、上場審査はその重要性に応じて受ける必要がありますが、上場企業の株主の流動性は確保できるというメリットがあります。このような配慮

により、被取得企業である上場企業を存続会社または完全親会社とする場合には、当該M＆Aは逆取得になります。特に近年MBO（マネジメントバイアウト）の増加により、優良な非上場企業が増加しており、今後、優良な非上場企業が上場企業を取得することが増えるかもしれません。

〈上場企業が非上場企業を吸収合併するケース〉

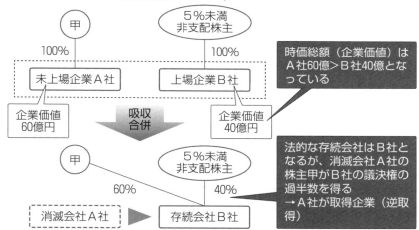

【ケース②】 特別目的会社（SPC）による買収後の逆さ合併（逆取得に類似する取引）

　いわゆるバイアウト・ファンドがよく利用する手法として、SPCを買収主体として金融機関から借入等を行い、少ない資本と多くの借入金を原資として[*19]対象会社を買収するケースがあります。買収後、SPCには多額の借入金がある一方、返済資金を生む手段がないことから、対象会社と合併することが多く見受けられます。このようなケースでは、SPCがなんら事業実態のない会社であることから、対象会社を存続会社、SPCを消滅会社とすることがあります。会計処理上は、SPCによる対象会社の取得（株式取得）と、SPCと対象会社の共通支配下の取引（合併）ですが、合併にあたっての処理は逆取得に類似した会計処理になります。

---

*19　このような手法を「レバレッジを効かせる」といいます。

このようなケースでは、合併後存続会社において債務超過になる可能性があるため留意が必要です。次図のようにSPCが対象会社を買収し、その後、合併するケースを考えてみると、合併により、SPCが保有する対象会社株式は、合併後の対象会社において自己株式（純資産のマイナス項目）になります。図の数値例のように、SPCが対象会社を、SPCと対象会社の純資産の合計額以上の取得価額で買収した場合を想定すると、自己株式（純資産のマイナス項目）の価額が合併後の対象会社純資産を上回ることになり、結果として債務超過になります。

〈SPCによる買収後の逆さ合併の例（存続会社が債務超過となる場合）〉

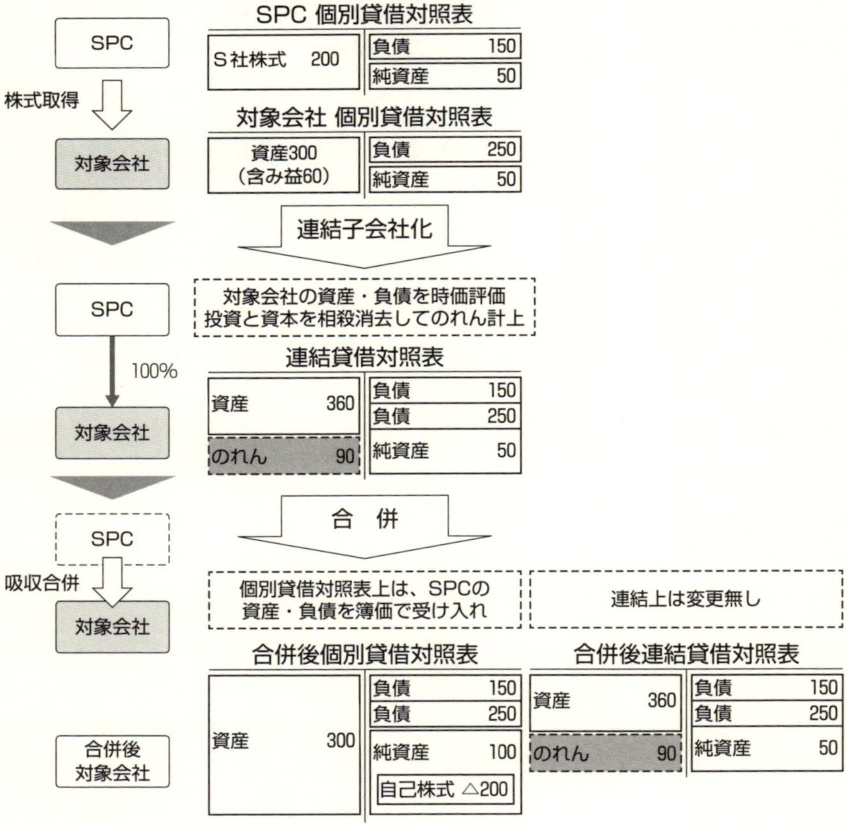

SPC 個別貸借対照表

| S社株式 200 | 負債 | 150 |
| | 純資産 | 50 |

SPC → 株式取得 → 対象会社

対象会社 個別貸借対照表

| 資産300
（含み益60） | 負債 | 250 |
| | 純資産 | 50 |

連結子会社化

対象会社の資産・負債を時価評価
投資と資本を相殺消去してのれん計上

SPC → 100% → 対象会社

連結貸借対照表

資産	360	負債	150
		負債	250
のれん	90	純資産	50

合　併

SPC → 吸収合併 → 対象会社

個別貸借対照表上は、SPCの
資産・負債を簿価で受け入れ

連結上は変更無し

合併後
対象会社

合併後個別貸借対照表

資産	300	負債	150
		負債	250
		純資産	100
		自己株式 △200

合併後連結貸借対照表

資産	360	負債	150
		負債	250
のれん	90	純資産	50

第9章 M&Aに関する会計

4 取得原価の配分（PPA）
（個別財務諸表、連結財務諸表の議論）

基本的な会計処理の考え方

　買い手が対価を支払って事業を取得した場合、取得したものは単なる資産の寄せ集めではなく、ヒト・モノ・カネ・情報といった経営資源が有機的に一体となったものとなります。事業には有形・無形の価値が混在しているので、この取引を会計的に表現するためには、「いくら支払って」、経営者が「何を取得したのか」と考えているかを明確にしなければなりません。

　いくら支払ったか（＝取得原価）は、現金であればわかりやすいのですが、自社の株式のように一義的に価額付けを行うことが難しい対価で支払う場合もあります。また、取得した事業には、オンバランスされた資産・負債以外にも帳簿に計上されていない資産や負債が含まれているため、「何を取得したのか」を具体的に識別するとともに、それぞれにどのような評価額を付すのかということを考える必要があります。さらに、取得原価と取得資産・負債の評価額の純額は通常一致しないため、この差額をどのように処理するかも考えなければなりません。

　そこで、会計処理にあたっては、支払対価を測定して取得原価を算定し、取得資産・負債として識別すべきものの範囲を決定した上で取得原価を配分するというステップがとられます。

〈会計処理のステップ〉

取得原価の算定	取得原価の配分
・支払対価の算定	・識別可能資産・負債の範囲の決定 ・各資産・負債への配分額の決定

373

●取得原価の算定

■支払対価の算定

　まずは、「いくら支払って」買収したのかを算定します。取引は時価を基準として行われますが、時価とは市場価格や合理的に算定された価額をいいます。

　市場価格は常に変動しているので、どの時点の時価を用いるかについては様々な方法が考えられますが、現行の会計基準では時価は企業結合日時点のものを使用することとされています。したがって、会計処理額は企業結合日まで確定せず、結果として取得原価と資産・負債の純額との差額（のれん）も確定しないことになります。

　このような規定は対価を株式により交付する場合、買収の合意を市場に表明し、株式市場が評価した価格（投資家視点の価格）で会計処理を行うことを意味します。つまり経営者はその買収が市場からどのような評価を受けるかを意識しなければならないということです。市場株価がのれんの金額に影響し、その後の減価償却または減損損失等にも反映されるため、経営者が意図する評価と齟齬が生じないように、株式市場との十分なコミュニケーションが必要となります。

■付随費用の取扱い

　取得に要する支出額として、取得の支払対価のほかに外部のアドバイザー等に支払った特定の報酬・手数料等の付随費用が発生します。

　取得に伴い発生した付随費用は取得原価を構成せず、取得に直接要した支出であるか否かにかかわらず発生した事業年度の費用として処理します。

●取得原価の配分（PPA）

　取得原価の配分（PPA：Purchase Price Allocation）とは、M＆Aにおいて買い手が支払った対価を、無形資産を含む取得資産・負債に配分する手続きをいいます。この会計処理を通じて、経営者の意思が「何を、いくらで取得したのか」という形で財務諸表に表現されることになります。

第9章 M＆Aに関する会計

■識別可能資産・負債の範囲の決定

「何を取得したのか」を明確にするためには、経営者が何を目的として買収したのかという意図が重要であり、それに対応する経営資源を検討することになります。

M＆Aを通じて獲得する経営資源は、必ずしもオンバランス（財務諸表に記載）されているものに限られず、製造技術や人材、販売チャネル、顧客リストの獲得といった無形資産であることが通常でしょう。このような無形資産も、買収後にはオンバランス化しなければならないもの（以下では、「識別可能資産・負債」という）があるため、買収の目的を踏まえつつ、どのような経営資源を識別し、評価すべきかを判断していくことが必要です。

■各資産・負債への配分額の算定

識別可能資産・負債の範囲を決定した後に、それらを「いくらで取得したのか」を算定します。全体の取得原価は「取得原価の算定」のステップで検討したので、個々の資産・負債にその全体の取得原価をどのように配分するかを検討することになります。

配分は時価により行われ、市場価格がないものについては、合理的に算定された価額によらなければなりません。合理的に算定された価額による場合、価額算定の前提は買い手が決定するため、結果として対象会社で算定される価額と異なる価額になる場合も考えられます。

例えば、不動産のような有形固定資産は、取得後に買い手がどのように利用するのかによって価値が異なります。工場だったものを商業施設として活用する意図なのか、不要なので早期に処分する意図なのかで、評価方法や評価額も大きく変わってくるかもしれません。

また、無形資産や研究開発資産は貸借対照表に計上されていないことがあり、また市場価格もないので、経営者意思により評価額が左右されることになります。

このように識別可能資産・負債を時価評価したものの純額と取得原価とを比較すると、両者はそれぞれ独立して評価されたものですから、差額が生じることになります。これをどのように処理するかが次に論点となります。

現行の会計基準では、法律上の権利や分離して譲渡可能な無形資産は、分離

375

して識別することが強制されています。加えて、ＩＦＲＳが導入されることとなった場合、のれんに配分された金額は定期的な償却はなされず（382ページ「7　国際財務報告基準（ＩＦＲＳ）の影響」を参照）、収益性の低下等を契機に、減損損失として一時に巨額の損失処理が発生する可能性があります。

　貸借対照表の内容を経営内容に合致させ、財務リスクをコントロールするためには、経営資源をより詳細に区分把握するとともに、各資源の評価額を継続的に管理していく必要があります。

　それでも配分されなかった差額がプラスの残高（取得資産・負債の純額＜取得原価）となる場合は、具体的には識別できなかった何らかの無形資産が存在している可能性があるものと考えます。ただし、これがのれんを表していると決めるのは早計であり、なぜこのような差額が生じているのかを、再度吟味しなければなりません。識別可能資産の範囲について、未認識のブランド価値や顧客関連資産などの無形資産の有無を再検討し、評価についても、不動産の価値や未上場株式の価値などの見積もりの適切性を再検討します。その後もなお、生じるプラスの残高をのれんに配分することになります。

　逆に、差額がマイナスの残高（取得資産・負債の純額＞取得原価）となっている場合はどうでしょうか。これは「負ののれん」と呼ばれ、その性格は時代によって異なる考え方がとられてきました。現行の会計基準ではバーゲン・パーチェス（安く買収したことによる利益）や認識不能な項目と考えられ、プラスの残高が生じた場合と同様に、再度差額が生じている原因を検討した上で、取得時に一括利益計上する会計処理とされています。

❷　実務上の論点

●取得原価の算定

■段階取得時の再評価

　関連会社を完全子会社化して、戦略実行のスピードを上げることを検討することが増加していますが、段階的に株式を取得することで支配を獲得した場合、連結財務諸表上、過去に取得していた株式についても、直近の時価により再評価しなければならないことに注意が必要です。

〈PPAの考え方〉

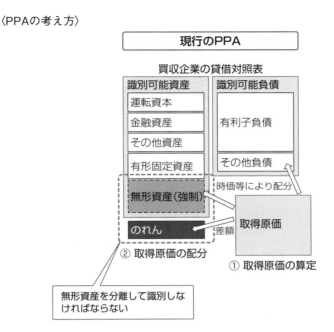

具体的には、株式の追加取得により支配権を獲得した時点で、投資の性質が変化したととらえ、子会社に対する投資は既取得分も含めて時価で評価し、評価差額は段階取得にかかる損益として処理されるルールになっています。したがって、現金で安く対象会社の株式を取得した場合で、それが時価であると考えられる場合には、過去に高く取得した株式の帳簿価額については評価が切り下げられ、差額は損失として処理されることになります。

関連会社の場合、従来から影響力を行使していることから、経営者の意識としては、子会社化によって株式の属性が変化したとは考えていない可能性もあります。しかし、会計基準では「支配」を獲得するという点で属性に重要な変化があると考えて、支配獲得日の時価を付すことを求めており、認識に違いが生じる可能性があることに留意が必要です。また、このような会計処理は、過去に蓄積されていた貸借対照表残高が一時に再評価されるという点で重要な影響を及ぼす可能性があり、関連会社株式の残高に加え、在外関連会社については、為替換算調整勘定についても検討する必要があります。

〈段階取得時の再評価〉

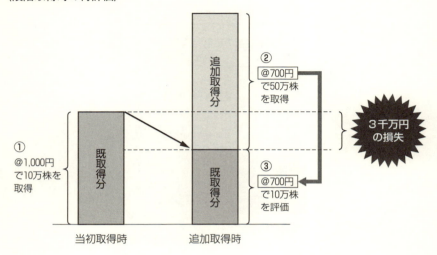

●取得原価の配分（PPA）

■取得した事業セグメントごとの「のれん」

　単独の事業を買収対象とする場合、その事業価値により買収価額を算定することになりますが、複数事業を営む企業全体を買収する際には、個々の事業価値の積上げではなく企業全体としての評価がなされることが多いでしょう。しかし、PPAにおいては、取得した事業セグメントごとに、どのような資産・負債に対していくら支払ったのかを検討する必要があると考えます。

　経営者は、M&Aにより取得した事業も含めて事業別に投資効率を評価していく必要がありますが、その際には事業別の投資額とその内訳である資産および負債を把握する必要があります。これを会計の観点からいうと、のれんその他の無形資産も含めた資産について、資産のグループごとに減損処理の要否を検討しなければならならず、どの事業の収益性と関連させて資産の価値を検討するかが不明確だと、減損すべき資産の範囲が明確にならないためです。

　その一方で、事業別の「のれん」は、取得資産・負債の時価と事業別の取得原価との差額であることから、事業別の取得原価を算定した上で、企業全体の買収価額と整合しているか、差額の内容は合理的に説明できるかどうかについ

〈事業セグメントごとの「のれん」〉

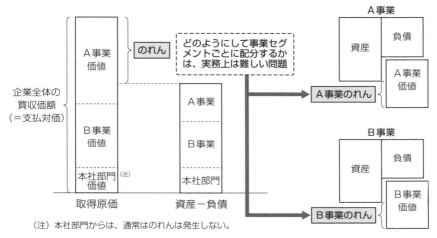

て検討しておく必要があります。

　多額の差が生じている場合、その内容については、例えば以下のような理由が考えられます。
- 上場会社の場合、株式市場が短期的に冷え込んでいることにより、買い手が考える事業価値と買収価額との間に大きな差異が生じた
- 事業間のシナジーやコングロマリット・ディスカウントが生じている
- その他、何らかの理由で買収価額に大幅なプレミアムまたはディスカウントが含まれている

　説明がつかない差額が生じている場合、株主に対する説明が十分に行えない恐れがあります。

　取引価額の決定に際しては、十分な配慮が必要であり、その一面として会計的な側面からも十分な分析が必要と考えます。

共通支配下の取引等
（個別財務諸表の議論）

1 共通支配下の取引等に関する基本的な考え方

■共通支配下の取引とは

　共通支配下の取引とは、連結グループ内（親会社と子会社、あるいは子会社と他の子会社）で行われる企業結合を指します。

　共通支配下の取引は連結グループ内で行われる取引であるため、原則として連結財務諸表上は取引が生じていないものとして処理します。一方で、個々の会社単位で見た場合には組織再編が生じているため、個別財務諸表上は会計処理が必要となります。具体的には、共通支配下の取引で移転した資産および負債を帳簿価額[20]にもとづき計上します。これは、共通支配下の取引が連結グループ内の取引であることを考慮して、企業結合の前後で移転する資産および負債の帳簿価額が相違することにならないよう配慮したためです。

　なお、関連会社は連結子会社とは異なり親会社の支配下にあるわけではないため、共通支配下の取引の範囲から除外されます（関連会社との組織再編行為については時価にもとづく会計処理を適用します）。

■非支配株主との取引に関する基本的な考え方

　親会社を存続会社、外部株主が存在する連結子会社を消滅会社として合併する場合を想定します。親会社が保有する子会社株式部分は、共通支配下の取引に該当しますが、外部株主から子会社株式を取得し、合併対価を支払う取引は共通支配下の取引に該当しません。

　この取引は、グループ外部の株主が保有する持分を追加取得する取引であるため、取得と同様に時価取引となり、連結財務諸表上は、外部株主に支払った対価の時価と資産・負債の時価を比較し、差額をのれんとして計上します。こ

---

[20]　親会社と子会社（垂直系）の企業結合の場合には、連結財務諸表上の帳簿価額が利用されます。

の取引を「非支配株主との取引」といいます。また、個別財務諸表上も同様の考え方にもとづき時価による会計処理を適用することになります。

■**共通支配下の取引等の範囲**

これまで述べた共通支配下の取引および非支配株主との取引をあわせて「共通支配下の取引等」といいます。共通支配下の取引等については、その取引の範囲を正確に把握するとともに、連結財務諸表および個別財務諸表のいずれに関する論点かを区別して検討することが重要であると考えられます。

〈共通支配下の取引等と会計上の取扱い〉

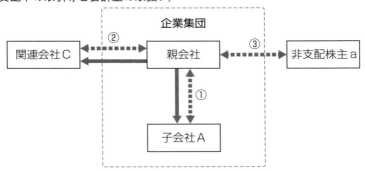

	連結財務諸表	個別財務諸表
①	取引は生じていないものとして扱う	共通支配下の取引として会計処理
②	時価にもとづく会計処理	時価にもとづく会計処理
③	時価にもとづく会計処理	時価にもとづく会計処理

2 実務上の論点

■**親子間の合併における抱合株式消滅差損益**

例えば、親会社が存続会社として100%保有の連結子会社を合併する場合には、個別財務諸表上、親会社は子会社の資産・負債を連結財務諸表上の帳簿価額で計上することになり、連結子会社化後に獲得した利益が含まれる子会社の純資産が反映されることになります。一方で、子会社の純資産に対応するものとし

て、親会社が保有する子会社株式の帳簿価額は取得原価のままであるため、両者には差額が生じます[21]。

この差額の性質は、主に子会社の支配獲得後に計上した損益であるため、合併時に親会社の個別財務諸表上でも損益として認識すべきものと考え、「抱合株式消滅差損益」として特別損益に計上します。例えば、買収後に損失を計上している子会社を吸収合併する場合には、子会社の買収後の累積損失（親会社持分のみ）が合併時に親会社の損失となります。

〈抱合株式消滅差損益の発生〉

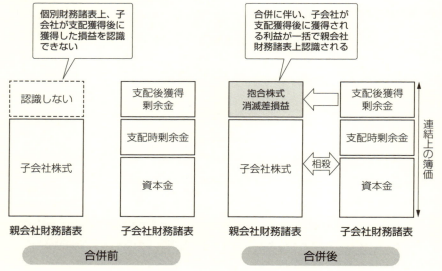

過去、子会社に蓄積された損益が一時に顕在化するため、親会社の個別財務諸表において業績修正が必要になる場合や分配可能額に影響を及ぼす場合があるためその影響額を事前に把握しておく必要があります。

---

[21] ただし、連結子会社化の直後や子会社株式について純資産価額にもとづき減損処理を行った直後、または純資産が子会社株式の帳簿価額と偶然に一致している場合には、差額は生じません。

事業分離
（個別財務諸表、連結財務諸表の議論）

1 事業分離に関する基本的な会計処理の考え方

■事業分離とは

「事業分離」とは、ある企業が営む事業を他の企業に移転させることをいいます。具体的には、会社分割や事業譲渡、現物出資等[*22]の形式にもとづき、自社の事業の一部または全部を他の企業に移転し、その対価を受け取る取引をさします。

■事業分離にあたり、損益を認識するか否か（個別財務諸表上の議論）

事業分離に関する会計処理上の主要な論点は、事業を移転させた企業（以下、「分離元企業」という）が事業の移転に伴い損益を認識するかどうかという点です。この点に関しては、分離元企業にとって現在事業投資となっている投資の性質が変化し、その投資が清算されたのか否かという観点から損益認識の有無が決まることとなります。

まず、「投資が清算された」と判定される場合には、受け取った対価は時価で評価され、移転した事業の資産・負債の帳簿価額との差額が移転損益として認識されます。一方、「投資が清算されず、継続している」と判定された場合には、受け取った対価は、移転した事業の資産・負債の帳簿価額にもとづいて算定されるため、移転損益は認識されないこととなります。

事業を取得する（以下、「分離先企業」という）側は、事業の「支配」を獲得したか否かにより適用する会計処理が異なるのに対して、分離元企業は「投資の継続性」にもとづき適用する会計処理が決まることになります。

[*22] 現物出資の場合、移転対象が「事業」でなく、単なる資産の移転であっても事業分離に関する会計基準が適用されます。

■投資の継続と清算

投資の清算、継続の判定は、主に「対価の種類」にもとづき判定され、加えて「重要な継続的関与の有無」が考慮されます。

〈移転損益計上の判断フロー〉

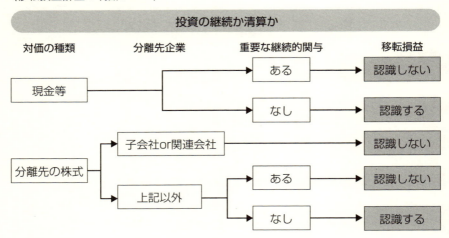

▶「対価の種類」について

①対価の種類が現金等[*23]の財産のみの場合

事業投資に対して、現金等というまったく異なる資産を受け取る場合、投資は清算されていると考え、基本的には移転損益を認識します。ただし、現金等を受領している場合でも、分離先企業に対して「重要な継続的関与」がある場合には、損益を認識しないことになります。

②対価の種類が分離先企業の株式のみの場合

事業投資に対して、株式を受け取る場合、事業分離後も分離先企業の事業に対して関与できる可能性があることから、投資が継続していると考えられる余地があります。分離先企業の株式が受領後に子会社株式または関連会社株式に該当する場合、支配力または影響力を行使して事業に関与できるため、投資は継続していると考えられ、損益を認識しません。

[*23] 分離先企業の株式以外の資産を受け取る場合を指します。

一方で、分離先企業の株式が子会社株式または関連会社株式にならない場合、事業に関与することはないと考えられるため投資は清算されていると考え、損益を認識することになります。

▶「重要な継続的関与」について

分離元企業が移転事業に対して重要な継続的関与を行っている場合、実質的に事業に関与しているのと同様であるため、投資が継続していると考えられますが、重要な継続的関与があると考えられる場合としては下記のような例が挙げられます。

①移転した事業に対し、買戻しの条件が付されている場合
②移転した事業から生じる財貨又はサービスの長期購入契約により移転事業のほとんどのコストを負担する場合

■結合当事企業の株主の会計処理

分割型会社分割や合併の場合、分割会社や被合併会社の株主に、企業結合の

〈組織再編の当事会社およびその株主の会計処理〉

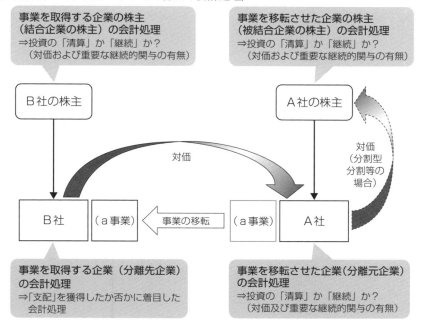

対価として結合企業が自社の株式を交付した結果、結合企業の株主の持分比率が低下し、子会社株式からその他有価証券へと投資の性質が変化することも考えられます。

これらの場合の会計処理は、基本的には分離元企業の会計処理に準じて行われます。事業分離の対価を株主が受領する場合においても、事業分離元が対価を受領する場合と経済的実態は類似すると考えられるため、両者の会計処理の整合性をとっています。

組織再編に係る当事者における会計処理の考え方をまとめると前ページ図のようになります。

■連結財務諸表上の会計処理

連結財務諸表上も基本的には前述した考え方に従って会計処理が行われますが、投資の清算に該当しない場合でも、連結財務諸表上は持分の減少として損益が認識されるケースがあるので留意が必要となります。

例えば、親会社がその営む事業の一部を非支配株主が存在する子会社に吸収分社型分割により移転したケースを考えてみます。

次ページ図に示しているとおり、会社分割の対価として親会社（Ｐ社）は子会社（Ｓ社）株式を追加取得するため、分割後の子会社に対する持分比率は増加することになります。

一方で、分割前に100％保有していた（自社で営んでいた）移転事業ａを非支配株主の存在する子会社に移転することにより、親会社のａ事業に対する持分比率は会社分割後の親会社の持分比率である80％まで低下することになります。

このような取引が発生した場合、連結財務諸表上は「持分の交換」が生じたものと考えて会計処理を実施することになります。

具体的には、ａ事業に係るＰ社持分の非支配株主への移転と、非支配株主のＳ社持分をＰ社が追加取得したものと考えます。ａ事業に係るＰ社の持分の減少額とＳ社に係るＰ社の持分の増加額との間に生じる差額は、資本剰余金として処理します。

〈持分の交換〉

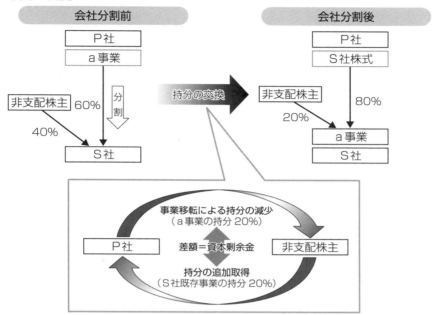

2 実務上の論点

■分離元企業の税効果会計

　移転する事業の資産・負債につき繰延税金資産・負債を計上している場合には、税効果会計の適用が論点となることがあります。繰延税金資産・負債を取り崩すことになれば、事業分離時において法人税等調整額が計上され損益に影響を与える可能性があるためです。

　分離元企業における税効果会計は、移転損益の認識の判定と同様に考えます。すなわち、「投資が継続している」場合と「投資が清算された」場合では、会計処理が異なることとなります。

　まず、「投資が継続している」場合には、移転前に個別の資産・負債という形態で保有していた状態から子会社株式という形態で保有している状態に置き換わっただけであり、経済的実態に変化はないと考えられるため、事業分離前に保有していた資産・負債につき計上していた繰延税金資産・負債は、事業分

離後には子会社株式にかかる繰延税金資産・負債として引き続き計上されます。この繰延税金資産・負債は、移転した事業の資産・負債にかかるものであるため、事業分離後に移転事業の業績等が悪化した場合には、繰延税金資産の一部または全部の取り崩しが必要となる可能性がありますので注意が必要です。

　一方、「投資が清算された」場合には、通常の資産の売却と同様に考えますので、従来計上していた繰延税金資産・負債は全額取り崩されます。このとき、取得した対価等について生じている一時差異に関しては改めて回収可能性を検討することになります。そのため、取得した株式等につき売却予定がなく繰延税金資産を計上できないような場合には、事業分離を実施した事業年度において、移転前に計上していた繰延税金資産の全額を取り崩すことになります。

〈投資継続時の繰延税金資産・負債〉

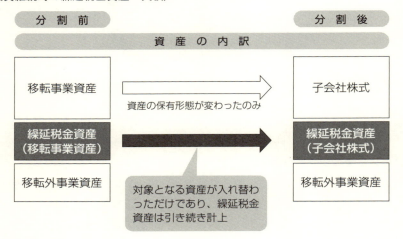

■**事業の一部売却と減損について**

　不採算事業の売却に際しては、その事業を会社分割により新会社として分社化した上で、買収会社に株式を売却するという手法が多く利用されています。その際、売却後の事業運営等を考慮して、分社化した直後に新会社株式のすべてを売却するのではなく、会社分割直後には株式の一部のみを売却した上で、残りの株式を数年後に売却する、あるいは残りの株式を保有し続けて移転事業の運営に関与するといった場合があります。

このような場合、分社化については、共通支配下の取引の会計処理に準じて、分離元企業における新会社株式の取得価額は、移転事業の資産・負債の適正な帳簿価額にもとづき算定されます。次に、新会社株式の一部を売却した際に、売却部分については売却損益が認識され、残りの株式に対応する部分については、売却時点まで損益の計上は行わないのが原則的な会計処理となります。

ただし、会社分割により事業の再編成（グループ内における再編成を含む）を行おうとする場合には、当該事業に関して減損の兆候があると判定される場合があります。その場合、会社分割を行う前に、当該事業の固定資産について減損損失が計上される可能性があります。

また、会社分割後、新会社株式の実質価額が取得価額に比して著しく下落している場合には、新会社株式の減損処理が必要となる可能性があります[*24]。

このように、分社化後に事業（株式）を売却しようとする場合、株式や固定資産の減損を通じて、事業（株式）の未売却部分についても損失が計上される場合があることに留意が必要です。

〈事業（株式）の未売却部分について損失が生じる可能性〉

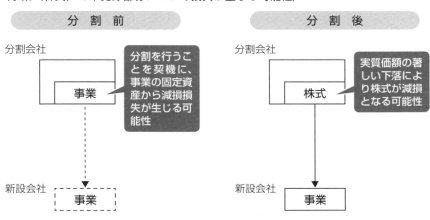

[*24] 減損にはいたらない場合でも、新会社株式を一部売却した際に売却損が生じたなど、新会社株式について含み損が生じていると考えられる場合には、その含み損を損失として認識すべきかについて検討が必要になると考えられます。

7 国際財務報告基準（IFRS）の影響

1 日本におけるIFRSを巡る主な動き

　EU（欧州連合）による域内企業へのIFRS適用の義務付けと欧州証券規制当局委員会（CESR）によるいわゆる同等性評価および日本の会計基準に対する26項目の補完措置の提示に対し、わが国の企業会計基準委員会（ASBJ）は、CESRから示された補完措置の項目についてのコンバージェンスを積極的に進めてきました。

　他方で、わが国へのIFRS導入については、金融庁企業会計審議会が中心となり検討を進めてきましたが、2013年6月に企業会計審議会は「国際会計基準（IFRS）への対応のあり方に関する当面の方針」を公表し、まずはIFRSの任意適用の積み上げを図ることが重要であることから、任意適用要件の緩和、エンドースメント手続（自国基準へのIFRSの取込手続）などのIFRSの適用の方法および単体開示の簡素化などのIFRSへの対応の当面の方針を定めました。これを踏まえて2015年6月には、ASBJが最初の修正国際基準（国際会計基準と企業会計基準委員会による修正会計基準によって構成される会計基準）を公表しています。

　このような流れをうけて、IFRSの任意適用企業数は徐々に増え、2018年12月末時点では、適用予定会社も含めると約200社となっています[25]。

2 IFRSの特徴

■財政状態計算書（貸借対照表）[26]

　IFRSは、主たる利用者として既存および潜在的な投資家、貸付者およびその他の債権者を定義し、彼らに対して企業価値評価に資する情報を提供する

---

[25]　日本取引所グループのホームページに掲載のIFRS任意適用・任意適用予定会社数（URL http://www.jpx.co.jp/listing/others/ifrs/）によります。

第9章　M＆Aに関する会計

という資本市場の参加者のニーズに焦点を当てており、適用する企業の将来の
正味キャッシュ・インフローの見通しに役立つ情報を提供することが財務会計
の目的であると定めています。

　従来、日本基準における貸借対照表は損益計算書の連結環[27]であると考えら
れてきましたが、財政状態計算書（貸借対照表）は単なる静的な財政状態では
なく、将来の収益獲得能力を表すという積極的な性質を持っています。ＩＦＲ
Ｓでは、財政状態と業績について優先順位は設けていませんが、後述のとおり
資産および負債の変動の結果として収益および費用が認識されることになりま
す。

■資産・負債アプローチ[28]

　ＩＦＲＳでは、持分（資本）、収益および費用が、すべて資産と負債の変動
を通して定義されています。このような財務諸表の構成要素の関係を「資産・
負債アプローチ」といいます。

　このアプローチによれば、資産の増加および負債の減少が「収益」、資産の
減少および負債の増加が「費用」であり、資産と負債の差額が「持分（または
資本）」となります。したがって、期首における持分と期末における持分の差
額は1事業年度における「利益」となり、これを計算するための財務諸表が純
損益及びその他の包括利益計算書です。「包括利益」には、「当期純利益」と「そ
の他の包括利益」（保有する資産の公正価値の変動等による損益）の2つが含
まれます。「公正価値の変動等による損益」とは、例えば事後の公正価値変動
をその他の包括利益に表示するという指定（ＦＶＯＣＩ指定）を行った持合い
株式の含み損益の当期変動額です[29]。

＊26　財政状態計算書とは、日本基準における貸借対照表と同様の役割を担う財務諸表です。以下で
　　　は、財政状態計算書（貸借対照表）として表記します。
＊27　損益計算書で計上された利益が、期末の貸借対照表において資本として繰り越されるため、毎
　　　期の期間損益計算をつなぎあわせる役割を担っていると考えられることから、このように呼ばれ
　　　ます。
＊28　参考文献：「別冊企業会計　IFRS 37基準のポイント解説」中央経済社編、平成22年7月
＊29　直接的な株主の持分の変動、例えば増資のような資本取引は包括利益には含まれません。

391

〈包括利益と当期利益〉

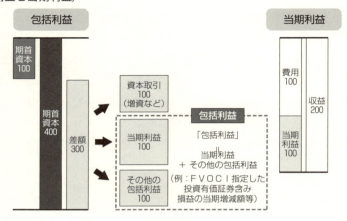

■原則主義

　IFRSでは、会計基準では基本的な原則のみを規定しており、詳細は財務諸表の作成者の判断に任されます。そのため、日本基準のような「実務指針・適用指針」といった、詳細なガイダンスは少なく、国特有の取引・事象に関する解釈指針はありません。具体的な数値基準（金額・比率等）や金額的重要性による免除規定もほとんどありません。自社の判断にもとづいたグループアカウンティングポリシーを作成し、これをグループ会社に展開していくことが必要となります。

3　M＆Aへの影響

■M＆Aに関する評価への影響

　買収時に対象事業を公正価値にて評価するという点では、日本基準の取得時の会計処理と同様です。
　一方で、のれんについては、現在の日本基準では定期的な償却がなされるなどから、減損に該当しづらくなっていますが、IFRSでは後述するように償却がなされないことから、減損によってのみ減額するという違いがあります。
　のれんを含む事業用資産は、経営者の意思にもとづく長期的な事業計画によって算定されていますが、事業計画はM＆A時点とその後においても継続的に

第9章　M&Aに関する会計

見直していく必要があります。計画の修正は減損の兆候に該当するとともに、その影響は長期的な計画であり、一時点で認識されるが故に多額になる可能性があります。

　減損会計は従来より行われていますが、ＩＦＲＳでは、異常項目として表示することが禁止されるため、過去の経営者による投資の失敗を特別損失として表示することはできないことに留意が必要です。

　その一方で、新しい経営者が過去の意思決定を否定することから経営を始めるケースは稀であり、基本的な経営方針の連続性が保持されるのが通常でしょう。このため、次世代の経営陣であっても、現在の意思決定が将来、自己の責任となる可能性があることをより強く意識する必要があると考えます。

■M&A手順への影響

　コンバージェンスによりＩＦＲＳと日本基準による差異は少なくなってきていますが、M&Aの手順に与える影響としては、以下の点が挙げられます。

　M&A前に対象会社を選定するに際しては、買収前の会計基準の差異を補正する必要がなくなることで、クロスボーダーでの対象会社の選定がしやすくなりました。ただし、多くのＩＦＲＳ適用国では、適用対象が上場会社の連結財務諸表のみであるため、被買収会社がＩＦＲＳを採用していない場合もあります。この場合、デューディリジェンスの過程で会計基準の差を補正する必要があるだけでなく、買収後にＩＦＲＳに準拠した決算が可能であるか否かを事前に検討する必要があります。また、M&A後においては、ＩＦＲＳが原則主義であることに起因し、買い手による被買収会社へのグループアカウンティングポリシーの展開やその監査人への説明、決算期の統一などを行う必要が生じます。

393

4 M&A会計におけるIFRSと日本基準の主要な差異

M&Aに関する会計では、日本基準がIFRS[*30]とのコンバージェンスを進めた結果、両者の差異は小さくなっています。ただし、現在も重要な差異が残っている項目もあるため、取扱いを比較し、主要な差異について説明します。

■非支配持分（非支配株主持分）の取扱い

日本基準では連結財務諸表を親会社が保有する持分を表現するものと捉え、連結子会社の資本のうち、親会社に属していない部分を外部の持分、「非支配株主持分」として、資本とは区別して取り扱っています。他方、IFRSでは連結財務諸表をすべての株主の企業集団全体に対する持分を表現するものとして捉えていることから、「非支配持分」（Non-Controlling Interest）を資本の一部として取り扱っています。

〈非支配持分（非支配株主持分）の取扱い〉

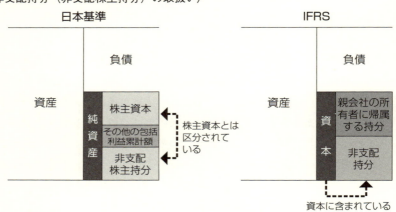

また、日本基準とIFRSでは非支配持分（非支配株主持分）に対するのれんを認識するか否かでも差異があります。日本基準では、親会社が取得した持

[*30] IFRSにおけるM&A会計に関する規定はIFRS第3号「企業結合」、IFRS第10号「連結財務諸表」が中心になります。

第9章　M&Aに関する会計

分の分だけのれんを認識し、非支配株主持分に関するのれんは認識しません。
一方で、ＩＦＲＳはこれに加えて支配を獲得した時点で、企業集団全体を取得
したと捉え、親会社持分のみならず非支配持分に関するのれんを認識する結果
となる方法も容認しています。ＩＦＲＳでの非支配持分の測定方法は、①非支
配持分を公正価値で測定する方法と、②被取得企業の識別可能純資産の認識金
額に対する現在の所有権金融商品の比例的な取り分で測定する方法の２つがあ
ります。これらは企業結合ごとに選択可能なものとなっています。前者は全部
のれん方式、後者は購入のれん方式と呼ばれ、前者の方法のほうが、のれんの
金額が大きくなるため、将来の減損による影響額が大きくなるといえます。

〈のれんの測定方法の概念図〉

のれんの測定方法

<日本基準>
・純資産を取得企業と非支配株主の持分で按分
・取得対価のうち取得企業の持分を超過した分がのれん
<①の方法>
・非支配持分を株価等の公正価値によって測定
・取得対価と非支配持分の合算値のうち純資産を超過した分がのれん
<②の方法>
・非支配持分を純資産に対する非支配持分の所有割合によって測定
・取得対価と非支配持分の合算値のうち純資産を超過した分がのれん

■のれんの償却と減損損失の計上

　日本基準では、資産の部に計上されたのれんは20年以内に規則的に償却し、
必要に応じて減損損失を計上することが求められています。他方、ＩＦＲＳで
は、のれんは、将来の経済的便益が企業に流入することが見込まれる資源であ
り、収益性の低下によって回収可能性を評価すべきであり、買収時点にこれを
何年で償却すべきか、また、どのように償却すべきかを決定することはできな

395

〈減損のフローチャート〉

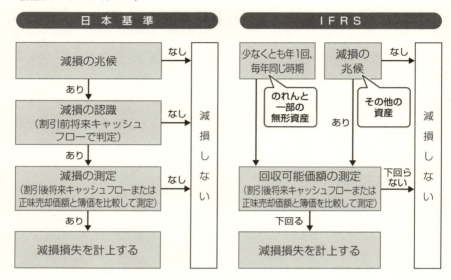

いと考えて償却を行わず、のれんの価値が減価していると認められた場合に減損損失を計上します。

　この、のれんの事後の会計処理については、2015年６月に国際会計基準審議会（ＩＡＳＢ）から公表された「ＩＦＲＳ第３号「企業結合」のレビュー報告書及びフィードバック・ステートメント」においても、多くの意見が寄せられた項目として報告されており、現在も検討と調査が続いています。この、のれんの会計処理については、米国財務会計基準審議会（ＦＡＳＢ）でものれんの定期償却の是非の議論が始まっており、これらの結論次第では、今後のＭ＆Ａに大きな影響が生じる可能性もあることから、今後の動向に注意が必要です。

　のれんの減損に関するＩＦＲＳ[*31]と日本基準との主要な差異は以下のようになります。

　ＩＦＲＳでは、減損の兆候にあたらずとも、のれんは毎期回収可能価額の測

＊31　ＩＦＲＳにおける減損に関する規定はＩＡＳ第36号「減損」となります。

第9章　Ｍ＆Ａに関する会計

定が必要となります。また、ＩＦＲＳの減損損失測定は、日本基準にあるような割引前キャッシュフローで比較する「減損の認識」のステップを経ることなく、割引後キャッシュフローとの比較となるため、一般的に日本基準よりも減損損失が計上されやすいといわれています。なお、ＩＦＲＳは、有形固定資産と無形資産などの減損については戻入れを要求していますが、のれんについては減損の戻入れを求めていません。

5 ＩＦＲＳの初度適用における企業結合の取扱い

　仮に、日本企業が2022年３月期から初めてＩＦＲＳを適用する場合（このような場合を「初度適用」という）、最初のＩＦＲＳ財務諸表として、2020年４月１日付の財政状態計算書を作成する必要があります（これを「ＩＦＲＳ開始財政状態計算書」という）。

　初度適用を行う企業は、過去からＩＦＲＳを採用していたかのようにＩＦＲＳ開始財政状態計算書を作成しなければなりません。しかし、会社設立時からのすべての会計処理をＩＦＲＳに準拠してやり直す（遡及適用する）ことは現実的ではありません。そこで、ＩＦＲＳ[*32]は一部の会計処理について遡及適用を免除する規定を設けています。具体的な免除規定の説明はＩＦＲＳの専門書に譲ることとし、ここでは初度適用での企業結合の取扱いについて説明します。

　ＩＦＲＳ初度適用企業は、ＩＦＲＳ第３号の範囲に含まれる企業結合について、ＩＦＲＳ移行日前の企業結合に遡及してＩＦＲＳ第３号を適用するかどうかについて、以下の選択をすることができます。

　①ＩＦＲＳ移行日前のすべての企業結合について、遡及適用する
　②ＩＦＲＳ移行日前のすべての企業結合について、遡及適用しない
　③ＩＦＲＳ適用日前の特定の日を定め、その日以降に行われたすべての企業結合について遡及適用する

　英国勅許会計士協会（ICAEW）による研究報告書によると、アンケートに回答した企業の100％が「②ＩＦＲＳ移行日前のすべての企業結合について、

[*32]　IFRSにおける初度適用に関する規定はIFRS第１号「国際財務報告基準の初度適用」となります。

遡及適用しない」ことを選択したという報告がなされています。これは、過去の企業結合に関する資料等が残っていないといった実務上の理由のほか、遡及適用に係る工数に見合うだけのメリットが見い出せないということによるものと推察されます。なお、②を選択した場合、大まかにいって以下のような処理を行うこととなります。

- 従前の会計基準下での企業結合の分類を維持する
- 被取得企業の個別財務諸表でIFRSに準拠した場合に計上が求められる無形資産（例：開発費の資産化額）を新たに認識する場合には、のれんの金額を減額して、認識する
- 企業結合時に従前の会計基準によりのれんに含まれていた資産・負債については、遡及的に認識する必要はなく、のれんに含めたままでよい（ただし、被取得企業の財務諸表においてIFRSが認識を求める場合を除く）
- 従前の会計基準のもとで償却資産として計上されていたのれんは、IFRS移行日で償却を中止し、そのまま非償却資産となり、IFRS移行日およびそれ以降、減損テストを行っていく

　以上から、②を選択した場合、初度適用時において大きな実務上の困難は生じないものと考えられます。

第9章 M&Aに関する会計

コラム IFRSとM&Aファイナンスにおけるコベナンツ（財務制限条項）

　M&Aに必要な資金を借入金で調達する場合、借入金額が多額になる傾向があることから、貸出先である金融機関が金銭消費貸借契約の中にコベナンツ（財務制限条項）を付す場合があります。これは、借入先から早期に情報を得ることで、借入金が返済不能となるリスクを低減しようとするものです。具体的には、営業利益や経常利益といった段階損益が一定の水準を下回らないこと（利益維持条項）や純資産が一定の残高を確保すること（純資産維持条項）、年間の投資金額を一定金額以下に抑えることといった内容となります。

　これらの条項についても、IFRSが適用された場合、そもそも条項で規定されている項目の概念自体がなくなる（例えば、経常利益という概念がなくなるなど）、会計処理が変更されることによって、利益または純資産が減少するといったことが想定されます。したがって、IFRSの適用に伴って何をもって企業の財務状況に重要な影響があったと考えるかの見直しが必要になると考えられます。

　現在の一般的なコベナンツに影響を及ぼすIFRSの主要な具体例としては以下の項目が考えられます。

条項の種類	コベナンツに影響を及ぼすIFRSの具体例
利益維持条項	非上場株式が公正価値で評価され、その変動額が損益に影響を与える場合がある（その他の包括利益での認識も選択できるが、この場合は売却損益もその他の包括利益での認識となる）
	のれんが非償却のため、利益が増加する一方、減損を認識する場合は、一時的に多額の損失が生じる
	減損判定が厳しくなり、減損を認識する場合には、多額の損失が計上される
	経常利益という項目がなくなるため、条項の見直しが必要となる
	営業外損益や特別損益項目が営業損益項目に計上されるため、条項の見直しが必要となる
純資産維持条項	のれんが非償却となるため、純資産額が増加する
	有形固定資産の減価償却方法が日本基準上定率法の企業がIFRS上定額法となる場合、純資産額が増加する
	減損判定が厳しくなり、減損を認識する場合には、純資産額が減少する
その他の条項	日本基準におけるオペレーティング・リース取引のオンバランス化が求められることから、自己資本比率が下落する
	転換社債が区分処理されることにより自己資本金額が変動する
	一定の優先株式が負債に計上されることにより自己資本比率が低下する

第 10 章

M&Aガバナンス

1 M&A取引と コーポレートガバナンス

　今回の改訂では、私たちがこれまで蓄積してきた「M&Aガバナンス」についての考え方を、新たに追加しました。

　「M&Aガバナンス」の基本思考は、企業がグローバルな競争の中で勝ち抜くべく、M&Aなどを通じたインオーガニックな成長に必要な企業のケイパビリティを向上させることにあります。

　M&AやCVC[*1]のようなイノベーションを志向した投資機会の獲得は日増しに競争的になってきています。また、そのような投資機会を獲得しても、取引の組成から取引実行、統合に至るまで企業は様々な困難に直面することは少なくありません。特にクロスボーダー取引では、取引の管理や全社戦略との整合性についても海外子会社に委ねる場合、海外子会社とグループ本社との間で緊張関係・軋轢が生じることも多く見られます。その結果、日本企業はこれまで有望な取引の機会を逸してしまう、高値掴みをしてしまう、あるいは事業価値の実現に失敗してしまうケースなども多くみられました。案件ソースが限定的、減損損失の計上を繰り返す、損失を計上しながらの撤退などは、M&Aにおける基本的な問題を抱えていることの明らかな兆候です。

　これまで、日本企業においてもデューディリジェンス、バリュエーションやPMI（買収後統合）計画などにおいて専門家の助言を活かそうとしてきました。しかし、複数の調査によれば、過去20年間でみても大きなパフォーマンスの改善にはつながっていないことが示されています。それは、案件組成、デューディリジェンス、バリュエーション、交渉、ストラクチャリング、統合などの各ステップは、実務上それぞれ個別に検討されるとしても、本来は目的を実現するために有機的な連携のもとに統合されるべきものですが、これまでの企業の努力がそれぞれ個々の特定のタスク内に閉じて行われていたことが一因だ

＊1　Corporate Venture Capital

第10章　M&Aガバナンス

と考えます。連携・一体化されていない個々のタスクに対してベストプラクティスが適用されたとしても、一貫した枠組みが欠けていれば、そこから生み出される価値は限定的なものとなります。これらがバラバラに行われてしまうのは、多くの場合、内部手続上の問題、特に硬直的で遅すぎる意思決定手続きや、取引後の価値の実現のための鍵となる成功要因やリスク要因を考慮に入れた客観的評価の枠組みを欠いていることに起因しています。

そこで問われるのが適切なM&Aガバナンスのあり方です。

1　日本におけるコーポレートガバナンス改革

ビジネスの成功確率を向上させる基盤を強化するために企業が取り組むべきことは少なくはありませんが、自社が存在する意義を実現していくために「株主をはじめ顧客・従業員・地域社会等の立場を踏まえた上で、透明・公正かつ迅速・果断な意思決定を行うための仕組み」[*2]としての実質の伴ったガバナンス体制を整備すべき優先順位は高まっています。企業が執行への権限委譲を促進させることでより「迅速・果断な意思決定」を行い、監督機能を担う取締役会が「透明性・公正性」を担保する役割を担ってステークホルダーへの説明責任を果たす、これがコーポレートガバナンス改革の肝ともいえます。これはM&Aガバナンスにもそのまま当てはまります。

2　M&Aガバナンス

日本のコーポレートガバナンス改革は、企業がより積極的にリスクテイクを行える環境を整備する狙いがあります。しかし、M&Aはリスクを伴う経営行動であり、すでに多くの企業は積極的にリスクをとろうとしています。一方で、積極的にM&Aを活用する企業に対して、次のような懸念が指摘されることもあり、M&Aに際してはリスクをとるための体制を整備し、M&Aによる企業価値向上の成功確率を高めることに取り組むことが求められているといえます。

＊2　出典：コーポレートガバナンス・コード（2018年6月1日版 株式会社東京証券取引所）「コーポレートガバナンス・コード」について

403

日本企業のM＆Aでのいくつかの重要な懸念

●M＆Aの経済的妥当性・合理性が低いのではないか
　▶平均的買収プレミアムの高さや買収後の多額の減損損失の発生
　▶買収後の不正の発覚による事業価値の棄損 など

●M＆A取引に求められる時間軸に適切に対処できていないのではないか
　▶オークションプロセスにうまく対応できずに、良質な機会を逃している
　▶買収後の統合プロセスが遅く、期待シナジーの発現が効果的ではない など

　これらの懸念は、言い換えれば、買収プロセスにおいて、透明・公正であり、かつ迅速・果断な意思決定を連続的に行うための体制が未成熟であり、M＆Aを通じた価値創造に満足できないとの指摘ともいえます。企業はM＆Aに伴うリスクを適切に見積もり、それに見合うリターンを確保できるよう、M＆Aの局面においてもそれに相応しいガバナンスの確立に向けた改革を行うべきなのです。そのために考慮すべき主要なポイントは次の3つであると考えます。

M＆Aガバナンスに求められる主要なポイント

●M＆A取引のためのガバナンスに関する基本原則
　▶透明性を担保した権限委譲と責任の明確化を図り、意思決定の質・客観性と一貫性を確保し、プロセスの評価やその向上のためのフィードバックの仕組みを構築すること

●承認プロセスの確立
　▶M＆A取引は企業に重要な影響を与え、時間に強く影響される。そのため、組織的監督の実効性と効率性を両立させることが不可欠であり、取引をどう監督し、承認するかのプロセスを確立する必要があること
　▶その際に留意すべきは、適切な監督の体制とするための以下の2点
　　・独立性と客観性を確保することを意識したプロセスとすること
　　・十分な効率性を確保するため、取引の影響を、取引規模、戦略的重要性そしてリスクレベルに応じたプロセスとすること

第10章　M&Aガバナンス

> ●M&A取引のレビュー
> ▶M&A取引の遂行に伴う「管理」機能と、M&A取引への支援と承認を含む「監督」機能は明確に分離すること
> ▶M&Aガバナンスでの「監督」においては、
> ・戦略適合性
> ・プロセスの公正性[*3]
> を確保することに焦点を合わせた取引のレビューとすること

　これらの形をシンプルに作ることは比較的容易です。しかし、各機能の役割に応じた人材の確保やその体制の運用においては、組織としての強い意志と経験の積み重ね、さらには適宜の振返りによりそれぞれの役割を担う機能の行動や判断について自己反省も求められます。また、当然のことですが、M&A取引を遂行する取引責任者（通常は執行役員クラス：409ページ参照）の役割は、M&A取引を実行するだけではなく、M&Aの成功に責任を負うことを明確にすべきです。取引の前後で権限と責任を分断することがないようにするためです。そのためにはM&Aの早い段階から情報を共有すべき人材の範囲は広がりますので、相互の信頼のもとに情報共有を促進するために、機密保持に関するマインドを組織に徹底的に浸透させなければなりません。

　M&Aガバナンスのプラクティスは、一部の先進企業を除けば、まだ多くの日本企業に浸透しているとはいえないのではないでしょうか。しかし、M&Aのニーズは高まっています。特に海外でのM&Aは取引のスキームも複雑になっており、M&Aがもたらす影響の程度も大きくなっています。リスクは過去の延長線上のものだけではありません。そのような状況下でさらなるスピードも求められます。これらの課題に対処し、M&Aの成功確率を向上させていくには、これまでとは異なる監督の体制が必要となるでしょう。もちろん、現状が大きく否定されるということではありませんが、組織としてM&Aを活用した戦略遂行能力を高めていくためには、それに相応しい執行と監督の体制の整備と組織学習への取り組みが不可欠だと考えます。

　ここに紹介するM&Aガバナンスに関するプラクティスは海外グローバル・

＊3　ここでの公正性は、論理的な整合性とともに、プロフェッショナリズムの観点からの高潔性、誠実性や清廉性を含めた概念として使用しています（以下、本章においては同様）。

エクセレント企業での活用事例を収集し、整理したエッセンスです。そのため、日本企業がそのまま導入することが現状では相応しくない局面もあるかもしれません。しかし、グローバルに飛翔する企業は、グローバル企業に対して何らかの競争優位を築いていくことが必要であり、自社の現状に照らし、より適切な体制を構築・運用し、これからの在り方についても思考を深めていくことが求められます。日本企業が、これまで"あうん"の呼吸で共有し、浸透してきたものを、これからは可視化していかなければならない場面も増えるでしょう。それは経営がグローバル化するからということだけではなく、国内でもダイバーシティーが進み、同一的な組織ではなくなっていくからです。特に、以下の点には配慮が必要です。

・ルールを明文化する
・役割を明確化し、その履行の程度を分析・評価して、次のステップに備える
・情報の正確性と客観性を担保する仕組みを組織にビルトインする

　M＆Aガバナンスが成熟している企業は、これまでの教訓を活かし、自社の体制をさらに磨いています。そのエッセンスは上述のとおりですが、本節に続いて、企業が個社の事情に合わせたガバナンス設計ができるよう、第2節ではM＆Aガバナンス基本原則の概要を紹介します。さらに、第3節では承認プロセスに関するベストプラクティスを紹介し、第4節では承認を行う承認機関によるM＆A取引のレビューについての基本的な考え方を、仮想事例も交えて紹介していきます。

　本章に記載する原則やプロセスの多くは相互に支え合う関係にあることから、改革に着手する適切な出発点を見い出すのが難しい場合もあります。しかし、ほとんどの企業は過去のM＆Aで何らかの経験を積んでおり、そこから留意すべきリスクや教訓を引き出すことが可能です。そうした観点からも、過去や現在の取引から教訓を得るという「組織学習の原則」（416ページ参照）は重要なものといえます。自らの経験を振り返り、オープンかつ率直に議論する場はM＆Aガバナンスの向上を図ろうとする企業にとって格好の出発点といえるでしょう。

第10章 M&Aガバナンス

2 M&Aガバナンス基本原則

　M&Aガバナンスを効果的に機能させるには、透明性のある形で権限を委譲し、権限を委譲した者（機能）と受託した者（機能）それぞれの明確な役割と責任を定義すること、そして後述するM&A取引チーム、管理機能を担う取引責任者、M&Aの承認権限を有する監督委員会やサポート機能を担う独立機能部門の間の有効な情報の流れを作ることがポイントとなります。適切な権限委譲により、個別化しがちな各プロセスやステップを有機的に結び付け、意思決定の質、客観性と一貫性を確保し、プロセス評価や向上のためのフィードバックを活かすことで、M&Aを活用した企業価値創造の成功確率を向上させることが目指すゴールです。

　そのような体制の運用はより効率的な案件組成と取引実行を可能にし、統合に不可欠な要素も含め、十分な情報に裏付けられ、かつ、的の絞られた監督を可能にします。これは付加価値の高いM&A取引の組成を増やすだけでなく、より困難な取引のリスクを低減することにも貢献します。

　そのために重要なのが「M&Aガバナンス基本原則」です。その要約を以下に記載します。3つの要素からなるこの原則は全11項目で構成されますが、以下3つの原則ごとに詳細に説明していきます。

M&Aガバナンス基本原則
1．権限委譲と責任の明確化の原則
●M&A取引の遂行・管理と、承認を含む監督の機能分離 　M&A取引の遂行・管理機能と、承認を含む監督機能は明確に分離すること
●M&A取引の承認プロセスと権限の設計 　承認プロセスと権限は、取引規模、戦略的重要性とリスクレベルにより定めること

- M＆A取引の監督を担う機能の役割
  監督機能は、投資戦略を立案（もしくは承認）し、M＆A取引に関するリスクマネジメントプロセスの構築（もしくは承認）とモニタリングを行う組織が遂行すること

２．意思決定の質・客観性と一貫性確保の原則

- 独立性
  十分な独立性を備える適格な取締役が投資の監督に十分に注力すること

- 監督委員会の委員の報酬体系
  報酬体系は監督委員会の委員に成果と公正性の両立を促すものとすること

- 十分な情報と建設的議論
  M＆A取引の決定は十分な情報を基礎として建設的な議論を通じて行うこと

- 戦略適合性やリスクベース・アプローチに基づくレビューの実施
  M＆A取引レビューは、戦略適合性やリスクベース・アプローチによるプロセスの公正性に基づき実施すること

- M＆A取引レビューの標準化
  M＆A取引レビューは標準化され、明確に伝達された要件に基づき行われること

- M＆A取引の承認
  M＆A取引の承認は設定した基準を満たすレビュー結果、そして、正当な注意義務と権限をもって責務を果たす立場にある委員会の確信に基づいていること

３．組織学習の原則

- 自己の経験から得た教訓からの学び
  過去の取引から積極的に教訓を得て、自社の投資プロセスの向上を図ること

- 監督委員会の実効性についての分析・評価からの学び
  投資プロセスのあらゆる段階での企業の成果を定期的に分析・評価すること

1 権限委譲と責任の明確化の原則

●M＆A取引の遂行・管理と、承認を含む監督の機能分離

> M&A取引の遂行・管理機能と、承認を含む監督機能は明確に分離すること

第10章　M&Aガバナンス

　一般に、M＆A取引の遂行は、取引責任者（執行役員クラス）の指揮・監督のもとに取引チームに委ね、その取引責任者が、M＆A取引を承認する監督委員会に取引の承認を求める方法がベストプラクティスとされています。しかし、主に取引チームの規模や構成、その取引責任者の責任や関与度合、監督委員会の責任や構成などには多くのバリエーションがみられます。これらの相違は、それぞれの企業でのM＆Aの活発さ、経験値や対象となるM＆A取引の総合的重要性などに応じたものであり、こうした要素を見極めて、それに応じたM＆A取引の遂行・管理を含むM＆Aガバナンスの体制を確立することが重要です。

〈M＆A取引の遂行・管理と、承認を含む監督機能〉

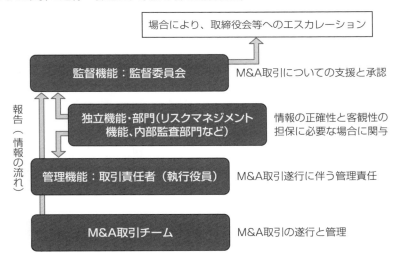

　ここに、取引責任者はM＆A取引の包括的評価と監督委員会が定めるM＆Aの成功要件の両面に責任を負います。このような取引責任者の役割は重大であり、能力適性、時間的コミットメントやリーダーシップ・スタイルなどに応じて指名される必要があります。
　取引チームのメンバーには、必要な経験、能力適性、組織間連携（特に統合を担う関連機能やそのメンバーを含む）や時間的コミットメントなどの条件を満たすことが求められます。また、効率性を確保するためにチームの規模は抑える必要があります。

409

監督委員会は、適切なレベルの能力適性、経験や時間的コミットメント（緊急会議への対応を含む）を確保するだけではなく、取引責任者との間で十分な独立性が担保され、承認プロセスでの客観性を確保し、提案された取引の安易な承認を抑止できることが求められます。この点についてはこの後でも詳しく触れます。

　監督委員会は、Ｍ＆Ａ取引そのものに関与することは控え、定められた要請事項や明文化された承認基準に沿ってＭ＆Ａ取引のレビューや承認を行うことに自らの役割を限定することが重要です。

　最終的に、監督委員会に提出される情報の正確性と客観性を担保するため、リスクマネジメントや内部監査などの独立した機能・部門を関与させることも考えられます。こうした関与は、一般的には推奨されますが、現行の組織構造や時間的制約に左右されるかもしれません。

●Ｍ＆Ａ取引の承認プロセスと権限の設計

> 承認プロセスと権限は、取引規模、戦略的重要性とリスクレベルにより定めること

　取引の承認プロセスと権限の設計に際しては、実効的な監督と効率性の適正なバランスを取ることが課題です。取締役会による監督は最も権威ある監督態勢かもしれませんが、多くの取引案件を抱える場合や、特に迅速な意思決定を要する取引では、非効率となるかもしれません。逆に、取引の承認を執行側の委員会に委ねることで効率は高まるかもしれませんが、必要レベルの独立性や客観性を担保できない可能性も生じます。

　企業は、自社のＭ＆Ａの成果を最大限引き出すために執行役員レベルの委員会が適切か、取締役会レベルの委員会が適切か、あるいはその双方の関与が必要かを決める必要があります。その際の判断基準は、執行からの独立性を保つ必要性の程度、想定取引に照らした時間的コミットメント、そしていずれかのレベルでの専門性と経験値の利用可能性の程度です。

　また、多くの企業ではＭ＆Ａ取引の規模に応じて承認権限を委譲する制度を採用しています。一定規模までの取引は執行役員レベルの委員会による承認と

410

第10章　M&Aガバナンス

し、それを超える場合には取締役会の承認を必要とするというイメージです。これは方向性として正しいですが、実務的には、例えば高度に戦略的とされるM＆A取引については取締役会の承認を必要とするなどの例外を設定する必要が生じます。そして、このような例外的適用は、その運用に曖昧さが残るので、不必要な議論、躊躇や時には承認プロセスが混乱することもあり得ます。

　さらにM＆A取引の検討開始時に承認プロセスについての合意が必要となる場合、取引規模を評価する上で次のような根本的な課題もあります。

- 取引規模には買収株式の価値と買収プレミアムが反映されるが、それらの水準は取引の検討開始時点では、買い手は推測することしかできない
- ターゲットが非上場企業の場合、取引の検討開始時点で入手可能な情報は限定的であり、取引規模の推測は難度が高い

　実務的には、想定される取引規模だけではなく、戦略的重要性やリスクレベルなどの要素も考慮して権限を委譲した上で、承認プロセスを構築することが推奨されます。このような体制により、企業には単純な規模の思考を超えて、全体的な重要性を考慮し取引を承認する思考が定着していくと考えます。このような体制をどう整備するかは第3節で詳しく触れます。

●M&A取引の監督を担う機能の役割

> 監督機能は、投資戦略を立案（もしくは承認）し、M&A取引に関するリスクマネジメントプロセスの構築（もしくは承認）とモニタリングを行う組織が遂行すること

　M＆A取引の遂行・管理と、承認を含む監督機能を適切に分離するため、監督機能は戦略適合性とリスクマネジメントという2つの要素に焦点を絞ることが重要です。これは日本のコーポレートガバナンス・コードの基本原則4【取締役会等の責務】の趣旨とも合致しており、他の国のコードでも多くが同様の責務を規定しています。このような視点でのアプローチについては第4節で詳しく触れます。

411

効果的かつ効率的な監督には、その基礎となる情報を提供するM＆A取引チーム、取引責任者と監督委員会のいずれもがこうしたアプローチの意義を理解することが大事です。M＆A取引チームが集約した情報を通じて、戦略とリスクの基準に照らして主要な問題に取り組み、効率的な評価を行います。監督委員会が必要と判断する場合には、リスクマネジメントに関するデータのレビューや分析、プロセスの妥当性をレビューして情報の客観性を担保するために、リスクマネジメント機能や内部監査部門とも連携することがあります。

② 意思決定の質・客観性と一貫性確保の原則

●独立性

> 十分な独立性を備える適格な取締役が投資の監督に十分に注力すること

　監督委員会には、取引のレビューに必要な能力、経験や知識を結集することが必要です。委員の多様性は意思決定における重要な要素ですが、機動性を確保できる委員の規模にも配慮する必要があります。また、委員は取引レビューに割く総時間と、M＆Aでしばしば発生する緊急の会議に出席できる時間的柔軟性の双方を満たせることが望まれます。さらに、前述のとおり、必要な独立性の程度を見極め、委員個人と監督委員会の運営の両面にそれを反映させる必要があります。例えば、取締役会の委員会であれば過半数を非業務執行取締役とし、委員長をはじめ独立社外取締役を一定数含めた構成にすることが推奨されます。

　また、企業は委員が監督委員会に参画する時には、基本的な事項が記載されたガイダンスを提供し、すべての委員が業界、企業やM＆Aプロセスの主要な要素を共有している状態を確保するよう努力することが必要です。委員会に参画した後も、必要と考えられる追加研修を企業の負担で提供し、委員の認識ギャップを埋め、委員の理解を深めることに注力することも必要です。

　委員会が期待役割を果たせるよう、委員の実質的な参画の度合いをモニターし、委員の出席可能状況に変化があれば、監督委員会が責任を果たせるよう注

第10章　M&Aガバナンス

意を促すレポートも求められます。

●監督委員会の委員の報酬体系

> 報酬体系は監督委員会の委員に成果と公正性の適切な両立を促すものとすること

　報酬指針は時間的コミットメントや責任と整合する必要があります。また、マーケットプラクティスとも整合したものであることが必要でしょう。執行側の委員の報酬は潜在的な利益相反の可能性に留意しながら、透明性があり、能力を最大限引き出し、厳格な形で企業の長期的成功を促すものとすべきです。そのようなインセンティブは、企業にもたらした付加価値に焦点を当てたものとすべきで、単なる取引の成立を成果とすべきではありません。なお、一部には独立性を保つため、非業務執行取締役である委員の報酬には成果要素を含めるべきではないというスタンスを取る企業もあります。

●十分な情報と建設的議論

> M&A取引の決定は十分な情報を基礎として建設的な議論を通じて行うこと

　M＆A取引は監督委員会の建設的な議論の中で検証、承認を受け、安易な承認や私的な意向・派閥の介入などのリスクを抑制すべきです。すべての委員は監督委員会の一員として、こうした建設的な課題への取組みや職務遂行に責任を負います。このような環境を作り出すのは委員長の役割であり、その責務には、①会議の議題を、割り当てられた時間やプロセスに即したものにすること、②会議を、企業の投資意欲や活動を反映した十分な頻度で開催し、進行中の取引で合理的に想定される緊急性の要請にも応えるものとし、かつ、取締役会が定める出席義務に沿ったものにすること、③特定個人またはグループが意思決定プロセスで支配力を持つ事態を回避するよう留意し、開放的に討議ができる文化を促進すること、④すべての委員が、必要に応じて企業内外のステークホ

413

ルダーにアクセスすることが可能で、正確で明確な情報をタイムリーに受け取れるようにすること、そして⑤新たに委員が参画する際のガイダンスや追加のレクチャーを設計して、理解の共有を促進することも必要です。

　監督委員会の委員は、取引責任者から情報を適時、簡潔、十分に（例えばレビュー対象取引の現在のフェーズを反映して）、正確に、かつ明確な形で入手すべきです。その上で、それらがリスク認識に適切に反映されるようにあらゆる努力を払うとともに、不明瞭あるいは不完全な情報があれば、それを明確にし、あるいは充実させるよう積極的に求め、必要に応じて次の手立てとして企業の費用で監督委員会が自ら第三者の独立した助言を受けることも考えられます。

●戦略適合性やリスクベース・アプローチに基づくレビューの実施

> M&A取引レビューは、戦略適合性やリスクベース・アプローチのプロセスの公正性に基づき実施すること

　M&A取引のレビューは合意した承認プロセス（第3節参照）に基づき行われる必要があります。そのプロセスは主要リスク、特定取引のプロセス・取引対象・取引責任者と取引チームが合意した条件に関するリスクなどに関する能動的なリスクマネジメントを含め、主に戦略適合性やプロセスの公正性を確保することに焦点を合わせることが重要です。

　こうしたレビューは、「M&A取引の遂行・管理と、承認を含む監督の機能分離」（408ページ参照）に記載したとおり、業務執行への不適切な介入や蒸し返しを排除するための厳格な制限が必要です。しかし、M&A取引の遂行・管理のプラクティスが不十分であることに起因する重大なリスクが監督委員会に認識される場合には、委員会は是正措置だけではなく、影響する活動の、より詳細な監督を要請することになるかもしれません。

●M&A取引レビューの標準化

> M&A取引レビューは標準化され、明確に伝達された要件に基づき行われること

取引責任者は、取引前にレビューで必要とされる情報を確認して、事前に取引チームやこうした情報の収集、提示を担う他の機能と相互に連絡を取り、必要となる情報についてしっかりとコンセンサスを取る必要があります。

前述のとおり、戦略適合性やリスクベース・アプローチによるプロセスの公正性に焦点を当て、標準化された取引レビューを可能とするために必要な情報の要件は事前に定めておくことが推奨されます。そのためには取引の評価に用いる手法やアプローチを取引前に確立し、関連者の理解が得られるよう努めることが不可欠です。

また、必要な情報は取引レビューを行うフェーズを考慮したものとすべきですが、初期の段階では、提供される情報は内容の詳細度や正確性が低い可能性があることに留意すべきです。

●M＆A取引の承認

> M&A取引の承認は設定した基準を満たすレビュー結果、そして、正当な注意義務と権限をもって責務を果たす立場にある委員会の確信に基づいていること

M＆A取引は以下のすべての基準を満たした場合に承認されるべきです。

・監督委員会は、戦略適合性とリスクベース・アプローチによるプロセスの公正性の両面から取引をレビューするために必要な、適時性、簡潔性、完全性、正確性と明瞭性を満たすといえる情報が提供されていると確信していること
・上記の情報に基づき、すべての委員が建設的な意見や異論を述べ、取引レビューに十分な時間を割き、利益相反のない適切なプロセスで総合的に取引レビューを行っていると監督委員会が確信していること
・レビュープロセスに従い、監督委員会は取引が事前に定めた承認基準に合致しているとの結論に達していること
・具体的に、監督委員会が上位機関への対応要請または下位機関への権限委譲等による承認プロセスの変更を必要とする可能性がある新たな情報を認識していないこと

- 取引責任者は依然として取引を推奨していること
- 取引に関連して特定された重大リスクがある場合、監督委員会は、文書化された経営陣のリスク対応計画案に納得していること

3 組織学習の原則

●自己の経験から得た教訓からの学び

> 過去の取引から積極的に教訓を得て、自社の投資プロセスの向上を図ること

　投資プロセスやM＆Aの成果を継続的に向上させるため、監督委員会は、合意した一定期間内に締結したこれまでの取引についてのレビューや評価を定期的に実施することが推奨されます。この期間は、統合の課題や想定されたシナジーなどの潜在的問題を理解するのに必要な期間とすべきです。レビューや評価の結果は将来のM＆Aに関して正すべき行動への示唆を含め、取締役会に報告すべきです。

　クロージング後、数か月内にワークショップ形式で定期的な取引評価を実施し、将来に向けて備えるべきことや研修の必要性の認識など、企業にとって将来の参考となる事案として知見を蓄積することがベストプラクティスとして示唆されています。

●監督委員会の実効性についての分析・評価からの学び

> 投資プロセスのあらゆる段階での企業の成果を定期的に分析・評価すること

　監督委員会は自らの実効性を分析・評価すべきです。企業の置かれた状況や分析・評価の目的によっては、第三者によるファシリテーションを活用するこ

とも考えられます。

　このような分析・評価は、企業としてのスキル、経験、ナレッジと、個人およ び委員会の独立性を対象とすべきです。そのほかにも、委員の多様性、委員相互や監督委員会と経営陣との交流や協働など、パフォーマンスにも関係のある要素を分析・評価の対象とすることは有益です。

　さらに、非業務執行側の委員は執行側の成果を吟味し、場合によっては関連する独立した機能の支援も得て、その報告の正確性をモニタリングすることも考えられます。

承認プロセスの確立

　M＆A取引には2つの重要な特徴があります。すなわち企業に大きな影響を与える可能性があり、時間に強く影響されるということです。そのためM＆Aガバナンスは、組織的な監督を実効的かつ効率的に行うことをバランスさせる必要があります。これは取引をどうレビューし、どう承認するかに関わります。

承認プロセスの最適化
● 承認プロセスの調整 　M＆A取引が企業に及ぼす潜在的影響に応じて承認プロセスを調整すること
● 承認権限の委譲 　承認権限を委譲し、監督の実効性と効率性の両立を図り、権限行使を最適化すること
● 承認のフェーズ化 　コミットメントのレベルと入手可能な情報の詳細化レベルを考慮して、M＆Aのプロセスに沿って承認をフェーズ化すること

 承認プロセスの調整

> M&A取引が企業に及ぼす潜在的影響に応じて承認プロセスを調整すること

　M＆A取引の承認プロセスは、M＆Aに関する企業の成熟度を明確に示す指針です。M＆Aにとても精通した買収企業の中には、規模に応じた承認プロセスを導入し、潜在的な影響が特に大きい可能性のあるものについて例外適用を認め、監督の実効性と効率性を両立させるニーズに対処しているところもあります。

418

〈承認プロセスの成熟度〉

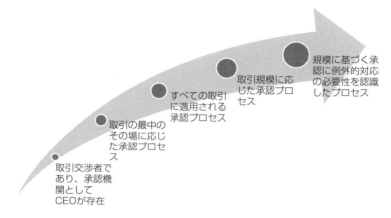

　これは適切な考え方といえますが、厳格な形で導入している企業は極めて限られます。多くの企業では「潜在的影響」の評価に議論の余地があり、その議論の余地が悪用、不必要な議論や取引の途中での承認プロセスの変更につながるかもしれません。このような問題を避けるには「潜在的影響」を体系的に評価する必要があります。

　多くの場合、「潜在的影響」とは、戦略的重要性やリスクレベルを指します。いずれにも慎重かつ一貫性のある評価のフレームワークが必要です。取引規模も恣意的な金額の設定に安住することなく慎重に検討することが求められます。取引の影響は、規模、戦略的重要性とリスクレベルに応じて、漸進的な変化から変革というべきものまでさまざまです。取引がより変革的なものであれば、より高位の独立した承認権限が求められます。

● **取引規模評価のための基準値**

　取引規模の基準値を検証するにはいくつかのアプローチがあります。どのアプローチを取るか、それらをどう組み合わせるかは、企業の優先順位や慎重さの度合いによるでしょう。

　関連する管轄法域で規定される報告要件を考慮するのは１つの出発点となり得ます。ほとんどの法域で、買収者とターゲットと投資規模との間の財務比率に基づき一定の重要性があると認められる取引や、絶対値や関連市場との相対

値で一定規模を超える取引（注：後者では規模的基準ではなく、リスク基準で対象となる可能性があります）について、反トラスト法規制に基づく報告義務が生じます。慎重で合理的な姿勢を持つ企業では、こうした計算を用いることで取引規模に応じて取引を区分するケースも見られます。

　他の明確な指標としては企業財務の状況が挙げられます。流動性、支払能力や全般的な信用格付けなど、さまざまな面でその企業に影響を与える指標をベースとして基準値を定めることが可能です。承認する取引を個々の子会社や事業部門の運転資金、あるいは予算の現実的な比率に限るなどにより、基準を個々の子会社や事業部門に広げることも可能です。

　これらを組み合わせて設計すれば、企業は、いくつかの取引規模レベルに応じて異なるレベルの監督の体制を設計することができます。しかし、前述のとおり企業は取引当初には避けがたい取引規模の不確実性に直面することも考慮に入れておく必要があります。そのため規模の基準値に安全マージンを設ける、企業価値に基づく規模の基準を加える、新たな情報の発覚に伴う承認プロセスを追加するなどのケースが見られます。

●戦略的重要性評価のための基準値

　戦略的重要性の評価でのポイントは、戦略的重要性について明確であり、それに基づいた行動が可能で、かつコンセンサスのとれる基準値をどう設定するかです。

　ここに提案するアプローチは、企業が実施するすべてのM＆A取引に適用が可能となるよう工夫したスコアリングシステムです。これは買収経験が豊富な複数の買収企業との協働を通じて収集したさまざまな問いを整理したものに加えて、第4節で議論する取引レビューフレームワークに基づいています。

　戦略的重要性は、企業、その事業分野やM＆Aの機会に最も適合する質問リストによって検証します。ここでの質問は次の5つの主要カテゴリーに分類できます。

- 戦略との一貫性
- 戦略上の重要性
- 比較優位性
- 能力ギャップ

・取引の潜在的帰結（成功する場合でも失敗する場合でも）

〈戦略適合性の分析フロー〉

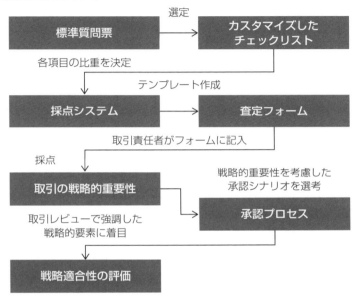

　各質問は取引チームと監督委員会の間で無用の議論が起きる可能性を最小化するためイエス・ノー形式で回答することを想定して設計されています。

　各質問は、取締役会の承認のもとに、あらかじめ例えば１点（重要性が最も低い）から10点（重要性が最も高い）を割り振っておきます。そして、各質問の回答が「イエス」の場合にはあらかじめ割り振られた点が、「ノー」の場合には０点が評価点とされます。その後すべての得点を合計し、検討中のＭ＆Ａ取引の総得点を算出します。この例では、総得点が０〜４点の場合はその取引の戦略的重要性は低く、５〜９点の場合は中程度で、10点以上は重要性が高いと評価される設計となっています。このスコアリングシステムでは戦略的重要性の最終評価は質問リスト全体を合計した数値により算出しますので、例えば戦略的重要性が中程度の質問の２つに「イエス」と回答すれば、取引の全体的な戦略的重要性は高いものになる可能性があります。戦略面で議論の余地のない重要性がある要素（質問）については10点が割り振られることを考慮すると、

その質問に対する回答が「イエス」となるM＆A取引については、それに伴う高次の承認の必要性が示されます。

質問の例とそれぞれの得点の例を次表に示しますが、企業はそれぞれ独自の質問と採点システムを設計する必要があります。

〈戦略的重要性の評価フレームワーク（例）〉

		点		点		点
戦略との一貫性	取引は革新的な可能性を秘めていますか	10	その効果は国内だけにとどまらないですか	2	その効果は長期的なものですか	3
戦略上の重要性	取引は自社の成功を左右する重大な要素ですか	10	取引は企業戦略の実現を可能にするものですか	5	取引は新たな挑戦となるものですか（新サービス、新地域への参入……）	10
比較優位性	取引は社内成長による代替策より明らかに良いものですか	1	取引は無二または希少な機会となるものですか	2	自社はターゲットと格段に優れた適合性がありますか	1
能力ギャップ	この取引は自社のM&A能力を伸長させますか	1	この取引は自社の統合能力を伸長させますか	2	シナジー効果にはコーポレートの関与が必要ですか	5
取引の潜在的帰結	取引の失敗は重大な悪影響をもたらしますか	5	取引のプロセスは重要なステークホルダーの観点から自社の立場に影響を及ぼしますか	2	この取引は将来的に自社の組織文化に影響を及ぼしますか	5

●リスクレベル評価のための基準値

同様の手法はM＆A取引のリスクレベルの評価にも適応できます。M＆Aで想定される主要なリスクについて組織学習を通じて蓄積していく必要がありますが、まずは既知の主要なリスクについて、既存の質問リストから選択し、その特性、リスクアペタイトや環境を反映させるよう微調整していきます。リス

クに関連する質問は４つのカテゴリーに分けることが多いようです。（特にシナジーに関連する）資産価値リスク、（価格決定や入札プロセスに関連する場合が多い）高コストリスク、そして時間に関するリスクとレピュテーションリスクの４項目です。

〈リスクレベルの評価フレームワーク（例）〉

		点		点		点
資産価値リスク	この資産は戦略的ニーズと合致していない可能性がありますか	10	統合やシナジーの実現は特に困難なものですか	5	サプライヤーなどの他のステークホルダーからの悪影響はありますか	2
高コストリスク	提案されたバリュエーションは高いと考えられますか	4	プロセスは競争的で、自社の交渉上の立場は弱いですか	2	想定されるシナジーは定量的なものではなく、曖昧で戦略的色合いが強いですか	5
時間関連リスク	取引が失敗する確率は高いですか	1	取引チームは迅速な統合計画・遂行に必要なリソースを欠いていますか	3	取引チームは取引を効率的に管理する経験と専門知識を欠いていますか	2
レピュテーションリスク	法域またはターゲットは潜在的なビジネス倫理あるいは規制上のリスクを提示していますか	7	慎重な対応を要するステークホルダーが存在していますか	4	依頼できる助言の質に懸念がありますか	2

　このようなプロセスを経て想定取引規模、戦略的重要性やリスクレベルの３つの基準を設定することができます。私たちの経験では大半の企業にとってこの３つは最も考慮に値する条件であるといえます。ケースバイケースですが、それぞれのM＆A環境に応じて、地理的要素、資産タイプ（例、不動産、知的財産権……）など、特定の条件を考慮に入れる場合もあります。

承認権限の委譲

> 承認権限を委譲し、監督の実効性と効率性の両立を図り、権限行使を最適化すること

　権限と責任の委譲は、監督の実効性と効率性を両立させることで企業の能力を最大限発揮するための重要な手段です。出発点は、説明責任、対応可能性、そして能力に関して組織の正確なイメージを描くことです。

　企業間で多少の違いはありますが、一般的には6つの説明責任のレベルがあります。上位から順に、①取締役会、②取締役会レベルの委員会、③トップマネジメント（C-Suite）、④執行役員、⑤リスクマネジメント機能や内部監査などの独立機能部門、⑥取引チーム（取引責任者）です。説明責任のレベルと業務への対応可能性の間には強い負の相関関係があります。これは一般的な経験則にも合致していると思いますが、上位の役職者を会議の場に集めることが非常に難しいからです。即時対応が求められることの多い、オークションなどのプロセスでは特に考慮すべき重要な事項です。

　M＆A取引は、結局のところ、その戦略適合性とリスクマネジメントについての考察を含むM＆Aプロセスの公正性が満足できるものかどうかによって承認すべきものです。しかし、実務レベルではより詳細な情報のレビューや承認が必要となります。このような情報には戦略適合性、プロセスの公正性、リスクマネジメントに加えて、事業、財務、人材、法的側面などの幅広い領域が含まれます。承認権限を能力や情報の詳細化レベルに適合させることは不可欠です。プロセスの公正性については、執行との十分な独立性を確保できる組織によるレビューが求められます。

　組織や階層レベル、それぞれの能力と制約に関する明確な姿を把握することで、企業はどのレベルにより、取引のどの部分の、承認、推奨、助言、情報取得を行うかのマトリックスを作ることができます。企業への潜在的影響に応じて、他の取引にもこのようなマトリックスを作成することができます。

第10章　M&Aガバナンス

3 承認のフェーズ化

> コミットメントのレベルと入手可能な情報の詳細化レベルを考慮して、
> M&Aのプロセスに沿って承認をフェーズ化すること

　M＆Aのプロセスはいくつかの重要なステップで構成され、次のステップに
進むのに前段階での承認が必要です。オークションプロセスでは取引の検討開
始時に時間的プレッシャーがかかり、拘束力のある正式な提案を提出した後に
徐々に緩和されていきます（相対取引であればこのような傾向は少ないです）。
ターゲットに関する不確実性も同様の傾向があり、取引に対する買収企業への
コミットメントの期待は逆に時間とともに増加していきます。言い換えるなら、
企業は不十分な情報に基づきつつ、ステップが進むごとにコミットメントが強
まるという認識の下で、すぐにでも取引に関心を示すことが期待されるという
ことになります。この状況を考慮すれば、監督の実効性と効率性のバランスが
極めて重要であるということが理解できます。

　このため企業は前述のマトリックスにM＆Aのプロセスの要素を含めること
が必要となります。これは過度に複雑に感じられるかもしれません。しかし、
成果物は比較的シンプルであり、例えば、ある企業に固有のものとしては次ペ
ージ表のような例が想定されます（その他に、各事業体でレビューし、承認す
るトピックがあれば割り当てます）。

425

〈M＆Aプロセスを加味した承認プロセス（例）〉

		取引チーム責任者					リスク機能、内部監査等の独立機能					取引責任者					監督委員会					取締役会				
		APP	LOI	BO	DA	CLO	APP	LOI	BO	DA	CLO	APP	LOI	BO	DA	CLO	APP	LOI	BO	DA	CLO	APP	LOI	BO	DA	CLO
取引規模	Small	A	R	R	R	R		I	C	C	C	C	A	A	R	R	I	I	C	A	A				I	I
	Medium	A	R	R	R	R		I	C	C	C	C	A	R	R	R	I	C	A	R	A		I	I	A	C
	Large	R	R	R	R	R	I	C	C	C	C	A	R	R	R	R	C	A	R	R	R	I	C	A	A	A
戦略的重要性	Small	A	R	R	R	R		I	C	C	C	C	A	A	R	R	I	I	C	A	A				I	I
	Medium	A	R	R	R	R		I	C	C	C	C	A	R	R	R	I	C	A	R	A		I	C	A	C
	Large	R	R	R	R	R	I	C	C	C	C	A	R	R	R	R	C	A	R	R	R	I	C	A	A	A
リスクレベル	Small	A	R	R	R	R		I	C	C	C	C	A	A	R	R	I	I	C	A	A				I	I
	Medium	A	R	R	R	R		I	C	C	C	C	R	R	R	R	I	A	A	R	R		I	C	A	A
	Large	R	R	R	R	R	I	C	C	C	C	R	R	R	R	A	A	R	R	R	C	C	A	A	A	

Key:

APP　Approach to target：ターゲットへのアプローチ

LOI　Letter of Intent（non-binding）：基本合意書（拘束力なし）

BO　Binding Offer：拘束力のある提案

DA　Definitive Agreement：正式契約

CLO　Closing：クロージング

A　Approve：承認

R　Recommend：推奨

C　Consulted：助言

I　Informed：情報提供

　取引規模、戦略的重要性、そしてリスクレベルに照らして評価された後、いずれか最も厳しい承認プロセスが採用されることになります。

第10章　M&Aガバナンス

承認機関によるM&A取引のレビュー

　前ページの〈M&Aプロセスを加味した承認プロセス（例）〉にあるように、M&Aのレビューには多くの承認機関が関わりますが、どの承認機関による取引レビューも、効果的であるとともに効率的でなければなりません。これは、特に監督委員会や取締役会のような高いレベルの承認機関によるレビューの際には重要です。すでに触れたとおり、M&A取引の承認を含む監督は、取引チームに委任されるM&A取引の遂行・管理とは意義・目的が異なります。M&Aガバナンスにおける取引レビューでは、①戦略適合性と、②プロセスの公正性※を確保することに焦点を合わせることが求められます。

　※（再掲）ここでの公正性は、論理的な整合性とともに、プロフェッショナリズムの観点からの高潔性・誠実性や清廉性を含めた概念として使用しています（以下、本章においては同様）。

承認機関による取引レビューの焦点
1．戦略適合性：独立したビジネスとして戦略的代替案（他の取引形態、他の潜在的ターゲット、自社でのオーガニックな成長オプションなど）との比較や、事業ポートフォリオの一部としての戦略適合性をレビューする
2．プロセスの公正性：主要リスクや、特定の取引プロセス・M&Aターゲットや取引責任者/取引チームから提起されたリスクに対するマネジメントを含む、これまでのプロセスと次のステップへの準備体制の評価プロセスの双方について公正性をレビューする

1　戦略適合性

　レビューを効果的かつ効率的なものとするため、企業は取引を遂行する戦略的な枠組みと評価のベースとなる方法論を事前に確立することが必要です。
　M&Aを幅広く戦略的な枠組みに合わせるための措置をとることは重要なス

テップであり、M＆A取引に先立ち、経営陣と取締役会が企業戦略の枠組みにおいてM＆A戦略に合意したときに、実施されるべきものです。特定の取引の戦略適合性をレビューするには最も根本的な質問に立ち返ることが有益です。つまり、企業の目標と企業戦略に影響を与え、かつ直面しているビジネスイシューを起点とすることです。取引のレビューにおいて企業は、視野の狭い未来イメージや紛らわしい利益にとらわれることを避けることが必要です。紛らわしい利益とは、確かに短期的な利益は生みますが、企業戦略との適合性に疑義があるようなもののイメージです。

　戦略適合性のより詳細な検証に進む前に、監督委員会はM＆A取引の戦略的意義を再確認することが必要です。このような視点は、戦略的な意図ひいては求めるべき戦略的な利益を明確にする効果があります。また、監督委員会と経営陣に代替案（例えば、様々な取引形態や他の潜在的なターゲット）を考慮することを意識させることにもなります。これは戦略適合性のレビューの次のステップには欠かせないものです。最終的には、M＆A取引の合理性・妥当性をステークホルダーに発信する際の指針として用いることができます。

　適正な承認プロセスを定める際に、戦略的重要性とリスクレベルに関して、取引チームが記入したチェックリストは、承認を求める取引の位置づけについてのコンセンサスを得ることに効果を発揮することがあります。

　承認を求める取引の戦略適合性を可視化する効果的な方法は、メリットの側面と取引に関する潜在的バリュートラップの両面から代替案と比較し、一方でメリットやバリュートラップの背後にある成功要因や関連する能力ギャップを見定めることです。

　次ページ図に例を示します。

　このケースでは、「ターゲットを買収した場合」、「他のターゲットを買収した場合」、そして「自社でのオーガニックな成長を選択した場合」の3つの選択肢を比較しています。そして、3つの主要な戦略的メリットと3つの重要なバリュートラップを検討しています。それぞれの成功要因と能力ギャップに基づき、対象となる取引を通じてメリットを獲得し、バリュートラップを回避できる能力を検討していきます（別のオプションに関しても同様のテーブルを準備する必要があります）。これにより建設的な議論を引き出し、戦略適合性に

428

〈戦略適合性を可視化した例〉

メリット	獲得能力		成功要因	能力ギャップ
	Low	High		
東南アジア（以下「SEA」）へのアクセス			SEAでのネットワークの存在	None
新サービス			多少のイスラム金融サービス	当該サービスでの経験
高い収益性			現地での財務マネジメント	現地のコスト構造の限定的理解
バリュートラップ	回避能力		成功要因	能力ギャップ
	Low	High		
レピュテーション/訴訟リスク			LDD、行動規範と統制システムの履行	現地の知識の欠如と予見される統合の課題
複雑なストラクチャー			シンプルなマネジメント構造	None
文化の衝突			統合、コンサルタント、現地管理者および本社による監督	SEAの経験なし、以前の統合の困難性

●ターゲットの買収
●代替的ターゲットの買収
●自社でのオーガニックな成長

ついて客観的な評価を行うことが可能となります。また、買収者は戦略上のメリットの獲得やリスク回避に求められる重要な課題を認識することが可能となります。

　レビューに先立ち、成功および失敗の両面について、取引チーム（関連ビジネスユニットやサポート機能を含む）は、取引の帰結について全員で意見を出し合い、その成果をリスト化する必要があります。これは創造的なプロセスとすべきですし、既成理論や概念にとらわれずアイデアを生み出す水平思考での発想をメンバーに奨励することで、（外的・内的要素を）さまざまなアングルから起こり得る帰結に関するイメージを思い描くことを可能にします。

　多くの場合、買収された企業の事業は、例えばセクター（多業種化したグループ）あるいは地理的（外国の子会社群）に、買収企業の事業ポートフォリオの一部となります。親会社と子会社というややシンプルな発想だけではなく、ポートフォリオ全体での適合性を確かなものとするという発想が重要です。企業は、皆それぞれの方法論を活かし、自らのビジネスポートフォリオを評価しています。例えば、ＢＣＧマトリックス、コアコンピタンスモデルやペアレンティングモデルなどを活用している企業は多いでしょう。これらは確立された経営モデルであり、多くの場合、組み合わせて用いられます。適切に用いるこ

とで、洞察力のある戦略的考察、明確な意思決定、価値を獲得するために必要なものへのより大きな意識付けにもなります。

最も重要なことは、監督機能が建設的な議論を行い、十分な判断材料に基づいて意思決定ができるよう、情報を説得力のある形で伝えることです。一般に戦略適合性に関する文書には、提言やサポートする事実と併せて、幅広い視点、（代替案との比較とともに）独立的な評価、そして（選択した１つまたは複数のモデルに沿った）ポートフォリオ分析を含めることが必要です。

必要な時には大量のデータに容易にアクセスできることも必要ですが、ハイレベルの説明資料は要約して簡潔化することに努める工夫も必要です。要約自体は本質的に簡潔で視覚的に訴えるビジュアルを主体としたものにすべきです。

② プロセスの公正性

プロセスの公正性に焦点を当てることで、監督機能がM＆A取引の遂行・管理に対して干渉するリスクは幾分緩和されます。本質的に、監督は、例えば提示する価格が適正かどうかではなく、価格が適正なプロセスに沿って設定されたかどうかを検証することです。

ここでのプロセスの公正性には２つのコンセプトが含まれます。これまでのプロセスに焦点を絞ったレビューと、次のステップへの準備体制に関わる評価です。これまでのプロセスのレビューそれ自体が、企業、M＆A取引、ターゲットやその時点での提案に関わる主要なリスクを考慮に入れています。

●これまでのプロセスのレビュー

前述のとおりレビューの基礎はM＆Aへのリスクマネジメントアプローチ、すなわちM＆Aにおいて企業が直面するリスクの徹底的な理解、対処とモニタリングです。

これらのリスクの中には戦略的な性質を持つものもあります。どのようなM＆A戦略もマクロ経済、規制当局、競争的入札者、対象領域、そしてその目標や能力を含めた企業戦略から構成された生態系のなかで実行されます。これらすべての要素はいつもM＆A戦略によって、軽減、放置、増大させる可能性のある何らかのリスクを生み出します。このようなリスクを特定し、評価するこ

430

とが必要ですが、リスクを許容可能レベルまで軽減することができないなら、M＆A戦略そのものの修正が必要です。そうでない場合には、取引全体を通じてリスクの優先順位を可視化し、管理し、モニターすべきです。

　他にもオペレーショナルなリスクがあります。M＆A取引は厳しい時間的な制約の下で、複雑なプロセスで行われるので、ベストプラクティスから逸脱したものになりがちです。さらに言えば、企業のプロセスが当初からベストプラクティスに即していることは稀です。そのため、企業は自らのM＆Aプロセスをベストプラクティスと比較検証し、改善できる部分は改善すべきです。さらに、ベストプラクティスの適用ができない、あるいは切迫した状況で手抜きが生じがちな重要個所があるなら、それを特定することが必要です。これらの領域のそれぞれに関連する何らかのリスクがあります。これらのリスクにも同様に取引全体を通じて優先順位を可視化し、管理しモニターすべきものがあります。

　上記は自社固有のリスクで、あらゆる取引に当てはまります。

　その他に取引固有のリスクもあります。承認プロセスを決める際にチェックリストを通じて特定したリスクのほか、詳細なデューディリジェンスを実施しターゲットに関連するリスクを特定し、評価し、管理し、モニターすべきです。

　もう1つ追加すべきリスクカテゴリーとして、レビュー段階で買収者がターゲットに提示する提案に関するものがあり得ます。いかなる提案も、法的な拘束力がない場合であっても、実体的には特定のコミットメントが含まれがちです。そのため評価し、管理し、モニターすべき多くのリスクが含まれています。

　レビューの効率性をできる限り維持するため、特定の取引が行われる前に戦略上および運用上のリスクを特定し、優先順位を付ける必要があります。監督機能は限られた重要なリスクのみを監督すべきであり、それ以外は上位機関へのエスカレーションが必要と判断されない限り経営陣が対処します。これは各リスクについての発生可能性、影響度や企業のリスクに対する準備態勢を示すヒートマップを使用して行うことができます。

　リスクはM＆Aプロセスに沿って、いくつかの主要なベストプラクティスと関連付けるべきです。それにより経営陣はそのようなリスクがM＆A取引において、どのように軽減されたのかを明確に示すことができるでしょう。

●次のステップへの準備態勢の評価

　このパートのメッセージは上記と同じ原則に基づくものです。しかし、より将来を見据えたものとなっています。企業は既述したすべてのリスクを認識し、それらのリスクを軽減し、新たなリスクの発生を回避するために、取引チームが取引の次のステップで実行する必要がある主要なベストプラクティスを明らかにします。

　これも、大部分はこれまでの分析に基づいており、レビュープロセスをそれほど複雑にするものではありません。一方で、監督機能に、プロセスのコントロールだけではなく、取引チームへの助言や支援の機会を提供するため、取引に大きな価値をもたらします。

3　仮想事例

　これまでの考え方を具体的にイメージしやすいよう、あるセクターでの世界的リーディング企業であるＡ社が買収を検討する場面を想定してみましょう。

　Ａ社はグループ戦略を推進するため、ある地域の金融事業の地理的カバー領域や顧客基盤の拡大を図ることを目指したＭ＆Ａ戦略を検討しています。Ａ社の調査では極めて断片化された市場が形成されており、主要な競合企業の１社を買収しようとすれば独占禁止法上の深刻な懸念が生じる可能性が高いと見られます。そのため、Ｍ＆Ａ戦略の方針も市場の実態を考慮し、複数の小規模企業の買収で事業を増強し、インオーガニックな成長を推進することを軸とするものとなっています。

　その戦略を推進するための主要な戦略リスクとして次の事象（次ページ上図）が特定されました。

432

第10章　M&Aガバナンス

主要な戦略リスク	戦略リスクの概要	
統合リスク	企業文化の面で小規模企業とは大きな相違があると想定される	
簿外債務リスク	小規模企業の多くが非上場であり、情報開示は不十分、かつ信頼性に欠ける可能性がある	
期待価格上昇リスク	オーナーの期待	取引が行われるごとに、オーナーが以前の取引を参照して価格（プレミアム）を考慮する
	市場での警戒感	最初の取引で競合他社に警戒感を与え、競合との間での競争が激しくなる

　また、自社のこれまでのM&A取引と現在のプラクティスを十分に検証した結果、以下の事象が主要な実行上のリスクとして特定されました。

主要な実行上のリスク	実行上のリスクの概要
過剰なプレミアムリスク	過去のM&Aでは、プレミアムが戦略的シナジーという曖昧な表現でしばしば正当化されており、実際にシナジー効果が発揮されたことは一度もなかった
統合遅延リスク	十分に早い段階からの関与が可能な社内の専門統合チームが存在しないため統合が良好に進まない、または遅れるリスクがある（それに伴いシナジーを十分引き出すことができない）
レピュテーションと機密保持リスク	買収機会のソーシングに複数の小規模な仲介業者を利用することになるが、その中にはこれまで取引実績がなく能力や信用力を評価するに足る情報に欠ける業者がいる場合がある。仲介業者の選定を誤ると、レピュテーションリスクや機密保持上のリスクが高まる可能性がある
異文化間交渉リスク	M&Aチームの異文化間交渉の経験不足に起因して、取引に失敗するリスク（買収ターゲットは異文化圏に所在しているため）がある

　このような状況を考慮して、A社は以下のようなM&Aプロセスの改善策を立案し、実行しました。

No.	主要なM&Aプロセスの改善策
1.	ターゲット候補の迅速な発掘を最大限優先し、3件の取引を同時進行させることを目指す。そのために買収機会のソーシングにより多くのリソースを割くこと

433

2.	小規模仲介業者には協力を求めず、ソーシングは1社のM＆Aアドバイザーに委託する。このアドバイザーは、中小規模の取引や検討地域での取引に実績があり優れた評価を得ている大手事業者から選び、ソーシングの段階から業務を依頼すること
3.	自社内、M＆Aアドバイザーを含む自社に関与するすべての当事者に機密保持の必要性・重要性を強調し、そのための管理態勢を強化・運営すること
4.	異文化間の問題にかかわるM＆Aアドバイザーの助言を適切に報告するよう要請すること
5.	M＆Aアドバイザーは統合サービスも提供するか、統合に関わる適切なコンサルタントを推薦できることが理想であること

これらに照らし、M＆A取引をレビューするための報告資料には、以下の内容を含めて報告することが要請されます。

No.	M＆A取引レビュー資料の内容
1.	ターゲット候補をどのような経緯・手段で探し出したのかを記載したもの
2.	M＆Aアドバイザーの適切な選定プロセスを示す根拠
3.	M＆Aアドバイザーからの異文化対応の助言や提言
4.	価格算定手法やシナジーの前提に関する詳細
5.	他の潜在的ターゲット候補との比較
6.	包括的かつ適切な部分に焦点を当てたデューディリジェンスの証拠
7.	機密保持違反に関する状況報告

個々のM＆A取引の戦略的重要性とリスクレベルを評価するためのチェックリストも用意されています。これらは主に次のような基準に基づいて作成されています。

戦略的重要性	地理的な市場の重要性、その市場での同等な代替企業のなさ、顧客基盤
リスクレベル	M＆A取引の見通し、取引の相手方に関わるレビュテーションリスク、および管轄法域での腐敗および贈収賄リスク

第10章　M&Aガバナンス

　先に検討したプロセスに基づいてM&Aアドバイザーに起用されたα社は、優先ターゲットとして3社を特定し、それより優先度の劣後するターゲット2社を選定しました。優先ターゲットの3社はいずれもリスク水準の重要性は中程度で、うち2社の戦略的重要性は中程度ですが、他の1社はその市場ではユニークな存在であることから、戦略的重要性は高いと評価されています。承認プロセスはこれらに応じて決定されることになります。

　この3番目のターゲットについては、アプローチについてA社での監督機能を担う「投資委員会」の承認が必要となります。取引チームは簡潔な報告書を作成し、そこには戦略適合性、内部監査部門が実施したレピュテーションリスクに関する予備調査結果、取引のオリジネーションの経緯、起用したM&Aアドバイザーの適格性、取引チームの構成や最初のミーティングでの議題などが記載されています。

　LOIの承認については、3社のいずれも投資委員会の承認が必要です。投資委員会にはLOI書面のほかに、以下の内容を含むレポートを提出する必要があります。

No.	投資委員会に提出すべきLOI書面以外のレポート
1.	取引のオリジネーションの経緯（3番目のターゲット以外）
2.	戦略的適合性の評価（他の主要ターゲット候補との比較を含む）
3.	主要な戦略上・実行上のリスクの概略図（内部監査部門より）
4.	LOIの条件の概要（当該LOIに関する主要リスクについての内部監査部門からのフィードバックも提示）
5.	価格算定手法やその前提条件についての説明（プロセスの妥当性に関する内部監査部門の見解も提示）
6.	デューデリジェンスの準備やスケジュール、デューデリジェンスの焦点合わせや初期活動における統合チームの関与を含む、次の段階の計画
7.	機密保持やレピュテーションリスクに関する状況報告
8.	異文化間での考慮すべき事項

435

これらに基づいて、投資委員会にレポートすべき重要事項を網羅した10ページの報告書が作成され、効率的かつ明確なレビューと承認が行われます。

この投資委員会によるレビューでは、主に2つの問題が強調されています。

- 第1のターゲットの顧客基盤は、依然、かなりの規模ではあるものの、過去3年にわたって減少が続いています。特に文化的な違いが親会社主導の変革を成功させる上での障害になる可能性が高い点も相まって、その戦略的適合性に不安が残ります。この状況に関して深い部分まで調査するために追加のビジネスデューディリジェンスを実施するとともに、変革の可能性を探るために統合チームが強く関与することが必要との判断に至っています。並行して、M＆Aアドバイザーは、顧客基盤成長などの基準に基づくアーンアウト条項といった契約形態の検討について、オーナー側に探りを入れて感触を探る予定です。

- 第3のターゲットに対するデューディリジェンス（以下「DD」という）は、想定よりも短期間で実施する計画となっています。経営陣は、他の当事者がすでにDDを実施しており、A社は他社の交渉プロセスに追いつく必要があるという売り手側の提案によるものだと説明しています。独占交渉権を確保してはどうかという議論になりましたが、他の当事者がすでにDDを実施していることから、その成立は難しく、行動が遅すぎたとの判断に至りました。LOIは変更しないことで合意しましたが、DD担当のコンサルタントは、重要な抽出事項のすべてをハイライトした中間報告書を作成し、DD期間終了後1週間以内に投資委員会を開催します。そこで、追加のDDを実施する必要があるかを決定し、必要と判断されれば、確認のためのDDを、拘束力のある提案後に繰り延べることができるかの判断を行います。そのために、M＆Aアドバイザーはそのスキルと経験を活かして、競争圧力の程度を突き止めるよう努め、報告を受ける予定です。

この仮想事例は、企業がM＆Aのかじ取り、戦略の維持、適切なリスクへの対処をどのように実行できるかを示しています。バランスがとれており、効率性と監督の質にコンフリクトはありません。体系的な取引レビューにより、監督機能はコントロールや承認機能の範囲を超えて支援や助言を行うことが可能になるのです。

436

索引

【アルファベット】

APV法	104
ASBJ	390
AUP	195
CAPM	119
CESR	390
COE	119
DA	266
Damodaranモデル	126
Day 1	210
DCF法	27、104
DD	140
DD発見事項	185
EBIT	97、101
EBIT倍率	94、129
EBITDA	97
EBITDA倍率	94、129
EPS	97
ERP	122
FCF	100
Form F-4	82
IFRS	86、390
IRR	137
IT-DD	151
KPI	20、225
LOI	40
M&A	16
M&A&D	16
MBO	43
MBO指針	255
NDA	144、266
NOPAT	97、101
PBR	28、97、129
PBR倍率	94
PDCAサイクル	225
PER	97、129
PER倍率	94
PI	225
PMM	47、210
PMO	234
PPA	373
ROA	97
ROE	97
ROIC	25、97、101
SPC	371
SWOT分析	107
TOB	67
TV	111
WACC	26、117

【あ行】

アームズレングス取引	281
意思決定機関	366
インサイダー取引	258
インテグレーション方針	217
インフォメーション・メモランダム	144

索 引

インプライド株式リスクプレミアム
……………………………… 122
売上高回転率 ……………………… 102
売上高成長率 ……………………… 102
売上高利益率 ……………………… 102
運転資本分析 ……………………… 166
永久成長率モデル ………………… 112
営業収益 …………………………… 107
営業費用 …………………………… 108
エクイティー・キャッシュフロー法
………………………… 94、104
エコノミックプロフィット ……… 26、96
エンタープライズDCF法 ……… 94、104
欧州証券規制当局委員会 ………… 390
オペレーショナル・キャッシュフロー
……………………………… 100

【 か行 】

開示規制 …………………………… 257
会社分割 ………………………… 77、260
会社法上の組織再編行為 ………… 241
解除条項 …………………………… 275
加重平均資本コスト …………… 26、117
合併 ………………………………… 79
合併会社 …………………………… 79
株式移転 …………………………… 72
株式買取請求権 …………………… 243
株式継続保有要件 ………………… 308
株式交換 …………………………… 70

株式公開買付け …………………… 67
株式取得 …………………………… 66
株式譲渡 …………………………… 246
株式譲渡契約書 …………………… 270
株式譲渡制限 ……………………… 247
株式分配 …………………………… 311
株式リスクプレミアム …………… 122
株主 ………………………………… 24
株主資本コスト …………………… 119
為替リスク ………………………… 124
簡易組織再編行為 ………………… 242
環境DD …………………………… 152
ガン・ジャンピング …………… 193、264
完全親子関係継続要件 …………… 309
完全子会社化 ……………………… 81
完全支配関係 ……………………… 292
監督委員会 ………………………… 409
監督機能 …………………………… 411
カントリー・リスク・プレミアム … 126
企業会計基準委員会 ……………… 390
企業価値 …………………………… 25
企業結合 …………………………… 354
希釈化率 …………………………… 250
寄附金 ……………………………… 341
規模要件 ………………………… 307、316
基本合意公表日 …………………… 358
基本合意書 ……………………… 40、266
逆取得 …………………………… 364、369
キャッシュフロー分析 …………… 165
吸収分割 …………………………… 77

共通支配下の取引	380
共同株式移転	71
共同事業再編	292
金融商品取引所の規則	250
金融商品取引法	238、257
繰越欠損金	294、312、327
繰越連結欠損金	329
グループ法人税制	283、337
クロージング	271
クロージングDD	144
グロス・キャッシュフロー	100
クロスボーダーDD	191
クロスボーダー取引	124
経営参画要件	308、317
経営戦略	19
経営統合	83
継続開示会社	67
継続価値	111
結合日	359
現物出資	73
高額譲渡	298
貢献意欲	212
公正取引委員会	262
50％超グループ内再編	292
個体ベース	367
個別財務諸表	351
コベナンツ	399
コーポレートガバナンス	19、402

【さ行】

債権者保護手続き	244
最終契約書	266
財政状態計算書	391
債務承継リスク	60
財務制限条項	399
財務DD	157
財務リスク	167
差額負債調整勘定	300
識別可能資産	375
識別可能負債	375
事業価値	25、100、102
事業価値評価モデル	100
事業継続要件	306
事業構造分析	160
事業譲受	75
事業譲渡	260
事業投資	349
事業分離	354、383
事業分離日	362
資金コスト	59
自己株式取得	68
自己株式処分	68
資産・負債アプローチ	391
資産（負債）調整勘定	66、300
事前相談制度	262
シナジー	214
支配	349

支配関係	292	スタンドアローン問題	57
支配権プレミアム	251	スピンオフ税制	291、310
支配の継続	304	税効果会計	387
支払対価の算定	374	正常収益力分析	163
資本コスト	98	税制適格要件	291、304
資本等取引	280	正ののれん	300
修正国際基準	400	税務コスト	59
受贈益	341	税務否認リスク	60
取得企業	364	税務リスク	167
取得企業の決定	356	誓約事項	273
取得原価	373	セルサイドDD	144
取得原価の算定	357	全部取得条項付種類株式	82
取得原価の配分	357	戦略適合性	414
純資産維持条項	399	戦略的重要性評価	420
純投資	349	総合課税	64
詳細DD	144	総体ベース	367
譲渡損益調整資産	328、339	組織再編計画	241
譲渡損失	301	組織再編契約	241
承認機関	427	組織再編税制	291
消滅会社	364	訴訟リスク	59
初期DD	144	存続会社	364
所得税	279		
初度適用	397		

【た行】

ショート・リスト	38		
人事DD	150	対価の種類	384
新設分割	77	対価要件	305
人的分割	77	第三者委員会	255
スクイーズ・アウト	81	第三者割当	247
スクイーズ・アウト税制	291、312	第三者割当増資	68
スタンド・アローン・バリュー	40	対象会社	34

対称性リスク ……………… 126	
大量保有報告書 ……………… 257	
抱合株式消滅差損益 ……………… 381	
ターミナルバリュー ……………… 111	
低額譲渡 ……………… 298	
適格株式分配 ……………… 311	
適格組織再編 ……………… 282、292	
データルーム ……………… 155	
データルームDD ……………… 155	
デフォルトリスク ……………… 99	
デューディリジェンス ……………… 40	
デュープロセス ……………… 34	
投下資本 ……………… 108	
投下資本利益率 ……………… 101	
投資価値評価 ……………… 92	
投資の継続性 ……………… 383	
登録免許税 ……………… 281、320	
独占禁止法 ……………… 238、261	
独占交渉権 ……………… 269	
特定資産 ……………… 314	
特定資産の譲渡等損失 ……………… 314	
特別事業再編 ……………… 298	
特別目的会社 ……………… 371	
独立第三者間の取引価格 ……………… 281	
取引規模評価 ……………… 419	
取引実行前提条件 ……………… 274	
取引責任者 ……………… 409	

【な行】

のれん ……………… 66、296、378、395

【は行】

売却日 ……………… 362	
バイサイドDD ……………… 144	
買収契約書 ……………… 51	
バーチャル・データルーム ……………… 155	
被合併会社 ……………… 79	
ビジネスDD ……………… 149	
非支配株主との取引 ……………… 358、381	
非支配株主持分 ……………… 394	
非支配持分 ……………… 394	
被取得企業 ……………… 364	
非対称性リスク ……………… 126	
非適格組織再編 ……………… 292	
秘密保持契約 ……………… 144、266	
100％グループ内再編 ……………… 292	
表明保証 ……………… 46、89	
表明保証条項 ……………… 271	
フィナンシャル・アドバイザー ……… 41	
負債コスト ……………… 118	
物的分割 ……………… 77	
不動産取得税 ……………… 281、321	
負ののれん ……………… 300、376	
フリー・キャッシュフロー ……………… 100	
分割型分割 ……………… 77	

索　引

分社型分割 ……………………………… 77
分離先企業 ……………………… 354、383
分離元企業 ……………………… 354、383
包括利益 ……………………………… 391
法人税 ………………………………… 280
法務DD ……………………………… 174
法務コスト …………………………… 59
募集株式 ……………………………… 247
補償条項 ………………………… 46、275

【ま行】

マルティプル ………………………… 103
マルティプル法 ……………………… 128
マルティプルモデル ………………… 114
みなし共同事業要件 ………………… 315
みなし配当 …………………………… 301
みなし配当課税 ……………………… 301
無対価組織再編成 …………………… 318
持分交換の処理 ……………………… 361

【や行】

有価証券報告書 ……………………… 86

【ら行】

利益維持条項 ………………………… 399
リスクコントロール ………………… 59
リスクフリーレート ………………… 119
リスクプレミアム …………………… 99
リスク・プロファイリング ………… 194
リスクベース・アプローチ ………… 414
リスクレベル評価 …………………… 422
略式組織再編行為 …………………… 243
流通税 …………………………… 281、320
臨時報告書 …………………………… 257
類似会社比較法 ………………… 94、128
累進税率 ……………………………… 64
レポートライン ……………………… 226
連結財務諸表 ………………………… 351
連結財務諸表に関する会計基準 …… 395
連結納税グループ …………………… 323
連結納税制度 …………………… 283、322
ロング・リスト ……………………… 37

＜執筆者紹介＞ (50音順。組織の名称は執筆時点のものです)

安齋　寛昭（あんざい　ひろあき）
政府系金融機関入社、その後、野村證券株式会社企業情報部、再生プロジェクト室などにてM&Aアドバイザリー業務および債権買取ファンド運営に従事。有限責任監査法人トーマツに入社後は、M&Aアドバイザリー、FDD、バリュエーション、ストラクチャリング、PPA業務などに従事し、案件実績多数あり。一般社団法人燃料電池普及促進協会、民生用燃料電池導入支援補助金事業実施委員会委員（現任）。

稲見　誠一（いなみ　せいいち）
デロイトトーマツ税理士法人に入社後パートナーとして事業承継部門長、テクニカルセンター長、審理室長、東京事務所長、副理事長を歴任し、2016年12月1日よりテクニカルセンターのシニアアドバイザーとして、税務訴訟研究を通じて教育研修業務に従事している。また、外部委員として、東京都債権処理審査会委員、事業再生研究機構・税務問題委員会副委員長に就任。

越後　和孝（えちご　かずたか）
有限責任監査法人トーマツに入社後、主に監査や株式公開、IFRS導入コンサルティング、M&Aに関するアドバイザリー等の業務に従事。2012年〜2016年の間、デロイトベトナム ハノイ事務所に駐在し、監査や税務、クロスボーダーM&Aの支援業務等、日本企業が海外展開を行う際の課題解決を総合的に支援。現在は主に海外展開をしているグローバル企業の監査業務に従事。

大川　隆（おおかわ　たかし）
有限責任監査法人トーマツ入社後、会計監査、株式公開支援等の業務経験を経て、現在は財務デューディリジェンス、企業価値評価、PMI支援等の、クロスボーダー案件を中心としたM&A関連業務に加え、海外子会社管理の高度化支援業務等に従事。2008年〜2010年の間、米国デロイト（シカゴ）に赴任。

工藤　竜之進（くどう　りゅうのしん）
TMI総合法律事務所弁護士。2008年に弁護士登録し、同所に入所後、株式譲渡、アライアンス、ベンチャー投資等を含む多数のM&A案件や、IPO支援、事業承継等に関する法的アドバイスに従事。また、大手企業の法務部門への出向経験あり。

小松　健一（こまつ　けんいち）
有限責任監査法人トーマツに入社後、リスクマネジメント、内部統制構築支援業務等に従事。現在は主に企業のガバナンスの高度化支援に注力し、M&Aガバナンス体制の構築助言、取締役会の実効性分析・評価支援、海外子会社のグループガバナンス体制構築支援等の業務に従事。

柴田　信宏（しばた　のぶひろ）
デロイトトーマツコンサルティング合同会社にて、自動車業界を中心に製造業での成長戦略に関わるコンサルティングに従事。特に、新規事業戦略策定から立上げ、M&A戦略策定から実行支援など、構想立案から実践に至る総合的なコンサルティング経験が豊富。大手自動車メーカーの経営企画部門に出向経験あり。

築島　繁（つきしま　しげる）
デロイトトーマツファイナンシャルアドバイザリー合同会社　パートナー。国内外のM&Aや、複雑な事業再編案件において、デューディリジェンス、ストラクチャリング、バリュエーション、カーブアウトにまつわるサポートなど、幅広いサービス提供に従事する他、上場会社の不正調査案件にも従事。

十市　崇（といち　たかし）
TMI総合法律事務所パートナー弁護士。2000年に弁護士登録後、企業の買収・合併、組織再編、プライベート・エクイティ・ファンドに対する助言等、国内外の事業会社や投資ファンド等によるM&A案件とともに、会社法および金融商品取引法に関するアドバイス並びに海外M&A案件や海外進出に関する支援等を中心に、一般企業法務に関するアドバイスも幅広く行う。著書に『金融商品取引法の諸問題』（共著、商事法務）、『最新M&A 判例と実務』（共編著、判例タイムズ社）等があるとともに、M&A、会社法および金融商品取引法などを中心に、論文および講演多数。

西富　亮介（にしとみ　りょうすけ）
デロイトトーマツコンサルティング合同会社入社後、企業の統合・分離など、人事デューディリジェンスからPMIでの人事制度の設計・導入・定着など、一貫して組織人事領域にかかわるコンサルティングに従事。学校法人慶應義塾評議員（第32期、2006年〜2010年）。著書に『Ｍ＆Ａ　統合型財務デューデリジェンス』（共著、清文社）等がある。

西野　辰之輔（にしの　たつのすけ）
有限責任監査法人トーマツ　シニアマネジャー。デロイトトーマツコンサルティング合同会社を経て、有限責任監査法人トーマツに入社後、法定監査、株式公開支援に加え、Ｍ＆Ａに関するバリュエーション、財務デューディリジェンス、PMI等の業務に多数関与。

長谷川　孝明（はせがわ　たかあき）
有限責任監査法人入社後、国内大手証券会社の投資銀行部門出向を経て、特に国内投資ファンド向けに買収ストラクチャリング、財務デューディリジェンス、企業価値評価等のＭ＆Ａ関連業務に従事。その後、4年間のジャカルタ駐在時に日系企業向けＭ＆Ａ関連業務に従事した経験あり。

Poizat Vincent（ポワザ　ヴィンセント）
投資銀行にて約20年、主に日本企業のクロスボーダーＭ＆Ａや投資アドバイザーとして従事。有限責任監査法人トーマツ入社後は、Ｍ＆Ａやコーポレート・ベンチャーキャピタルのガバナンス、マネジメント面の助言業務に従事し、Ｍ＆Ａ取引チームから投資委員会まで、ベストプラクティスやクライアントごとのカスタマイズされたソリューションの導入支援サービスを数多く提供。

町田　望（まちだ　のぞむ）
有限責任監査法人トーマツ入社後、監査、株式公開支援等の業務を経て、国内大手証券会社の投資銀行部門に出向。現在はＭ＆Ａストラクチャリング、財務デューディリジェンス、企業価値評価等のＭ＆Ａ関連業務に従事。

松澤　伸（まつざわ　しん）
事業会社在任中に英国企業との合併会社に出向。英文経理・税務業務に従事。有限責任監査法人トーマツ入所後、会計監査のほか、Ｍ＆Ａ、連結会計導入支援等の業務に従事。2009年よりリスクアドバイザリー事業部にて、製造業を中心に、IFRS導入支援等の会計アドバイザリー業務に従事。主な著書として『Q&A　業種別会計実務　機械製造』（共著、中央経済社）がある。

松本　淳（まつもと　じゅん）
有限責任監査法人トーマツ入社後、国内大手証券会社の投資銀行部門に出向、デロイトインドネシアおよびタイ駐在を経て現在に至る。エレクトロニクス・重工業に対して、ガバナンス・リスクマネジメント・海外子会社管理といった視点からアドバイザリーサービスを提供。著書に『コーポレートガバナンスのすべて』（共著、日本実業出版社）、『事例で解る会計基準と税務』（共著、第一法規）他がある。

松本　鉄矢（まつもと　てつや）
デロイトトーマツファイナンシャルアドバイザリー合同会社　執行役員パートナー。企業価値評価グループに所属し、Ｍ＆Ａ、組織再編、企業再生等に関連した企業価値評価業務およびアドバイザリー業務を数多く提供。

三富　樹子（みとみ　たつこ）
デロイトトーマツ税理士法人に入社後、法人税・相続税等の申告書作成業務の他、国内の再編・再生・買収等に関する調査・相談、事業承継税務支援、株価評価、税務デューディリジェンス、税務ストラクチャリング等、日本国内の企業再編全般の税務を含む総合サービスに従事。

宮崎　大（みやざき　ひろし）
大手信託銀行にて事業用不動産仲介、機関投資家に対する資産担保証券への投資助言等の業務を経験後、有限責任監査法人トーマツ入社。監査に加えて、IPOコンサルティング、クロスボーダーを含むＭ＆Ａ関連サービス、事業価値評価業務等に多数関与し、多様な業種の事業会社に対して業務を提供。2004年から2006年まで米国デロイト（シカゴ）に赴任。

安田　和子（やすだ　かずこ）

北京に 6 年駐在し、帰任後の2008年 3 月にデロイトトーマツ税理士法人に入社。主として中国税務に関連する業務に従事し、製造業、商社、サービス業等の中国進出を行う日系企業に対してアドバイスを行う。著書に『中国　新企業所得税制の実務』（共著、清文社）、『アジア諸国の税法』（共著、中央経済社）がある。

山田　努（やまだ　つとむ）

有限責任監査法人トーマツに入社後、主に小売業の監査や株式公開等の業務を経て、現在はM&Aに関するアドバイザリー、企業価値評価、企業再編等の業務に従事。官庁・投資ファンドへの出向経験もあり、各種制度にも深い知見を有する。著書に『よくわかる株式公開』（共著、日本実業出版社）等がある。

吉川　玄徳（よしかわ　げんとく）

デロイトトーマツファイナンシャルアドバイザリー合同会社　執行役員パートナー。事業再編、M&Aアドバイザリー、PMI、事業再生などM&A・再生全般にわたるプロセス支援において経験豊富。デロイトトーマツがCSRとして取り組む復興支援活動に従事し、日本の地域社会が抱える課題解決を実践。著書に『M&A 統合型財務デューデリジェンス』（清文社）がある。

北地達明（きたち　たつあき）
有限責任監査法人トーマツ入社後、企業のバイアウト・再編・M&A・株式公開などの資本政策全般の業務を手がけ、ベンチャー育成にも携わる。著書に『M&A入門』（共著、日経文庫）、『コーポレートガバナンスのすべて』（共著、日本実業出版社）、『ケースでわかる企業組織再編の税務』（共著、日本経済新聞社）等様々な分野で多数ある。

北爪雅彦（きたづめ　まさひこ）
総合電機メーカーで衛星通信システムの開発に従事したのち、有限責任監査法人トーマツに入社。M&Aに関するアドバイザリー業務、企業評価、企業再編業務等に従事。著書に『M&A入門』（共著、日経文庫）、『コーポレートガバナンスのすべて』（共著、日本実業出版社）、『ケースでわかる企業組織再編の税務』（共著、日本経済新聞社）等がある。

松下欣親（まつした　よしちか）
有限責任監査法人トーマツに入社後、現在はM&Aに関するアドバイザリー業務や企業再編業務、事業承継業務に従事。ストラクチャー立案、持株会社設計についての経験豊富。著書に『コーポレートガバナンスのすべて』（共著、日本実業出版社）、『事例で解る会計基準と税務』（共著、第一法規）、『組織再編における税効果会計の実務』（共著、中央経済社）等がある。

伊藤憲次（いとう　けんじ）
有限責任監査法人トーマツに入社後、現在はファイナンシャルアドバイザリーサービス（FAS）業務を中心に、監査、株式公開支援、社内管理構築支援等の業務を通じて多様なサービスをOne-Stopで展開。プライベートエクイティの投資段階からEXIT段階に至る一貫したFAS、コンサルティングおよび監査業務を多数経験。

最新版　M&A実務のすべて

2005年12月20日　初　版　発　行
2019年 1 月20日　最新 4 版発行
2020年11月 1 日　第 3 刷 発 行

	北地達明	©T.Kitachi 2019
編　者	北爪雅彦	©M.Kitazume 2019
	松下欣親	©Y.Matsushita 2019
	伊藤憲次	©K.Ito 2019
発行者	杉本淳一	

発行所　株式会社 日本実業出版社　東京都新宿区市谷本村町 3 − 29 〒162-0845
　　　　　　　　　　　　　　　　大阪市北区西天満 6 − 8 − 1 〒530-0047
　　　　　編集部 ☎03-3268-5651
　　　　　営業部 ☎03-3268-5161　振　替　00170-1-25349
　　　　　　　　　　　　　　　　https://www.njg.co.jp/

印刷／壮光舎　　製本／若林製本

この本の内容についてのお問合せは、書面かFAX（03-3268-0832）にてお願い致します。
落丁・乱丁本は、送料小社負担にて、お取り替え致します。

ISBN 978-4-534-05660-3　Printed in JAPAN

読みやすくて・わかりやすい日本実業出版社の本

会社売却とバイアウト実務のすべて

宮﨑　淳平
定価 本体 4000円（税別）

オーナー経営者や投資家等向けに、会社売却・事業売却のノウハウをていねいに解説。少しでも良い条件で損失を被ることなく売却したい担当者必読の一冊。

起業のファイナンス　増補改訂版

磯崎　哲也
定価 本体 2300円（税別）

事業計画、資本政策、企業価値などの基本からベンチャーのガバナンスまで、押さえておくべき情報が満載。"起業家のバイブル"の増補改訂版。

コーポレート・ファイナンス　実務の教科書

松田　千恵子
定価 本体 2250円（税別）

投資理論や金融工学の難しい数式は最低限にして、事業計画立案、投資判断、企業価値評価、M&Aなどを実行するために押さえておくべき知識が身につく。

最新　コーポレートガバナンスのすべて

北地達明・北爪雅彦
松下欣親　編
定価 本体 2800円（税別）

不祥事の防止や内部統制の徹底など「守り」の面だけでなく、取締役会の改革など企業価値向上のための支援という「攻め」のガバナンスも理解できる一冊。

定価変更の場合はご了承ください。